复杂地质条件
隧道施工技术

FUZA DIZHI TIAOJIAN
SUIDAO SHIGONG JISHU

许祥贵　刘　平　王玉斌　聂林海　龙宇飘　等◎编著

中国石化出版社
·北京·

图书在版编目(CIP)数据

复杂地质条件隧道施工技术 / 许祥贵等编著 . —北京：中国石化出版社，2024. 1
ISBN 978-7-5114-7323-3

Ⅰ. ①复… Ⅱ. ①许… Ⅲ. ①复杂地层-铁路隧道-隧道施工 Ⅳ. ①U459. 1

中国国家版本馆 CIP 数据核字(2024)第 036673 号

中国石化出版社出版发行
地址:北京市东城区安定门外大街 58 号
邮编:100011　电话:(010)57512500
发行部电话:(010)57512575
http://www. sinopec-press. com
E-mail:press@ sinopec. com
北京富泰印刷有限责任公司印刷
全国各地新华书店经销
*
787 毫米×1092 毫米 16 开本 15. 5 印张 387 千字
2024 年 3 月第 1 版　2024 年 3 月第 1 次印刷
定价:78. 00 元

《复杂地质条件隧道施工技术》
编　委　会

主　编　许祥贵　中交一公局第四工程有限公司
　　　　刘　平　中交四航局第三工程有限公司
　　　　王玉斌　云南省建设投资控股集团有限公司
　　　　聂林海　四川公路桥梁建设集团有限公司公路三分公司
　　　　龙宇飘　四川公路桥梁建设集团有限公司公路三分公司

副主编　罗胜利　中铁二院昆明勘察设计研究院有限责任公司
　　　　王国军　中铁二院工程集团有限责任公司

编　委　黄哲隽　中交一公局第四工程有限公司
　　　　冯　进　中化学交通建设集团有限公司

前　言

隧道，是指修建于地面以下地层土、石中的线性洞室。随着我国经济的快速增长，交通行业得到了飞跃式发展。在交通基础设施建设过程中，隧道所占比例逐渐增加。

隧道工程已经成为交通工程建设中不可缺少的一部分，但是因为项目规模大、工期长、工序多、不可预见因素多等特点，隧道施工的安全隐患多。除此之外，隧道施工经常遭遇复杂地质，产生不同类型的地质灾害。因此，要综合考虑，保证隧道施工方案的合理性；要对复杂地质环境进行针对性分析，提高隧道施工的安全性。

编者在参考《公路隧道施工技术规范》(JTG/T 3660—2020)、《公路工程技术标准》(JTG B01—2014)、《混凝土结构设计规范(2015 年版)》(GB 50010—2010)等相关规范的基础上，介绍隧道的基础知识和常见施工方法；以永家山隧道为工程案例，对浅埋偏压隧道施工技术进行阐述；以广西河池至百色高速公路丘莫隧道和广西荔浦至玉林高速公路文圩隧道为工程案例，对复杂地质条件下隧道施工进行阐述。

全书总共 8 章，分别为绪论、隧道结构构造、常见隧道施工方法、常见隧道施工技术、瓦斯隧道施工技术、岩溶区隧道施工技术、岩爆地质条件隧道施工技术和富水隧道施工技术。

由于编者水平有限，本书编著的内容如有错漏、不足之处，敬请读者批评指正，我们将至诚感谢。

目　　录

第 1 章　绪论 …………………………………………………………………………（ 1 ）
1.1　隧道定义、分类和现状 ……………………………………………………（ 1 ）
1.2　隧道施工技术的特点和发展 ………………………………………………（ 4 ）
第 2 章　隧道结构构造 …………………………………………………………（ 8 ）
2.1　洞门类型及构造 ……………………………………………………………（ 8 ）
2.2　明洞构造 ……………………………………………………………………（ 10 ）
2.3　洞身衬砌 ……………………………………………………………………（ 12 ）
2.4　附属建筑与设施 ……………………………………………………………（ 17 ）
第 3 章　常见隧道施工方法 ……………………………………………………（ 21 ）
3.1　隧道施工的特点、方法选择 ………………………………………………（ 21 ）
3.2　新奥法 ………………………………………………………………………（ 22 ）
3.3　明挖法 ………………………………………………………………………（ 33 ）
3.4　浅埋暗挖法 …………………………………………………………………（ 35 ）
3.5　盾构法 ………………………………………………………………………（ 37 ）
3.6　沉管法 ………………………………………………………………………（ 50 ）
第 4 章　常见隧道施工技术 ……………………………………………………（ 60 ）
4.1　超前预支护与预加固技术 …………………………………………………（ 60 ）
4.2　钻爆开挖技术 ………………………………………………………………（ 66 ）
4.3　出渣运输技术 ………………………………………………………………（ 86 ）
4.4　初期支护技术 ………………………………………………………………（ 90 ）
4.5　防排水技术 …………………………………………………………………（105）
4.6　二次衬砌技术 ………………………………………………………………（109）
4.7　辅助坑道设置技术 …………………………………………………………（113）
4.8　水电供应与通风防尘技术 …………………………………………………（117）
4.9　浅埋偏压隧道施工技术——以永家山隧道工程为案例 …………………（124）

第 5 章　瓦斯隧道施工技术 …………………………………………………… (135)
5.1　地质特点 ……………………………………………………………………… (135)
5.2　施工难点 ……………………………………………………………………… (139)
5.3　施工技术 ……………………………………………………………………… (139)
第 6 章　岩溶区隧道施工技术 ………………………………………………… (156)
6.1　地质特点 ……………………………………………………………………… (156)
6.2　施工难点 ……………………………………………………………………… (159)
6.3　施工技术 ……………………………………………………………………… (161)
6.4　广西河池至百色高速公路丘莫隧道施工案例 ……………………………… (170)
第 7 章　岩爆地质条件隧道施工技术 ………………………………………… (211)
7.1　地质特点 ……………………………………………………………………… (211)
7.2　施工难点 ……………………………………………………………………… (212)
7.3　施工技术 ……………………………………………………………………… (213)
第 8 章　富水隧道施工技术 …………………………………………………… (216)
8.1　地质特点 ……………………………………………………………………… (216)
8.2　施工难点 ……………………………………………………………………… (217)
8.3　施工技术 ……………………………………………………………………… (218)
8.4　广西荔浦至玉林高速公路文圩隧道施工案例 ……………………………… (223)
参考文献 ………………………………………………………………………… (239)
后记 ……………………………………………………………………………… (240)

第1章 绪 论

1.1 隧道定义、分类和现状

1.1.1 隧道定义

隧道是指修筑在地下的通道建筑物。工程中，常将未加支护的毛洞称为坑道。

按照现代隧道工程理论，隧道结构是由围岩、支护、洞门、附属设施四部分组成的。围岩是指隧道周围一定范围内，对隧道稳定有影响的那部分岩体，是天然(且不可替代)的结构部分，也是隧道结构的主体。支护是帮助围岩获得稳定的人工结构部分。支护结构又分为初期支护和二次支护。洞门是明暗交界处的结构部分。附属设施是功能性结构部分，附属设施包括(铁路隧道)大小避车洞、下锚段、人行横洞或(公路隧道)紧急停车带、人/车行横通道、洞内排水(沟槽)系统、电力电缆(管槽)系统、辅助通风(巷道)系统。

1.1.2 隧道分类

根据不同的划分标准，可以将隧道分为不同类型。

(1) 按照地质条件划分

按照地质条件，可以将隧道分为土质隧道和岩质隧道。土质隧道是指在土层中开挖的隧道，如城市软弱地层中利用浅埋暗挖法或盾构法修建的隧道。而岩质隧道是指在岩体中开挖的隧道，如山岭隧道等。受地层情况影响，两者在设计理念及施工方法上有所不同。土质隧道强调支护刚度，注重控制地表及洞周变形，而岩质隧道则强调保护围岩，并充分利用围岩的自稳能力。

(2) 按隧道埋深划分

按隧道埋深，可以将隧道分为浅埋隧道和深埋隧道。隧道埋置深度将影响工程地质、水文地质条件以及地应力状态等。浅埋隧道所处地层一般为土层或风化破碎的岩石层，水文地质条件复杂，工程施工难度大。深埋隧道一般处于岩石层，受埋深影响，地应力较大，容易出现大变形或岩爆现象。

(3) 按所处地理位置划分

按所处地理位置，可以将隧道分为山岭隧道、城市隧道和水底隧道。山岭隧道是指穿越山体的隧道，城市隧道一般是指在城市地下修建的浅埋暗挖隧道，水底隧道是指在水下修建的隧道。

(4) 按隧道用途划分

按隧道用途，可以将隧道分为交通隧道、水工隧道、市政隧道、矿山隧道以及人防隧道等。不同用途的隧道形式如表1.1所示。

表 1.1 隧道按用途分类

用　途	类　型	用　途	类　型
交通隧道	铁路隧道	市政隧道	给水隧道
	公路隧道		排水隧道
	地铁隧道		管路隧道
	人行通道	矿山隧道	采矿巷道
	航运通道		通风巷道
水工隧道	引水隧道		运输巷道
	导流隧道	人防隧道	防空洞等
	泄洪隧道		

（5）按隧道长度划分

按隧道长度，可将隧道划分为特长隧道、长隧道、中长隧道和短隧道。对于公路和铁路隧道，具体划分方法如表 1.2 所示。

表 1.2 公路、铁路隧道按长度划分

划分对象	类型	长度 L/m
公路隧道	特长隧道	$L>3000$
	长隧道	$1000<L\leqslant 3000$
	中长隧道	$500<L\leqslant 1000$
	短隧道	$L\leqslant 500$
铁路隧道	特长隧道	$L>10000$
	长隧道	$3000<L\leqslant 10000$
	中长隧道	$500<L\leqslant 3000$
	短隧道	$L\leqslant 500$

需要说明的是，按照长度将隧道进行划分对于隧道设计、施工及运营管理均具有重要意义。隧道的长短直接影响到隧道施工方法、措施以及施工过程中的组织管理难度。因此，通常先将隧道按表 1.2 的方法进行划分，再结合其他相关因素综合确定相应的施工组织措施。

（6）按断面面积划分

按断面面积，可将隧道分为特大断面隧道、大断面隧道、中等断面隧道、小断面隧道和极小断面隧道五种。具体划分方法如下。

① 特大断面隧道：断面面积为 100m^2以上。

② 大断面隧道：断面面积为 50~100m^2。

③ 中等断面隧道：断面面积为 10~50m^2。

④ 小断面隧道：断面面积为 3~10m^2。

⑤ 极小断面隧道：断面面积为 2~3m^2。

1.1.3 隧道现状

1）隧道现状

当今人类正在向地下、海洋和宇宙开发。向地下开发可归结为地下资源开发、地下能源开发和地下空间开发三个方面。地下空间的利用也正由“线”的利用向大断面、大距离的“空间”利用进展。

20世纪80年代，国际隧道协会（International Tunnelling Association，ITA）提出“大力开发地下空间，开始人类新的穴居时代”的口号。顺应时代的潮流，许多国家将地下开发作为一种国策，如日本提出了向地下发展，将国土扩大10倍的设想。从某种意义上来讲，地下空间的利用历史是与人类文明史相呼应的，它可以分为四个时代。

第一时代：从出现人类至公元前3000年的远古时期。人类原始穴居，天然洞窟成为人类防寒暑、避风雨、躲野兽的处所。

第二时代：从公元前3000年至5世纪的古代时期。埃及金字塔、古代巴比伦引水隧道，均为此时代的建筑典范。我国秦汉时期的陵墓和地下粮仓，已具有相当的技术水准和规模。

第三时代：从5世纪至14世纪的中世纪时代。世界范围矿石开采技术出现，推进了隧道工程的发展。

第四时代：从15世纪开始的近代与现代。欧美产业革命，诺贝尔发明的黄色炸药，成为开发地下空间的有力武器。日本明治时代，隧道及铁路技术开始引进并得到发展。

我国地下空间的开发和利用始于20世纪60年代。从1965年北京开始建设地下铁道至今，隧道的规模不断扩大，形式不断丰富，隧道施工技术也得到长足发展。

以铁路隧道和公路隧道为例，我国隧道建设现状如下。

（1）铁路隧道

我国高速铁路隧道分布在东北、华北、华东、中南、东南沿海及中西部地区，所通过的地形及地质情况异常复杂，尤其是武广客运专线隧道通过岩溶地区，郑西、石太客运专线部分隧道通过黄土地区，有下穿高速公路和既有建筑物的隧道，有位于自然保护区的隧道，有穿越珠江狮子洋水域的水下隧道，有穿越浏阳河和长沙市区的浏阳河隧道，有下穿天津市的海河隧道，还有通过采空区的山岭隧道等。总之，建设环境和地质情况复杂。

据交通运输部公布的数据，截至2022年，全国铁路营业里程达到15.5×10^4km，其中，投入运营的铁路隧道17873座，总长21978km。全国已投入运营的高速铁路总长超过4.2×10^4km，共建成高速铁路隧道4178座，总长7032km。其中，长度大于10km的高速铁路特长隧道105座，长约1339km。全国已投入运营的特长铁路隧道共259座，长约3498km，其中，长度20km以上的特长铁路隧道12座，长约283km。

截至2022年，全国新增运营有隧道工程项目的高速铁路共7条，总长1429km，共有隧道207座，长约559km。其中，10km以上的特长隧道14座，长约199km。

截至2022年，我国规划高速铁路项目中含隧道2345座，长约5232km。其中，长度大于10km的特长隧道有83座，长1112km。规划的高速铁路隧道中，速度目标值为300～350km/h的高速铁路隧道共1857座，长约4386km；速度目标值为250km/h的高速铁路隧道共 488 座，长约 846km。

（2）公路隧道

我国公路隧道在 20 世纪 80 年代前，因公路等级较低，同时由于设计、施工及短期投资大等多种原因，很少设计长大隧道，且数量(总长度)上也不多，但改革开放以后，为了实现截弯、降坡、提速、提高运营安全及实现长期运营收益等，相继修建了一批长大公路隧道。近年来，随着我国高速公路建设的大规模展开和设计、施工总体水平的提高，公路隧道工程在总量、单体长度上有了突飞猛进的发展。

《2022 年交通运输行业发展统计公报》显示："2022 年末全国公路里程 535. 48×10^4km，全国公路隧道 24850 座、2678. 43 万延米，增加 1582 座、208. 54 万延米，其中特长隧道 1752 座、795. 11 万延米，长隧道 6715 座、1172. 82 万延米。"

2）隧道发展前景

① 西部交通建设对隧道的需求。从现在直到 2030 年都将是我国西部大开发的加速发展期。交通基础设施建设也将得到快速发展，在铁路、公路的建设过程中，必将出现大量的特长、深埋隧道，如成都—兰州铁路，隧道比例高达 70%以上。

② 调水工程对隧道的需求。南水北调东线、中线工程已经通水，但北疆供水工程、东北供水工程和即将开工建设的南水北调西线工程还有大量的特长隧道，如雅砻江引水隧道长 131km，通天河引水隧道长 289km，这些隧道无论规模还是技术难度都是空前的。

③ 跨江越海交通工程对隧道的需求。随着国家基础设施建设的发展，铁路网、公路网结构的进一步完善，将会出现越来越多的水下隧道，如汕头苏埃通道、武汉三阳路长江隧道、琼州海峡隧道、渤海海峡隧道等。

④ 城市轨道交通建设需求。由于城市轨道交通建设速度加快，我国城轨交通累计运营线路长度也不断增长，由 2018 年的 5761. 4km 增至 2022 年的 10287. 45km，年均复合增长率 15. 6%。截至 2022 年底，中国大陆地区共有 55 个城市开通城市轨道交通运营线路 308 条，其中，地铁运营线路 8008. 17km，占比 77. 84%。2023 年底我国城轨交通累计运营线路长度预将达 11535. 6km，同比增长 12. 1%。随着我国城镇化水平的不断提高与城市人口规模上升，轨道交通仍有较大的发展空间。

1. 2　隧道施工技术的特点和发展

1. 2. 1　隧道施工技术的特点

伴随着世界科学、技术、经济的发展，交通运输、水利、水电、采掘，特别是城市地下交通及空间利用等工程的开展对隧道工程在数量和难度上提出了更高的要求。大规模的地下工程建设促进了隧道修建技术的进步。大量的锚喷支护工程实践和岩石力学的迅速发展，促进了现代支护理论的建立，出现了新奥法、挪威法、浅埋暗挖法等更有效的施工方法。

用现代技术装备的掘进机和盾构机能够适应从坚硬岩层到软弱含水地层的各种掘进条件，可靠性、耐久性、机动性及掘进的高速度，使其在隧道工程施工中得到日益广泛的应用；冲击钻头改进及全液压钻孔台车的出现，大能力装渣、运渣设备的开发，新型爆破器材的研制及爆破技术的完善，围岩条件改善及支护技术的进步等，极大地改良了施工环境、提高了掘进速度，使钻孔爆破法的掘进技术得到更新；水底沉埋隧道施工技术的发展为穿越江河、海湾提供了新的有效手段。

1.2.2 隧道施工技术的发展

根据国家社会经济可持续发展的需要，结合隧道施工技术的现状，未来隧道施工技术发展应包含以下几个方面。

1）特长隧道独头长距离施工技术

特长隧道独头长距离施工技术关乎自然环境及水、土资源保护和工程建设成本。国内隧道钻爆法施工独头的限制一般是铁路单线约2.2km，铁路双线或公路约4km。控制因素主要是施工通风排烟能力、排水能力和弃渣及材料运输能力、施工进度要求及灾害预防救治等。因而特长隧道施工多采用增设斜竖井、平导、横洞等辅助坑道的办法来解决上述难题，即所谓的“长隧短打”。辅助坑道的长度往往会占到主洞长度的50%~70%，甚至更高的比例。这样做不仅大幅度地增加了工程数量和工程成本，更重要的是破坏了工程所在地的自然生态环境，有可能出现水土流失等严重的后果。而且大多数施工用的辅助坑道在工程完工后即行废弃处理。如果能将隧道独头施工能力和距离提高50%左右，则辅助坑道的工程量可减少半数以上。我国西部铁路、公路、水利和电力建设中长大隧道很多，在隧道建设过程中需要意识到地区生态环境保护至关重要，意义重大。

2）水下及海底隧道施工技术

我国在江河湖海下成功修筑的隧道已有多处，所用施工技术有沉埋法、盾构法、钻爆法、明挖法、暗挖法等，技术相对成熟。但是，我国在水下修筑隧道的施工技术发展还远未结束。目前已建成的水下隧道绝大多数位于江河下游地带，从地域上来讲属于中国大陆东南和中南部，如重庆市在长江下面用盾构法建成了直径6.4m的排污隧道。所以，使用各种施工方法在不同的地理、地质、水文和气象等条件下的实用技术还有大量的研究工作要做。

我国大陆海岸线总长约18000km，有许多处海湾、海峡、海岛面临交通阻碍，较大的如渤海海湾、琼州海峡等。以海底隧道的方式连通陆地与海岛、海岛与海岛之间的交通，日益为人们所重视，海底隧道的规模、埋深和技术难度相对较大，要探明如渤海海湾、琼州海峡这样的海底隧道的工程技术问题没有几年、十几年甚至几十年的试验研究工作是不可能完成的，而海底隧道施工也是未来隧道施工建设的重要发展方向。

3）复杂地质条件隧道施工技术

在岩溶、岩爆、膨胀性围岩、湿陷性黄土、高地应力、蠕变地层、软弱地层、断层破碎带、涌水、突泥、瓦斯、毒气、可燃气、放射性等特殊和不良地质情况下修建隧道的技术，虽然已经积累了大量的经验，但是工程现场因地质原因致使施工受阻，甚至于发生安全、质量事故的情形并不少见。所以需要加强特殊地质情况下隧道施工技术研究，尤其是灾害性事故的预防和治理，如坍塌、水害和瓦斯爆炸等。

辅助工法的出现和运用是隧道施工的重要特点之一。辅助工法多用于围岩所处地层的加固及物理力学性质的改善，基坑和坑道周边及底部的维护和固定，施工阶段的疏水、排水、降水和堵水等。如注浆、冷冻、桩墙、管棚、锚固、喷护等工法均为隧道施工中的辅助工法。辅助工法十分重要，很多情况下关系到主体工程施工的成败。由于辅助工法不当而导致工程事故甚至工程失败的例子并不少见。所以，加强辅助工法的研究开发也是隧道施工的重要环节之一。

4）特大及复杂断面的隧道构筑技术

这里所谓的“特大断面”，是指像多线径的公路和铁路隧道、地铁车站、地下厂房和储库等，其断面面积一般在 100m^2 以上，施工中同一断面上的同一工序需要分部多次进行。隧道施工始终面临着地层应力和结构应力的转换，从力的平衡到不平衡，再到新的平衡的建立，是个复杂而隐蔽的过程。尤其是特大断面的施工，工序多、转换快、流程长，由于地层围岩和支护结构受力变化幅度较大，因而其构筑方法和工艺对施工安全和工程质量有着直接的影响，其技术难度相当突出。随着社会高度发展的需要，特大断面的隧道的运用会越来越多，所以进行特大断面的隧道构筑技术研究也显得十分突出。

5）工程地质与水文地质情况的预探、预报技术

施工前期的勘测工作一般采用现场勘查、地质资料调绘、坑探、钻探、物探等手段，综合交错进行。必要时还可以利用航测及卫星遥感等技术。施工阶段的地质工作则是采用在开挖面上测绘推断、物探判识或超前钻探等手段，依据需要选择进行。看起来现有的方法和手段不少，但是其确定性差，可靠度低，加之现场专业技术人员严重缺乏，所以长期以来形成的施工预案不足、盲目追赶进度的局面很难改变，甚至酿成了较大的祸患，教训极其深刻。在以上各种地质预探手段中，施工现场人员乐于使用物探，因为物探手段相对简单易行，对工程进度的影响较小，成本费用也相对较低。但是，目前所用的物探手段及其判识技术必须有较大的改进和提高才能够达到隧道的要求。未来需要重点关注物探设备技术性能及分析指标的改进和创新，同时加强现场工程地质技术力量。

6）隧道工程专用设备、器材和材料的研制和开发

隧道施工作业机械化水平直接影响工人的劳动强度、安全状况、工程质量和劳动生产率的高低。高科技的机械化施工手段是隧道施工能力的重要体现和标志。如果没有凿岩钻孔设备的进步，光面爆破、预裂爆破技术是不可能普及的；没有现代化的盾构机和掘进机，想要在软弱、富水的地层中快速修建地铁和穿越数十千米的崇山峻岭也是难以想象的。因此，应组织力量进行隧道专用设备的研究和开发。一方面抓施工设备的配套，借以提高施工生产效率，降低生产成本；另一方面抓高科技产品等的研制，实现国产化、系列化，才能争取主动，加快隧道建设的发展。

隧道对其建筑材料的性能有着特殊的要求，不同环境条件下的隧道对其建筑材料的性能要求又有所差异。但是目前普遍存在的问题是能用于隧道施工的建筑材料品种太少，质量不高。因此，需要开发制造出来各种型号、不同性能的注浆材料、防水材料和混凝土添加剂及拌和物，以此来推动隧道建筑结构质量水平尤其是耐久性的不断提高。隧道开挖施工所使用的爆破器材和爆破工艺也有改进和创新的必要，它与施工安全、环境保护、工作效率、工程成本密切相关。这里主要是指低毒害、低烟尘、高性能炸药的研制开发，数码延时雷管的推广使用和用于隧道的自动化装药设备的研制。

7）隧道在国土利用、环境保护、节能减耗等方面的运用技术

如利用地下空间储存油气、货物、粮食和饮水；将闹市区汽车交通改入地下，以减少交通障碍，降低因汽车尾气、噪声对多数人的伤害，且增加了中心市区绿地面积，改善了城市的环境条件；利用地下空间赋予的气温潜能改善地面建筑内的控温设施性能，较大限度地减少能耗等。由此隧道施工技术的运用范围及前景非常广阔，其商业价值也非同一般。

8）隧道工程防灾、抗灾和救灾的技术

在建设期隧道的防灾、抗灾和救灾工作应该放在最要紧的位置。已有的教训很多，主要是大火、爆炸或洪水。在建设期的隧道内，有可能会出现坍塌、岩溶、岩爆、放射物质或毒气的危害。隧道的灾害预防和治理技术专业性强，而且涉及面广。在以"预防为主"的原则指导下，隧道设计标准要切实体现"安全第一"的方针，必须有灾害救治的预案，要有足够的抗灾能力和可靠的逃生通道，其通风设备能力必须考虑灾害发生时的工况条件。

第2章　隧道结构构造

2.1　洞门类型及构造

1）隧道洞门作用

隧道两端都要修建洞门。洞门的作用是保持洞口仰坡和路堑边坡的稳定，汇集和排除地面水流，保护洞门附近岩土体的稳定，确保行车安全。洞门的主要作用具体有以下几方面。

（1）稳定边坡、仰坡。洞口开挖施工后，附近边坡、仰坡裸露的岩体不断风化，容易滚落甚至滑塌，导致堵塞路面和洞口，砸坏线路轨道，威胁行车安全。修建洞门就可以避免或减小这些危害。

（2）引排地表水。雨季洞口地表水如不引排，可能会淹溺线路，引起边坡、仰坡滑塌，危及行车安全，修建洞门及截排水沟，可以使隧道洞口免遭降雨影响。

（3）装饰作用。修建美观的洞门对隧道洞口可以起到装饰作用，城市、景区的隧道尤其需要结合所处环境美化洞门。

2）隧道洞门类型

隧道洞门形式的选择应在保障安全的同时考虑洞门美化和环境美化。不同地址的隧道洞门构造形式各有特点。山岭隧道洞门形式主要有：环框式洞门、端墙式洞门、翼墙式洞门、柱式洞门及台阶式洞门等。水底隧道的洞门通常与附属建筑物(如通风、供电、发电间、管理所、监控室等)结合在一起修建。城市道路隧道因其交通量比较大，对洞门建筑的安全要求和艺术要求都比较高。

（1）环框式洞门

当隧道洞口岩层坚硬、整体性好、节理不发育且不易风化(Ⅰ~Ⅱ级围岩)，路堑开挖后仰坡极为稳定，又无较大的排水量要求时，可采用环框式洞门，以起到加固洞口防止落石的作用。环框与洞口衬砌可用混凝土整体灌筑。

（2）端墙式洞门

当地形开阔，岩土体基本稳定(Ⅱ~Ⅲ级围岩)，边坡仰坡不高时，隧道轴线与坡面基本正交，常采用端墙式洞门，如图2.1所示。其作用在于支护洞口仰坡，保持其稳定，并汇集仰坡水流，向两侧排出。洞顶水沟用圬工砌筑或砂浆抹平，洞门拱圈与洞身拱圈应连成整体，以加强洞门稳定。墙背空隙应用浆砌片石回填。

（3）翼墙式洞门

翼墙式洞门适用于地质较差(Ⅳ级及以下围岩)，需要开挖路堑，仰坡稳定性不好的地段。翼墙式洞门由端墙与翼墙组成，即在端墙式洞门两侧或一侧加设挡墙即构成翼墙式洞门。翼墙起支撑端墙及路堑边坡的作用，保证洞口的稳定性。

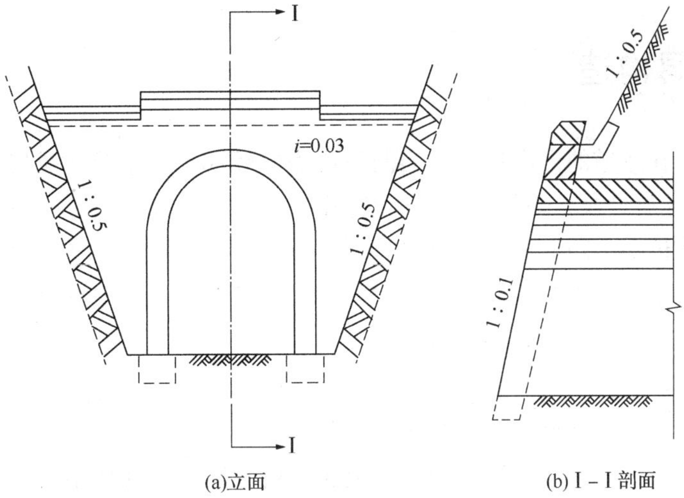

图 2. 1　端墙式洞门示意图

i—坡度

(4) 柱式洞门

当地形开阔，但地质条件较差，仰坡下滑可能性较大或端墙长度较长而又无条件设置翼墙时，通常在端墙中部设置尺寸较粗大的柱墩 2~4 个，以增加端墙的稳定性。这种洞门称为柱式洞门，适用于城市交通要道、风景区或长大隧道的洞口。

(5) 台阶式洞门

当洞口位于地形等高线与线路斜交、地形横坡较陡的傍山地段时，可将端墙式洞门顶部改为台阶式，即成为台阶式洞门。这样可减少洞门圬工数量，其尺寸视地面横坡而定。

(6) 削竹式洞门

削竹式洞门将洞内衬砌延伸至洞外，一般凸出山体数米。它适用于各种地质条件，在构筑时可不破坏原有边坡的稳定性，减少土石方的开挖工作量，降低造价，而且能更好地与周边环境相协调。

(7) 棚洞式洞门

棚洞式洞门通常用于城市隧道中，起到调节洞口段光线的作用，同时也起到一定装饰作用。当洞外需要设置遮光棚时，其入口通常外伸很远。遮光构造物有开放式和封闭式之分，前者遮光板之间是透空的，后者则用透光材料将前者透空部分封闭。

事实上，隧道洞门形式有很多，只要能适应地形、地质条件，满足功能要求、美观要求、经济要求，洞门设计不必局限于固定的形式。

3) 洞门构造要求

洞门结构形式应实用、经济、美观、醒目；洞门墙应根据实际情况设置伸缩缝、沉降缝和汇水孔；洞门墙的厚度可按计算或结合其他已建成隧道洞门工程用类比法确定；洞门墙基础必须埋置在稳固地基上，应视地形及地质条件，埋置足够的深度，保证洞门的稳定性。基底埋入土质地基的深度应不小于 1m，嵌入岩石地基的深度应不小于 0. 5m，冻胀土层基底应设在冻结线以下不小于 0. 25m，墙基底埋设的深度应大于边墙各种沟、槽、管道基底埋设的深度。

2.2 明洞构造

明洞一般修筑在隧道的进出口处。当洞顶覆盖层较薄，用暗挖法难以进洞；或隧道洞口/路线通过不良地质地段，路堑边坡可能发生塌方、中小滑坡、落石、雪害、泥石流等危及行车安全时；或道路之间形成立体交叉，但又不宜做立交桥时，通常宜修建明洞。在露天修建且有回填土予以覆盖的衬砌结构，也称为明洞。明洞是隧道洞口或线路上起防护作用的重要建筑物。

1）修建明洞的原则

（1）核查地形、地貌和地质水文情况

在拟建明洞的地方，应详细调查地形、地貌、地质和水文地质情况。在有可能发生大滑坡和有大量塌方的地方不宜修明洞。

（2）地基与基础处理

明洞所在位置，通常地形、地质条件比较复杂，明洞基础条件差，所以修建明洞时，为确保结构的安全与稳定，应当慎重处理地基与基础。

① 明洞边墙基础应放置在稳固的岩层上，在特殊困难的地质条件下，边墙基础可放在坚硬的土壤上，但其埋置深度应在冻结线 25cm 以下，并应在地基上或明洞建筑结构上加以特殊处理，还应进行边墙和拱圈的计算和验算。

② 明洞边墙基础下地下水较多时，应将地下水妥善地引离边墙基础。

③ 明洞回填土的厚度必须足以缓和边坡上石块下坠的冲击力(考虑此项冲击力的影响，洞顶填土高度一般不宜小于 2m)。

④ 明洞处边墙基础埋置深度超过路面以下 3m 时，宜在路面以下设置钢筋混凝土横向水平拉杆，锚固于内边墙基础或岩体中，或采用锚杆锚固于稳定的岩体中。

（3）明洞结构形式选定

明洞的结构形式通常应根据明洞的地形、地质条件、荷载分布情况、运营安全、施工方法以及经济分析比较确定。

2）隧道明洞类型

明洞的结构类型常因地形、地质和危害程度不同，有多种形式：拱式明洞、箱形明洞和棚式明洞。采用最多的为拱式明洞和棚式明洞。

（1）拱式明洞

当边坡塌方数量较大、落石较多、基础条件较好时，宜采用拱形明洞。如图 2.2 所示为路堑拱式明洞，其受力对称，因此结构也对称。

图 2.3 为半路堑式拱式明洞。它主要承受回填土石和塌方落石的单侧压力作用，为此，拱圈常采用钢筋混凝土结构，且外墙尺寸较厚，为 3~5m，受力不对称，结构也不对称。为了节约圬工数量，这种明洞通常在浆砌片石外墙上每隔 3~4m，开设一个洞孔。明洞采用外贴式防水层，确保防水质量。

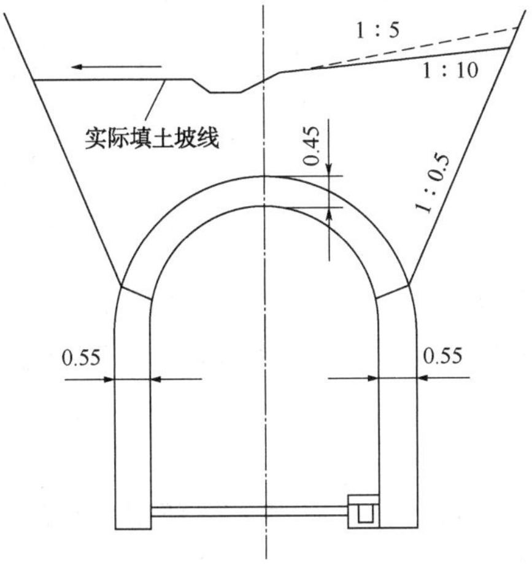

图 2. 2 路堑拱式明洞(单位：m)

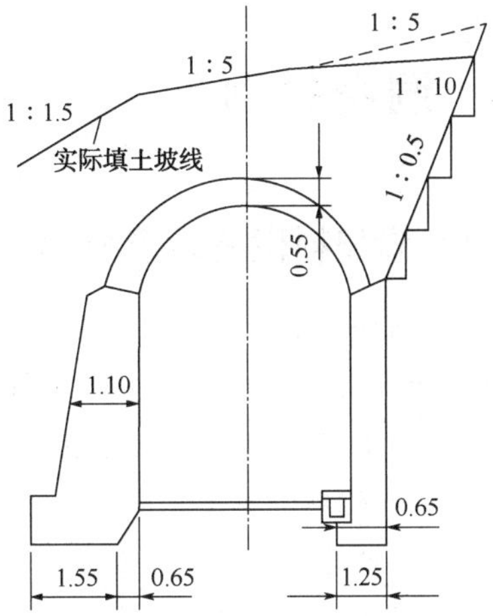

图 2. 3 半路堑式拱式明洞(单位：m)

拱式明洞的内外墙身用混凝土结构、拱顶用钢筋混凝土结构，整体性较好，能承受较大的垂直压力和单向侧压力，必要时加设仰拱。通常，用作洞口接长衬砌的明洞，多选用拱式明洞。

(2) 箱形明洞

在明洞净高、建筑高度受到限制，地基软弱的地方，可采用箱形明洞，如图 2. 4 所示。若右侧岩层顺层滑动，则利用上部回填土石的压力及底层的弹性抗力，来平衡侧向岩层滑动的推力，并传于左侧岩层上。回填土高度根据两侧岩层滑动力的大小决定。箱形明洞需要分段施工，两侧紧贴岩层，以保持原岩层不致因施工开挖而产生滑动，超挖回填片石的强度不低于该处岩石的抗压强度等。

(3) 棚式明洞

当线路外侧地基承载力不足，且受地形条件限制，难以修建拱式明洞时，可采用棚式明洞，如图 2. 5 所示。棚式明洞由顶盖和内外边墙组成。顶盖通常为钢筋混凝土梁式结构(板梁或 T 形横梁)，内边墙一般采用重力式结构，并应置于基岩或稳固的地基与基础上。当岩层坚实完整、干燥无水或少水时，为减少开挖和节约圬工，可采用锚杆式内边墙。外边墙可以采用墙式、刚架式、柱式结构，但耗用钢筋较多。

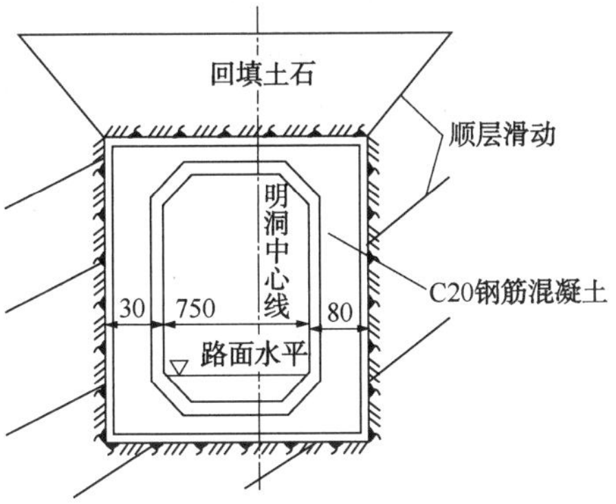

图 2. 4 箱形明洞(单位：cm)

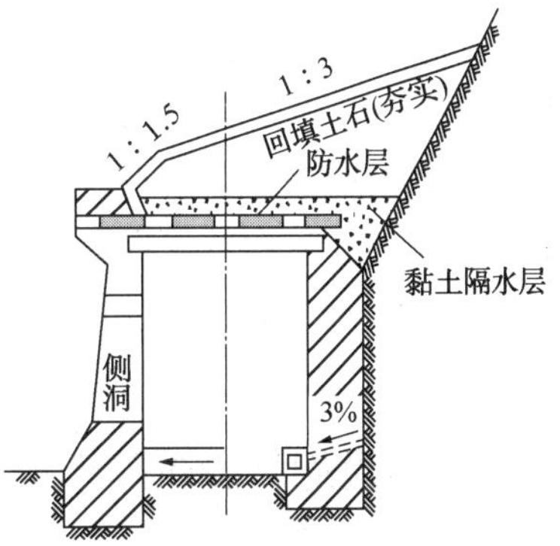

图 2. 5 棚式明洞

2.3 洞身衬砌

2.3.1 洞身衬砌的修建材料

修建隧道洞身衬砌的材料，应具有足够的强度和耐久性，在某些环境中，还必须具有抗冻性、抗渗性和抗腐蚀性。此外，衬砌材料还应满足就地取材、降低造价、施工方便及易于机械化施工等要求。常用的隧道衬砌材料如下。

1）混凝土和钢筋混凝土

混凝土衬砌整体性和抗渗性较好，既能现场浇筑，也可以在工厂预制，而且能采用机械化施工。可以在水泥中掺入外加剂，以提高混凝土的密实度，从而提高混凝土的抗渗性和防水性能。虽然，混凝土浇筑后需要养护而不能立即承受荷载，需要达到一定强度后才能拆模；占用和耗用较多的拱架及模板；某些特殊环境中耐侵蚀性能较差。但是，其优点是主要的，所以目前混凝土仍然是隧道衬砌结构的主要建筑材料。

混凝土中加入钢筋是为了提高衬砌的抗拉、抗剪性能，所以在明洞衬砌及地震区，偏压，通过断层破碎带或淤泥、流沙等不良地质地段的隧道衬砌中，基本上都采用钢筋混凝土材料，在特殊情况下可加入旧钢轨或焊接钢筋骨架进行加强。

衬砌混凝土强度等级有 C15~C50，工程中衬砌混凝土强度多在 C20 以上。钢筋混凝土材料中混凝土强度等级不低于 C20，钢筋最低型号为 HPB300，主要受力钢筋一般在 HRB400 以上。

2）喷射混凝土

喷射混凝土加入了速凝剂，能很快凝结硬化，早期强度和密实性均较普通混凝土高，能封闭围岩的裂隙，起到支护围岩的作用。其施工过程可以全部机械化，且不需要拱架和模板。在石质较软的不稳定围岩中，它还可以与锚杆、钢丝网等配合使用，是一种理想的衬砌材料。

3）片石混凝土

仰拱填充及超挖回填，可在混凝土中掺入片石(掺量不超过总体积的 20%)，可以节省水泥，降低工程造价。片石混凝土中片石应选用坚硬的石料，其抗压强度不应低于 30MPa，严禁使用风化片石。片石之间要有 10cm 左右的间距，不得有空洞。

4）料石或混凝土预制块

料石或混凝土预制块的优点是可以就地取材，能节约大量水泥和模板，耐久性和耐侵蚀性能较好，可保证衬砌厚度并能较早地承受荷载。其不足之处是砌缝多，容易漏水，防水性能较差，施工主要靠手工操作，难于机械化施工，费工、费时，施工进度较慢。

2.3.2 常见的洞身衬砌结构类型

开挖后的隧道，为防止围岩变形或坍塌，沿隧道洞身周边用钢筋混凝土等材料修建的永久性支护结构，就是衬砌。常见的洞身衬砌结构类型有整体式混凝土衬砌、装配式衬砌、锚喷衬砌和复合式衬砌等。

1）整体式混凝土衬砌

整体式混凝土衬砌采用模筑现浇而成，对地质条件的适应性较强，易于按需要成型，整体性好，抗渗性强，而且可以适合多种施工条件，如可用木模板、钢模板或模板台车等，因而在隧道工程中得到广泛采用。它采用混凝土现浇而成，在灌注以后不能立即承受荷载，必须经过一个养护的过程，因而施工进度受到一定的限制。整体式混凝土衬砌可采用多种形式，铁路和公路隧道中最为常用的是直墙式衬砌和曲墙式衬砌。

① 直墙式衬砌。

直墙式衬砌适用于地质条件比较好、以垂直围岩压力为主而水平围岩压力较小的情况，主要适用于Ⅰ～Ⅲ级围岩，局部稳定性好的Ⅳ级围岩区段也可采用。隧道直墙式衬砌断面，由上部拱圈、两侧竖直边墙和下部铺底三部分组合而成。拱部内轮廓线系由三心圆曲线组成。拱圈是等厚的，内外弧圆心重合，两侧边墙是与拱圈等厚的竖直墙，与拱圈平齐衔接。

② 曲墙式衬砌。

曲墙式衬砌适用于地质较差，岩体比较破碎，强度较低且水平围岩压力较大的情况。它由顶部拱圈、侧面曲边墙和仰拱（或铺底）组成。顶部采用变厚度拱圈，拱顶稍薄，拱脚稍厚，外弧与内弧的半径不同，圆心位置也互不重合。侧墙采用变厚度曲墙，内弧外弧的圆心在同一水平面上。外弧在圆心水平面以下为直线形，稍稍向内偏斜。

Ⅴ级或Ⅵ级围岩，压力很大，侧墙外轮廓圆心水平面下的部分，做成竖直直线形状，不再向内倾斜，使侧墙底宽度更大，以阻止受压下沉。

单线Ⅳ～Ⅴ级围岩、双线Ⅲ～Ⅴ级围岩地段，岩层一般受地质构造影响严重，风化破碎，侧压力较大，基础易产生沉陷，开挖后易产生隆起变形，应采用曲墙有仰拱的衬砌。仰拱的矢跨比，单线隧道宜取1/8～1/6，双线隧道宜取1/12～1/10。仰拱虽然是圆弧形，但由于洞内一侧需设排水沟，因而仰拱对中轴线也不是对称的，而是偏向有水沟的一侧。

2）装配式衬砌

装配式衬砌又称拼装式衬砌，是将一环衬砌分成若干块构件，这些构件在现场或工厂预制，然后运到坑道内用机械将它们拼装成一环接着一环的衬砌。这种衬砌的特点是拼装成环后立即受力，便于机械化施工、改善劳动条件、节省劳动力；但施工工艺复杂，对隧道断面形式适应性较差，衬砌的整体性及抗渗性不如整体现浇衬砌。

3）锚喷衬砌

锚喷衬砌是指采用锚杆加固围岩，同时在围岩表面喷射混凝土，形成隧道永久结构的支护方式。锚喷衬砌具有及时、施工方便和经济性显著等特点，是目前常用的一种围岩支护手段，可充分发挥围岩的自承能力，有效地利用洞内净空，提高作业安全性和作业效率，能适应软弱和膨胀性地层中的隧道开挖，并可用于整治塌方和衬砌裂损。

与模筑混凝土不同，锚喷衬砌不是以一个刚度强大的结构物来抵抗围岩压力，而是通过喷射混凝土和施作锚杆，与围岩合成一体，充分发挥围岩本身的自稳能力，是柔性衬砌。锚喷衬砌可有效降低工人劳动强度，减小隧道开挖断面，节省圬工工程量。

锚喷衬砌设计应符合下列要求。

① 锚喷衬砌内部轮廓应比整体式衬砌适当放大，除考虑施工误差和位移量外，应再预

留 10cm 作为必要时补强用。

② 遇下列情况不应采用锚喷衬砌：地下水发育或大面积淋水地段；能造成衬砌腐蚀或膨胀性围岩的地段；最冷月平均气温低于-5℃地区的冻害地段；有其他特殊要求的隧道。

4) 复合式衬砌

复合式衬砌是把衬砌分成两层或两层以上，通常由初期支护(又称初衬或初支)和二次衬砌(又称永久支护、内层衬砌)组成。隧洞开挖后，先在洞壁表面喷射一层早强混凝土，厚度多在 5~20cm，有时也同时施作锚杆，凝固后形成薄层柔性支护结构，即为初期支护。待初期支护与围岩变形基本稳定后即可绑扎钢筋、推移模板台车就位、就地灌筑混凝土施作二次衬砌。为了防止地下水流入或渗入隧道内，在初期支护和二次衬砌之间通常要敷设防水层。

与其他类型的衬砌相比，复合式衬砌造价较高，施工较复杂，但结构合理，防水效果好，是目前公路隧道的主要支护形式。初期支护施作及时、刚度小、易变形、与围岩密贴，可有效保护和加固围岩，充分发挥围岩的自承作用。二次衬砌表面光洁平整，可以起到防止支护风化、装饰内壁、降低风阻、增强安全感的作用。

(1) 初期支护

初期支护是由以喷射混凝土和锚杆为基本组合形式的一系列支护构件组成的，对地层条件的适应性强，但施作工艺比较复杂。

初期支护是现代隧道工程中帮助围岩获得初步稳定，并保证隧道施工期间的安全，以便挖除坑道内岩体的一系列支护结构和工程措施。由于复合衬砌主要是采用喷射混凝土和锚杆作为基本组合形式，并通过调整初期支护参数来适应围岩级别以及围岩松弛范围和松弛程度变化的，所以，初期支护层次较多，变化较多，施作工艺比较复杂。

初期支护包括锚喷支护(锚杆、喷混凝土、钢拱架)、超前支护(超前锚杆、超前管棚)、注浆加固(超前小导管预注浆及超前深孔帷幕注浆)等一系列支护措施。

① 锚喷支护。

锚喷支护是初期支护最基本的结构形式，也是在常规条件下隧道工程中使用最多的工程措施。锚喷支护包括喷射混凝土(有时加钢筋网或钢纤维)、锚杆和钢拱架三部分。

a. 喷射混凝土。

喷射混凝土是以压缩空气为动力，将掺有速凝剂等外加剂的混凝土拌和料与水混合成为浆状，喷射到坑道的岩壁上并迅速凝结而成的细石混凝土。喷射混凝土根据喷射工艺可分为干(潮)喷、湿喷和混合喷三种，其中湿喷工艺较优，混凝土质量较好，实际工程中应用较多。

喷射混凝土厚度一般在 5~20cm，最厚不超过 25cm，太薄不足以覆盖局部突出岩石，太厚则失去了柔性衬砌的特点，喷射混凝土强度等级为 C15~C20。

在比较松散软弱的岩层中，为了加强喷层的抗剪强度和韧性，喷射混凝土中可以加金属网或钢纤维，称为钢筋网喷射混凝土或钢纤维喷射混凝土。钢筋网的钢筋直径一般为 6~10mm，网格孔间距为 200mm。钢筋网与岩面绑扎焊接牢固后，即可喷射混凝土。

b. 锚杆。

锚杆是安设在隧道及地下工程的围岩体中的杆状构件。锚喷支护通过锚杆较高的抗拉能力，约束围岩的变形，从而提高围岩的自稳能力，实现对围岩体的加固。锚杆按其对围岩加固的区域可分为系统锚杆、局部锚杆和超前锚杆。

系统锚杆是指在坑道范围内的岩体被挖除后，沿横断面的径向安装于围岩内部的锚杆群。系统锚杆强调的是多根锚杆的联合作用，以形成对围岩承载环的加固，即群锚效应。

局部锚杆是指只在一定的区域和方向安装的少量锚杆，如锁脚锚杆。局部锚杆强调的是维护围岩的局部稳定或对初期支护的局部加强。

超前锚杆是指沿开挖轮廓线，以稍大的外插角，向开挖面前方围岩内安装的锚杆群。超前锚杆强调的是超前支护，即形成对前方围岩的预加固，使施工人员能够在提前形成的围岩加固圈的保护下进行开挖作业。

锚杆长度一般为 2.5~6.0m，锚杆间距一般不宜大于其长度的一半，对于大跨度隧道，为节省钢材，可以采用长短相间的锚杆支护形式。

c. 钢拱架。

钢拱架因其整体刚度和强度均较大，所以对围岩松弛变形的限制作用更强，可及时阻止有害松动，也可以承受已发生的松弛荷载，保证隧道稳定与安全，还可以作为超前支护的支点。钢拱架有花钢拱架和型钢拱架两种结构形式，如图 2.6 所示。

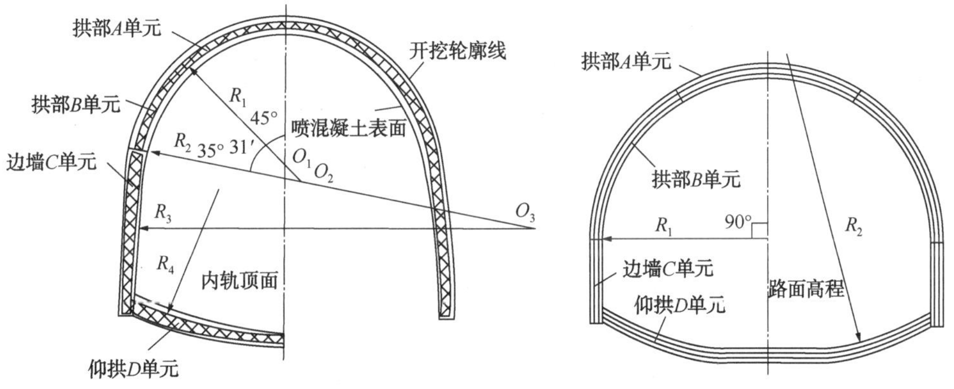

(a)花钢拱架　　(b)型钢拱架

图 2.6　钢拱架结构形式

注：R_1、R_2、R_3、R_4—弯曲半径；O_1、O_2、O_3—内半径表面

花钢拱架(或称为格栅钢架)是采用螺纹钢筋焊接而成的拱形钢拱架，一般在工地加工，现场拼装。由于花钢拱架与混凝土及其他材料有更好的相容性，所以在现代隧道工程中广泛用作初期支护。

型钢拱架是采用型钢(多为工字钢)弯制而成的拱形钢架。型钢拱架一般是在工厂加工，也可在工地加工，再运到现场拼装。由于喷射混凝土时，型钢拱架的背面不易密实，与混凝土共同工作性能不好，所以现在多用于抢险和塌方处理。

钢拱架的截面高度一般为 100~200mm。当隧道断面较大或围岩压力很大时，钢拱架的截面高度可取 200~250mm；当隧道断面很大，围岩压力也很大时，钢拱架的截面高度可取 250~300mm。

② 超前支护。

在工作面不能自稳的条件下，需要先采取适宜的工程措施使工作面保持稳定，然后开挖坑道范围内的岩体。这类针对掌子面前方围岩(包括将被挖除的岩体)而采用的一系列支护措施，称为超前支护。常用的有超前锚杆、超前小导管、超前管棚等。超前锚杆是指沿开挖轮廓线，以稍大的外插角，向开挖面前方围岩内安装锚杆；当需要进行注浆时，可以采用直径较小、孔壁钻孔的钢管。超前管棚指沿开挖轮廓线，以较小的外插角，向开挖面前方围岩内安装直径较大的长钢管，对掌子面前方围岩进行预支承，防止开挖过程中围岩坍塌，主要适用于稳定性很差的围岩条件和洞口区域，安装需要专用机械。

③ 注浆加固。

注浆加固是为了改良松散地层的工程力学性能，而将适宜的胶结材料按一定的注浆工艺注入松散地层中的工程措施，也称为地层改良。超前小导管注浆加固围岩如图 2.7 所示。

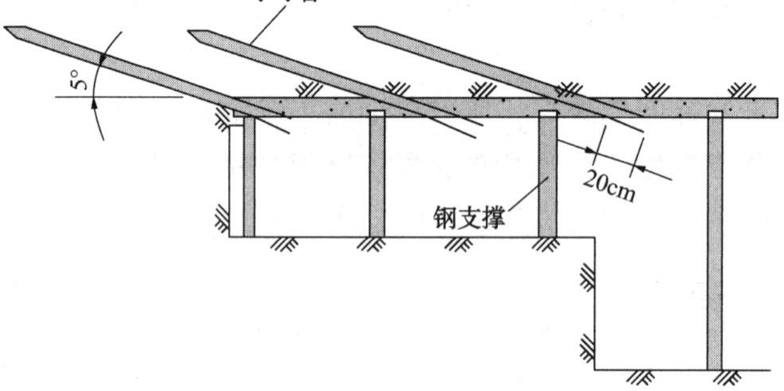

(a)超前小导管布置

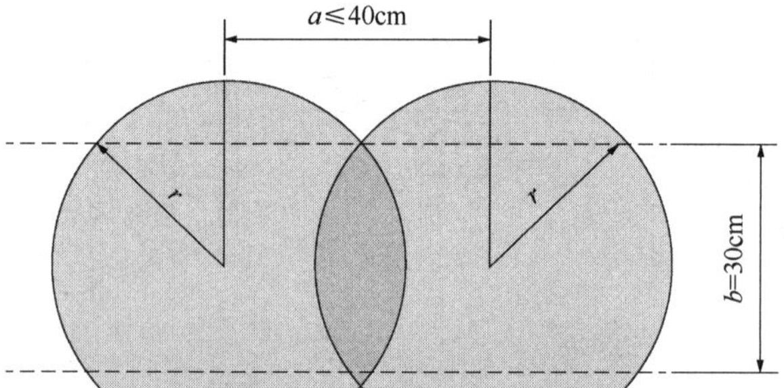

(b)注浆半径和孔深、孔距

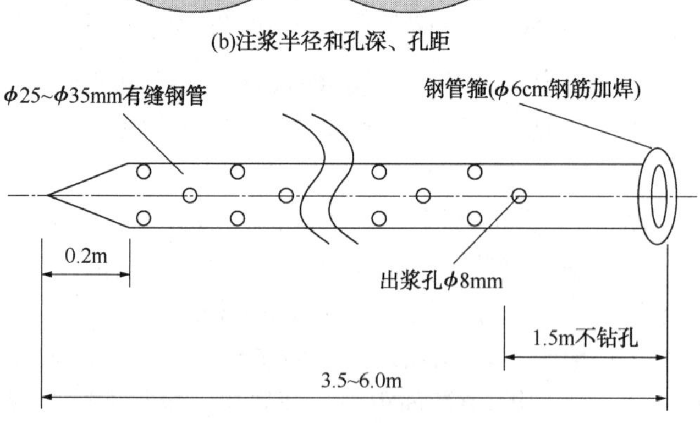

(c)超前小导管构造

图 2.7 超前小导管注浆加固围岩

注：r—注浆半径；a、b—孔深、孔距

胶结材料在松散地层中凝结后，松散岩体的力学性能得以改善，这部分经过改良的岩体作为隧道围岩，其稳定性得以增强，改良后的岩体能更好地与初期支护共同工作，成为隧道承载结构。

（2）二次衬砌

二次衬砌主要作为安全储备，用于承受后期围岩压力。一般是在初期支护后围岩变形基本稳定时，再施作内层衬砌。考虑到隧道投入使用后的服务年限很长，为了承受后期围岩压力，降低洞内空气阻力，满足洞内功能性构造要求和美观要求，以及保证隧道在服务过程中的稳定、耐久，现代隧道工程中一般均设有二次衬砌。二次衬砌多采用等厚度截面，变化较少，构造较简单，必要时只需将两侧边墙下部稍做加厚，以降低基底应力。

二次衬砌有多种材料和构造形式，但以就地模筑混凝土或钢筋混凝土为主，也有采用拼装式钢筋混凝土作为二次衬砌的，如图 2.8 所示。

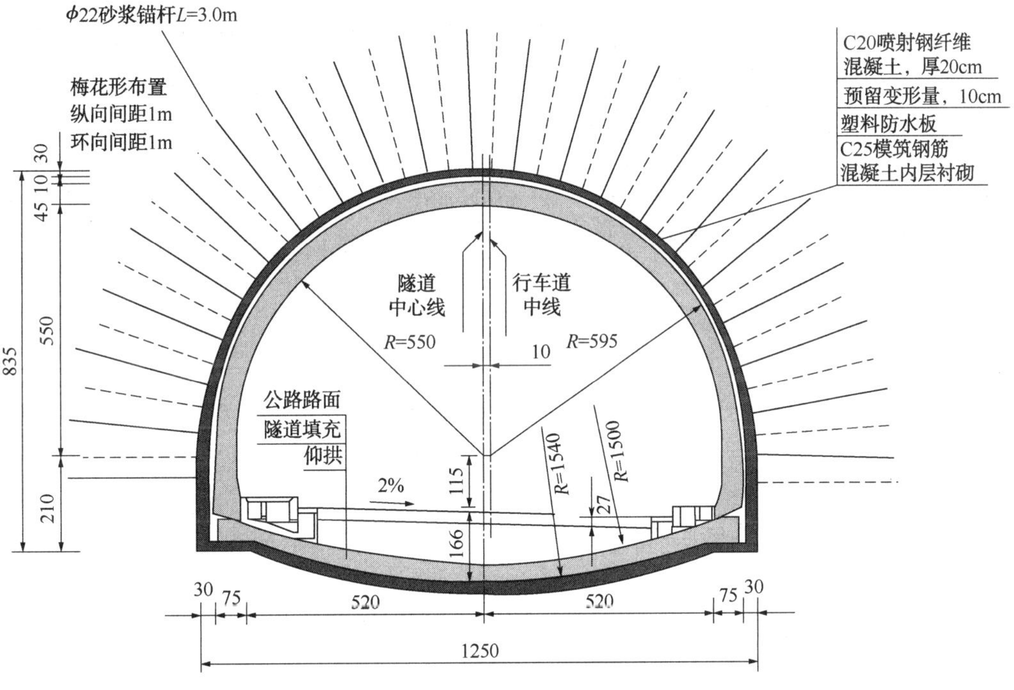

图 2.8　二次衬砌（单位：mm）

注：L—锚杆长度；R—半径

2.4　附属建筑与设施

除上述主体建筑物外，隧道还要修筑一些附属建筑和设施，才能保证车辆安全运行。附属建筑和设施包括防水和排水措施、安全避让措施、电力、通信、通风设施以及标志、信号、消防、交通监控系统等。

2.4.1 紧急停车带和避车洞

1）公路隧道紧急停车带

隧道中行驶的车辆发生故障时，故障车必须尽快离开行车道，以免引起交通阻塞，避免发生交通事故，紧急停车带就是专供紧急停车使用的停车位置。高速公路、一级公路的特长隧道和长隧道，应根据需要设置紧急停车带；10km 以上的特长隧道，还应考虑设置回车道设施，使车辆能在发生火灾时避难或退避。

紧急停车带的间隔主要根据故障车的可能滑行距离和人力可能推动的距离而定。我国目前参照国际道路常设协会(Permanent International Association of Road Congresses，PIARC)的推荐值来确定紧急停车带的有关参数，即超过 2km 的隧道，间隔约为 750m 设置宽 3.5m、长 40m 的紧急停车带。

2）铁路隧道避车洞

当列车通过隧道时，为了保证洞内行人、维修人员及设备的安全，在隧道两侧边墙上交错均匀地修建洞室，用于躲避列车，这种洞室称为避车洞。避车洞室根据其大小，分为大避车洞和小避车洞两种，其间距和尺寸如表 2.1 所示、平面布置如图 2.9 所示。

表 2.1　避车洞间距和尺寸　　m

名称	一侧间距		尺寸		
			宽度	深度	中心高度
大避车洞	有砟道床	300	4.0	2.5	2.8
	无砟道床	420			
小避车洞	有砟道床	60	2.0	1.0	2.2
	无砟道床				

注：双线隧道小避车洞每侧间距按 30m 设置

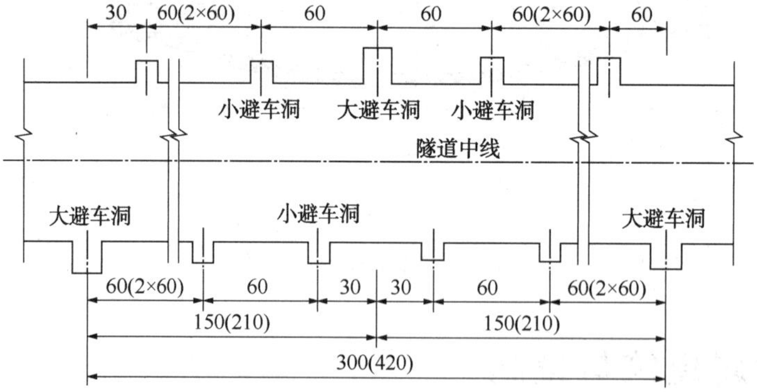

图 2.9　避车洞平面布置(单位：m)

小避车洞的净空尺寸为宽 2m，凹入边墙深为 1m，上为拱形，中心高 2.2m。大避车洞净空尺寸宽为 4m，凹入边墙深为 2.5m，上为拱形，中心高 2.8m。

当隧道长度在 300~400m 时，可在隧道中间布置一个大避车洞；隧道长度在 300m 以下时，可不布置大避车洞；如果两端洞口接桥或路堑，当桥上无避车台或路堑两边侧沟外无平台时，应与隧道一并考虑布置大避车洞。避车洞不应设于衬砌断面变化处、不同衬砌类型衔接处或变形缝处。旅客列车行车速度为160km/h的隧道内，避车洞内应沿洞壁设置高1.2m的钢制扶手。

当避车洞位于直线上且隧道内有人行道时，为便于维修小车和行人躲入，避车洞底面应与人行道顶面齐平；无人行道时，避车洞的底面应与道砟顶面(或侧沟盖板顶面)齐平，采用整体道床时，应与道床面齐平。当避车洞位于曲线上时，应考虑外轨超高和道床类型确定。

为使避车洞位置明显，避车洞内及周边应用石灰浆刷成白色，并在两侧距离为10m处的边墙上各绘一个白色的指向箭头指向避车洞。在运营期间应保证这些标志鲜明醒目，如图2.10所示。

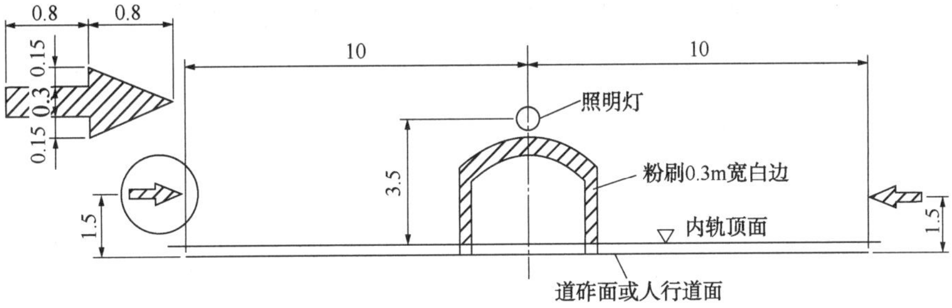

图2.10 避车洞标志位置(单位：m)

2.4.2 公路隧道的内装、顶棚、路面

1）内装

为了确保公路隧道中行车安全和舒适，隧道中必须具有足够的能见度，同时墙面需用适当的材料提高噪声消减效果。未经内装的混凝土衬砌表面，容易吸附各种固体颗粒、油污而受到污染，使墙面的反光率降低。采用适当材料进行内装的墙面，具有不易污染、容易清洗、耐冲刷、耐酸碱、耐腐蚀、耐高温等特点，同时可以起到美观作用。常用隧道内装材料如下：

(1) 块状混凝土：表面粗糙，易造成污染且不好清洗，但衬砌表面不需特殊处理。

(2) 饰面板、镶板等：不易造成污染，容易清洗，板背后的渗漏水隐蔽，各种管线容易在板背后隐蔽设置，板背后的空间有利于吸收噪声。

(3) 瓷砖：表面光滑，最容易洗净，但没有吸声作用。

(4) 油漆：比块状混凝土材料容易清洗，但不及其他两种材料，对衬砌表面要求很高，需要压光、平整；但也没有吸声作用，且不耐潮湿。

2）顶棚

顶棚的反射率能增加路面亮度。顶棚用漫反射材料可以避免产生眩光，其颜色的明亮程度直接影响到路面亮度，所以顶棚最好是浅色的。

顶棚是背景的一部分，特别是在有坡度处和变坡点附近对识别障碍物和察觉隧道内异常现象颇有帮助。顶棚可以美化隧道，特别是与整齐排列的灯具相互衬托，更可以起到美化的效果，并有明显的诱导作用。

顶棚可根据需要做成平顶或拱顶。在自然通风或诱导通风时，可以用拱顶；在半横向或横向通风时，可以用平顶。顶棚以上还可作为通风道和供管理人员使用的通道。

3）路面

隧道内的路面需具有足够的强度和耐久性，容易修补；路面材料应能够抵御水冲刷和侵蚀，坡度应易于排水；路面漫反射率高，颜色明亮，照明效果良好，容易发现障碍物；路基应具有足够的承载力；路面与车道分隔线等交通标志之间应有明显的亮度对比和颜色对比。

路面材料主要有混凝土和沥青混凝土两种。混凝土的反射率较沥青混凝土路面高，缺点是产生裂缝时不容易修补，更换时要中断交通。沥青路面的反射率较低，为了改善路面亮度，需要在面层中加入石英和铝的混合物或浅色石子和氧化钛作填充料。

第 3 章　常见隧道施工方法

3.1　隧道施工的特点、方法选择

3.1.1　隧道施工特点

隧道施工的特点可归纳为如下几点：

(1) 隧道工程主体结构埋设于地面以下，因此隧道周围区域的工程地质和水文地质条件对隧道施工能否顺利进行起着重要的，甚至是决定性的作用。地质条件不同，施工方案会有较大的差异。

隧道工程必须在前期勘测阶段做好详细的地质调查和勘探，尽可能准确地掌握隧道工程范围内的岩层性质、岩体强度、完整程度、地应力场、自稳能力、地下水状态、有害气体和地温状况等资料。并根据这些资料，初步选定合适的施工方法，确定相应的施工措施和配套的施工机具。此外，由于地质条件的复杂性和勘探手段的局限性，在施工中出现意外的地质情况是不可避免的。因此，在长大隧道的施工中，还可采取超前试验导洞超前水平钻孔、超前声波探测等技术措施，进一步查清掘进前方的地质条件，预先掌握工程地质及水文地质的变化情况，以便及时采取必要的技术措施修改施工方法。

(2) 隧道是一个狭长的建筑物，作业面受限，施工速度比较慢，一些长大隧道的工期往往也比较长，因此，隧道工程多成为新建线路上的控制工程。

隧道工程不像桥梁、线路等工程可以将作业面全面铺开。一般情况下，隧道只有进口与出口两个作业面，即使开设辅助坑道增创作业面，也十分有限。如何在有限的施工空间中最大限度地发挥施工管理的作用，是影响施工进度的关键所在。

在隧道施工中，尽可能多地将施工工序沿隧道纵向展开，进行平行作业，并解决好顺序作业与平行作业之间的关系，是节省时间，加快速度、缩短工期的有效途径。而对于长大隧道工程，则可以考虑设置适当数量的平行导坑、横洞、斜井或竖井等辅助导坑来增加工作面，以加快施工速度，缩短总工期。

(3) 与桥梁和线路工程相比，隧道施工受昼夜更替、季节变换、气候变化等自然条件的影响较小，因此一般均可以长年全天候稳定地安排施工，但在浅埋区段受地下水影响明显时，应注意规避。

(4) 地下工程的施工环境较差，在施工过程中还可能进一步恶化。如爆破产生有害气体、喷射混凝土产生粉尘等，必须采取有效措施加以改善；如采用人工通风、照明、防尘、排水等，使施工场地符合卫生条件，以保证施工人员的身体健康，提高劳动生产率。

(5) 隧道是一种埋设于地下的大型隐蔽工程，建成困难，建好困难，一旦建成后要更改就更困难。所以，在隧道施工前，应认真研究隧道与线路之间的关系，详细调查隧道区域地质等问题；在施工过程中，要使每一道工序都严格按有关规定进行，确保隧道工程质量达到标准要求，当工期与质量发生冲突时，应优先保证工程质量。

(6) 隧道大多穿越崇山峻岭，工地一般都位于偏僻的深山峡谷之中，往往远离已有交通线，运输不便，物资供应困难。

3.1.2 隧道施工方法的选择

围岩工程地质条件，即隧道所处的地下建筑环境条件，主要表现为围岩的自稳能力和抗扰动能力，被挖除岩体的抗破坏能力、地下水储藏条件、地应力大小、地温、易燃易爆有害物质以及这些条件的变化情况。隧道工程结构条件主要表现为隧道长度、隧道断面大小、形状、洞室的组合形式以及支护结构类型等情况。隧道工程施工条件主要表现为施工对围岩的扰动、支护对围岩提供帮助或限制的有效性、施工作业对空间的要求，提高施工速度的要求，控制施工成本的要求，保证工程质量的要求，保证施工安全的要求，减少环境污染的要求，施工队伍技术水平、施工人员素质、施工队伍的管理水平。

选择施工方法时，要考虑的因素有如下几方面：

(1) 工程的重要性。一般由工程的规模、使用上的特殊要求，以及工期的缓急体现出来。

(2) 隧道所处的工程地质和水文地质条件。

(3) 施工技术条件和机械装备状况。

(4) 施工中动力和原材料供应情况。

(5) 工程投资与运营后的社会效益和经济效益。

(6) 施工安全状况。

(7) 有关污染、地面沉降等环境方面的要求和限制。

应当指出，隧道工程施工是在应力岩体中开拓地下空间。由于地质条件的复杂性和多变性，以及地质勘探、施工技术和人们对工程问题认识的局限性，隧道工程施工是一项“模糊”的决策过程，使得人们在隧道施工过程中不可避免地会遇到意料之外的地质条件，甚至发生如流变、塌方、流沙、突泥、涌水、岩爆等工程事故。所以，隧道施工人员，一方面应当根据隧道工程各方面的具体条件加以综合考虑，反复比较，选择最经济、最合理的施工方法，一般是多种方法、多种技术的综合应用；另一方面应密切关注施工过程中的各种因素变化，以及根据实际情况调整施工方案、施工方法、施工技术和施工进度等各项计划，这是一个受多种因素影响的动态的择优过程。

3.2 新奥法

3.2.1 新奥法概述

1) 新奥法简介

新奥法(New Austrian Tunnelling Method，NATM)是新奥地利隧道施工方法的简称，在我国常把新奥法称为“锚喷构筑法”。新奥法的概念表述为：用薄层支护手段保持围岩强度、控制围岩变形，以发挥围岩自承载能力，并通过施工监控量测指导隧道的设计与施工。

采用该方法修建地下隧道时，对地面干扰小，工程投资也相对较小，已经积累了比较成熟的施工经验，工程质量也可以得到较好的保证。使用此方法进行施工时，对于岩石地层，可采用分部或全断面一次开挖，锚喷支护和锚喷支护复合衬砌，必要时可做二次衬砌；对于土质地层，一般需对地层进行加固后再开挖支护、衬砌，在有地下水的条件下必须降水后方可施工。

新奥法广泛应用于山岭隧道、城市地铁、地下贮库、地下厂房、矿山巷道等地下工程，是我国山岭隧道修建的主要施工方法，在施工场地受限制、地层条件复杂多变、地下工程结构形式复杂等情况下用新奥法施工尤为重要。

2）新奥法施工特点

与其他隧道施工方法比较，新奥法具有以下几个特点。

（1）及时性。新奥法施工采用喷锚支护为主要手段，可以最大限度地紧跟开挖作业面施工，因此可以利用开挖施工面的时空效应，以限制支护前的变形发展，阻止围岩进入松动的状态，在必要的情况下可以进行超前支护，加之喷射混凝土的早强和全面黏结性因而保证了支护的及时性和有效性。在巷道爆破后立即施工因喷射混凝土支护能有效地制止岩层变形的发展，并控制应力降低区的伸展而减轻支护的承载，增强了岩层的稳定性。

（2）封闭性。由于喷锚支护能及时施工，而且是全面密粘的支护，因此能及时有效地防止因水和风化作用造成围岩的破坏和剥落，制止膨胀岩体的潮解和膨胀，保护原有岩体强度。巷道开挖后，围岩由于爆破作用产生新的裂缝，加上原有地质构造上的裂缝，随时都有可能产生变形或塌落。当喷射混凝土支护以较高的速度射向岩面，能很好地充填围岩的裂隙、节理和凹穴，大大提高了围岩的强度。同时喷锚支护起到了封闭围岩的作用，隔绝了水和空气同岩层的接触，使裂隙充填物不致软化、解体而使裂隙张开，导致围岩失去稳定。

（3）黏结性。喷锚支护同围岩能全面黏结，这种黏结作用可以产生以下三种作用效果。

① 连锁作用：将被裂隙分割的岩块黏结在一起，若围岩的某块危岩、活石发生滑移坠落，则会引起临近岩块的连锁反应，相继丧失稳定，从而造成较大范围的冒顶或片帮。开巷后如能及时进行喷锚支护，喷锚支护的黏结力和抗剪强度可以抵抗围岩的局部破坏，防止个别危岩、活石滑移和坠落，从而保持围岩的稳定性。

② 复合作用：围岩与支护构成一个复合体(受力体系)共同支护围岩。喷锚支护可以提高围岩的稳定性和自身的支撑能力，同时与围岩形成了一个共同工作的力学系统，具有把岩石荷载转化为岩石承载结构的作用，从根本上改变了支架消极承担的弱点。

③ 增加作用：开巷后及时进行喷锚支护。一方面将围岩表面的凹凸不平处填平，消除因岩面不平引起的应力集中现象，避免过大的应力集中所造成的围岩破坏；另一方面，使巷道周边围岩呈双方向受力状态，增大了围岩的黏结力和内摩擦角，也就是提高了围岩的强度。

（4）柔性。喷锚支护属于柔性薄性支护，能够和围岩紧黏在一起共同作用，由于喷锚支护具有一定柔性，可以和围岩共同产生变形，在围岩中形成一定范围的非弹性变形区，并能有效控制允许围岩塑性区有适度的发展，使围岩的自承能力得以充分发挥。喷锚支护在与围岩共同变形中受到压缩，对围岩产生越来越大的支护反力，能够抑制围岩产生过大变形，防止围岩发生松动破坏。

3）新奥法与传统施工方法的区别

（1）设计及施工理念不同

传统方法认为巷道围岩是一种荷载，应用厚壁混凝土加以支护松动围岩。而新奥法认为围岩是一种承载机构，构筑薄壁、柔性、与围岩紧贴的支护结构(以喷射混凝土、锚杆为主要手段)，并使围岩与支护结构共同形成支撑环，来承受压力，并最大限度地保持围岩稳定，而不致松动破坏。

新奥法将围岩视为巷道承载构件的一部分，因此，施工时应尽可能全断面掘进，以减少巷道周边围岩应力的扰动，并采用光面爆破、微差爆破等措施，减少对围岩的震动，以保全其整体性。同时注意巷道表面尽可能平滑，避免局部应力集中。

新奥法将锚杆、喷射混凝土适当进行组合，形成比较薄的衬砌层，即用锚杆和喷射混凝土来支护围岩，使喷射层与围岩紧密结合，形成围岩-支护系统，保持两者的共同变形，故而可以最大限度地利用围岩本身的承载力。

（2）保护巷道围岩自身的承载能力

新奥法施工在巷道开挖后采取了一系列综合性措施：构筑防水层，围岩巷道排水，选择合理的断面形状尺寸，给支护留变形余量，开巷后及时做好支护、封闭围岩等，都是为保护巷道围岩的自身承载能力，使围岩的扰动影响控制在最小范围内，并加固围岩，提高围岩强度，使其与人工支护结构共同承受巷道压力。

（3）允许围岩有一定量的变形，以利于发挥围岩的固有强度

巷道的支护结构，应具有预定的可缩量，以缓和巷道压力。围岩的变形是控制在一定范围内的，必须避免围岩变形过大，从而导致围岩强度的削弱以致引起垮落、失稳。支护结构具有一定的变形量，允许巷道围岩产生一定的变形，以缓和来自巷道的巨大压力，更进一步减轻支护荷载。

新奥法施工过程中量测工作的特殊性。由于岩体生成条件与地质作用的复杂性、施工条件的复杂性，以及对工程设计参数的精确要求，该法需要通过许多量测手段，在施工过程中对围岩动态和支护结构工作状态进行监测，并用监测结果修改初步设计，指导施工。

量测的结果可以作为施工现场分析参数和修改设计的依据，因而能够预见事故和险情，以便及时采取措施，防患于未然，提高施工的安全程度。

3.2.2 新奥法施工程序和基本原理

1）新奥法施工程序

新奥法主要采用锚杆和喷射混凝土作为维护围岩稳定的初期支护，以帮助围岩获得初步稳定，施作后的锚喷支护即成为永久性承载结构的一部分而不予拆除，然后，在此基础上再施作内层衬砌作为安全储备，称为二次衬砌。初期支护、二次衬砌与围岩共同构成了永久的隧道结构体系。新奥法施工的基本程序如图 3.1 所示。

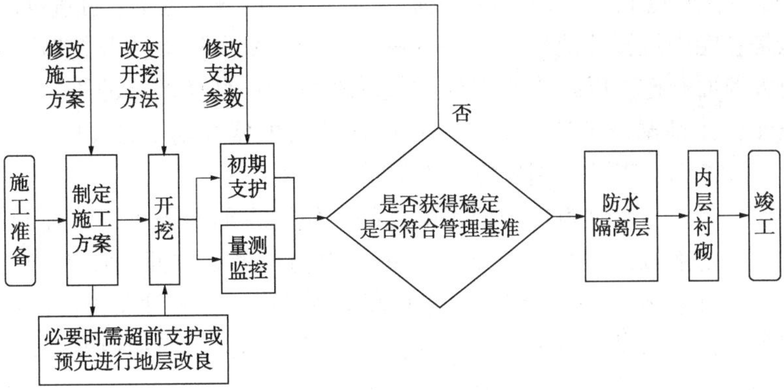

图 3.1 新奥法施工的基本程序

值得注意的是，虽然新奥法和传统矿山法都是采用钻眼爆破方式掘进，但二者的支护方式有着显著不同，且二者的施工原则和理论解释也不同。这种差异，反映了人们对隧道问题认识的进步和工程理论的发展。新奥法是目前我国山岭隧道工程中广泛使用的施工方法，从隧道工程的发展趋势来看，新奥法仍将是今后隧道工程最常用的施工方法。

锚杆、喷射混凝土和钢拱架等初期支护直接参与围岩共同工作，也不受隧道断面尺寸和形状的限制，可以适用于大多数地质条件，对某些特殊地质条件，在辅助工法的支持下仍然适用，从而使隧道施工的安全性和隧道结构的可靠度均大大提高。

由于锚喷支护技术的应用和发展，也使隧道施工更符合地下工程实际，即实现了隧道及地下洞室建筑结构体系的设计理念、施工方法、工作状态三者在原则、程序和效果方面的基本一致和贯穿统一。因此，新奥法作为一种施工方法，已在世界范围内得到了广泛的应用。更重要的是，它引发了人们对锚喷支护作用机理的广泛研究，从而促成了隧道工程理论迈入现代隧道及地下工程理论的新时代，促进了现代隧道工程理论体系的形成和围岩承载理论的提出。

2）基本原理

根据对隧道基本问题——开挖与支护的关系的认识，对围岩的三位一体特性的认识，以及对支护的加固和维护作用的认识，现代围岩承载理论认为，围岩是工程加固的对象，是不可替代的；支护是加固的手段，是可以选择的。

围岩承载理论在新奥法成功应用的基础上，作为岩体力学分析方法，充分考虑围岩在施工过程中的动态变化，逐步形成了"以维护和利用围岩的自承能力为基本出发点，锚杆和喷射混凝土为主要的支护措施，对围岩和支护的变形和应力进行量测为监测控制手段，来指导隧道和地下工程设计、施工"的基本思路，并进一步总结出提供支护帮助的基本原则，即：围岩不稳，支护帮助，遇强则弱，遇弱则强，按需提供，先柔后刚，量测监控，动态调整。

根据以上解决问题的基本思路和支护设计的基本原则，作为一种施工方法，新奥法施工的基本原则可以归纳为：少扰动，早锚喷，勤量测，紧封闭。这四项基本原则的具体含义解释如下。

（1）少扰动。隧道开挖时，要尽量减少对围岩的扰动次数、扰动强度、扰动范围和扰动持续时间。因此，隧道施工应根据围岩的级别，选择合理的开发方案、掘进进尺和作业循环。

具体措施是：能用机械开挖的就不用钻爆法开挖；采用钻爆法开挖时，要严格控制爆破；尽量采用大断面开挖，以减少对围岩的扰动次数；对自稳性差的围岩，宜采用分部开挖、小循环作业，并且掘进进尺应短一些；最好采用机械开挖，必要时可采用松动爆破；支护要尽量紧跟开挖面，以缩短围岩应力松弛时间。

（2）早锚喷。开挖后及时施作初期锚喷支护，使围岩的变形进入受控制状态。这样做一方面是为了使围岩不致因变形过度而产生坍塌失稳；另一方面是使围岩变形适度发展，以充分发挥围岩的自承能力。必要时，可采用超前预支护，甚至注浆加固(地层改良)措施。

具体措施是：根据围岩级别采用喷射混凝土、锚杆、钢拱架和模筑混凝土衬砌等不同组合形式的初期支护，并及时调整支护时机、支护参数，以求达到最佳支护效果。

（3）勤量测。以直观、可靠的量测方法获得数据来判断围岩(或围岩加支护)的稳定状态及动态发展趋势，评价支护的作用和效果，以便及时调整支护时机、支护参数、开挖方法、施工速度，确保施工安全和施工顺利进行。

具体措施是：在隧道施工中，对围岩进行地质素描、拱顶下沉观测、水平收敛观测、仰拱隆起观测及锚杆抗拔力测试等。量测是掌握围岩动态变化的手段和修改支护参数、调整施工措施的依据，也是现代隧道理论的重要标志之一。

（4）紧封闭。一方面，采用喷射混凝土等防护措施，避免围岩因长时间暴露而致强度和稳定性衰减，尤其是对于易风化的软弱围岩；另一方面，更为重要的是指要适时对围岩施作封闭形支护，使之形成力学意义上的封闭的承载环，即围岩加支护形成无薄弱部位且整体稳定的环状(筒状)结构物。这样做不仅能及时阻止围岩的过度变形，保证隧道的稳定，还可以使支护和围岩能进入良好的共同工作的状态，以有效地发挥支护体系的作用。

具体措施是：在一般破碎围岩地段的施工中，及时加固薄弱部位；而在软弱破碎围岩地段的施工中，使用短台阶或超短台阶开挖法开挖，及时修筑仰拱，使初期支护尽早形成封闭的承载环。

值得注意的是，在一般围岩条件下，模筑混凝土内层衬砌，原则是在初期支护与围岩共同工作并已达到基本稳定(变形收敛)的条件下修筑的。因而内层衬砌的作用是承受围岩后期压力和提供安全储备。但在围岩自稳能力很弱并具有较强流变特性时，及时采用刚度较大的强支护措施就显得非常必要。

3.2.3 新奥法的开挖方法

新奥法施工，按其隧道所处的工程地质及水文地质情况、围岩的稳定情况、开挖断面的大小及位置，基本上又可分为全断面开挖法、台阶开挖法、分部开挖法三大类。

1）全断面开挖法

隧道工程断面采用一次开挖成型(主要是爆破或机械开挖)的施工方法叫全断面开挖法，如图 3.2 所示。该方法的优点是可以减少开挖对围岩的扰动次数，有利于围岩天然承载拱的形成；工序简单，便于组织大型机械化施工；施工速度快，防水处理简单。缺点是对地质条件要求严格，围岩必须有足够的自稳能力，另外，其机械设备配套费用也较大。

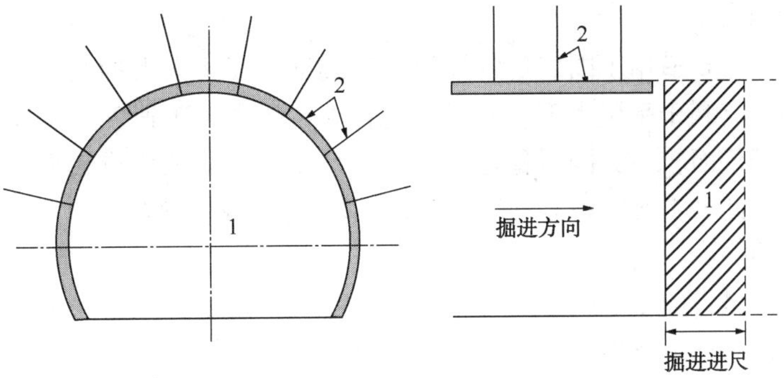

(a)示意一　　(b)示意二

图 3.2　全断面开挖法施工示意

注：1—全断面开挖；2—喷锚支护

(1) 施工顺序

全断面开挖法施工操作比较简单，主要工序：使用移动式钻孔台车，首先全断面一次钻孔，并进行装药连线，然后将钻孔台车后退到 50m 以外的安全地点，再起爆，一次爆破成型，出渣后钻孔台车再推移至开挖面就位，开始下一个钻爆作业循环。同时，施作初期支护，铺设防水隔离层(或不铺设)，进行二次模筑衬砌。全断面开挖法施工工艺流程如图 3.3 所示。

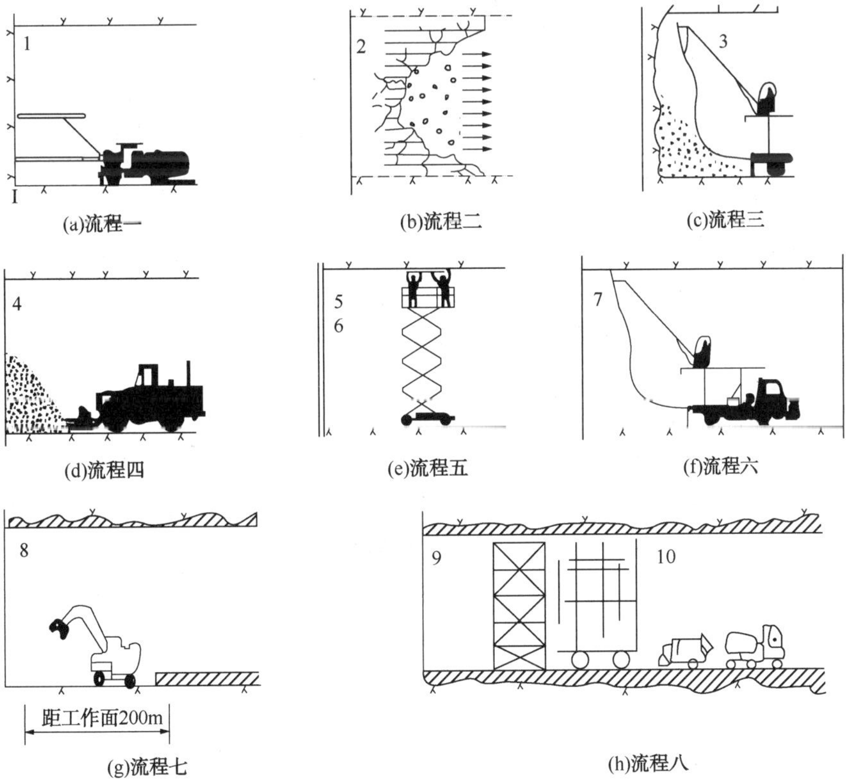

图 3.3　全断面开挖法施工工艺流程

注：1—钻孔(约 2h)；2—装药、爆破(约 1.5h)；3—初喷(约 1h)；4—装渣(约 1.5h)；5—量测；6—局部挂网(约 5h)；7—复喷(约 3h)；8—挖沟、铺底超前(约 5h)；9—铺防水板(约 1h)；10—模筑衬砌(约 8h)

(2) 适用范围

全断面开挖法主要适用于围岩稳定性很好和隧道断面不太大的情况。全断面开挖法有较大的作业空间，有利于采用大型配套机械化作业，提高施工速度且工序少，便于施工组织和管理。由于开挖面较大，围岩稳定性降低，且每个循环工作量较大。每次深孔爆破引起的震动较大，因此要求进行精心的钻爆设计，并严格控制爆破作业。

(3) 注意事项

全断面开挖法是目前Ⅰ～Ⅲ类围岩的隧道工程施工技术发展的一个方向，但是在采用全断面开挖时应注意以下事项。

① 加强对开挖面前方的工程地质和水文地质的调查，对不良地质情况要及时预测预报、分析研究，随时准备采取应急措施(包括改变施工方法)，以确保施工安全和工程进度。

② 各工序机械设备要配套，如钻眼、装渣、运输、模筑、衬砌支护等主要机械和相应的辅助机具，如钻杆、钻头、调车设备、气腿、凿岩钻架、注油器、集尘器等，在尺寸、性能和生产能力上都要相互配合。各项工作要环环紧扣，不得彼此牵制而影响掘进，从而充分保证机械设备的使用效率和各工序之间的协调作用，并注意经常维修设备，备存足够的易损零部件，以确保各项工作的顺利进行。

③ 重视和加强对施工操作人员的技术培训，使其能熟练掌握各种机械和新技术，不断提高工效，改进施工管理，加快施工速度。

2) 台阶开挖法

台阶开挖法的优缺点如下。

① 将上、下半断面合为一个作业面同步开挖，与全断面开挖法基本相同，可以有足够的工作空间和较快的施工速度。若将上、下半断面分两次开挖，则两个工作面之间相互干扰较大，实际工程中较少采用。

② 台阶开挖法将隧道下半断面滞后开挖，掌子面始终保留一个微台阶，既有利于开挖面和围岩的稳定，也给上部提供了一个工作平台，便于上部进行各项作业。尤其是上部开挖并施作初期支护后，下部作业就较为安全，但应注意下部开挖作业对上部已作支护的影响。

③ 台阶开挖法既可以采用大型施工机械，也可以采用中小型施工机械，其在出渣，进料运输方面也与全断面开挖法基本相同。

④ 台阶开挖法在遇到前方围岩地质条件的突变(如突变为软弱破碎、突水，泥石流、溶洞)时，其防御性要好一些，相对于全断面开挖法而言，可以避免造成较大的损失，并且可以比较方便地转换为环形开挖留核心土法或其他分部开挖法。

台阶开挖法中包括长台阶开挖法、短台阶开挖法和超短台阶开挖法三种，其划分一般是根据台阶长度来决定的，如图3.4所示。

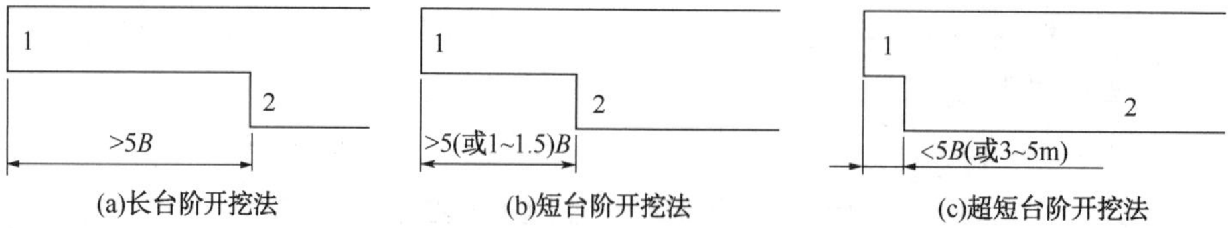

图3.4　台阶开挖法

注：B—洞跨长度；1、2—上、下台阶

至于施工中究竟应采用何种台阶开挖法，要根据两个条件决定：一是初期支护形成闭合断面的时间要求，围岩越差，闭合时间要求越短；二是上断面施工所用的开挖、支护、出渣等机械设备对施工场地大小的要求。

在软弱围岩中应以第一个条件为主，兼顾后者，确保施工安全。在围岩条件较好时，主要考虑如何更好地发挥机械工作效率，保证施工的经济性，故只要考虑第二个条件。

现将各种台阶开挖法叙述如下。

(1) 长台阶开挖法

这种方法是将断面分成上半断面和下半断面两部分进行开挖，上、下断面相距较远，一般上台阶超前50m以上或大于5倍洞跨长度，如图3.4(a)所示。施工时上下可配属同类机械进行平行作业，当机械不足时也可用一套机械设备交替作业，即在上半断面开挖一个进尺，然后再在下断面开挖一个进尺。当隧道长度较短时，亦可先将上半断面全部挖通后，再进行下半断面施工，即为半断面法。

相对于全断面开挖法来说，长台阶开挖法一次开挖的断面和高度都比较小，只需配备中型钻孔台车即可施工，而且对维持开挖面的稳定也十分有利。所以，它的适用范围较全断面开挖法广泛，凡是在全断面开挖法中开挖面不能自稳，但围岩坚硬不用底拱封闭断面的情况，都可采用长台阶开挖法。

(2) 短台阶开挖法

这种方法也是分成上下两个断面进行开挖，只是两个断面相距较近，一般上台阶长度小于5倍但大于(1~1.5)倍洞跨长度，如图3.4(b)所示。由于短台阶开挖法可缩短支护结构闭合的时间，改善初期支护的受力条件，有利于控制隧道收敛速度和量值，所以适用范围很广，Ⅱ、Ⅲ、Ⅵ类围岩都能采用，尤其适用于Ⅱ、Ⅲ类围岩，是新奥法施工中主要采用的方法之一。

短台阶开挖法的缺点是上台阶出渣时对下半断面施工的干扰较大，不能全部平行作业。为解决这种干扰可采用长皮带机运输上台阶的石渣；或设置由上半断面过渡到下半断面的坡道，将上台阶的石渣直接装车运出。过渡坡道的位置可在中间，亦可交替设在两侧。过渡坡道法在断面较大的三车道隧道中尤为适用。

采用短台阶法时应注意下列问题：初期支护全断面闭合要在距开挖面30m以内，或距开挖上半断面开始的30d内完成。初期支护变形、下沉显著时，要提前闭合，要研究在保证施工机械正常工作的前提下台阶的最小长度。

(3) 超短台阶开挖法

这种方法也是分成上下两部分，但上台阶仅超前3~5m，如图3.4(c)所示，只能采用交替作业。由于超短台阶开挖法初期支护全断面闭合时间更短，更有利于控制围岩变形。在城市隧道施工中，能更有效地控制地表沉陷。所以，超短台阶开挖法适用于膨胀性围岩和土质围岩，以及要求及早闭合断面的场合。当然，也适用于机械化程度不高的各类围岩地段。

超短台阶开挖法的缺点是上下断面相距较近，机械设备集中，作业时相互干扰较大，生产效率较低，施工速度较慢。

采用超短台阶开挖法施工时应注意以下问题：在软弱围岩中施工时，应特别注意开挖工作面的稳定性，必要时可采用辅助施工措施，如向围岩中注浆或打入超前水平小钢管，对开挖面进行预加固或预支护等。

3）分部开挖法

分部开挖法主要适用于地层较差的大断面隧道，包括单侧壁导坑法、双侧壁导坑法(也称眼镜工法)、环形开挖留核心土法、中隔墙法和三台阶七步开挖法等多种类型。

（1）单侧壁导坑法

单侧壁导坑法主要适用于地层较差、断面较大，采用台阶法开挖有困难的地层。采用该法可变大跨断面为小跨断面。大跨多不小于 10m，可采用单侧壁导坑法，将导坑跨度定为 3~4m，这样就可将大跨变成 3~4m 跨和 6~10m 跨。这种施工方法简单可靠。

采用该法开挖时，单侧壁导坑超前的距离一般在 2 倍洞径以上，为稳定工作面，经常和超前小导管预注浆等辅助施工措施配合使用，一般采用人工开挖，人工和机械混合出渣，开挖流程如图 3. 5 所示。

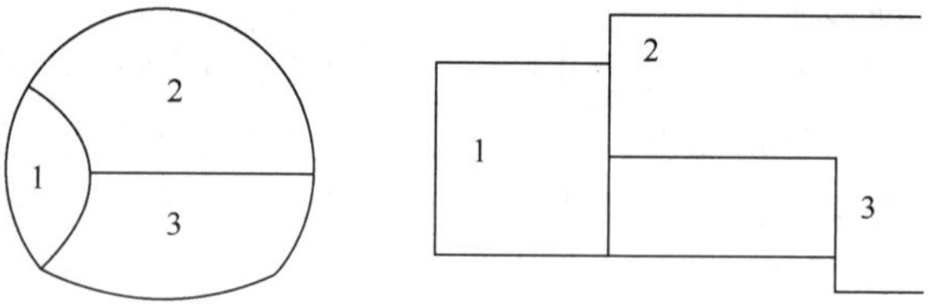

(a)示意一　　(b)示意二

图 3. 5　单侧壁导坑法施工流程示意

注：1、2、3—断面横向分块顺序

单侧壁导坑法是将断面横向分成 3 块，每步开挖的宽度较小，而且封闭型的导坑初期支护承载能力大，所以，单侧壁导坑法适用于断面跨度大，地表沉陷难于控制的软弱松散围岩中。

（2）双侧壁导坑法

当隧道跨度很大，地表沉陷要求严格，围岩条件特别差，单侧壁导坑法难以控制围岩变形时，可采用双侧壁导坑法。现场实测表明，双侧壁导坑法所引起的地表沉陷仅为短台阶法的 1/2 左右。

这种方法一般是将断面分成 4 块：左侧壁导坑、右侧壁导坑、上部核心土、下台阶。导坑尺寸拟定的原则同前，但宽度不宜超过断面最大跨度的 1/3，如图 3. 6 所示，左、右侧导坑错开的距离，应根据开挖一侧导坑所引起的围岩应力重分布的影响不致波及另一侧已成导坑的原则确定。

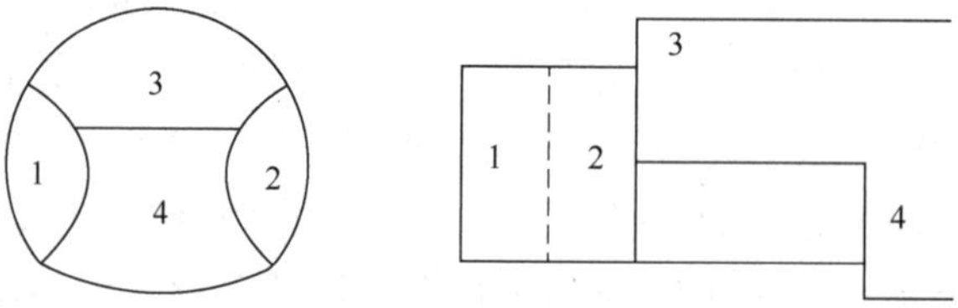

(a)示意一　　(b)示意二

图 3. 6　双侧壁导坑法施工流程示意

注：1、2、3、4—断面横向分块顺序

(3) 环形开挖留核心土法

一般将断面分成环形拱部、上部核心土、下部台阶三部分。根据断面的大小，环形拱部又可分成几块交替开挖。环形开挖进尺为0.5~1.0m，不宜过长。上部核心土和下台阶的距离，一般为1倍洞跨长度。环形开挖留核心土法施工顺序如图3.7所示。

用人工或单臂掘进机开挖环形拱部，架立钢支撑、喷混凝土。在拱部初期支护保护下，用挖掘机或单臂掘进机开挖核心土和下台阶，随时接长钢支撑和喷混凝土、封底。根据初期支护变形情况或施工安排建造内层衬砌。

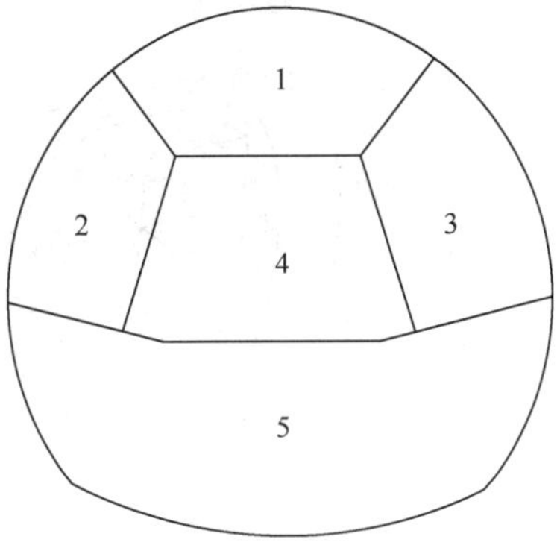

图3.7 环形开挖留核心土法施工流程示意

注：1、2、3、4、5—开挖顺序

(4) 中隔墙法

中隔墙法分为中隔墙法和交叉中隔墙法。中隔墙法也称CD(Center Diaphragm)工法，主要适用于地层较差和不稳定岩体，且地面沉降要求严格的地下工程施工。当CD工法仍不能满足要求时，可在CD工法的基础上加设临时仰拱，即所谓的交叉中隔墙法，即CRD(Cross Diaphragm)工法。CRD工法以台阶法为基础，将隧道断面从中间分成4~6部分，使上、下台阶左右各分成2~3部分，每一部分开挖并支护后形成独立的闭合单元。各部分开挖时，纵向间隔的距离可根据具体情况按台阶法确定。

大量施工实例资料的统计结果表明，CRD工法优于CD工法，而CD工法又优于双侧壁导坑法。但CRD工法施工工序复杂，隔墙拆除困难，成本较高，进度较慢，一般在第四纪地层中修建大断面地下结构物(如停车场)，且地面沉降要求严格时才使用。

采用中隔墙法施工时，每步的台阶长度都应控制，一般为3~5m。为稳定工作面，往往与预注浆等辅助施工措施配合使用，采用人工开挖、人工出渣方式。

CD工法和CRD工法将大跨分成两个小洞室，也体现了变大跨为小跨的指导思想。在施工中应严格遵守施工要点，尤其要考虑时空效应，每一步开挖必须快速。特别是CRD工法对地面沉降的限制严格，所以必须及时步步成环，工作面留核心土或用喷射混凝土封闭，消除由于工作面的应力松弛而增大沉降值的现象。隧道工作面不宜同时开挖，如同外科手术一样，开口越小越好，打开后应立即缝合。要注意当跨度小于3~5m时，不宜采用CRD工法，以避免因分块过多、空间过小、进度太慢而增大沉降值。如果时间加长，变位会增大，所以，软弱不稳定地层，在超前支护的作用下，应快速施工，快速通过不良地层，这是减少下沉量最有效的方法。

(5) 三台阶七步开挖法

本工法适用于具备一定自稳条件的Ⅳ、Ⅴ级围岩地段隧道的施工，不适用于围岩地质为流塑状态、洞口潜埋偏压段(但经过反压处理或施作超前大管棚后可采用)的情况。在隧道开挖过程中，该工法是以弧形导坑开挖预留核心土为基本模式，分上、中、下三个台阶七个开挖面，以前后七个不同的位置相互错开开挖，分部及时支护，形成支护整体，缩短作业循环时间，各部位的开挖与支护沿隧道纵向错开、平行推进的隧道施工方法(图3.8)。

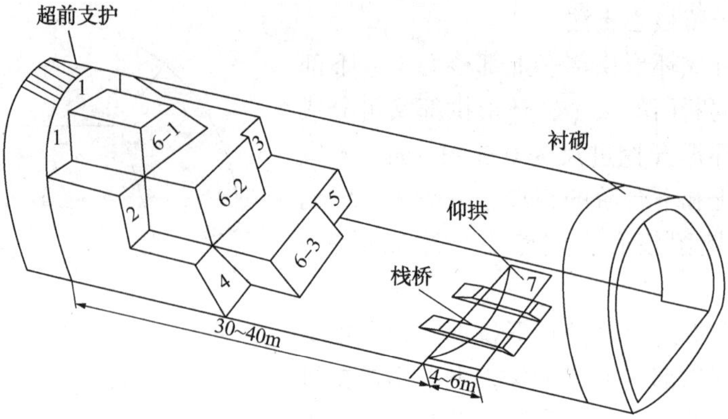

图 3.8　三台阶七步开挖法施工顺序

注：1、2、3、4、5、6-1、6-2、6-3、7—施工序号

施工步骤：第 1 步，施作超前支护后，开挖拱部弧形导坑，预留核心土，施作拱部初期支护；第 2、3 步，开挖左右侧中台阶并施作初期支护；第 4、5 步，开挖左右侧下台阶并施作初期支护；第 6 步，分别开挖上、中、下台阶核心土；第 7 步，开挖隧底并施作仰拱初期支护封闭成环。

综上新奥法施工方法，总结与对比如下。

① 施工方法的选择必须因地制宜。

② 施工中可能发生的问题及处理措施要结合实际，综合判断。

在设计、施工过程中，若对围岩性质判断不准或情况不明，或喷混凝土、打锚杆、立钢支撑时间和方法有误，围岩松动就会超过预计。此时，应根据观察和量测结果找出原因，进行改正。但是，很多场合不能明确原因，因此只能针对所发生的现象采取措施。根据实践经验，列出如表 3.1 所示新奥法中经常出现的一些异常现象及应采取的措施，其中措施 A 指进行比较简单的改变就可解决问题的措施，措施 B 指包括需要改变支护方法等比较大的变动才能解决问题的措施。当然，这里只列出大致的对策标准，优先用哪种措施，要视各个隧道的围岩条件、施工方法、变形状态综合判断。

表 3.1　施工中的现象及处理措施

施工中的现象		措施 A	措施 B
开挖面及其附近	正面变得不稳定	(1)缩短一次掘进长度；(2)开挖时保留核心土；(3)向正面喷射混凝土；(4)用插板或并排钢管打入地层进行预支护	(1)缩小开挖断面；(2)在正面打锚杆；(3)采取辅助施工措施对地层进行预加固
	开挖面顶部掉块增大	(1)缩短开挖时间及提前喷射混凝土；(2)采用插板或并排钢管；(3)缩短一次开挖长度；(4)开挖面暂时分部施工	(1)加钢支撑；(2)预加固地层
	开挖面出现涌水或涌水量增大	(1)加速混凝土硬化(增加速凝剂等)；(2)喷射混凝土前做好排水；(3)加挂网格密的钢筋网；(4)设排水片	(1)采取排水方法，如排水钻孔、井点降水等；(2)预加固地层

续表

施工中的现象		措施 A	措施 B
开挖面及其附近	地基承载力不足，下沉增大	(1)注意开挖；(2)不要损坏地基围岩；(3)加厚底脚处喷混凝土；(4)增加支撑面积	(1)增加锚杆；(2)缩短台阶长度；(3)及早闭合支护环；(4)用喷混凝土作临时底拱；(5)预加固地层
	产生底鼓	及早喷射底拱混凝土	(1)在底拱处打锚杆；(2)缩短台阶长度；(3)及早闭合支护环
喷混凝土	喷混凝土层脱离甚至塌落	(1)开挖后尽快喷射混凝土；(2)加钢筋网；(3)解除涌水压力；(4)加厚喷层	打锚杆或增加锚杆
	喷混凝土层中应力增大，产生裂缝和剪切破坏	(1)加钢筋网；(2)在喷混凝土层中增设纵向伸缩缝	(1)增加锚杆(用比原来长的锚杆)；(2)加入钢支撑
锚杆	锚杆轴力增大，垫板松弛或锚杆断裂		(1)增强锚杆(加长)；(2)采用承载力大的锚杆；(3)增大锚杆的变形能力；(4)在垫板间夹入弹簧等
钢支撑	钢支撑中应力增大，产生屈服	松开接头处螺栓，凿开喷混凝土层，使之可自由伸缩	(1)增强锚杆；(2)采用可伸缩的钢支撑；(3)在喷混凝土层中设纵向伸缩缝
	净空位移增大，位移速度变快	(1)缩短从开挖到支护的时间；(2)提前打锚杆；(3)缩短台阶、底拱一次开挖的长度；(4)当喷混凝土开裂时，设纵向伸缩缝	(1)增强锚杆；(2)缩短台阶长度；(3)提前闭合支护环；(4)在锚杆垫板间夹入弹簧垫圈等；(5)采用超短台阶法；(6)在上半端面建造临时底拱

3.3 明挖法

当隧道埋置较浅时，可将上覆一定范围内的岩体及隧道内的岩体逐层分块挖除，并逐次分段施作隧道衬砌结构，然后回填覆土，这种施工方法称为明挖法。

明挖法的优点是施工程序简单、明确，容易理解、便于掌握，主体结构受力条件较好。在没有地面交通和环境等限制时，明挖法是首选方法。应当注意的是，当采用悬臂支护明挖法或围护结构加支撑明挖法时，工程的重点和难点就转化为深基坑的围护问题。

根据对边坡维护方式的不同，明挖法可分为放坡明挖法，悬臂支护明挖法和围护结构加支撑明挖法三种。

1）放坡明挖法

隧道洞口段埋深较浅，可采用放坡，开挖基坑。只要坡率适当，即可保持边坡、仰坡土体的稳定，施工对周围环境影响较小。此法虽然开挖方量大，但机械化程度高，施工速度快，质量也易得到保证。受地下水影响时，可采用井点降水法提高边坡的稳定性及改善基坑内施工环境。

2）悬臂支护明挖法

悬臂支护开挖法是将基坑围护结构插入基坑底部以下，然后直接开挖基坑内土体。该结构处于悬臂状态，靠本身刚度和插入开挖面下的深度来平衡外侧土压力，开挖到设计高程后，再进行主体结构施工。由于基坑内无支撑，便于基础开挖和主体结构施工的机械化，也易保证工程质量。缺点是围护结构较复杂，增加了造价及施工难度。此法有时也用在有支撑开挖基坑的上部。

围护结构常由木桩、钢桩、挖孔桩、灌注桩、钢筋混凝土预制桩或地下连续墙等组成。为加强围护结构的强度与刚度，减少其变形与位移，常采用下列工程措施。

(1) 围护结构设计成刚度较大的截面形式。

(2) 围护结构顶部设圈梁等，改善其整体受力状况，提高整体刚度。

(3) 基坑外一定范围内挖去表层覆盖土，减少侧压力。

(4) 在基坑外进行井点降水，采用压密注浆、旋喷桩、搅拌桩或粉喷桩等方法加固土体，以减少侧压力。

(5) 在基坑内用井点降水和加固土体的方法，使坑底土体固结，以增加土体抗力。

(6) 在基坑内设置护脚，即预留一定高度和宽度的原状土台，以减少开挖时围护结构暴露高度。待基坑中间部分土体挖至设计高程，将中间底板灌完后，用跳槽开挖护脚土台，逐块浇灌这部分底板。

以上各种措施也可联合采用。

3) 围护结构加支撑明挖法

当基坑深度较大，开挖时除采用地下连续墙等围护结构外，还常采用支撑加强围护结构，以抵抗较大的侧压力。支撑分为水平支撑、斜支撑，也可采用锚杆支护。支撑的设置应考虑施工工艺的要求，支撑的强度、刚度、间距、层数及层位等应根据力学分析计算确定。施工中，应经常检查支撑状态。必要时，对其应力进行监控。

(1) 水平支撑

常用的水平支撑形式有横撑和角撑，基坑拐角或断面变化处设角撑，其他一般用横撑。除环形围护结构采用环梁支撑外，其余是受轴向压力的直线型支撑。支撑可用木材、钢筋混凝土构件、钢管、型钢及型钢组合构件等，这样的支撑拆装方便，占据空间较小，回收率高，还可以做成工具式支撑，故在实际工程中应用较多。

围护结构施工完毕，一般情况下可开挖至第一道支撑所需的高程，及时安装支撑并施加预应力。再采用挖槽法，先开挖支撑设计位置处土体(保留其两侧土体)，挖至第二道支撑高程时，安装第二道支撑，并施加预应力，然后由上向下开挖土体至适当高度，继续用挖槽法安装下道支撑。重复以上方法，最后开挖至基底高程，再依次浇筑底板、下层侧墙、中板、上层侧墙和顶板。按要求的时序拆除支撑，完成结构体系转换。

采用水平支撑的优点：墙体水平位移小，安全可靠，开挖深度不受限制；但其要求围护结构的平面形状比较规则，以矩形为最佳。开挖基坑宽度较大时，支撑应加设中间支柱来保持其稳定性。中间支柱应在开挖前按设计位置做好。

(2) 斜支撑

当基坑横向宽度较大或形状不规则，不便使用水平支撑时，可采用斜支撑。

斜支撑的施工常采用中心挖槽法开挖基坑内土体至斜支撑基础底高程，浇筑基础，及时安装斜支撑，使支撑一端支承在围护结构上，另一端支承在已浇筑的基础上，并施加预应力，然后开挖其余土体。设有两道或多道斜支撑时，先安装外侧的长支撑，后安装内侧的支撑，并把所有斜支撑基础连为整体，形成结构底板。最后依次浇筑下层侧墙、中板、上层侧墙和顶板，并按要求的时序拆除支撑，完成结构体系转换。

采用斜支撑时，围护结构上部水平位移比较大，易引起基坑外地面及附近建筑下沉，对沉降要求严格的地段应十分慎重，因此基坑开挖深度也受到一定限制。并且斜支撑基础及结构底板需分批施工，工序交错复杂，施工难度大。

(3) 锚杆支护

锚杆是一种设在基坑外边坡土体内的支护，一般由锚头、拉杆和锚固体三个基本部分组成。

锚头锚固在围护结构上。锚固体在岩石中的为岩石锚杆，在土层中的为土层锚杆。开挖基坑时，作用在围护结构上的侧应力可由锚杆与岩土之间产生的作用力来平衡。锚杆是受拉杆件，可采用高强钢索，充分发挥其抗拉性能。由于锚杆设置在基坑外，可提供宽敞的施工空间，有利于机械开挖坑内土体及组织结构主体施工。锚杆易于施加预应力，从而更好地控制围护结构的水平位移，减小地面及建筑物的沉降量，并能适用于各种形状的围护结构。锚杆可设成单层或多层，开挖深度不受限制；在大面积的基坑中，应用锚杆的经济效益更为显著。

其缺点是工艺复杂，锚杆不易回收，造价较高。当围护结构四周建筑物有密集的深基础时，不宜采用。锚杆的蠕变会降低其承载力。在流沙地层中，若锚头预留孔口与锚杆套筒之间的空隙过大，易发生涌水涌沙，引起坑外地面和建筑物沉降。锚杆的施工方法是开挖至锚杆所需高程，钻孔插入钢索后注浆，注浆 7~10d 后对锚杆施加预应力。

3.4 浅埋暗挖法

1) 开挖方法的选择

根据开挖断面大小，单跨隧道开挖方法一般有台阶开挖法、中隔墙法、交叉中隔墙法和洞桩法。

在前文新奥法部分已介绍了中隔墙法、交叉中隔墙法和台阶开挖法，故下文仅介绍洞桩法。

洞桩法，也称为 PBA(Pile Beam Arch)法，其原理是在地面不具备施工基坑围护结构条件时，改在地下先行暗挖的导洞内施作桩顶纵梁、围护边桩，使桩顶纵梁、围护桩、顶拱共同构成支撑框架体系：桩(Pile)、梁(Beam)、拱(Arch)。施工过程承受外部荷载，然后逐层向下开挖，在顶拱和边桩的保护下，必要时设施工内部结构预加力横向支撑，最终形成永久承载体系(由外层边桩及顶拱初期支护和内层二次衬砌组合而成)。这种方法实质就是有机结合明挖框架结构施工方法和暗挖框架结构施工方法，其核心思想在于设法形成代替传统的预支护和初期支护结构的，由拱部初期支护和侧壁支撑结构组成的整体支护体系，在进行洞室主体部分开挖时，有效地控制地层沉降，保证具有足够的安全度。

2）浅埋暗挖法的特点

浅埋暗挖法是在新奥法的基础上，针对浅埋隧道，特别是城市隧道、地下铁道工程等城市地下工程特点发展起来的。城市浅埋地下工程的特点主要是：覆土浅，地质条件差（多数是未固结的砂土、黏性土、粉细砂等），自稳能力差，承载力小，变形快，特别是初期增长快，稍有不慎极易产生坍塌或过大的下沉，而且在隧道附近往往有重要的地面建筑物或地下管网，对施工提出了严格的要求。浅埋暗挖法是以超前加固、处理软弱地层为前提，采用足够刚性的复合衬砌（由初期支护和二次衬砌及中间防水层组成）为基本支护结构的一种用于软土地层近地表隧道的暗挖施工方法。它以施工监测为手段，并以此来指导设计和施工，保证施工安全，控制地表沉降。近年来，采用浅埋暗挖法施工的隧道，特别是城市隧道工程已越来越多。

与其他施工方法相比，浅埋暗挖法具有许多特点。具体如下。

（1）适用于各种地质条件和地下水条件。

（2）具有适合各种断面形式（单线、双线及多线、车站等）和变化断面（过渡段、多层断面等）的高度灵活性。

（3）通过分部开挖和辅助施工方法，可以有效地控制地表下沉和坍塌。

（4）与盾构法相比较，在较短的开挖地段使用也很经济。

（5）与明挖法相比较，可以极大减轻对地面交通的干扰和对商业活动的影响，避免大量的拆迁。

（6）从综合效益出发，是比较经济的一种施工方法。

3）浅埋暗挖法的开挖与支护技术

针对浅埋暗挖法的技术特点，在松散不稳定地层中采用浅埋暗挖法开挖作业时，所选用的施工方法及工艺流程，应保证最大限度地减少对地层的扰动，提高周围地层自承作用和减少地表沉降。浅埋段的开挖施工应遵循“管超前、严注浆、短开挖、强支护、早封闭、勤量测、速反馈、控沉陷”的原则。围岩自稳能力差，或公路三车道及以上跨度隧道的浅埋段，可选择地表降水、地表加固、管棚、超前小导管、预注浆等辅助工程措施。浅埋隧道应加强初期支护和减小爆破震动，及时施作初期支护，尽早施作二次衬砌。

浅埋暗挖法隧道工程施工时，应根据工程特点、围岩情况、环境要求以及施工单位的自身条件等，选择适宜的开挖方法及掘进方式。总的原则是“预支护、预加固一段，开挖一段；开挖一段，支护一段；支护一段，开挖一段，封闭成环一段”。

施工中常用的开挖方法是台阶法以及适用于特殊条件的各类型分部开挖方法。一般山岭隧道可采用正台阶法施工。城市及附近地区的一般隧道可采用上台阶分部开挖法或短台阶法施工。大断面的城市或山岭隧道可采用中隔墙台阶法、单侧壁导坑法或双侧壁导坑法施工。城市地铁车站、地下停车场等多跨隧道多采用柱洞法、侧洞法或中洞法施工。

浅埋隧道断面较大时不宜采用全断面开挖。施工中应尽量减少对围岩的扰动，优先采用掘进机或人工开挖。采用爆破开挖时，应采用短进尺、弱爆破，必要时要对爆破震动进行监控。爆破进尺一般不宜超过 1.0m。

由于周围环境及隧道所处地段地质的复杂性，往往需要选取地质条件和结构情况有代表性的一段工程作为试验段，在作出包括结构设计、施工方案、试验及量测计划的设计后先期开工。对施工过程中引起地中及地表沉陷变形情况、支护结构及围岩应力状态、对地面环境的影响程度等情况进行观察、量测、分析和研究。试验段施工中所取得的数据，还可以用反分析的方法获得更符合实际的围岩力学参数，并在此基础上进行力学分析计算。通过对试验段施工的研究分析，除进行优化设计及施工方案外，还对量测数据管理标准进行验证。

3.5 盾构法

3.5.1 盾构法概述

1）盾构施工法简介

盾构是在与隧道形状一致的盾构外壳内，装备着推进机构、挡土机构、出土运输机构、安装衬砌机构等部件的隧道开挖专用机械。盾构法就是使用盾构修建隧道的方法，它是使用盾构在地下掘进，在防止开挖面坍塌和保持开挖面稳定的前提下，同时在机内安全地进行隧道的开挖作业和衬砌作业，从而构筑成隧道的施工法。

构成盾构法的主要内容是：在隧道某段的一端建造竖井或基坑，以供盾构安装就位；盾构从竖井或基坑的墙壁预留孔处出发，在地层中沿着设计隧道轴线，向另一竖井或基坑的设计预留孔洞推进；盾构推进中所受到的地层阻力，通过盾构千斤顶传至盾构尾部已拼装的预制衬砌，再传到竖井或基坑的后靠壁上。盾构是这种施工方法的核心，是一个既能支承地层压力，又能在地层中推进的圆形、矩形、马蹄形或其他特殊形状的钢筒结构。盾构隧道的基本断面形状是圆形，因为圆形断面抵抗地层中的土压力和水压力效果较好，衬砌拼装方便，构件通用性强，易于更换而应用广泛。之后陆续开发应用了多圆和异型盾构，其直径稍大于隧道衬砌的直径。在钢筒的前面设置各种类型的支撑和开挖土体的装置，在钢筒中段周围内安装顶进所需的千斤顶，钢筒尾部是具有一定空间的壳体，在盾尾内可以安置数环拼成的隧道衬砌环。盾构每推进一环距离，就在盾尾支护下拼装一环衬砌，并及时向盾尾后面的衬砌环外周的空隙中压注浆体，以防止隧道及地面下沉。盾构在推进过程中不断从开挖面排出适量的土方。

盾构法施工时还需要有地下水的降低，稳定地层、防止隧道及地面沉陷的土壤加固措施，隧道衬砌结构的制造，地层的开挖，隧道内的运输，衬砌与地层间的充填，衬砌的防水与堵漏，开挖土方的运输及处理，配合施工的测量、监测技术，合理的施工布置等其他施工技术密切配合才能顺利进行。

2）盾构施工法的主要特点

（1）盾构施工机械化程度高，其对地层的适应性好。

（2）能够承受围岩压力，施工安全。

（3）适用于各种土层。

（4）地面作业很少(除竖井外)，隐蔽性好，噪声、振动等因素引起的环境影响小。

（5）隧道施工的费用和技术难度基本不受覆土深度的影响，适宜于建造深埋隧道，其埋设深度可以很深而不受地面建筑物和交通的限制。

(6) 穿越河底或海底时，不影响通航，也不受气候的影响。

(7) 穿越地面建筑群和地下管线密集的区域时，对周围环境影响较小。

(8) 盾构推进、出土、拼装衬砌等主要工序循环进行，易于管理，施工人员较少。

(9) 工程造价低。

(10) 施工工期短。

3) 盾构法施工存在的问题

(1) 当隧道曲线半径过小时，施工较为困难。

(2) 在陆地建造隧道时，如隧道覆土太浅，则盾构法施工难度很大；而在水下时，如覆土太浅，则盾构法施工不够安全。

(3) 盾构施工中采用全气压方法以疏干和稳定地层时，对劳动保护要求较高，施工条件差。

(4) 盾构法隧道上方一定范围内的地表沉陷限制在很小的限度内。

(5) 在饱和含水地层中，盾构法施工所用的拼装衬砌，对达到整体结构防水的技术要求较高。

4) 盾构法施工流程

采用盾构法施工时，首先要在隧道的始端和终端开挖基坑或建造竖井，用作盾构及其设备的拼装井(室)和拆卸井(室)，特别长的隧道，还应设置中间检修工作井(室)。拼装和拆卸用的工作井，其建筑尺寸应根据盾构装拆的施工要求来确定。拼装井的井壁上设有盾构出洞口，井内设有盾构基座和盾构推进的后座。井的宽度一般应比盾构直径大(1.6~2.0)m，以满足铆、焊等操作的要求。当采用整体吊装的小盾构时，则井宽可酌量减小。井的长度，除了要满足盾构内安装设备的要求外，还要考虑盾构推进出洞时，拆除洞门封板和在盾构后面设置后座，以及垂直运输所需的空间。中、小型盾构的拼装井长度，要照顾设备车架转换的方便。盾构在拼装井内拼装就绪，经运转调试后，就可拆除出洞口封板，盾构推出工作井后即开始隧道掘进施工(图 3.9)。盾构拆卸井设有盾构进口，井的大小要便于盾构的起吊和拆卸。其他施工主要有土层开挖、盾构推进操纵与纠偏、衬砌拼装、衬砌背后压注等。这些工序均应及时而迅速地进行，决不能长时间停顿，以免增加地层的扰动和对地面、地下构筑物的影响。

在盾构开挖土层的过程中，为了安全并减少对地层的扰动，一般先将盾构前面的切口贯入土体，然后在切口内进行土层开挖，开挖方式有四种：敞开式、机械切削式、挤压式和网格式。

(1) 敞开式开挖，适用于地质条件较好、掘进时能保持开挖面稳定的地层。由顶部开始逐层向下开挖，可按每环衬砌的宽度分数次完成。

(2) 机械切削式开挖，指用装有全断面切削大刀盘的机械化盾构开挖土层。大刀盘可分为刀架间无封板和有封板两种，分别在较好和较差土质条件下使用。在含水不稳定的地层中，可采用泥水加压盾构和土压平衡式盾构进行开挖。

(3) 挤压式开挖，分为全挤压和局部挤压两种。前者由于掘进时不出土或部分出土，对地层有较大的扰动，使地表隆起变形，因此隧道位置应尽量避开地下管线和地面建筑物。

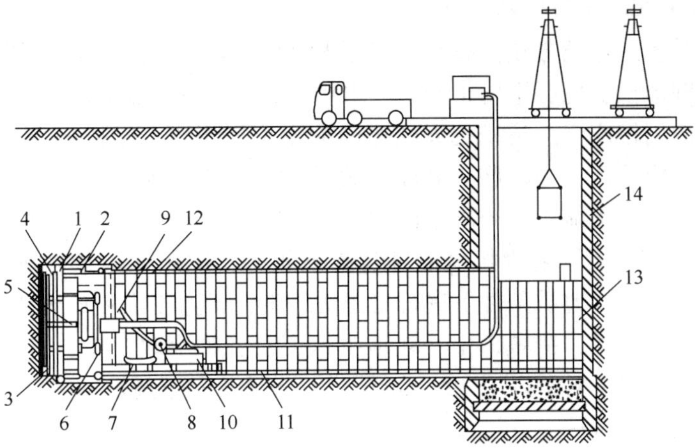

图 3.9 盾构施工流程

注：1—盾构；2—盾构千斤顶；3—盾构正面网格；4—出土转盘；5—出土皮带输送机；6—管片拼装机；7—管片；8—压浆泵；9—压浆孔；10—出土机；11—由管片组成的隧道衬砌结构；12—在盾尾空隙中压浆；13—后盾管片；14—竖井

此种盾构不适用于城市道路和街坊下的施工，仅能用于江河、湖底或郊外空旷地区。用局部挤压方式施工时，要根据地表变形情况，严格控制出土量，使地层的扰动和地表的变形减少到最低限度。

(4) 网格式开挖，使用网格式盾构开挖时，要掌握网格的开孔面积。格子过大会丧失支撑作用，过小会产生对地层的挤压扰动等不利影响。在饱和含水的软塑土层中，这种掘进方式具有出土效率高、劳动强度低、安全性好等优点。

推进过程中，主要采取编组调整千斤顶的推力，调整开挖面压力以及控制盾构推进的纵坡等方法，来操纵盾构位置和顶进方向。一般按照测量结果提供的偏离设计轴线的高程和平面位置值，确定下一次推进时需有若干千斤顶开动及推力的大小，用以纠正方向。此外，调整的方法也随盾构开挖方式的不同而有所不同：如敞开式盾构，可用超挖或欠挖来调整；机械切削式开挖，可用超挖刀进行局部超挖来纠正；挤压式开挖，可用改变进土孔位置和开孔率来调整。

为了防止地表沉降，必须将盾尾和衬砌之间的空隙及时压注充填。压注后还可改善衬砌受力状态，并增强衬砌的防水效果。压注的方法有二次压注和一次压注。二次压注是在盾构推进一环后，立即用风动压注机通过衬砌上的预留孔，向衬砌背后的空隙内压入豆粒砂，以防止地层坍塌；在继续推进数环后，再用压浆泵将水泥类浆体压入砂间空隙，使之凝固。因压注豆粒砂不易密实，压浆也难充满砂间空隙，不能防止地表沉降，已趋于淘汰。一次压注是随着盾构推进，当盾尾和衬砌之间出现空隙时，立即通过预留孔压注水泥类砂浆，并保持一定的压力，使之充满空隙。压浆时要对称进行，并尽量避免单点超压注浆，以减少对衬砌的不均匀施工荷载；一旦压浆出现故障，应立即暂停盾构的推进。盾构法施工时，还需配合进行垂直运输和水平运输，以及配备通风、供电、给水和排水等辅助设施，以保证工程质量和施工进度，同时还需准备安全设施与相应的设备。

5）盾构的种类及适用的地层条件

盾构的类型很多，分类方法也很多。按盾构断面形状可分为圆形、拱形、矩形、马蹄形和复圆形等，圆形抵抗地层中的土压力和水压力较好，衬砌拼装简单，可采用通用构件，易于更换，因而应用较广泛。按挖掘方式可分为手工挖掘式、半机械挖掘式和机械挖掘式三种。按盾构前部构造可分为敞胸式和闭胸式两种。按排出地下水与稳定开挖面的方式可分为人工井点降水、泥水加压、土压平衡式的无气压盾构，局部气压盾构和全气压盾构等。

随着隧道工程的发展，盾构机械的种类越来越多，适用性也越来越广泛。一般而言，盾构法主要适用于在软弱地质条件下进行暗挖法施工，最适于在松软含水地层中修建隧道，如在江河中修建水底隧道，在城市中修建地下铁道及各种市政设施。有资料显示，盾构法一般适宜于长隧道施工，对于短于750m的隧道，被认为是不经济的。常用盾构的性能和适用的地层条件如表3.2所示。

表3.2　常用盾构的性能和适用的地层条件

构造类型	挖掘方式	盾构名称	出土措施及开挖面稳定措施	适用的地层条件	备注
敞胸式盾构	手工挖掘	普通盾构	临时挡板支撑千斤顶	稳定性尚可的松散地层	根据需要加以气压、人工井点降水，及其他地层加固等辅助措施
		棚式盾构	将开挖面分成几层、利用砂的安息角和棚的摩擦阻力使开挖面稳定	无压水砂性土地层	
		网格式盾构	利用土和钢制网格棚的摩擦阻力使开挖面稳定	硬塑性黏土、淤泥	
	半机械挖掘	反铲式盾构	手掘式盾构装上反铲式挖土机出土	稳定性较好的硬土地层	
		旋转式盾构	手掘式盾构装上软岩掘进机出土	石质软岩	
		旋转刀盘式盾构	面板加单刀盘或多刀盘破岩	较稳定的软岩、硬土地层	
		插刀式盾构	千斤顶顶推插板，机械或人工挖土	稳定性尚可的硬土地层	
闭胸式盾构	手工挖掘	半挤压盾构	胸板局部开孔，依靠千斤顶推力使土砂从开孔中挤出或自然流出	软塑状黏土、淤泥	需要时可增加辅助措施
		全挤压盾构	盾构胸板无孔，不进土，完全挤入淤泥地层中	流塑状软土、淤泥	
	半机械挖掘	局部气压盾构	面板与隔板加气压	有压水松软底层	不再加设其他辅助措施
		泥水加压盾构	面板与隔板间加有压泥水	有压水冲积层、洪积层	
		土压平衡盾构	面板与隔板间充满土砂，产生的压力和开挖处的地层压力保持平衡	软塑状淤泥、淤泥夹砂	需要时可增加辅助措施
		网格式挤压盾构	胸板为网格，土体通过网格孔挤入盾构	软塑状—流塑状淤泥	

6）盾构的主要构造

盾构一般由盾壳、推进机构、取土机构、拼装或现浇衬砌机构以及盾尾等部分组成。现代盾构集机、电、液、传感、信息技术于一体，主要由盾壳、开挖系统、推进系统、导向系统、管片安装系统、壁后注浆系统、出渣系统及后配套系统等部分组成。

盾构机从纵向上看可分为切口环(前盾)、支撑环(中部、中盾)和盾尾三部分(图3.10),盾构的内径应比隧道衬砌外径略大,其空隙一般为衬砌外径的0.8%左右。切口环和支撑环都是用厚钢板焊成的或铸造的肋形结构,而盾尾则是用厚钢板焊成的光壁筒形结构。

切口环是盾构的前导部分,是开挖和挡土的部分,其长度一般从与支撑环交界处算起为75~125cm,在环内部和前方可以设置各种类型的开挖和支撑地层的装置,如刀盘、密封舱等。

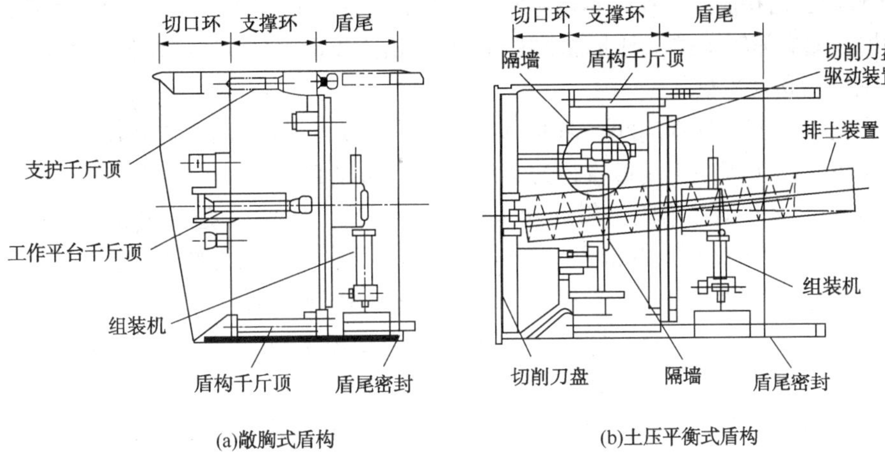

图3.10 盾构主要构造

支撑环是盾构的主要支撑结构,是具有较强刚性的圆环结构,沿其内部周边均匀地装有推动盾构前进的千斤顶,以及开挖机械的驱动装置和排土装置。作用于盾构上的主要力,包括地层压力、液压千斤顶施加的荷载以及切口、盾尾、衬砌拼装时传来的施工荷载等,均由支撑环承担。

盾尾主要是进行衬砌作业的场所,其内部设置盾尾支撑环切口环衬砌拼装机,尾部有盾尾密封刷、同步压浆管和盾尾密封刷油膏注入管等。盾尾的内径与管片外径的差称为盾尾间隙,其值取决于管片的拼装富余度,曲线施工、摆动修正必需的富余度,主机外壳制作误差的富余度,通常取20~30mm。盾尾间隙(x)加上盾尾外壳钢板的厚度(t),也就是盾构推进后管片和地层间产生的空隙ΔD。该空隙称为构筑空隙,即$\Delta D=x+t$。由于构筑空隙直接造成地层沉降,所以须在盾构推进后立刻对该空隙进行填充注浆。这一间隙越小越好,故而后尾外壳多选用厚度较薄的高强度钢板。

7)盾构法的发展和未来动向

(1)国外盾构法发展

盾构法施工的构思是由法国工程师布鲁诺尔(Brunel)在船板上蛀虫蛀孔的启示下于1818年提出的。1825—1843年布鲁诺尔在伦敦泰晤士河下采用6.8m×11.4m的矩形断面盾构修建了全长458m的世界上第一条用盾构法施工的隧道。1869年,英国人巴劳(Barlow)首次采用圆形盾构在泰晤士河底建成外径为2.21m的隧道。

英国人格雷特海德(Greathead)综合了以往盾构施工和气压法的技术特点,较完整地提出了气压盾构法的施工工艺,首创了在盾尾的衬砌外围空隙中压浆的施工方法,极大地推动了盾构施工法的发展,并于1874年在伦敦地下铁道南线的黏土和含水砂砾地层中成功地应用气压盾构法建造了内径为3.12m的隧道。1880—1890年，在美国和加拿大之间的圣克莱河下用盾构法建成一条直径6.4m、长1800余米的水底铁路隧道。

20世纪初，盾构施工法已在美、英、德、法等国推广，20世纪三四十年代，这些国家已成功地使用盾构建成直径3.0~9.5m的多条地下铁道及过河公路隧道。采用气压盾构法仅在纽约就建成了19条重要的水底隧道，其中有道路、地下铁道、煤气和上下水道等。20世纪60年代起，盾构施工法在日本迅速发展，大量用在城市隧道施工中。日本为此研制了大量新型盾构，如局部气压式、泥水加压式和土压平衡式盾构等，以适应在各种地层中施工。

(2) 国内盾构法发展

我国在第一个五年计划期间，东北阜新煤矿采用直径2.6m的盾构修建疏水巷道。1957年，在北京下水道工程中也用过直径为2.0m和2.6m的盾构。

1963年，上海开始在第四纪软弱含水层中进行直径为4.2m盾构隧道工程试验，盾构为手掘式，有16个千斤顶，总推力为1.96×10^4kN，并备有正面支撑千斤顶，隧道衬砌为单层防水钢筋混凝土类型管片，并采用沥青环氧树脂为接缝防水材料，试验中曾采用降水法和气压法疏干地层的辅助措施。1965年又采用2个直径5.8m，总推力为3.724×10^4kN的网格式盾构，在覆土约12m厚的淤泥质黏土层中进行试验，采用气压式推进(气压值为$8.82\times10^4\sim11.76\times10^4$Pa)建成2个试验隧道。1967—1969年，采用直径为10.2m的盾构及单层钢筋混凝土管片建成上海第一条黄浦江打浦路越江道路隧道，盾构穿越地面以下深度为17~30m的淤泥质黏土层和粉砂层，在两岸不同地段采用降水法全出土、全闭胸挤压、气压全出土以及局部挤压方法施工，在河中段还采用了无气压全闭胸挤压法施工。1984年，上海又制造了直径11.32m的盾构，成功地建成了黄浦江延安东路水底道路隧道。

20世纪70年代以来，上海、北京、江苏、浙江、福建等地采用不同类型盾构修建了各种不同用途的隧道，仅上海就用盾构施工法在长江边及海边建成6条外径4.3m的排水及引水隧道。此外，上海、广州等地采用盾构修建地铁和地下通道，上海地铁1号线14.81km长的区间隧道采用7台盾构进行施工，广州地铁1号线也采用3台盾构进行6个区间的隧道施工。随着我国经济建设的发展，特别是城市建设的发展，盾构施工法的应用具有越来越广阔的前景。

进入21世纪，盾构法已成为隧道施工的成熟技术，在地铁、铁路、公路、市政、水电等隧道工程中被广泛运用。

2008年3月，武汉长江穿江隧道左右洞全部贯通，该隧道分为上下行2个车道隧道，长2×2550m，单洞净空断面直径为10m，均采用复合刀盘泥水加压式盾构。它标志着“万里长江第一隧”工程的成功。

截至2021年底，国内开工修建的大直径盾构隧道工程共118项，其中超大直径盾构隧道有61项。

2023年8月21号，北京东六环改造工程取得重大建设进展，随着国产首台16米级直径盾构机“运河号”在北京市通州区土桥新桥西北侧顺利接收，我国最长盾构高速公路隧道实现双线贯通。

(3) 盾构法的未来动向

盾构法开挖面稳定技术从压气施工法的“气”演变到泥水式的“水”和土压式的“土”。

“开挖面稳定”和“盾构开挖”的技术已达到较完善的程度。目前盾构一般指密封式的泥水式和泥土加压式盾构。泥土加压式盾构因其具备用地面积小、适用土质广、残土容易处理等优点，在建筑物密集的市区，使用数量正逐年增加。

从世界范围来看，盾构法隧道施工技术正在朝长距离、大直径、大埋深、复杂断面和高度自动化的方向发展。目前，盾构技术的发展动向是：开发超大断面的盾构和 MF(Multi-Circular Face，多圆搭接)盾构、DOT(Double—Tube，双圆)盾构等多断面盾构，加上在衬砌和开挖方面采用 ECL(Extruded Concrete Lining，压缩混凝土衬砌)施工法的技术，采用省力化的管片自动组装装置，以及采用自动测量进行开挖控制，用计算机进行各种施工管理而实现管理系统化等的开发研究，为提高盾构法施工的安全性、施工性和经济性开辟了更加广阔的应用前景。

近几年，随着“互联网+智慧工地”概念的提出，盾构施工亦朝着智能化方向发展。盾构智能化平台通过系统预警，能够做到提前防范。平台包括施工总览、在线监控、预警系统、设备管理、隧道质量管理、管片管理等功能。通过在线监控功能将平台通过网络与盾构机 PLC(Programmable Logic Controller，可编程逻辑控制器)连接，将盾构机刀盘扭矩、土仓压力、注浆压力、盾构姿态等施工参数实时上传，从而实现盾构施工实时监控。

智能化平台对于轨道交通盾构施工管理和盾构设备管理发挥了积极作用。比如，通过管控平台可实时监控盾构机相关掘进参数，实现浆液自动称重；由业主核查，监理负责上传成型管片质量，减少隐瞒问题；施工过程全记录，保证生产进度，限制施工速度过快带来的安全质量问题。

3.5.2 盾构法施工准备工作

盾构法施工准备工作包括修建盾构始发井和到达井、盾构拼装、洞口地层加固、地面辅助措施的准备等。

1) 修建盾构始发井和到达井

盾构法施工的隧道，在盾构掘进前必须先修建始发井，盾构机各个组成部分先在始发井内拼装，拼装好后的盾构机也是从此开始掘进的，故在始发井内尚需设置临时支撑结构，为盾构机的推进提供必要的反力。在盾构出洞前，必须先修建到达井，以便在其中拆卸盾构、附属设备和后续车架，以及出渣和运料等。当盾构需要掉头时，需要设置掉头的地下空间。

盾构始发(到达)井的平面形状多数为矩形，平面净空尺寸要根据盾构直径、长度、需要同时拼装的盾构数目及运营时的功能而定。拼装井的长度和宽度在能满足盾构推进时初始阶段的出渣，运入衬砌材料、其他设备和进行连续作业与盾构拼装检查所需的空间要求的情况下，越小越好，一般可取长度 A，$A=L+(0.5\sim1.0)L$，L 为盾壳总长；可取宽度 B，$B=D+(1.5\sim2)\text{m}$，D 为盾构外径。如果地下车站采用明挖法施工，则区间隧道的盾构拼装(拆卸)室常设在车站两端，成为车站结构的一部分，并与车站结构一起施工，但这部分结构暂不封顶和覆土，留作盾构施工时的运输井。

盾构拼装井内设置拼装盾构的盾构拼装台，一般为钢结构和钢筋混凝土结构。台上设有导轨，承受盾构自重和盾构移动时的其他荷载。

在盾构始发(到达)竖井的端墙上应预留出盾构通过的开口，又称为封门。这些封门最初起挡土和防止渗漏的作用，一旦盾构安装调试结束，盾构刀盘抵住端墙，要求封门能够尽快拆除或打开，使得盾构机可以掘进。根据始发(到达)竖井周围的地质条件，可采用不同的封门制作方案。一般情况下，封门有现浇钢筋混凝土封门、钢板桩封门和预埋 H 型钢封门。

盾构中间井和到达井的结构尺寸和要求与盾构拼装井基本相同，但应考虑盾构推进过程中出现的蛇行而引起盾构起始轴心线与隧道中心线的偏移，一般是将拼装井开口尺寸加上蛇行偏差量作为中间井和到达井进出口开口尺寸。

竖井的施工方法取决于竖井的规模、地层的地质水文条件、环境条件等。施工中要注意以下问题：必须对盾构的进出口区段地层采取注浆加固措施，以稳定地层；当地下水较大时，应采取降水措施，防止井内涌水、冒浆及底部隆起；随着竖井沉入深度的增加，对井底开挖工作要特别小心，以防地下水上涌，造成淹井事故。

2）盾构拼装

盾构拼装必须遵照盾构安装说明书进行，一般在拼装井底部的拼装台上进行，小型盾构也可在地面拼好后整体吊入井内。

盾构在拼装前，先在拼装室底部铺设 50cm 厚的混凝土垫层，其表面与盾构外表面相适应，在垫层内埋设钢轨，轨顶伸出垫层约 5cm，可作为盾构推进时的导向轨，并能防止盾构旋转。若拼装室将来要作他用，则垫层将被凿除，费工费时，此时应改用由型钢拼装的盾构支撑平台，其上亦需要有导向和防止旋转的装置。

由于受起重设备和运输条件限制，通常将盾构机拆成切口环、支撑环、盾尾三节运到工地，然后用起重机将其逐一放入井下的垫层或支承平台上。切口环与支撑环用螺栓连接成整体，并在螺栓连接面外圈加薄层电焊，以保持其密封性。盾尾与支撑环之间则采用对接焊连接。

在拼装好的盾构后面，尚需设置由型钢拼成的、刚度很大的反力支架和传力管片。根据推出盾构需要开动的千斤顶数目和总推力进行反力支架的设计和传力管片的排列。一般来说，这种传力管片都不封闭成环，故两侧都要将其支撑住。

拼装完毕的盾构，应做外观检查、主要尺寸检查、液压设备检查、无负荷运转试验检查、电气绝缘性能检查、焊接检查，并满足相应要求方可投入使用。

3）洞口地层加固

当盾构工作井周围地层为自稳能力差、透水性强的松散砂土或饱和含水黏土时，如不对其进行加固处理，则在凿除封门后，必将会有大量土体和地下水向工作井内塌陷，导致洞周大面积地表下沉，危及地下管线和附近建筑物。常用的加固方法有注浆、旋喷、深层搅拌、井点降水、冻结法等，可根据土体种类(黏性土、砂性土、砂砾土、腐殖土)、渗透系数和标准贯入值、加固深度和范围、加固的主要目的(防水或提高强度)、工程规模和工期、环境要求等条件进行选择。加固后的土体应有一定的自立性、防水性和强度，一般以单轴无侧限抗压强度为 0.3~1.0MPa 为宜，太高则刀盘切土困难，易引发机器故障。

4）地面辅助措施的准备

为了确保盾构正常施工，应根据盾构的类型和具体施工方法，配备必要的地面辅助设施，涉及的方面及工作内容主要包括：①进行控制测量；②平整场地，并通路、通电和通水；③设置管片堆场、拌浆间、充电间、空压机房、水泵房等设施；④形成地面运输系统，配备出土配套设施；⑤配置其他生产设备，一般包括油库、危险品仓库、设备料具间、机械维修间等；⑥提供通信设备；⑦确定和优化隧道断面布置；⑧确定车架转换工艺；⑨布置井底车场。

3.5.3 盾构掘进及出洞

1）维持开挖面稳定

土压平衡式盾构通过开挖面管理(刀盘和密封舱内的渣土压力)、外加剂注入管理、切削土量管理和盾构机管理，使开挖面土压稳定在设定值。目前，挖掘管理已经实行自动化控制，用智能化系统不断调整开挖速度以控制密封舱压力。

2）盾构掘进中姿态的控制

早期的盾构掘进姿态操纵与控制纠偏主要通过正确调整盾构机千斤顶工作组合、盾构推进纵坡控制、调整开挖面的阻力、控制盾构机自转等几个方面的综合措施来实现。现代盾构掘进中的姿态控制就是通过一套测量系统随时掌握正在掘进中的盾构的位置和姿态，并通过计算机将盾构的位置和姿态与隧道设计轴线相比较，找出偏差数值和原因，下达调整盾构姿态应启动的千斤顶的模式，从最佳角度、位置移动盾构，使其蛇行前进的曲线与隧道轴线尽可能接近。利用智能化测量系统，可随时掌握正在掘进中的盾构机的位置和姿态(俯仰、旋转、偏移、超挖、蛇行等)。

3）盾构施工中的注浆

通过浆液、注浆压力、注浆开始时间与注浆量的优化选择，达到及时填满衬砌与周围地层之间的环向间隙、防止地层移动、增加行车的稳定性和结构的抗震性目的。

4）盾构机出洞

盾构机出洞的顺序如图 3.11 所示。

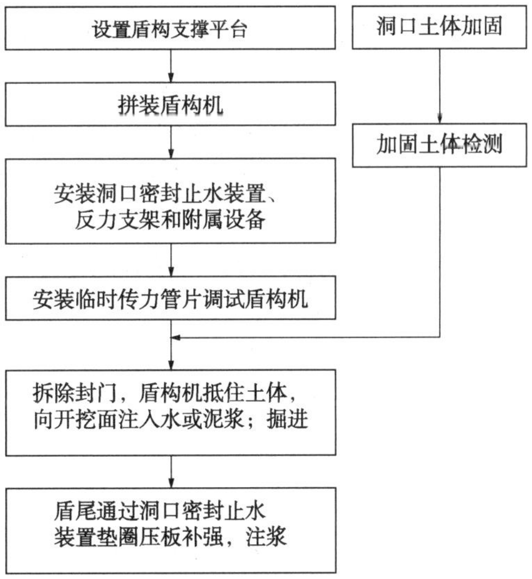

图 3.11　盾构机出洞顺序

3.5.4 盾构管片衬砌拼装和防水

下文从预制装配式衬砌(又称管片衬砌)、双层衬砌、盾构隧道横截面内轮廓和结构尺寸拟定、衬砌防水主要措施四个方面对盾构管片衬砌拼装和防水进行阐述。

1) 预制装配式衬砌

(1) 管片材质

预制装配式衬砌是指用工厂预制的构件(称为管片),在盾尾拼装而成的衬砌。管片种类按材料可分为钢筋混凝土、钢、铸铁以及由几种材料组合而成的复合管片。钢筋混凝土管片的耐久性和耐压性比较好,管片刚度大,由其组成的衬砌防水性能有保证,应用广泛。其缺点是重量大,抗拉强度较低,在脱模、运输、拼装过程中,容易将其角部碰坏。钢管片的强度高,具有良好的焊接性,便于加工和维修,重量轻也便于施工;但其刚度小、易变形,而且钢管片的抗锈性差,在不做二次衬砌时必须有抗腐、抗锈措施。铸铁管片强度高,防水和防锈蚀性能好,易加工,刚度亦较大,早期曾得到广泛应用。不过由于钢和铸铁管片价格较贵,现在除了在需要开口的衬砌环或预计将承受特殊荷载的地段采用钢和铸铁管片外,一般都应采用钢筋混凝土管片。

(2) 管片分类

按管片螺栓手孔成型大小,可将管片分为箱形和平板形两类。箱形管片是指因手孔较大而呈肋板形结构的管片。

手孔较大不仅方便了接头螺栓的穿入和拧紧,而且也节省了材料,使单块管片重量减轻,便于运输和拼装。但因截面削弱较多,在盾构千斤顶推力作用下容易开裂,故只有金属管片、直径和厚度较大的钢筋混凝土管片才采用箱形结构。纵向加劲肋是传递千斤顶推力的关键部位,一般沿衬砌环向等距离布置,加劲肋的数量应大于盾构千斤顶的台数,其形状应根据管片拼装和是否需要灌注二次衬砌而定。

平板形管片是指因螺栓手孔较小或无手孔而呈曲板形结构的管片。由于管片截面削弱较少或无削弱,故对千斤顶推力具有较大的抵抗力,对通风的阻力也较小。无手孔的管片也称为砌块。现代的钢筋混凝土管片多采用平板形结构。

箱形管片的纵向接缝(径向接缝)和横向接缝(环向接缝)一般都是平面状的。为了减少管片在盾构千斤顶推力和横向荷载作用下的损伤,钢筋混凝土管片间的接触面通常比相应的接缝轮廓小些。

平板形管片的接缝除了可采用平面状外,为提高装配式衬砌纵向刚度和拼装精度,也有采用榫槽式接缝的。

当管片间的凸出和凹进部分相互吻合衔接时靠榫槽即可将管片相互卡住。当衬砌中内力较大时,管片的径向接缝还可以做成圆柱式的,使接缝处不产生或少产生弯矩。

(3) 连接方式

衬砌环内管片之间以及各衬砌环之间的连接方式,可分为柔性连接和刚性连接。前者允许相邻管片间产生微小的转动和压缩,使衬砌环能按内力分布状态产生相应的变形,以改善衬砌的受力状态;后者则通过增加连接螺栓的排数,尽量在构造上使接缝处的刚度与管片本身相同。实践证明,刚性连接不仅拼装麻烦、造价高,而且会在衬砌环中产生较大的次应力，带来不良后果，因此，目前较为通用的是柔性连接。

柔性连接常用的有以下几种形式。

① 单排螺栓连接。这种连接方式按螺栓形状又可分为直螺栓连接、弯螺栓连接和斜螺栓连接三种。其中，直螺栓连接是最常见的连接方式，单排直螺栓一般设在 $h/3$ 处(h 为管片厚度)，且螺栓直径亦不应过小。

②销钉连接。销钉连接可用于纵向接缝，亦可用于横向接缝。所用的销钉可在管片预制时埋入，亦可在拼装时安装。用销钉连接的管片形状简单、截面无削弱，建成的隧道内壁光滑平整。销钉连接与螺栓连接相比既省力、省时，价格又低廉，连接效果也相当好。销钉是埋在衬砌内的，不能回收，故通常都是用塑料制成。

③ 无连接件。在稳定的不透水地层中，圆形衬砌的径向接缝也可不用任何连接件连接。因管片沿隧道径向呈一楔形体，外缘宽内缘窄，在外部压力作用下，管片将相互挤紧，从而形成一个稳定的结构。

2) *双层衬砌*

为防止隧道渗水和衬砌腐蚀，修正隧道施工误差，减少噪声和振动以及作为内部装饰，可以在装配式衬砌内部再做一层整体式混凝土或钢筋混凝土内衬。根据需要还可以在装配式衬砌与内层之间敷设防水隔离层。双层衬砌主要用在含有腐蚀性地下水的地层中，近年来随着混凝土耐腐蚀性和管片防水性能的提高，采用双层衬砌的必要性已大为减少。

3) *盾构隧道横截面内轮廓和结构尺寸拟定*

(1) 横截面内轮廓尺寸

采用盾构法修建隧道时，无论是在直线上还是曲线上，均使用同一台盾构施工，中途无法更换。因此，其横截面的内轮廓尺寸全线是相同的，故除了要根据建筑限界、施工误差、道床类型、预留变形等条件决定外，还要按线路的最小曲线半径进行验算，保证车辆在最困难条件下也能安全通过。

(2) 管片厚度

衬砌管片厚度取决于地层条件、覆盖层厚度、隧道外径的大小、管片材料、隧道用途、施工工艺等条件。为了充分发挥围岩自身的承载能力，现代的隧道工程中都采用柔性衬砌，其厚度相对较薄，一般取衬砌环外径的5%~6%。

(3) 管片宽度

管片宽度的选择对施工、造价的影响较大。当宽度较小时，虽然搬运、组装、在曲线上施工方便，但接缝增多，加大了隧道防水的难度，增加了管片制作成本，而且不利于控制隧道纵向不均匀沉降；管片宽度太大则施工不便，也会使盾尾长度增长而影响盾构的灵活性。因此，过去单线区间隧道管片的宽度控制在700~1000mm，但随着铰接盾构的出现，管片宽度有进一步提高的趋势，目前，控制在1000~1500mm。

(4) 衬砌环的分块和拼装

衬砌环的分块，一般有两种方式：一种是由若干标准管片(A)、两块相邻管片(B)和一块封顶管片(K)组成；另一种是由若干块 A 型管片、一块 B 型管片和一块 K 型管片构成，如图 3.12 所示。相邻管片一端带坡面，则封顶管片两端或一端带坡面。从方便施工、提高衬砌环防水效果角度看，第一种方式较好。

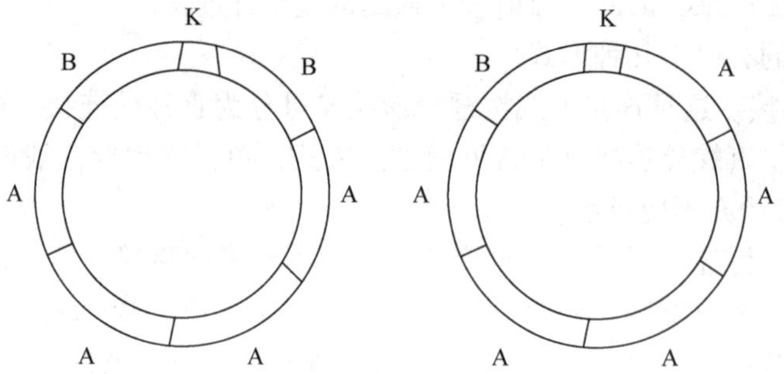

(b)方式二

图 3.12　衬砌环的分块方式

封顶块的拼装形式有径向楔入和纵向插入两种。采用径向楔入时，封顶块的两个径向边必须呈内八字形或者至少是平行的，但受载后有向下滑动的趋势，受力不利；采用纵向插入时，封顶块不易向内滑动，受力较好，但在拼装封顶块时，需加长盾构千斤顶行程。封顶块的位置一般设在拱顶处，但也有设在45°、135°甚至180°(圆环底部)处的，视需要而定。

衬砌环的拼装形式有错缝和通缝两种。通缝拼装是每环管片的纵向缝对齐，错缝拼装是每环管片的纵向缝错开1/3~1/2的宽度。错缝拼装可使接缝分布均匀，减少接缝及整个衬砌环的变形，整体刚度大，是较为普遍采用的拼装形式，但当管片制作精度不够高时，管片在盾构推进过程中容易被顶裂，甚至顶碎。在某些场合，例如需要拆除管片修建旁通道处或某些特殊需要时，衬砌环通常采用通缝拼装形式，以便于结构处理。管片拼装方法按其程序可分为“先纵后环”和“先环后纵”两种。先纵后环法，其程序是管片按先底部、后两侧、再封顶的次序拼装，逐次安装成环，每装一块管片，对应千斤顶收缩一次。

从制作成本、防水、拼装速度等方面考虑，衬砌环分块数越少越好，但就运输和拼装方便而言，又希望分块数多些。应结合隧道所处的围岩条件、荷载情况、构造特点、计算模型(如按多铰柔性圆环考虑，分块数应多些；按弹性匀质圆环考虑，分块数宜少)、运输能力、制作拼装方便等因素综合考虑决定。通常直径 $D \leq 6$m 的隧道，衬砌环以分4~6块为宜；直径 $D>6$m 时，可分为6~8块。

(5) 注浆孔的配置

为了均匀地向衬砌背后进行回填注浆，管片上还应设置一个以上的注浆孔，注浆孔直径一般由所用的注浆材料决定，通常其内径为50~100mm。如注浆孔兼作起吊孔使用，则应根据作业安全性和是否便于施工确定其位置及孔径大小。在钢筋混凝土管片中一般都不另行设置起吊孔，而是注浆孔或螺栓孔兼作起吊孔使用。

4) 衬砌防水主要措施

盾构隧道衬砌防水主要解决管片本身的防水、管片接缝防水问题。

管片本身防水施工：①采用防水混凝土做到结构自防水，满足管片混凝土的抗渗要求；②提高管片预制制作精度；③在管片外设防水涂层。

管片接缝防水主要措施如下。

(1) 接缝密封垫防水

一般使用硫化橡胶弹性密封垫和复合型弹性密封垫。

(2) 嵌缝防水堵漏

这是接缝密封垫防水的补充措施，即在管片环缝、纵缝中沿管片内侧设置嵌缝槽，用止水材料在槽内填嵌密实。另一种新方法是可以先在嵌缝槽内涂上树脂胶浆，然后嵌填适当尺寸的异型橡胶条，既可以防水，也可以吸收隧道竣工运营之后产生的振动。也可以在接缝处注浆堵漏。

(3) 螺栓孔防水

这种措施主要用于对密封垫失效和管片拼装精度差的部位的螺栓孔进行专门防水处理，目前普遍采用橡胶、聚氯乙烯及合成树脂等环形密封垫圈，靠拧紧螺栓时的挤压作用使其充填到螺栓孔间，起到止水作用。在隧道曲线段等容易渗漏水地段，可采用铝制杯形罩或塑料螺栓套管，将嵌缝材料束紧到螺母部位，并依靠专门夹具拧紧，待材料硬化后，拆除夹具，止水效果很好。

(4) 二次衬砌防水

以拼装管片作为单层衬砌其接缝防水措施仍不能完全满足止水要求时，可在管片内侧再浇筑一层混凝土或钢筋混凝土衬砌，构成双层衬砌，使隧道符合防水要求。

3.5.5 盾构法施工地面沉降机理和防治

采用盾构法施工时，一般在地表均会有变形，地面变形的程度与隧道的埋深、直径、地层特性、盾构施工方法、地面建筑物基础形式等有关。

1) 地面沉降机理

(1) 地表变形的规律

盾构法施工时，沿隧道纵向轴线所产生的地表变形，一般在盾构前方约与盾构埋深相等的距离内地表开始产生隆起，在盾构通过以后地表逐渐下沉，其下沉量随着时间的推移先增加而最终趋于稳定。

不同的盾构施工方法，其变形规律及影响范围大致相同，但变形量的差异很大。一般全封闭挤压盾构推进时，地表隆起幅度最大，土压平衡式盾构或泥水平衡式盾构施工时，地表隆起现象相对较小。一般隆起越多盾构过后沉降越大。施工时掌握得好，地表沉降量可控制在 50mm 左右，最大不超过 100mm。

盾构法施工中地表变形问题应予以足够重视，特别是在城市街道或建筑群下施工时，更应采取各种技术措施，严防地表下沉或隆起危及地表建筑物的正常使用。

(2) 导致地面沉降的因素

在盾构法施工中，导致地面沉降的主要因素有以下几种。

① 盾构掘进时，开挖面土体的松动和崩塌，破坏了地层平衡状态，造成土体变形而引起地表变形。

② 盾构法施工中应采用降水疏干措施时，因地下水浮力消失，土体自重压力增加，地层固结沉降加速，引起地表下沉。

③ 盾构尾部建筑空隙充填不实导致地表下沉。施工纠偏及弯道掘进的局部超挖，均会

造成盾构与衬砌间建筑空隙的不规则扩大，而这些扩大量有时难以估计，或无法及时充填，给地表下沉带来影响。

④ 施工速度快慢，衬砌结构的受力变形等都会导致表面的微量下沉。

总之，盾构法施工导致地表变形是一个综合性的技术问题，在隧道工程中应用时，一定要采取多种辅助措施，选择好施工方法，否则，不能进入城市繁华街道及密集建筑群下施工。

2）地表变形及隧道沉降的控制

盾构法施工中做不到完全防止地表变形，但能够设法减小地表变形，并使地表下沉得到控制，可以采取如下措施。

（1）采用灵活合理的正面支撑结构或适当压力的压缩空气来疏干开挖面土层，以此保持开挖面土体的稳定。

（2）采用技术上较先进的盾构，如土压平衡式盾构、泥水平衡式盾构、复合式盾构等，基本不改变地下水位，严格控制开挖面的挖土量，防止超挖。

（3）及时、有效、足量地充填衬砌背后的建筑间隙，必要时还可通过在管片上的注浆孔进行二次加固注浆。浆液材料要严格控制其稠度、含水率和浆液中的黏粒含量，要根据盾构注入和拌浆设备的具体条件，优选浆液的材料和配合比。同时要控制注浆压力，防止影响管片衬砌环的正常使用。

（4）提高隧道施工速度，减少盾构在地下的停搁时间，尤其要避免长时间的停搁。

（5）严格控制盾构施工中的偏差量。盾构施工偏差增大，不但影响隧道线路、限界等使用要求，还会过多地扰动地层而导致地面沉降量的增加。为了减少纠偏推进对土层的扰动，应限制盾构推进时每环的纠偏量。

（6）为了防止隧道下沉而使竣工后的隧道高程偏离设计轴线，影响隧道的正常使用，通常按经验估计一个可能的沉降值，施工时适当提高隧道的施工轴线，以使产生沉降后的轴线接近设计轴线。

3.6 沉管法

3.6.1 沉管法施工概述

1）沉管法的定义

沉管法亦曾称作预制管段沉放法，首先在船坞中或船台上预制钢壳混凝土或钢筋混凝土的隧道管段；其次两端用临时封墙密闭，浮放在水中，用拖轮运至预先挖好沟槽、整好地基的隧道设计位置上；再次往管段内灌水，使之下沉至预定的标高；最后在各管段沉放就位后，在水中将各管段连接起来，再在隧道上面覆土回填，抽出隧道内的水，并拆除管段内的封闭墙，完成内部装修后即构成隧道。

20 世纪 50 年代解决了两项关键技术——水力压接法和基础处理，沉管法已经成为水底隧道最主要的施工方法，尤其在荷兰。

世界沉管隧道的技术发展趋势有以下几点。

(1) 每节管节的长度越来越长，每节管节中的车道数越来越多。管节长度由原来的70~100m发展到了现在的100~130m，单节重量达到了3万~5万t。车道数过去多为2车道，目前已达到8车道。

(2) 从单一用途向多用途发展。过去多为城市公路或铁路水下隧道，现在实现了道路、地铁、公路的共同设置，甚至可同时设置公共管廊。

(3) 对地基的适应性越来越广。不仅可建造在较坚硬河、海基床上，现在也可修建在软弱地基上。

(4) 制造管节的材料逐步由钢筋混凝土代替。过去用的钢壳混凝土管存在车道少、用钢量大、造价高、易锈蚀等诸多缺点，现已较多地采用钢筋混凝土。

(5) 管节的预制工艺方法得到了改进。广州某两座新隧道改变了传统的陆地固定干坞制作方式，是国内首次使用“船上移动干坞法”预制管节的新工艺。

(6) 隧道的断面形式经历了从圆形到矩形的发展过程。全世界修建的圆形钢壳管段沉管隧道大多在北美，欧洲采用得不多。1942年，荷兰首次采用矩形钢筋混凝土管节。日本的沉管隧道有40%采用圆形钢壳混凝土结构，60%采用矩形钢筋混凝土结构。现多用矩形断面，高6~10m，宽度从十几米到数十米不等。孔数由单孔向双孔、三孔发展。

2) 其他结构形式和施工方法的比较

(1) 与桥梁等方案的比较

公路或城市道路遇到江河、港湾时，渡越的办法很多，有轮渡、桥梁、水底隧道等。隧道与其他结构形式的比较如下。

① 轮渡是最简易的，它的优点是基本建设投资少，运营费用亦小；但无法适应较大的交通量。

② 桥梁的主要优点是单位长度造价低。在渡越不通行海轮的江、河或海轮达不到的上游河段时，一般总是首先考虑建桥。

③ 水底隧道主要是用在市区港湾或通行海轮的江、河上。在这种场合下，如采用桥梁渡越，由于海轮航道净空的需要，桥梁的跨径必须较大，桥下净空很高，引桥加引道的长度也很长，这样的“高桥”，不但总造价常超过一般概念中认为比较贵的水底隧道，而且这么长的引桥、引道在市区内通过，其产生的干扰和影响也不容易解决。

(2) 与其他施工方法的比较

水底隧道的施工中，如有条件构筑围堰，则以采用明挖施工最为简单，没有条件构筑围堰时，较常用的是盾构法和沉管法。

从21世纪50年代起，由于沉管法的主要技术难关相继突破，它的施工方便、防水可靠、造价使宜等优点愈加突出。所以，在近年来的水底隧道建设中，沉管法已逐渐取代了盾构法。

(3) 沉管结构特点

① 隧道的施工质量容易做好。

② 建筑单价和工程总价均较低。

③ 隧位现场的施工期短。

④ 操作条件好。

⑤ 对地质条件的适应性强，能在流砂层中施工，不需特殊设备或措施。

⑥ 适用水深范围几乎是无限制的。

⑦ 断面形状选择的自由度较大，断面空间的利用率较高。

⑧ 当水流较急时，沉没困难，须用作业台施工。

⑨ 施工时须与航道部门密切配合，采取措施(如暂时的航道迁移等)以保证航道畅通。

3）沉管隧道的分类

(1) 圆形沉管

施工时多利用船厂的船坞制作钢壳，制成后滑行下水，并系泊于码头边上，进行水上钢筋混凝土作业。这类沉管的横断面，内部均为圆形，外表有圆形、八角形或花篮形。

圆形沉管的优点如下。

① 圆形断面，受力合理，衬砌弯矩较小，在水深较大时，比较经济有利。

② 沉管的底宽较小，基础处理比较容易。

③ 钢壳既是浇筑混凝土的外模，又是浇筑隧道的外防水层，这种防水层不会在浮运过程中被碰损。

④ 当具备利用船厂设备的条件时，工期较短，在管段需要量较大时，更为明显。

(2) 矩形沉管

沉管横断面为矩形，自荷兰的玛斯隧道(1942 年建成)首创矩形沉管以来，目前国际上大都采用矩形沉管。

矩形形沉管的优点：在每个断面内可以同时容纳 2~8 个车道，矩形断面的空间利用率较高。

4）沉管隧道组成

沉管隧道一般由敞开段、暗埋段、竖井及沉埋段等部分组成，隧道纵断面一般结构示意图如图 3. 13 所示。

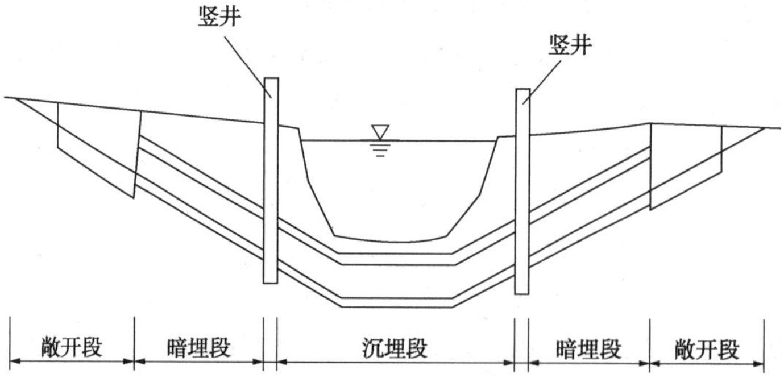

图 3. 13　隧道纵断面一般结构示意图

竖井通常作为沉埋段的起讫点以及通风、供电、排水、运料和监控等的通道，但是根据具体的地形、地貌和地质情况，也可将沉埋段和暗埋段直接相连而不设竖井。

3.6.2 沉管施工

沉管法施工的一般工艺流程中，干坞施工、管段制作、沉管隧道的浚挖、管段沉放与连接等是重点。

1）干坞施工

干坞是坞底低于水面的水池式建筑物，是修建矩形沉管隧道的必需场所。通常是在隧址附近开挖一块低洼场地用于预制隧道管段，干坞是一项临时性工程，隧道施工结束后便完成其使命。

（1）干坞形式

按其活动性有固定干坞和移动干坞两种。其中需要注意的是固定干坞位置的选择。固定干坞位置的选择方案有两种：一种是位于隧道设计轴线上，该方案仅一个工程使用；另一种是位于隧道设计轴线外，该方案有利于多个工程使用。固定干坞位置应根据以下原则选择。

① 应距隧址较近，附近的航道具备浮运条件，以便管节浮运和缩短运距。

② 干坞附近应有可浮存系泊若干节预制好的管节的水域。

③ 具有适合建造干坞的地质条件，场地土应具有一定的承载能力，同时也有利于干坞挡土围闭及防渗工程实施。

④ 交通运输方便，具有良好的外部施工条件。

⑤ 征地拆迁费用低，具有可重复利用的开发价值。

（2）干坞内的设备设施

临时干坞的机具设备，一般都是普通土建工程的通用设备，包括混凝土搅拌站设备、水平运输车辆、起重设备和钢筋成型设备、各种材料的堆放和储存仓库、各种加工车间以及交通、供电、防洪等设施。

干坞中用以起吊模板、钢筋、混凝土等的起重设备，通常为轨行门式起重机或塔式起重机。一次制作所有管段的干坞常用轨行门式起重机；分批制作管段时用塔式起重机较为方便，可省去因干坞反复进水排水多次拆装轨行门式起重机的麻烦。

（3）干坞施工

干坞施工一般采用“干法”进行干坞内的土方开挖，具体步骤为：先沿干坞的四周做混凝土防渗墙，隔断地下水，然后用推土机、铲运机从里面向坞口开挖，挖出的一部分土用来回填作坞堤，大部分土运至弃土场。坞底和坞外设排水沟、截水沟和集水井。坡面用塑料薄膜满铺并压砂袋，以防雨水冲刷。坞底铺砂、碎石，再用压路机压实并平整，坞内修筑车道。

2）管段制作

（1）管段制作

管段制作在干坞中进行，其工艺与一般混凝土结构基本相同。但考虑到浮运沉设对匀质性与水密性的特殊要求，应注意以下几点。

① 要保证混凝土的防水性及抗渗性。

② 要严格控制混凝土的重度，若重度超过1%，管段将浮不起来，则不能满足浮运要求。

③ 必须严格控制模板的变形，以保证对混凝土均质性的要求，否则，若出现管段板、壁厚度的局部较大偏差，或前后、左右混凝土重度不均匀，浮运中会发生管段倾侧。

④ 必须慎重处理施工缝及变形缝(图 3.14)。纵向施工缝(横断面上的施工留缝)，对于管段下端，靠近底板面一道留缝，应高于底板面以上 30~50cm；横向施工缝(沿管段长度方向上分段施工时的留缝)需采取慎重的防水措施，为防止发生横向通透性裂缝，通常可把横向施工缝做成变形缝，每节管段由变形缝分成若干节段，每节段长 15~20m。

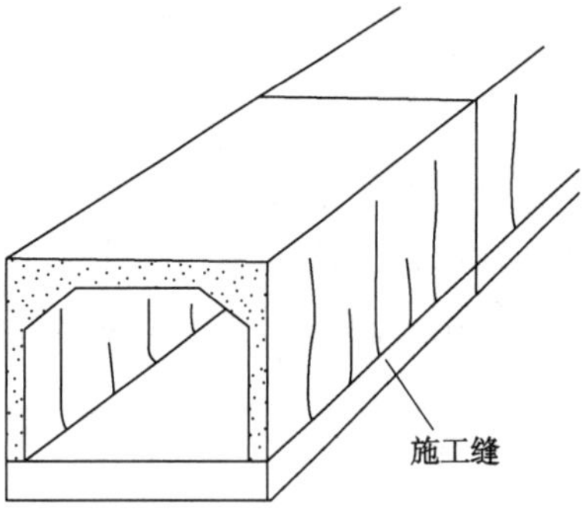

(a)施工缝

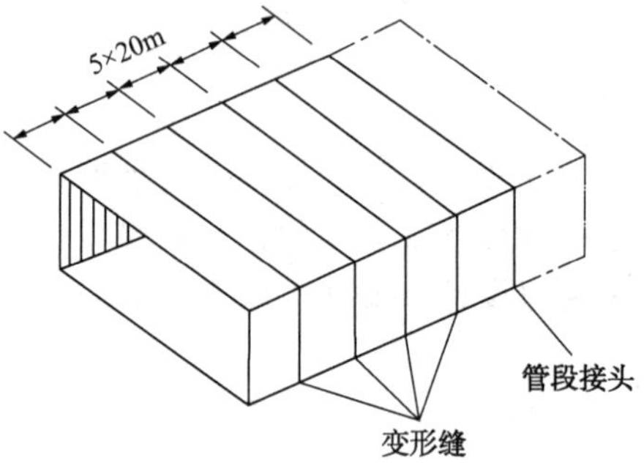

(b)变形缝

图 3.14　施工缝及变形缝

(2) 封端墙

在管段浇注完成、模板拆除后，为了便于水中浮运，需在管段的两端离端面 50~100cm 处设置封墙，通常叫封端墙。

封墙可用木材(已很少采用)、钢材或钢筋混凝土制成，也有的采用钢梁与钢筋混凝土复合结构制成。采用钢筋混凝土封墙的好处是变形小、易于防渗漏，但拆除时比较麻烦，而钢封墙采用防水涂料解决了密封问题后，装、拆均比钢筋混凝土封墙方便得多。

封端墙上设有鼻式托座(简称鼻托)、排水阀、进气阀、人员出入孔以及拉合结构。排水阀设在下面，进气阀设在上面，人员出入孔应设置防水密闭门并应向外开启。

(3) 压载设施

管段下沉由压载设施加压实现，容纳压载水的容器称为压载设施，一般采用水箱形式，须在管段封墙安设之前就位，每一管段至少设置四只水箱，对称布置于管段四角位置。水箱容量与下沉力要求、干舷大小、基础处理时“压密”工序所需压重大小等有关。

(4) 检漏与干舷调整

管段制作完成后，须做一次检漏。如有渗漏，可在浮运出坞前做好处理。一般在干坞灌水之前，先往压载水箱里注水压载，然后往干坞坞室里灌水，灌水 24~48h 后，工作人员进入管段内对管段进行水底检漏。

(5) 管段自身防水

早期采用外包钢板防水，后来发展到卷材防水。自 20 世纪 70 年代以来，欧洲沉管隧道取消了外防水层，为保证管段不渗漏，除严格控制混凝土级配、振捣密实、加强养护外，还采取了许多防裂措施：①分段浇注，设后浇带；②采用低水化热水泥；③设置水冷散热系统；④采用预应力混凝土；⑤外表使用防水涂料。

3）沉管隧道的浚挖

沉管隧道的浚挖工作一般有沉管的基槽浚挖、航道临时改线浚挖、出坞航道浚挖、浮运管段线路浚挖、舾装泊位浚挖。

4）管段沉放与连接

管段在干坞中预制好、沉管基槽开挖及基础处理好后便可进行管段的出坞、浮运、沉放与水下连接工作。这是沉管隧道难度最大的一道工序，管段起运前必须做好各项准备工作，编制一套严谨的施工组织设计，各项工作做到目标明确、技术措施可行，人员、设备、物资落实到位。

（1）沉设方法

① 分吊法。

管段制作时，预先埋设3~4个吊点，分吊法沉设作业时分别用2~4艘100~200t浮吊（即起重船）或浮箱提着各个吊点，逐渐将管段沉放到规定位置（图3.15和图3.16）。

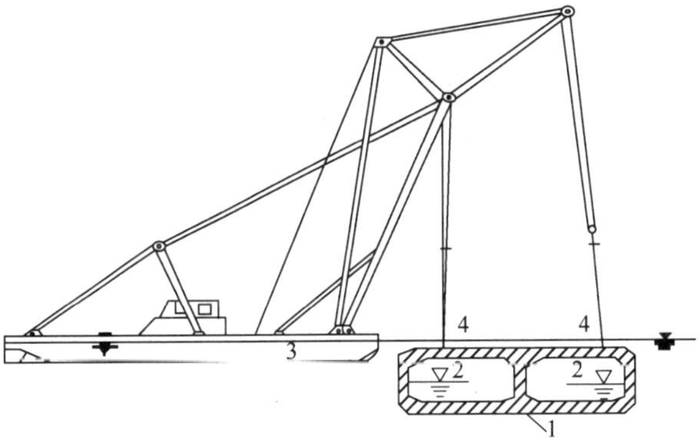

图3.15 起重船吊沉法

注：1—沉管；2—压载水箱；3—起重船；4—吊点

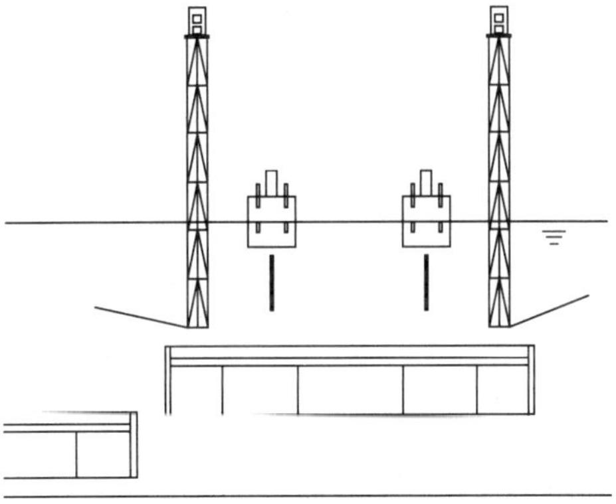

图3.16 浮箱吊沉法

② 扛吊法。

亦称方驳扛吊法，是以四艘方驳，分前后两组，每组方驳肩负一副"杠棒"，这两副"杠棒"由位于沉管中心线左右的两艘方驳作为各自的两个支点；前后两组方驳用钢杵架连接起来，构成一个整体驳船组。"杠棒"实际上是一种型钢梁或是钢板组合梁，其上的吊索一端系于卷扬机上，另一端用来吊放沉管。驳船组由六根锚索定位，沉管管段另用六根锚索定位。

③ 骑吊法。

采用水上作业平台"骑"于管段上方，将管段慢慢地吊放沉设，如图3.17所示。

④ 拉沉法。

利用预先设置在沟槽底面上的水下桩墩作为地垄，依靠安设在管段上面钢析架上的卷扬机，通过扣在地垄上的钢索，将管段缓慢地"拉下水"，沉设于桩墩上，而后进行水下连接（图3.18）。

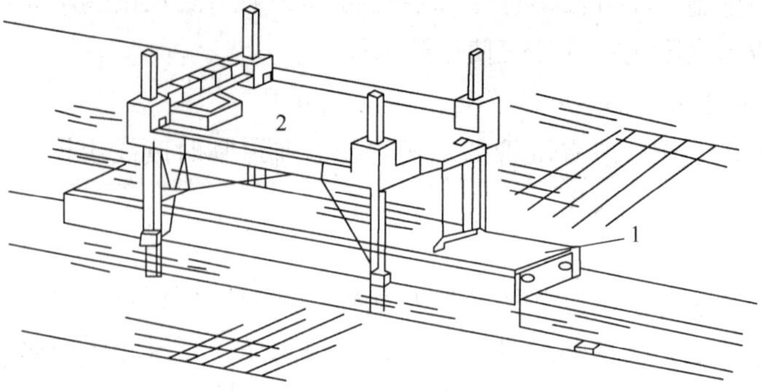

图 3.17　骑吊法

注：1—沉管；2—墩柱

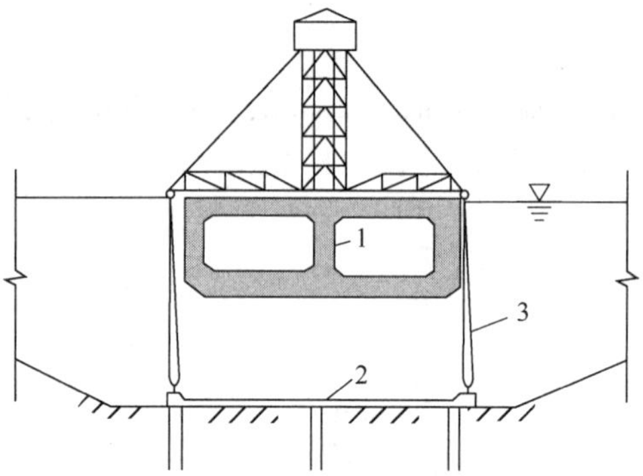

图 3.18　拉沉法

注：1—沉管；2—桩墩；3—拉索

（2）管段的沉放作业

管段沉放与对接作业受海上的自然条件影响很大，因此对其有一定的要求。一般要求风速小于 10m/s，波高小于 0.5m；水的流速 v 小于 60cm/s，空气的能见度大于 1000m。为此，进行施工前需对沉放阶段的水位、流速、气温、风力等水文气象条件进行资料收集分析，选择最佳时机。

管段沉放作业全过程可按以下三阶段进行。

① 沉放前的准备。

沉放前必须完成航道疏浚清淤，设置临时支座，以保证管段顺利沉放到规定位置。应事先与港务、港监等有关部门商定航道管理事项，并及早通知有关方面。

做好水上交通管制准备，需抓紧时间做好封锁线标志（浮标、灯号、球号等）。短暂封锁的范围：上下游方向各 100～200m，沿隧道中线方向的封锁距离视定位锚索的布置方式而定。

② 管段就位。

在高潮平潮之前，将管段浮运到指定位置，此时可距规定沉设位置 10～20m 处，并挂好地锚，校正好方向，使管段中线与隧道轴线基本重合，误差不应大于 10cm。管段纵向坡度调至设计坡度。定位完毕后，既可开始灌水压载，至消除管段的全部浮力为止。

③ 管段下沉。

下沉时的水流速度，宜小于 0.15m/s，如流速超过 0.5m/s，须采取措施。每段下沉分三步进行：初次下沉、靠拢下沉和着地下沉。

（3）管段的水下连接

管段沉放就位后，还要与已连接好的管段连成一个整体。该项工作在水下进行，故又称水下连接。水下连接技术的关键是要保证管段接头不漏水。

水下连接有混凝土连接和水力压接两种方法。混凝土连接法作业工艺复杂，潜水工作量大，密封的可靠性差，故目前一般不再采用。水力压接法是20世纪50年代由丹麦工程师在加拿大开发应用，目前普遍采用。水力压接法优点：工艺简单，施工方便；水密性切实可靠；基本上不用潜水工作；成本低，施工速度快。

水力压接系利用作用在管段后端(亦称自由端)端面上的巨大水压力，使安装在管段前端(即靠近已设管段或管节的一端)端面周边上的一圈橡胶垫环[GINA(吉那)止水带，在制作管段时安设于管段端面上]发生压缩变形，并构成一个水密性良好，且相当可靠的管段间接头。

用水力压接法进行水下连接的主要工序是：对位→拉合→压接→拆除封端墙。

① 对位。

着地下沉时必须结合管段连接工作进行对位。自采用鼻托后，对位精度很容易控制。上海金山沉管工程中曾用一种卡式托座，只要前端的“卡钳”套上，定位精度就自然控制在水平方向。

② 拉合。

拉合工序是用较小的机械力量，将刚沉设的管段拉向前节既设管段，使胶垫的尖肋部产生初步变形，起到初步止水作用。

拉合时所需机械拉力不大，通常用安装于管段竖壁(可为外壁或内壁)上带有锤形拉钩的拉合千斤顶进行拉合。拉合千斤顶总拉力一般为1000~3000kN，行程为1000mm左右。一个管段可设一具或二具拉合千斤顶，其位置应对称于管段的中轴线。通常采用两个1000~1500kN拉力的拉合千斤顶设于管段两侧，以便调整管段。

③ 压接。

拉合完成之后，打开既设管段后端封墙下部的排水阀，排出前后二节沉管封墙之间被胶垫所包围封闭的水。

排水完毕后，作用到整环胶垫上的压力，等于作用于新设管段后端封墙和管段周壁端面上的全部水压力。在此压力作用下，胶垫必然进一步压缩，其压缩量一般为胶垫本体高度的1/3左右。

④ 拆除封端墙。

压接完毕后，即可拆除前后二节管段间的封端墙。

3.6.3 基础处理

沉管隧道基础处理的方法很多，主要分先铺法和后填法两大类。

在管段沉放前进行的处理方法称先铺法，又叫刮铺法，包括刮砂法和刮石法。

后填法是先将管段沉没在沟槽底的临时支座上，随后再补填垫实，它包括喷砂法、灌囊法、压砂法、压浆法等。

1) 先铺法

先铺法的基本程序如下。

① 在浚挖沟槽时超挖60~80cm。

② 在沟槽两侧打数排短桩，安设导轨以控制高程、坡度。

③ 向沟底投放铺垫材料粗砂，或粒径不超过100mm的碎石，铺宽比管段底宽1.5~2.0m，铺长为一节管段长度，在地震区应避免用黄砂作铺垫材料。

④ 按导轨所规定的厚度、高度以及坡度，用刮铺机(图 3.19)刮平，刮平后的表面平整度，对于用刮砂法，可在±5cm 左右；用刮石法，在±20cm 左右。

⑤ 为使管底和垫层密贴，管段沉设完毕后，可进行“压密”工序。“压密”可采用灌压载水，或加压砂石料的办法，使垫层压紧密贴。

先铺法费工费时，平整度不高，逐渐被后填法所取代。

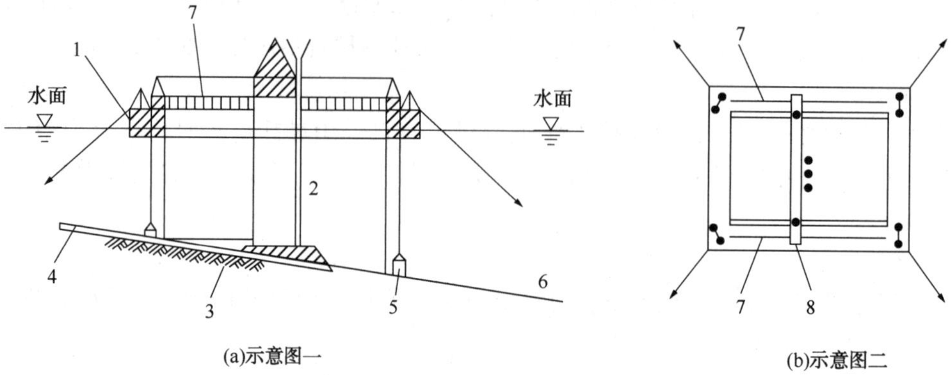

图 3.19　刮铺机示意图

注：1—方环形浮箱；2—砂石喂料管；3—刮板；4—砂石垫层(厚 0.6~0.9m)；5—锚块；6—沟槽底面；7—钢轨；8—移行刚梁

2）后填法

后填法的优点是在处理过程中基本上不干扰航运，不需特殊的专用设备，不受气象条件的影响，不需大量潜水作业，便于日夜连续施工，操作简易，省工省费用，全过程进行信息化控制。所以，目前大型沉管隧道的基础处理多用后填法。

(1) 后填法的基本工序

① 在浚挖沟槽时，先超挖 100cm 左右。

② 在沟底安设临时支座。

③ 管段沉设完毕(在临时支座上搁妥)后，往管底空间回填垫料。

(2) 后填法施工

① 喷砂法。

20 世纪 40 年代初创造成功的喷砂法，适用于宽度较大的大型管段。从水面上用砂泵将砂水混合料通过伸入管段底下的喷管向管底空间喷注，使形成一厚实均匀的砂垫层，喷砂作业需设专用台架和一套喷砂与回吸用的 L 形钢管。喷砂开始前，可利用它清除沟槽底上回淤土或塌方土。喷砂完毕，随即松开定位千斤顶，利用管段重量将砂垫层压实。这一基础处理方法在欧洲用得较多。喷砂法原理如图 3.20 所示。

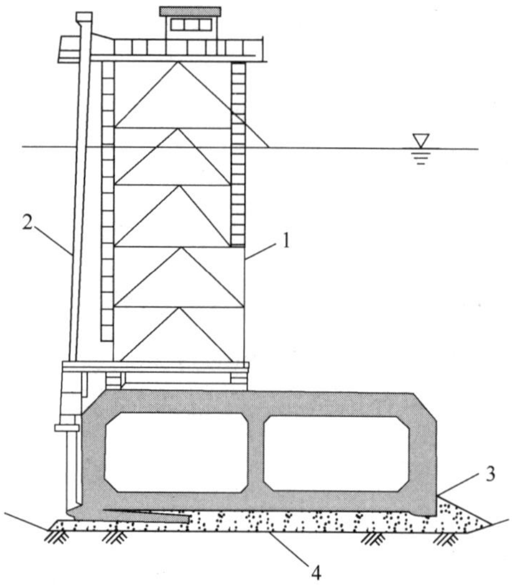

图 3.20　喷砂法原理

注：1—喷砂台支架；2—喷管及吸管；3—临时支座；4—喷入砂架

② 灌囊法。

灌囊法系在砂、石垫层面上用砂浆囊袋将剩余空隙垫密。沉设管段之前须先铺设一层砂、石垫层。管段沉设时，带着事先系紧扣在管段底面下的空囊袋一起下沉。待管段沉设完毕后，从水面上向囊袋里灌注由黏土、水泥和黄砂配成的混合砂浆，以使管底空隙全部消除。

③ 压浆法。

压浆法是在灌砂法基础上改进而来，即在开挖基槽后，在基槽底铺设碎石垫层，底板上预埋带单向阀的压浆孔管段并沉放于临时支座上；然后，用注浆泵从管段内部向管段底部空隙中压注混合砂浆。压浆法原理如图 3.21 所示。压浆法具有不干扰航道，浆液凝固后不会发生液化等特点。适用于可能发生地震或存在其他动载作用的工况。

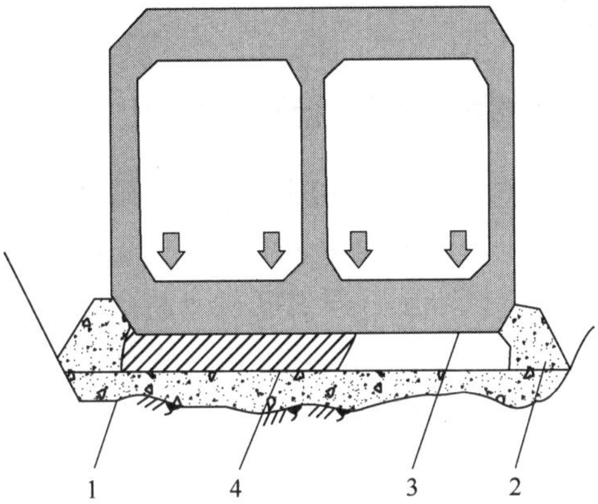

图 3.21 压浆法原理

注：1—碎石垫层；2—砂、石封闭；3—压浆孔；4—压入砂浆

④ 压砂法。

管段基础压砂就是用砂泵把砂水混合物通过预埋的压砂孔泵入管段底与基槽原状土之间不规则的空隙中形成砂积盘，使管段底与基础面接触，以达到管段荷载均匀传到地基上的目的。

第 4 章 常见隧道施工技术

4.1 超前预支护与预加固技术

在隧道工程历史中，隧道塌方的事例并不鲜见，造成了人、物、财的大量浪费。对于不稳定的围岩体系，工作面前方围岩的预加固和预支护是控制和减少坑道开挖后周边收敛变形、防止坍塌的关键环节。

4.1.1 预留核心土与喷射混凝土稳定工作面

在软弱地层中施工时，由于围岩自稳时间短，须采用辅助工法加固地层，加固方法主要包括超前加固和正面加固。超前加固包括超前锚杆、超前小导管、管棚、水平旋喷注浆及预切槽等。正面加固包括预留核心土、喷射混凝土封闭掌子面、玻璃钢锚杆、临时仰拱等。正面加固在国外多采用玻璃钢锚杆法，在国内，因预留核心土、喷射混凝土封闭掌子面最为简便，且由于预留核心土时各种施工参数的改变不会带来额外的费用，易被施工单位接受，因而多采用预留核心土法。

相关实践证明，在隧道施工中，预留核心土法是增强掌子面稳定的一种有效的辅助施工方法，现已广泛应用于铁路、公路隧道建设中。

预留核心土法的优点主要有：①核心土支挡掌子面，提高了掌子面稳定性；②拱部初期支护施作及时，施工安全性较好；③施工难度小，工序简单；④不需要临时支撑，作业空间满足机械化要求，施工较快。其缺点主要包括：①对隧道断面下半部围岩条件有一定要求，有时须在拱脚和墙脚围岩处进行注浆加固或增设锁脚锚杆；须要有强支护、辅助施工方法、监控量测、合理布局等相应的保证措施。

预留核心土法与喷射混凝土稳定工作面法常常配合使用，在留核心土仍不能满足工作面稳定的要求时，可及时喷射混凝土封闭开挖工作面，喷射混凝土厚度一般为 5~10mm。这样可以大大提高工作面土体的稳定性，将工作面由二维受力状态变成三维受力状态。

4.1.2 超前锚杆

1）定义及构造

超前锚杆是沿开挖轮廓线，以 10°~30°的外插角，向开挖面前方钻孔安装锚杆，形成对前方围岩的预锚固，在提前形成的围岩锚固圈的保护下进行开挖等作业，这是一种先加固后开挖的逆作业，即安装锚杆先于岩体开挖，故称为超前锚杆。

2）适用条件及性能特点

锚杆超前支护的柔性较大，整体刚度较小。它主要适用于地下水较少的破碎、软弱围岩的隧道工程中，如裂隙发育的岩体、断层破碎带、浅埋无显著偏压的隧道。用风枪或凿岩机或专用的锚杆台车钻孔、锚固剂或砂浆锚固，其工艺简单、工效高。

3）设计、施工要点

（1）超前锚杆的长度、环向间距、外插角等参数，应视围岩地质条件、施工断面大小、开挖循环进尺和施工条件而定。一般超前长度为循环进尺的3~5倍，宜采用3~5m；环向间距采用0.3~1.0m；外插角宜用10°~30°；搭接长度宜为超前长度的40%~60%，即大致形成双层或双排锚杆。

（2）超前锚杆宜用早强砂浆全黏结式锚杆，锚杆材料可用直径不小于22mm的螺纹钢筋。

（3）超前锚杆的安装误差，一般要求孔位偏差不超过10cm，外插角不超过1°~2°，锚入长度不小于设计长度的96%。

（4）开挖时应注意保留前方有一定长度的锚固区，以使超前锚杆的前端有一个稳定的支点。其尾端应尽可能多地与系统锚杆及钢筋网焊连。若掌子面出现滑坍现象，则应及时喷射混凝土封闭开挖面，并尽快打入下一排超前锚杆，然后才能继续开挖。

（5）开挖后应及时喷射混凝土，并尽快封闭环形初期支护。

（6）开挖过程中应密切注意观察锚杆变形及喷射混凝土层的开裂、起鼓等情况，以掌握围岩动态，及时调整开挖及支护参数，如遇地下水时，则可钻孔引排。

4.1.3 超前小导管

1）定义

超前注浆小导管是在开挖前，沿坑道周边向前方围岩内打入带孔小导管，并通过小导管向围岩压注起胶结作用的浆液，待浆液硬化后，坑道周围岩体就形成了有一定厚度的加固圈。在此加固圈的保护下即可安全地进行开挖等作业。若在小导管前端焊一个简易钻头，则可钻孔、插管一次完成，称为自进式注浆锚杆。

2）适用条件及性能特点

浆液被压注到岩体裂隙中并硬化后，不仅将岩块或颗粒胶结，对整体起到了加固作用；而且填塞了裂隙，阻隔了地下水向坑道渗流的通道，起到了堵水作用。因此，超前注浆小导管不仅适用于一般软弱破碎围岩，也适用于含水的软弱破碎围岩。

3）设计、施工要点

（1）小导管钻孔安装前，应对开挖面及5m范围内的坑道喷射5~10cm厚的混凝土封闭。

（2）小导管一般采用ϕ32mm的焊接管或ϕ40mm的无缝钢管制作，长度宜为3~6m，前端做成尖锥形，前段管壁上每隔10~20cm交错钻眼，眼孔直径宜为6~8mm。

（3）钻孔直径应较管径大20mm以上，环向间距应按地层条件而定，一般采用20~50cm；外插角应控制在10°~30°，一般采用15°。

（4）极破碎围岩或处理塌方时可采用双排管；地下水丰富的松软层，可采用双排以上的多排管；大断面或注浆效果差时，可采用双排管。

（5）小导管插入后应外露一定长度，以便连接注浆管，并用塑胶泥将导管周围孔隙封堵密实。

4）注浆

（1）注浆材料种类及适用条件

在断层破碎带及砂卵石地层（裂隙宽度或颗粒粒径大于1mm，渗透系数≥5×10^{-4}m/s）等强渗透性地层中，应采用料源广且价格便宜的注浆材料。一般对于无水的松散地层，宜优先选用单液水泥浆；对于有水的强渗透地层，则宜选用水泥-水玻璃双浆液，以控制注浆范围。

对于断层带，当裂隙宽度（或粒径）小于1mm，或渗透系数≥10^{-5}m/s时，注浆材料宜优先选用水玻璃类和木胺类浆液。

细、粉砂层、细小裂隙岩层及断层地段等弱渗透地层中，宜选用渗透性好、低毒及遇水膨胀的化学浆液，如聚胺酯类或超细水泥浆。

对于不透水的黏土层，则宜采用高压劈裂注浆。

（2）注浆材料的配比

注浆材料的配比应根据地层情况和胶凝时间要求，并经过试验而定。

采用水泥浆液时，水灰比可采用0.5∶1~1∶1，如需缩短凝结时间，则可加入氯盐、三乙醇胺速凝剂。

采用水泥-水玻璃浆液时，水泥浆的水灰比可用0.5∶1~1∶1；水玻璃浓度为25~40°Be′，水泥浆与水玻璃的体积比宜为1∶1~1∶0.3。

（3）注浆注意事项

注浆设备应性能良好，工作压力应满足注浆压力要求，并应进行现场运转试验。

小导管注浆的孔口最高压力应严格控制在允许范围内，以防压裂开挖面，注浆压力一般为0.5~1.0MPa，止浆塞应能经受注浆压力。注浆压力与地层条件及注浆范围要求有关，一般要求单管注浆能扩散到管周0.5~1.0m的半径范围内。

要控制注浆量，即每根导管内已达到规定注入量时，就可结束；若孔口压力已达到规定压力值，但注入量仍不足，亦应停止注浆。

注浆结束后，应做一定数量的钻孔检查或用声波探测仪检查注浆效果，如未达到要求，应进行补注浆。

注浆后应视浆液种类，等待4（水泥-水玻璃浆）~8h（水泥浆）方可开挖，开挖长度应按设计循环进尺的规定，以保留一定长度的止浆墙（亦即超前注浆的最短超前量）。

4.1.4 超前大管棚

1）定义及构造

管棚是利用钢拱架沿开挖轮廓线以较小的外插角、向开挖面前方打入钢管构成的棚架来形成对开挖面前方围岩的预支护，结构示意如图4.1所示。

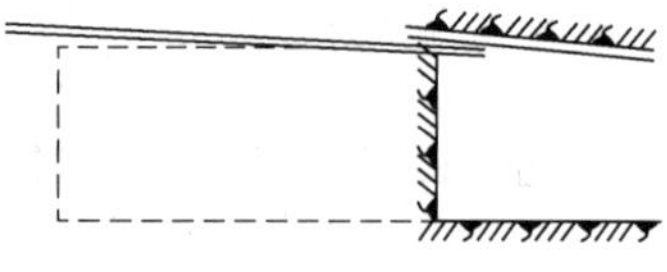

(a)环向布置

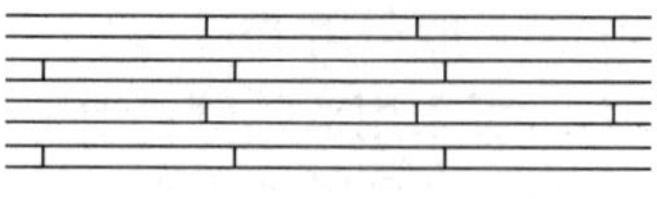

(b)纵向布置

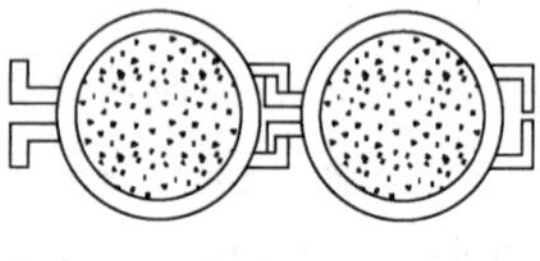

(c)端部横向连接

图4.1 超前大管棚结构示意

采用长度小于10m的钢管的称为短管棚；采用长度为10～45m且较粗的钢管的称为长管棚。

2）适用条件及性能特点

管棚因采用钢管或钢插板作纵向预支撑，又采用钢拱架作环向支撑，其整体刚度较大，对围岩变形的限制能力较强，且能提前承受早期围岩压力。因此管棚主要适用于围岩压力来得快、来得大、对围岩变形及地表下沉有较严格要求的软弱、破碎围岩隧道工程中。如土砂质地层、强膨胀性地层、强流变性地层、裂隙发育的岩体、断层破碎带、浅埋有显著偏压等围岩的隧道中。此外，采用插板封闭较为有效。在地下水较多时，可利用钢管注浆堵水和加固围岩。

短管棚一次超前量少，基本上与开挖作业交替进行，占用循环时间较多，但钻孔安装或顶入安装较容易。

长管棚一次超前量大，虽然增加了单次钻孔或打入长钢管的作业时间，但减少了安装钢管的次数，减少了与开挖作业之间的干扰。在长钢管的有效超前区段内，基本上可以进行连续开挖，也适于采用大中型机械进行大断面开挖。

3）设计、施工要点

（1）管棚的各项技术参数要视围岩地质条件和施工条件而定。长管棚长度不宜小于10m，一般为10～45m；管径70～180mm；孔径比管径大20～30mm；环向间距0.2～0.8m；外插角1°～2°。

（2）两组管棚间的纵向搭接长度不小于1.5m；钢拱架常采用工字钢拱架或格栅钢架。

（3）钢拱架应安装稳固，其垂直度允许误差为±2°，中线及高程允许误差为±5cm。

（4）钻孔平面误差不小于15cm，角度误差不小于0.5°，钢管不得侵入开挖轮廓线。

（5）第一节钢管前端要加工成尖锥状，以利导向插入。要打一眼，装一管，由上而下顺序进行。

（6）长钢管应用4～6m的管节逐段接长，打入一节，再连接后一节，连接头应采用厚壁管箍，上满丝扣，丝扣长度不应小于15cm。为保证受力的均匀性，钢管接头应纵向错开。

（7）当需增加管棚刚度时，可在安装好的钢管内注入水泥砂浆，一般在第一节管的前段管壁交错钻10～15mm孔若干，以利排气和出浆，或在管内安装出气导管，浆注满后方可停止压注。

（8）钻孔时如出现卡钻或坍孔，应注浆后再钻，有些土质地层则可直接将钢管顶入。

4.1.5　水平旋喷注浆超前预支护

水平旋喷注浆法是在一般的初期导管注浆法的基础上发展起来的，以高压旋喷的方式压注水泥浆，从而在隧道开挖轮廓外形成拱形预衬砌的超前预支护工法。水平旋喷注浆施工方法为：使用旋喷注浆机，沿着隧道掌子面周边的设计位置旋喷注浆形成旋喷柱体，通过固结体的相互咬合形成预支护拱棚。每根旋喷体一般通过水平钻机成孔，钻到设计位置以后，随着钻杆的退出，用水泥浆或水泥-水玻璃双浆液旋喷注入孔腔，通过高压射流切割腔壁土体，被切割下的土体与浆液搅拌混合、固结形成直径600mm左右的固结体。同时周围地层受到压缩和固结，其土体的物理力学性能得到一定程度的改善。

旋喷柱体沿隧道拱部形成环向咬合、纵向搭接的预支护拱棚，在松散不稳定地层隧道中，可有效控制坍塌和地层变形。水平旋喷注浆桩的应用在我国还不是很广，旋喷桩抗弯性能不强，施工控制的难度较大。目前我国的水平旋喷钻机性能尚未过关，制约了水平旋喷预支护技术的应用和发展。

水平旋喷注浆主要适用于黏性土、砂类土、淤泥等地层，操作程序：①钻机定位；②按要求深度钻出旋喷孔；③自孔底喷射浆液，边喷、边转动、边后退，形成固结体；④喷毕，拔出喷头，将木塞塞入孔口，形成浆液外流；⑤视需要可插入芯材，如钢筋或钢管，以提高固结体的抗弯折能力。

4.1.6 预切槽超前预支护

预切槽法首次运用于20世纪70年代法国巴黎快速轨道运动系统的一个车站的建造工程中。它是利用专业的切槽机械，沿隧道外轮廓切割一定深度的切槽。切槽形式有带踞式和排钻式两种。在硬岩地层中，利用切槽，作为爆破振动的隔振层，主要起隔振或减振的目的。在软石或砂质地层中，在切槽内填筑混凝土，形成预支护拱，提高隧道稳定性。

作业过程如下。

(1) 用预切槽锯沿隧道外廓弧形拱深切一个宽15~30cm、长约5m的切槽。

(2) 在切槽内立即填充高强度喷射混凝土，形成长3~5m的整体连续拱，两次连续拱的搭接长度为0.5~2.0m，视围岩的不同而定。

(3) 在安全稳定的作业环境下，用挖掘机或臂式掘进机开挖前作业面。自卸汽车或翻斗车可穿行预切槽机内。

(4) 必要时，作业面装以玻璃纤维锚杆，以稳定作业面，随后在作业面上喷混凝土。

(5) 紧随其后，安装隧道防水层，进行二次衬砌。

机械预切槽法的优点：①可减轻在硬岩爆破时振动的扩展；②在作业面开挖前，快速形成一临时的整体弧形拱，从而减小围岩变形与地表沉陷；③为人员和设备提供清洁、安全的工作条件；④有利于作业全过程的工业化及机械化，从而使进度快速均衡，适应性增强，大大节约了成本。机械预切槽法在硬岩地层中应用的最大缺点是推进速度慢，较适合用于市区隧道工程、松散地层和大断面隧道。

4.1.7 超前深孔帷幕注浆

超前注浆小导管对围岩加固的范围和止水的效果是有限的，作为软弱破碎围岩隧道施工的一项主要辅助措施，它占用时间和循环次数较多。因此，在不便采取其他施工方法(如盾构法)时，深孔预注浆止水并加固围岩就较好地解决了这些问题。注浆后即可形成较大范围的筒状封闭加固区，称为帷幕注浆。

1) 注浆机理及适用条件

注浆机理可以分为以下四种。

(1) 渗透注浆：是对于破碎岩层、砂卵石石层、中细、粉砂层等有一定渗透性的地层，采用中低压力将浆液压注到地层中的空穴、裂缝、孔隙里，凝固后将岩土或土颗粒胶结为整体，以提高地层的稳定性和强度。

(2) 劈裂注浆：对于颗粒更细的黏土质不透水(浆)地层，采用高压浆液强行挤压孔周，在注浆压力的作用下，浆液作用的周围土体被劈裂并形成裂缝，通过土体中形成的浆液脉状固结作用对黏土层起到挤压加固和增加高强夹层加固作用，以提高其强度和稳定性。

(3) 压密注浆：用浓稠的浆液注入土层中，使土体形成浆泡，向周围土层加压使其得到加固。

(4) 高压喷灌注浆：通过灌浆管在高压作用下，从管底部的特殊喷嘴中喷射出高速浆液射流，促使土粒在冲击力、离心力及重力作用下被切割破碎，随注浆管的向上抽出与浆液混合形成柱状固结体，以达到加固之目的。

深孔预注浆一般可超前开挖面30~50m，可以形成有相当厚度的和较长区段的筒状加固区，从而使得堵水的效果更好，也使得注浆作业的次数减少，它更适用于有压地下水及地下水丰富的地层中，也更适用于采用大中型机械化施工。

如果隧道埋深较浅，则注浆作业可在地面进行；对于深埋长大隧道可利用辅助平行导坑对正洞进行预注浆，这样可以避免与正洞施工的干扰，缩短施工工期。

2) 注浆范围

如图4.2所示，围岩进行注浆加固的大致范围，即形成筒状加固区。要确定加固区的大小，即确定围岩塑性破坏区的大小，可以按岩体力学和弹塑性理论计算出开挖坑道后围岩的压力重分布结果来确定，这也就是加固区的大小。

图4.2 超前深孔帷幕注浆布置方式

3) 注浆数量及注浆材料选择

注浆数量应根据加固区需充填的地层孔隙数量来确定。

工程中常用充填率来估算和控制注浆总量。所谓充填率是指注浆体积占孔隙总体积的比率。注浆总量计算如式(4.1)所示。

$$Q = naA \tag{4.1}$$

式中 Q——注浆总数量，m^3；

A——被加固围岩的体积，m^3；

n——被加固围岩的孔隙率，%；

a——充填率，%。

为了做好注浆工作，必须事先对被加固围岩进行试验，查清围岩的透水系数、土颗粒组成、孔隙率、饱和度、密度、pH 值、剪切和抗压强度等。必要时还要做现场注浆和抽水试验。

4）钻孔布置及注浆压力

对于浅埋隧道，还可以采用平行布置方式，即注浆钻孔均呈竖直方向并互相平行分布，但每钻一孔即需移动钻机。

钻孔间距要视地层条件、注浆压力及钻孔能力等来确定。一般渗透性强的地层，可以采用较低的注浆压力和较大的钻孔间距，钻孔量也少，但平均单孔注浆量大。

渗透式注浆时，注浆压力应大于待注浆底层的静水压力；劈裂式注浆时，注浆压力应大于待注浆底层的水压力与土压之和；并取一定的储备系数，一般为 1.1~1.3。

5）施工要点

（1）注浆管和孔口套管

深孔注浆一次式注浆时，孔内可用注浆管或不用。分段式注浆时需用注浆管。注浆管一般采用带孔眼的钢管或塑料管。止浆塞常用的有两种：一种是橡胶式，一种是套管式。安装时，将止浆塞固定在注浆管上的设计位置，一起放入钻孔，然后用压缩空气或注浆压力使其膨胀而堵塞注浆管与钻孔之间的间隙，此法主要用于深孔注浆。

另外，若采用全孔注浆，因浆液流速慢，易造成“死管”问题，尤其是深孔注浆时。因此，多采用前进或后退式分段注浆。

（2）钻孔

钻孔可用冲击式钻机，或旋转式钻机，应根据地层条件及成孔效果选择。

（3）注浆顺序

应先上方后下方，或先内圈后外圈，先无水孔后有水孔，先上游（地下水）后下游顺序进行。应利用止浆阀保持孔内压力直至浆液完全凝固。

（4）结束条件

注浆结束条件应根据注浆压力和单孔注浆量两个指标来判断确定。单孔结束条件：注浆压力达到设计终压；浆液注入量已达到计算值的 80%以上。全段结束条件：所有注浆孔均已符合单孔结束条件，无漏注。注浆结束后必须对注浆效果进行检查，如未达到设计要求，应进行补孔注浆。

4.2 钻爆开挖技术

在隧道开挖掘进过程中，每一次开挖，不仅仅是挖除了一定体积大小和形状的岩体，而且是开拓出了一定大小和形状的地下空间，更是致使这个空间周围岩体的暴露。简单地说，就是“挖除了岩体、获得了空间、暴露了围岩”。将隧道范围内岩体挖除以后，围岩是否能够处于稳定状态，主要取决于围岩的自稳能力，但开挖对围岩的稳定性有着重要和直接的影响。

4.2.1 掘进方式

1) 岩体抗破性

(1) 岩体坚固性及分级

岩体的坚固性是指岩体抵抗人为破坏的能力，即挖除岩体的难易程度。在露天土石方工程中，常将挖掘岩体的难易程度分为六级(表4.1)。

表4.1 岩体的坚固性分级

等级	坚固性评价	类别名称	代表性岩体	$\gamma/(kN/m^3)$	φ
一	极软弱极易挖除	松土	砂类土、种植土、软塑的黏砂土、砂黏土、弃土、未经压实的填土	15~16	9°~27°
二	软弱易挖除	普通土	半干硬的、硬塑的黏砂土和砂黏土，可塑的黏土，可塑的膨胀土(裂土)，新贵土，中密的碎石类土(不包括块石土，源石土)，压实的填土，风积砂	15~18	30°~40°
三	较软弱较易挖除	硬土	半干硬的黏土、半干硬的膨胀土(裂土)、老黄土、含块石、漂石≥30%且<50%的土及其他密实的碎石类土、各种风化成土状的岩石	18~20	56°~60°
四	较坚固较难挖除	软石	块石土、漂石土、岩盐；各种软质岩石：泥岩、泥质页岩、泥质砂岩、泥质砾岩、煤，泥灰岩、凝灰岩、云母片岩、千枚岩等	22~26	65°~70°
五	坚固难挖除	次坚石	各种硬质岩；硅质页岩、钙质砂岩、钙质砾岩、白云岩、石灰岩、坚实的泥灰岩、软玄武岩、片岩、片麻岩、正长岩、花岗岩	24~28	70°~80°
六	极坚固极难挖除	坚石	各种极硬岩；硅质砂岩、硅质镁石、致密的石灰岩、天理岩、石英岩、硬玄武岩、闪长岩、正长岩、细粒花岗岩	25~30	80°~87°

注：γ—围岩重度；φ—构件的纵向弯曲系数；软土(软黏性土、淤泥质土、淤泥、泥炭质土、泥炭)和多年冻土等应结合具体施工情况另定。

值得注意的是，我国公路、铁路及水电隧道工程中，一般都是直接借用围岩稳定性分级，作为对隧道工程中挖掘岩体的难易程度分级。或者说是将围岩分级作为一种综合分级，既是对围岩稳定性的分级，又是对岩体坚固性的分级。

一般而言，坚固而难挖的岩体作为围岩，其稳定性好；软弱易挖的岩体作为围岩，其稳定性差。但严格地说，这种规律并不能代表隧道工程中所遇到的所有情形，实际隧道工程中有稳定能力基本相同的两种岩体，其坚固性和挖掘的难易程度却有较大的差异，如破碎的石英岩与老黄土的比较，就不符合上述规律。石英岩作为围岩，其稳定性很不好，但却并不好挖；而老黄土作为围岩，其稳定性很好，但却并不难挖。软土作为围岩，其稳定性很不好，但却很难挖。值得注意的是，岩体的坚固性与围岩的稳定性不能完全等同。

分级方法是出于认识、区分、评价等目的，将一类对象按照其某种性质指标划分为若干个种属或级别的方法。针对不同的作业项目(如开挖、支护)和出于不同的分级目的(如区分开挖岩体的难易程度、评价围岩的稳定性、制定劳动定额或材料消耗定额等)，对象

(被挖除的岩体、周围的岩体即围岩)进行级别划分时，所采用的分级指标是不尽相同的。即使采用了同类指标(坚硬完整或软弱破碎程度)，对象在不同分类中的排序也是不同的。因为岩体的坚固性与岩体的坚硬完整或软弱破碎程度之间的关系，以及围岩的稳定性与岩体的坚硬完整或软弱破碎程度之间的关系，这两种关系虽然相似，但却并不是完全一致的，两种关系并没有递推关系，即岩体的坚固性与围岩的稳定性不能完全等同。

(2) 岩体的抗爆性(抗钻性)及分级

岩体的抗爆破性(抗钻性)是指岩体抵抗爆炸冲击波(或钻头冲击力)破坏的能力。岩体的抗爆破性(抗钻性)主要取决于其物理力学性质，特别是岩石(即结构体)在动载作用下的变形性质和黏聚力的强弱。另外，其也受到岩体的结构特征(即结构面及其产状)和地下水等因素的影响。隧道爆破掘进时，应按岩体的抗爆破性能进行爆破设计。而在钻眼时，则应按其抗钻性能选择凿岩机具。

近年来，有研究资料建议采用岩体爆破性指数 N 作为分级指标，将岩体的抗爆破性分为极易爆破、易爆破、中等、难爆破、极难爆破五级。岩体爆破性指数 N 的确定，是在炸药能量等相同的条件下，进行爆破漏斗试验，根据爆破后的漏斗体积、大块率、小块率、平均合格率和岩体的波阻抗等指标进行计算的。

2) 掘进方式

(1) 掘进方式的分类

掘进方式是指对坑道范围内岩体的挖除方式(破岩方式)。按照破岩方式来分，掘进方式有人工掘进、机械挖掘、钻眼爆破掘进三种。

① 人工掘进

人工掘进是采用十字镐、风镐等简易工具来挖除岩体。人工掘进对围岩的扰动破坏小，有利于保持围岩原有的稳定能力，但人工掘进速度较慢，劳动强度较大，安全性差，故一般适用于围岩稳定性较差的土质隧道或软岩隧道中。

人工掘进只在特殊地质条件或特小断面的隧道工程中偶有采用。如在不能采用爆破掘进的软弱破碎围岩和土质隧道中，若隧道工程量不大，工期要求不太紧，又无机械或不宜采用机械掘进时，则可以采用人工掘进。人工采用铁锹、斗箕装渣。人工掘进时，尤其应做好安全防护措施，并安排专人负责工作面的安全观察。

② 机械挖掘

机械挖掘有两方面含义：大型综合机械和一般机械。

大型综合机械指的是 TBM 与盾构。一般机械常见的是挖掘机和独臂钻。它们均采用机械方式切削破碎岩土并挖除坑道范围内的岩土。

挖掘机。挖掘式挖掘机一般用来挖土方，有正铲和反铲之分，隧道挖掘中更常用的是反铲。可以将挖掘和装渣同机完成，但其破岩能力有限，一般只适用于挖掘硬土至软塑泥质土，且需配以人工修凿周边。

独臂钻。采用装在可移动式机械臂上的切削头来破碎岩体，可以挖掘各种土和中硬以下的岩石，它集挖渣、装渣于一体。

③ 钻眼爆破掘进

钻眼爆破掘进是在被爆破岩体的各个部位钻孔后，将炸药分散安装于各个钻孔中并引发炸药爆炸，从而爆破坑道范围内的岩体。隧道工程中一般是采用“掏槽爆破”。

爆炸破岩对围岩的扰动较大，导致围岩稳定能力降低，有时由于爆破震动致使围岩产生坍塌，故其一般只适用于围岩稳定性较好的石质岩体隧道。但随着控制爆破技术的发展，爆破法的应用范围也逐渐加大，如用于软石及硬土的松动爆破。钻眼爆破掘进是一般山岭隧道工程中最常用的掘进方式。钻眼爆破需要专用的钻眼设备及消耗大量炸药等爆破材料，并只能分段循环掘进。

(2) 掘进方式的选择原则

原本充塞在隧道所在位置的岩体，其软硬程度和破碎程度各不相同，要破碎并挖除这些岩体的难易程度也不尽相同。掘进方式是影响围岩稳定的又一重要因素。不同的岩体和围岩，适宜采用的破岩方式也不相同。

隧道掘进方式的选择就是要确定每一部分岩体的破岩挖除方式，以及破岩时对围岩扰动的控制措施。在实际隧道工程中，掘进方式的选择原则：考虑坑道范围内被挖除岩体的坚固性，掘进方式对围岩的扰动程度、围岩的抗扰动能力(即其稳定性)，考虑开挖方法、作业空间大小、机械配备能力、工期要求、工区长度、经济性等因素的影响，进行综合分析，选用既经济、快速，又不严重影响围岩稳定的掘进方式。

综上所述，钻眼爆掘进虽然较经济，但对围岩扰动太大，尤其对软弱破碎围岩的稳定不利；机械掘进虽然对围岩扰动小、速度快，但机械投资较大；人工掘进对围岩扰动小，但掘进速度太慢，劳动强度太大。目前，在山岭隧道中，主要是石质岩体时，多数仍采用钻眼爆破方式掘进。值得注意的是，在采用钻眼爆破方式掘进时，尤其应当严格实施爆破控制，以减少爆破震动对围岩的扰动破坏和对已做支护的影响。

4.2.2 钻爆

21世纪将是地下空间开发利用的世纪，隧道建设项目会越来越多，而爆破作为隧道开挖的重要手段，必将有广泛的应用前景。钻爆施工是把钻爆设计付诸实施的重要环节，其施工内容包括钻孔、装药、堵塞和爆破后可能出现的问题处理等。隧道爆破通常都要求每一循环进尺尽可能大，但在很多情况下，往往会碰到由于过高估计爆破效果而带来的一些困难，因此在施工设计中，不但要了解实际掘进速度的可能性，而且要研究开挖方法。

1) 钻爆特点及程序

(1) 特点

① 爆破的临空面少，岩石的夹制作用大，耗药量大。

② 对钻眼爆破质量要求较高。既要保证隧道的开挖方向满足精度要求，又要使爆破后隧道断面达到设计标准，不能超、欠挖过大。另外，爆破时要防止飞石崩坏支架、风管、水管、电线等，爆落的岩石块度要均匀，便于装渣运输。

③ 交通隧道的断面一般比较大，造价高，服务年限长，因此在施工中必须确保良好的工程质量。

④ 隧道施工中新奥法的应用，要求施工中尽量减少爆破对围岩的扰动，确保围岩完整，以充分利用围岩自身的承载能力。

⑤ 隧道爆破的施工方法、施工机具和设备的选择主要取决于开挖断面的大小和隧道所

处的山体位置。此外，变化复杂的围岩及围岩的结构、强度、松动程度、耐风化性、初始地应力方向、隧道的跨度和地下水活动情况对钻爆施工也有较大的影响。

⑥ 由于受滴水、潮湿、噪声、粉尘等的影响，钻眼爆破作业条件差，加之与支护、出渣运输等工作交替进行，增加了爆破施工的难度。

（2）程序

① 钻眼。目前，在隧道开挖过程中，广泛采用的钻孔设备为凿岩机（Rock Drill）和钻孔台车（Drill Jumbo）。为保证达到良好的爆破效果，施钻前应由专门人员根据设计布孔图现场布设，必须标出掏槽眼和周边眼的位置，严格按照炮眼的设计位置、深度、角度和眼径进行钻眼。如出现偏差，由现场施工技术人员决定取舍，必要时应废弃重钻。

钻眼时应注意如下安全事项：开眼时必须使钎头落在实岩上，如有浮矸，应处理好后再开眼；不允许在残眼内继续钻眼；开眼时给风阀门不要突然开大，待钻进一段后，再开大阀门；为避免断钎伤人，推进凿岩机不要用力过猛，更不要横向用力，凿岩时钻工应站稳，应随时提防突然断钎；一定要把胶皮风管与风钻接牢，并注意在使用过程中随时检查，以防脱落伤人；缺水或停水时，应立即停止钻眼；工作面全部炮眼钻完后，要把凿岩机具清理好，并撤至规定的存放地点。

② 装药。在炸药装入炮眼前，应将炮眼内的残渣、积水排除干净，并仔细检查炮眼的位置、深度、角度是否满足设计要求。装药时应严格按照设计的炸药量进行装填。隧道爆破中常采用的装药结构有连续装药、间隔装药和不耦合装药。连续装药结构按照雷管所在位置不同又可分为正向起爆、反向起爆和多点起爆三种起爆形式。

隧道周边眼一般采用小直径药卷连续装药结构或普通药卷间隔装药结构。当岩石很软时，也可用导爆索装药结构，即用导爆索取代炸药药卷进行装药。

装药时应注意以下安全事项。

a. 装药前应检查顶板情况，撤出设备与机具，并切断除照明以外一切设备的电源。照明灯及导线也应撤离工作面一定距离；装药人员应仔细检查炮眼的位置、深度、角度是否满足设计要求，对准备装药的全部炮孔进行清理，清除炮孔内的残渣和积水。

b. 应严格按照设计的装药量进行装填。

c. 应使用木制或竹制炮棍装填炸药和填塞炮孔。

d. 不应投掷起爆药包和炸药，起爆药包装入后应采取有效措施，防止后续药卷直接冲击起爆药包。

e. 装药发生卡塞时，若在雷管和起爆药包放入之前，可用非金属长杆处理。装入起爆药包后，不应用任何工具冲击、挤压。

f. 在装药过程中，不应拔出或硬拉起爆药包中的导火索、导爆管、导爆索和电雷管脚线。

③ 填塞。填塞是保证爆破成功的重要环节之一，必须保证足够的填塞长度和填塞质量，禁止无填塞爆破。隧道内所用的炮眼填塞材料一般为砂子和黏土混合物，其比例大致为砂子占比 40%~50%，黏土占比 50%~60%，填塞长度视炮眼直径而定。当炮眼直径为 25mm 和 50mm 时，填塞长度不能小于 18cm 和 45cm。填塞长度也和最小抵抗线有关，通常不能小于最小抵抗线。填塞可采用分层捣实法进行。

④ 起爆。爆破网路必须保证每个药卷按设计的起爆顺序和起爆时间起爆。爆破工程在起爆前后要发布三次信号，即预警信号、起爆信号和解除警戒信号。

第一次预警信号：该信号发出后爆破警戒范围内开始清场工作。

第二次起爆信号：起爆信号应在确认人员、设备等全部撤离爆破警戒区，所有警戒人员到位，具备安全起爆条件时发出。起爆信号发出后，准许负责起爆的人员起爆。

第三次解除警戒信号：安全等待时间过后，检查人员进入爆破警戒范围内检查、确认安全后，方可发出解除爆破警戒信号。在此之前，岗哨不得撤离，不允许非检查人员进入爆破警戒范围。

⑤ 爆后检查及处理。隧道开挖工程爆破后，经通风吹散炮烟、检查确认隧道内空气合格、等待时间超过 15min 后，方准作业人员进入爆破作业地点。爆后检查内容主要检查有无冒顶、盲炮、危岩、支撑是否破坏、炮烟是否排除等。爆后检查人员发现盲炮及其他险情，应及时上报或处理。处理前应在现场设立危险标志，并采取相应的安全措施，无关人员不应接近。盲炮的处理按有关规定进行。

2）爆破相关术语

（1）临空面

临空面是指被爆岩石与空气的交界面，爆破作用是朝临空面方向突破，如图 4.3 所示。临空面越多，爆破岩石越容易，爆破效果也越好。临空面越多时，炸药的用量相对越少。

炮眼与临空面的夹角越小，爆破效果也越好。炮眼方向垂直于临空面时，爆破效果最差；炮眼方向平行于临空面时，爆破效果最好。隧道爆破的一个主要特点，就是只有一个临空面。

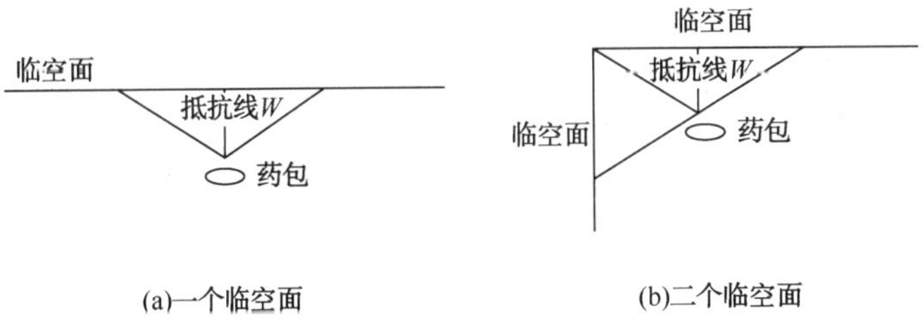

图 4.3　临空面

（2）爆破漏斗

当单个药包在岩体中埋置深度不大时，爆破的外部作用特点是在临空面上形成一个倒圆锥形爆坑，称为爆破漏斗，如图 4.4 所示。

（3）最小抵抗线

工程爆破中，通常把药包中心线或重心到最近临空面的最短距离称为最小抵抗线，用 W 表示。

最小抵抗线是爆破时岩石阻力最小的方向，所以在此方向上岩石运动速度最大，爆炸作用最集中。因此，最小抵抗线是爆破作用的主导方

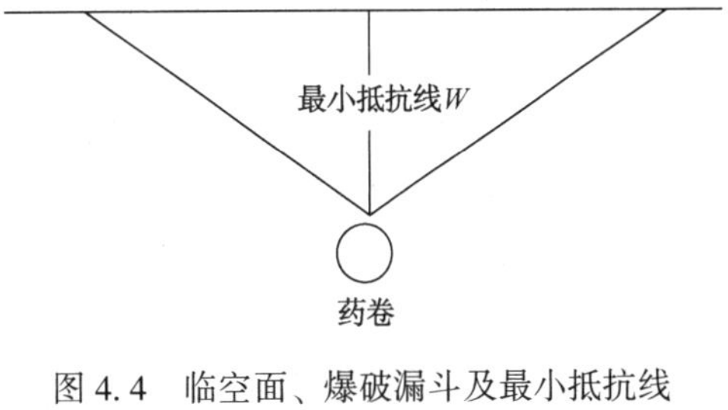

图 4.4　临空面、爆破漏斗及最小抵抗线

向，也是岩石移动的主导方向。在隧道光面爆破中，周边眼与内圈眼之间的排距就是周边眼的抵抗线。

3）钻具

隧道工程中，常使用的钻眼机有风动凿岩机和液压凿岩机，电动凿岩机和内燃凿岩机，较少采用。无论何种凿岩机，其工作原理都是利用镶嵌在钻头前端的凿刃反复冲击并转动来破碎岩石的。

（1）钻头和钻杆

钻头可以直接连接在钻杆前端，也可以套装在钻杆前端。钻杆尾则是套装在凿岩机的头部。钻头前端则镶入硬质、高强、耐磨的合金钢——凿刃。凿刃起着直接破碎岩石的作用。它破碎岩石主要是靠高频率的冲击作用，旋转仅是辅助作用。使用一段时间后，经过修磨可以重复使用。常用钻头的钻孔直径有38mm、40mm、42mm、45mm、48mm等，用于钻中空眼的钻孔直径可达102mm，甚至更大。为了达到湿式钻眼，钻头和钻杆上均有射水孔，高压水即通过此孔清洗石粉。

（2）风动凿岩机

风动凿岩机俗称风钻，以压缩空气为动力，具有结构简单、制造维修简便、操作方便、使用安全的优点。但压缩空气的供应设备比较复杂，机械效率低，能耗大，噪声大。凿岩速度比液压凿岩机低。

风动凿岩机钻孔直径为34~45mm，钻孔深一般在3m以内，用于浅孔爆破钻孔。风动凿岩机常常与多功能作业台架一起使用。一个台架上同时有十多把风钻人工钻眼，钻眼速度并不低于凿岩台车。现在有很多隧道的开挖都采用此种方式。

（3）液压凿岩机

液压凿岩机以电力带动高压油泵，通过改变油路，使活塞往复运动，实现冲击作用。

液压凿岩机钻孔直径为34~45mm，钻孔深一般为3~5m，用于浅孔、中深和深孔爆破钻孔。

比起风动凿岩机，它具有以下特点：动力消耗少，能量利用率高；凿岩速度更快；环境保护好、噪声低；构造复杂，造价高，重量大，一般多安装在凿岩台车上。

（4）凿岩台车

将多台凿岩机安装在一个专用的移动、控制设备上，实现多机同时作业和集中控制，称为凿岩台车。现代的凿岩台车的能量传递和动作传递方式多采用全液压系统来实现。尤其是采用了液压控制的机械臂进行方向控制，可以方便地实现向上打眼，解决了人工操纵向上打眼的困难。

由于液压凿岩机的国产化技术水平不高，机械购置费和机械使用费较高。加之一些承包人对液压凿岩的管理水平不高，机时利用率较低，致使液压凿岩台车在隧道工程中的使用呈下降的趋势，也使得大角度向上打眼安装锚杆成为施工中的一大困难。

凿岩台车按其走行方式可分为轨道走行式、轮胎走行式及履带走行式；按其结构形式可分为实腹式、门架式两种。

目前我国隧道工程中使用较多的是轮胎走行实腹式凿岩台车。它通常可以安装1~4台凿岩机及一支工作平台臂。其占用坑道空间较大，需与出渣运输车辆交会避让，占用循环时间，尤其是在隧道断面不大时，机械避让的非工作时间就更长。轮胎走行的实腹式凿岩台车，其立定工作范围可以达到宽 10~15m，高 7~12m，且因为轮胎走行使得移位方便灵活，可适用各种断面形状和不同尺寸大小的隧道中，尤其多应用于较大断面的隧道中。

门架式凿岩台车采用了轨道走行门架式结构，其腹部可以通行进料、出渣等运输车辆，可以大幅度缩短不同作业机械的交会避让时间。轨道走行的门架式凿岩台车，通常安装 2~3 台凿岩机及一支工作平台臂，多用于中等断面(20~80m^2)的隧道开挖，且因其采用轨道走行，需要铺设轨道，移动换位不便，故在一次开挖断面较大时不宜采用。

凿岩台车按其工作状态的操纵控制方式可以分为人工控制、电脑控制、电脑导向三种。

人工控制是由驾驶员控制操纵杆来实现钻机的定位、定向和钻进的。钻眼位置由工程师在作业面上放线标出，钻眼方向则由驾驶员根据每隔 20m 悬挂于洞顶的方向指示线，按经验目测确定。

电脑控制凿岩台车的所有动作都在电脑的控制下自动进行，必要时可由操作手进行干预。但台车立定就位的位置和方向仍需要由工程师通过测量提供，电脑才能按照位置、方向、岩体条件和钻爆设计等参数自动进行钻眼作业。

电脑导向是在电脑自动控制的基础上增加自动定位和导向装置。它不仅具有电脑自动控制功能，而且可以在隧道定位、导向激光束的帮助下进行自动定位和定向。因此能进一步缩短钻眼作业时间，提高钻眼精度，减少超欠挖量。

4）爆破材料

（1）隧道工程常用的炸药

工程用炸药一般以某种或几种单质炸药为主要成分，另加一些外加剂混合而成。隧道工程常用的炸药有铵梯炸药、浆状(水胶)炸药、乳化炸药和硝化甘油炸药。

① 铵梯炸药。在无瓦斯坑道中使用的铵梯炸药，简称岩石炸药；在有瓦斯坑道中使用的炸药，简称煤矿炸药，它是在岩石炸药的基础上外加一定比例食盐作为消焰剂的煤矿用安全炸药。

② 浆状(水胶)炸药。新型安全炸药的一种。这类炸药含水量较大，爆温较低，比较安全，发展前景良好。浆状炸药是以氧化剂水溶液、敏化剂和胶凝剂为基本成分组成的混合炸药。水胶炸药是在浆状炸药的基础上应用交联技术，使之形成塑性凝胶状态，进一步提高了炸药的化学稳定性和抗水性，炸药结构更均一，提高了传爆性能。浆状(水胶)炸药具有抗水性强、密度高、爆炸威力较大、原料广、成本低和安全等优点，常用在露天有水深孔爆破中。

③ 乳化炸药。通常是用硝酸铵，硝酸钠水溶液与碳质燃料通过乳化作用，形成的乳脂状混合炸药，亦称为乳胶炸药。其外观随制作工艺不同而呈白色、淡黄色、浅褐色或银灰色。乳化炸药具有爆炸性能好、抗水性能强、安全性能好、环境污染小、原料来源广和生产成本低、爆破效率比浆状及水胶炸药更高等优点。

④硝化甘油炸药。又称胶质炸药，是一种高猛度炸药，它的主要成分是硝化甘油(或硝化甘油与二硝化乙二醇的混合物)。硝化甘油炸药抗水性强、密度高、爆炸威力大，因此适用于有水和坚硬岩石的爆破。但它对撞击摩擦的敏感度高，安全性差，价格昂贵；保存期不能过长，容易老化而性能降低甚至失去爆炸性能。一般只在水下爆破中使用。

隧道爆破使用的炸药一般均由厂制或现场加工成药卷形式，药卷直径有22mm、25mm、932mm、935mm、40mm等，长度为165～500mm，可按爆炸设计的装药结构和用药量来选择使用。

（2）炸药的性能评判

炸药爆炸是一种高速化学反应过程。在这个过程中炸药物质成分发生改变，生成大量的气体物质并释放大量的热能，表现为对周围介质的冲击、压缩、破坏和抛掷作用。炸药的性能取决于所含化学成分。掌握炸药等爆破材料的性能，对正确使用、储存、运输，确保安全和提高爆破效果，具有重要意义。炸药的主要性能如下。

① 敏感度

炸药的敏感度简称感度，是指炸药在外界起爆能作用下发生爆炸反应的难易程度，也就是炸药爆炸对外能的需要程度。根据外能形式的不同，炸药感度主要分为热敏感度、火焰感度、机械感度和爆轰感度。

热敏感度：又称爆发点，即炸药爆炸的最低温度，它表示炸药对热的敏感度。

火焰感度：表示炸药对火焰(明火星)的敏感度。有些炸药虽然对温度比较钝感，但对火焰却很敏感，如黑火药一接触明火星便易燃烧爆炸。

机械感度：机械感度是指炸药对机械能(撞击、摩擦)作用的敏感程度。一般来说，对于撞击比较敏感的炸药，对摩擦也比较敏感。一般以试验次数的爆炸百分率来表示。

爆轰感度：爆轰感度是指炸药对爆炸能的敏感程度。通常在起爆作用下，炸药的爆炸是由冲击波、爆炸产物流或高速运动的介质颗粒的作用而激发的。不同的炸药所需的起爆能也不同。爆轰感度一般用极限起爆药量表示。

② 爆速

炸药爆炸时爆轰在炸药内部的传播速度称为爆速。不同成分的炸药有不同的爆速，但一般来说密度越大的炸药其爆速也越高。同一种成分的炸药其爆速还受装填密实程度、药量多少，含水量大小和包装材料等因素的影响。

③ 爆力

炸药爆炸时对周围介质做功的能力称为爆力(或威力)。炸药的爆力越大，其破坏能力越强，破坏的范围及体积也越大。一般地，爆炸产生的气体物质越多，或爆温越高，则其爆力越大。炸药的爆力通常用铅柱扩孔实验法测定。铅柱扩孔容积等于280cm^3时的爆力称为标准爆力。

④ 猛度

炸药爆炸后对与之接触的固体介质的局部破坏能力称为猛度。这种局部破坏表现为固体介质的粉碎性破坏程度和范围大小。一般地，炸药的爆速越高，则其猛度也越大。炸药的猛度通常用铅柱压缩法测定，以铅柱被爆炸压缩的数值表示。

⑤ 爆炸稳定性

爆炸稳定性是指炸药经起爆后，能否连续、完全爆炸的能力。它主要受炸药的化学性质、爆轰感度以及装药密度、药包大小(或药卷直径)、起爆能量等因素的影响。

⑥ 临界直径

工程爆破采用柱状装药时，常用药卷的“临界直径”来表示炸药的爆炸稳定性。“临界直径”是在柱状装药时被动药卷能发生殉爆的最小直径。临界直径越小，则其爆炸稳定性越好。如铵梯炸药的爆炸稳定性较好，其临界直径为15mm。浆状炸药的爆炸稳定性较差，其临界直径为100mm，但加入敏化剂后其临界直径降为32mm，也能稳定爆炸。

工程爆破中，为保证装药能稳定爆炸而不发生断爆，在选择药卷直径时应注意以下两点：药卷直径应不小于炸药的临界直径；装药直径越大，其爆炸越稳定，但当药卷直径超过某值(极限直径)后，爆炸稳定性即不随药卷直径而变化。

若因需减少炸药用量而缩小装药(药卷)直径时，则应相应选用爆轰感度较高的炸药或加入敏化剂以降低其临界直径。

⑦ 最佳密度

对于单质猛炸药，其装药密度越大，则其爆速越大，爆炸越稳定。对于工程用混合炸药，在一定密度范围内，也有以上关系。炸药爆炸稳定，且爆速最大时的装药密度称为“最佳密度”。如硝铵类炸药的最佳密度为0.9~1.19g/cm^3，乳化炸药一般为1.05~1.30g/cm^3。但随后爆速又随着密度的增加而下降，直至某一密度时，爆炸不稳定，甚至拒爆，这时炸药的密度称为“临界密度”。

⑧ 管道效应

工程爆破中，常采用钻孔柱状药卷装药，若药卷直径较钻孔直径小，则在药卷与孔壁之间有一个径向空气间隙。药卷起爆后，爆轰波使间隙中的空气产生强烈的空气冲击波，这股空气冲击波速度比爆轰波速度更高，它在爆轰波未到达之前，即将未爆炸的炸药压缩，当炸药被压缩到临界密度以上时，就会导致爆速下降，甚至断爆。这种现象称为管道效应。为减少管道效应，可减小间隙，或采用高感度、高爆速的炸药。

⑨ 殉爆距离

一个约包爆炸(主动药包)后，能引起与它不相接触的邻近药包爆炸(被动药包)，这种现象称为被动药包的“殉爆”。发生殉爆的原因是主动药包爆炸产生冲击波和高速物流，使邻近药包在其作用下而爆炸。是否会发生殉爆，主要取决于主动药包的药量和爆力、被动药包的爆轰感度、主动与被动药包之间的距离和介质性质。当主动、被动药包采用同性质炸药的等直径药卷时，则用被动药包能发生殉爆的最大距离来表示被动药包的殉爆能力，称为“殉爆距离”。当然它也反映了主动药包的致爆能力。

工程爆破中，常采用柱状间隔(不连续)装药来减少炸药用量和调整装药集中度。但应注意使药卷间距不大于殉爆距离。实际殉爆距离应做现场试验确定。

⑩ 安定性

炸药的安定性是指其物理化学性质的安定性，主要表现为吸湿、结块、挥发、渗油、老化、冻结和化学分解等。如硝铵炸药吸湿性很强，也容易结块。遇此需人工解潮和碾碎后再使用。胶质炸药易老化和冻结。老化的胶质炸药敏感度和爆速降低，威力减小；冻结的胶质炸药感度高，使用危险，必须解冻后才允许使用。硝铵炸药的安定性差，易分解，运输存放中应通风避光，不宜堆放过高。

(3) 工业雷管

常用的工业雷管有火雷管、电雷管和导爆管雷管。雷管属于起爆器材，是起爆炸药用的。雷管属于高度危险的爆炸物品，其感度较高，必须确保安全。

雷管按管内装药量的多少，可分为 8 号和 6 号两种；号数越大，主装药量越大，起爆能力越强。常用的铵梯炸药和乳化炸药药卷均使用 8 号雷管引爆。

① 火雷管

通过导火索燃烧后喷出火星引爆的雷管，称火雷管。火雷管是结构最简单的一种雷管，是其他各种雷管的基本部分。火雷管由三部分组成：管壳、加强帽、装药部分。装药部分包括副药和主药。主药比副药感度低，但爆炸威力大。

导火索火焰首先引爆的是加强帽的副药，再由副药引爆主药，火雷管引爆炸药。火雷管一端开口，另一端封闭成窝穴状，起聚能作用。

② 电雷管

电雷管是在火雷管中加设电发火装置而成的，如图 4.5 所示。它用导线传输电流使装在雷管中的电阻发热而引起雷管爆炸。

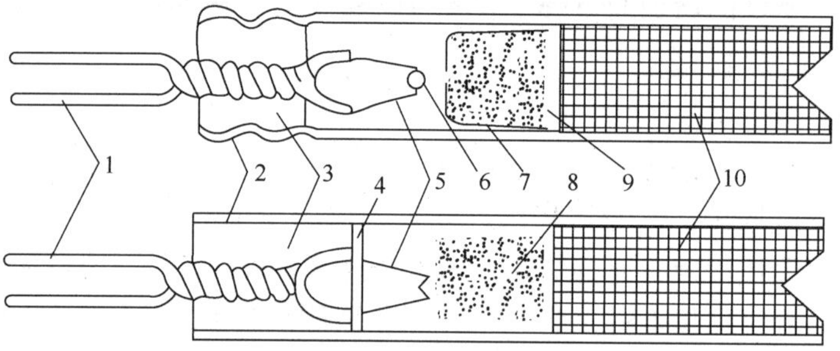

图 4.5　即发电雷管

注：1—脚线；2—管壳；3—密封塞；4—纸垫；5—桥丝；6—引火头；
7—加强帽；8—二硝基重氮酚；9—正起爆药；10—副起爆药

商品包装方式：纸箱或木箱，1000 发/箱(含 2m 爆破线)。

按用途不同，电雷管分为普通电雷管和煤矿许用电雷管。煤矿许用电雷管主要适用于有瓦斯、煤尘及其他可燃矿尘爆炸危险的爆破作业场所。

按通电后爆炸延期时间不同，电雷管又可分为即发电雷管和迟发电雷管。即发电雷管是通电后立即爆炸。迟发电雷管是通电以后延期爆炸，延期的长短用段数表示；段数越大，表示延期越长，即爆炸的越迟。按延期的单位，分为秒迟发和毫秒迟发两种。

秒迟发电雷管是通电后延迟爆炸时间以“秒”为计量单位的，共计 7 段，如表 4.2 所示。

表 4.2　秒迟发电雷管延期时间

段号	1	2	3	4	5	6	7
延期时间/s	0	1.0	2.0	3.1	4.3	5.6	7
脚线颜色	灰蓝	灰白	灰红	灰绿	灰黄	灰白	黑白

毫秒迟发电需管是通电后延迟爆炸时间以“毫秒”为计量单位的。1ms = 1/1000s，共计 20 段，延期时间如表 4.3 所示。

表 4.3 毫秒迟发电雷管和非电毫秒雷管延期时间

段号	1	2	3	4	5	6	7	8	9	10
延期时间/ms	0	25	50	75	110	150	200	250	310	380
段号	11	12	13	14	15	16	17	18	19	20
延期时间/ms	460	550	650	760	880	1020	1200	1400	1700	2000

秒迟发电雷管起延期作用的原理，是在即发电雷管内部增加了一小段的精致导火索，其延期长短，是靠精致导火索的长短来控制的。

毫秒迟发电雷管起延期作用的原理，是在即发电雷管内部加装了延期药，其延期长短，是靠药量的多少来控制的，由它控制时间更精确。

③ 导爆管雷管

导爆管雷管实质上是由火雷管(加装了延期药)和导爆管组合而成，靠导爆管内传递的爆轰波来引爆的。因它不是由电流来引爆的，而且可以做到毫秒延期，所以又叫非电毫秒雷管。

导爆管雷管在出厂时就带有3m左右的导爆管脚线。

一般的火雷管都是即发的，而导爆管雷管则可以延期，它的段数与延期长短和毫秒迟发电雷管一样。

导爆管雷管的构造在延期药、副药、主药，即装药部分与管壳部分与火雷管、电雷管相同。导爆管雷管禁止在有瓦斯、煤尘或有其他爆炸危险的场所使用。

(4) 索状起爆器材

① 导火索

导火索索芯为黑火药，燃烧速度为120m/s，喷火长度不小于40mm，可储存2年。它主要用来将火焰传递给火雷管，使火雷管在火花的作用下爆炸，导火索本身不会爆炸。

② 导爆索

导爆索一般是塑料的，可以防水。药芯是黑索金猛炸药，它不仅具有良好的传爆能力，而且本身有一定的爆炸力，其外观颜色一般是红色的。

经雷管起爆后，导爆索可以传爆，也可以直接引爆铵梯炸药和乳化炸药。它的传爆速度为6000m/s，储存有效期2年。

应特别注意，导爆索是可以爆炸的传爆器材，所以应特别防止撞击和拉拔。

导爆索可以传爆，可作为“雷管”引爆炸药。利用这个性质，隧道周边眼采用的间隔装药结构中，当药卷之间的距离大于殉爆距离时，可以用导爆索将药卷串联起来，以确保每个药卷都爆炸。

因其本身有一定的爆炸能力，导爆索可作为炸药用于弱爆破，如隧道爆破的周边弱爆破，就有将导爆索作为“炸药卷”使用的。也就是所谓的导爆索装药结构。

③ 导爆管

塑料导爆管是一种外径约3mm、内径约1.4mm的塑料软管，管子的材料为PVC(Polyvinyl Chloride，聚氯乙烯)，管的内壁涂有薄薄一层混合炸药，主要成分是奥托金。其外观颜色很多，隧道现场一般用的是白色的。

导爆管的内壁炸药经引爆后能够稳定传爆，管内产生的爆轰波可以引爆雷管，但不能引爆工业炸药。导爆管的传爆速度为1650m/s。

导爆管与雷管组装在一起成为导爆管雷管。

导爆管具有很好的性能，所以自发明以来，在全世界迅速地被广泛采用。

导爆管雷管有较好的抗电性能，能抗 3×10^4V 以下的直流电，不被击穿。有很好的抗水性能，在水下 80m 处放置 48h，仍然能正常起爆和传爆。它的安全性能好，火焰和机械冲击不能激发导爆管，管身燃烧不能引爆导爆管。

导爆管可以作为非危险品运输。

在隧道爆破中，导爆管本身一般是用雷管来激发的。

鉴于导火索、火雷管、铵梯炸药技术含量低，安全性能差，且导火索、火雷管引爆炸药操作简单，极易被不法分子用来实施爆炸犯罪活动，威胁公共安全。根据《民用爆破器材行业“十一五”规划纲要》的要求，导火索、火雷管、铵油炸药已于 2008 年 1 月 1 日起停止生产。

5）起爆方法

爆破工程是通过工业炸药爆炸实施的，而引爆炸药有两种方法：一种是通过雷管的爆炸起爆工业炸药；一种是利用导爆索爆炸产生的能量引爆工业炸药，而导爆索本身需要雷管将其引爆。起爆方法主要有电力起爆法和导爆管雷管起爆法。

（1）电力起爆法

电力起爆法就是利用电能引爆雷管进而引爆工业炸药的方法，构成电力起爆的器材有电雷管、导线、起爆器和测量仪表。

电力起爆系统示意为：起爆电源→导线(母线)→连接电雷管连线→电雷管→起爆药卷。

目前，在隧道工程爆破中，电力起爆一般用在竖井或有瓦斯或矿尘的隧道中。

（2）导爆管雷管起爆法

目前，在隧道钻爆中，最常用的就是导爆管雷管起爆法。

导爆管雷管起爆法利用导爆管传递冲击波点燃雷管，进而直接或通过导爆索起爆工业炸药，属非电起爆法。

在有瓦斯或矿尘的隧道中，不能使用导爆管雷管起爆法。

导爆管雷管起爆法示意为：导火索→火雷管→导爆管→导爆管雷管→起爆药卷。当然也可用电雷管来代替火雷管，示意为：导线→电雷管→导爆管→导爆管雷管→起爆药卷。

不过现场最常用的是导火索和火雷管。构成导爆管雷管起爆的器材主要有以下几种。

① 击发元件。击发导爆管的叫击发元件，现场一般采用火雷管或电雷管。由于 2008 年 1 月 1 日起，导火索与火雷管停止生产和使用，现在现场使用电力起爆器来激发导爆管，电力起爆器的电源用的是干电池。

② 起爆元件。导爆管不能直接起爆炸药、必须通过导爆管雷管来起爆药卷。

③ 传爆元件。所谓的传爆元件，就是导爆管与导爆管之间连接所用的元件，即通过雷管或炸药的爆炸将网络连接下去的装置。

在隧道施工现场，广泛使用的方法是直接用导爆管雷管作为传爆元件，将被传爆的导爆管用电工黑胶布牢固地捆绑在传爆雷管的周围。这种连接方法称簇联，俗称“一把抓”。

但必须注意，捆绑长度要在 15~20cm，用黑胶布缠绕几层，捆牢固。一般情况下，簇联导爆管不超过 15 根。

6）炮眼类型及作用

炮眼类型主要有掏槽眼、辅助眼和周边眼，示意图如图 4.6 所示。

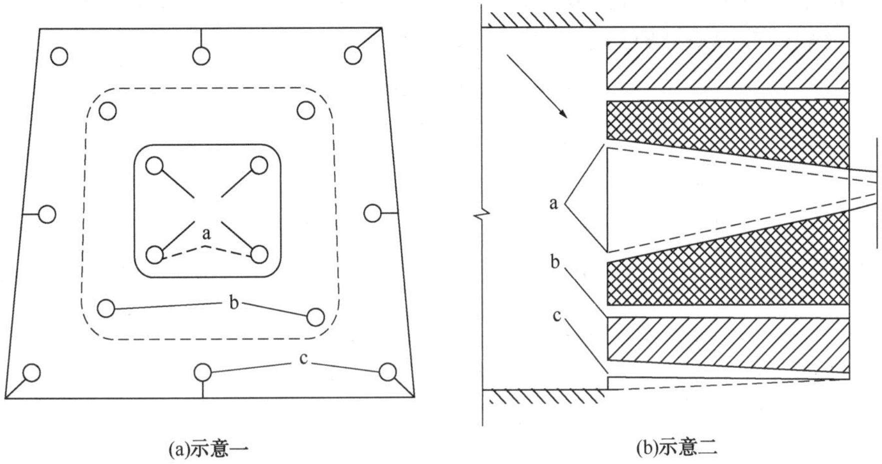

图 4.6 炮眼类型示意

注：a—掏槽眼；b—辅助眼；c—周边眼

（1）掏槽眼

针对隧道爆破只有一个临空面的特点，为增强爆破效果，先在开挖断面的中下部位置布置一些装药量较多的炮眼，这些炮眼即为掏槽眼。将掏槽眼先行爆破，炸出一个槽腔，为后续炮眼的爆破创造新的临空面。

为有效地将石渣抛出槽口，掏槽眼的深度应比设计掘进进尺加深 10cm。

（2）辅助眼

位于掏槽眼与周边眼之间的炮眼，统称为辅助眼。其作用是扩大槽眼炸出的槽腔，为后续和周边眼爆破创造新的临空面。

常把靠近掏槽眼并有扩大掏槽作用的炮眼，称为“扩槽眼”；把靠近周边眼的一排眼，称为“内圈眼”。

（3）周边眼

沿隧道周边布置的炮眼，称为周边眼。其作用是炸出较平整光滑的隧道断面轮廓。按其所在位置的不同，又可分为“帮眼”“顶眼”和“底板眼”。

7）掏槽形式

掏槽效果的好坏，直接影响整个隧道爆破的成败。根据掏槽眼与开挖面的关系，可将掏槽形式分为如下几类。

（1）斜眼掏槽

斜眼掏槽的特点是掏槽眼与开挖断面斜交。隧道爆破中常用的是垂直楔形掏槽和锥形掏槽。

① 垂直楔形掏槽。掏槽眼水平成对布置，爆破后将炸出楔形槽口。

影响此种掏槽爆破的重要因素包括炮眼与开挖面间的夹角 α、上下两对炮眼的间距 a、同一平面上一对掏槽眼眼底的距离 b。

② 锥形掏槽。这种炮眼呈角锥形布置，各掏槽眼以相等的角度向工作面中心轴线倾斜，眼底趋于集中，但互相并不贯通，爆破后形成锥形槽。

根据掏槽炮眼的个数，可将锥形掏槽分为三角锥形掏槽、四角锥形、五角锥形掏槽等多种类型。影响此种掏槽爆破的主要因素如表 4.4 所示。

表 4.4　锥形掏槽影响因素

围岩级别	α/(°)	a/cm	炮眼个数/个
Ⅳ级及以上	70	100	3
Ⅲ级	68	90	4
Ⅱ级	65	80	5
Ⅰ级	60	70	6

斜眼掏槽的优点是操作简单，易把岩石抛出，掏槽炮眼的数量少且炸药耗量低。其缺点是炮眼深度易受开挖断面尺寸的限制，不易提高循环进尺，也不便于多台凿岩机同时作业。

(2) 直眼掏槽

直眼掏槽由若干个垂直于开挖面的炮眼组成，炮眼深度不受开挖断面尺寸的限制，可以实现多台凿岩机同时作业和深眼爆破。

由于直眼掏槽凿岩作业比较方便，不需随循环进展的改变而变化掏槽形式，仅需改变炮眼深度，受到工地欢迎。尤其是能钻大于 102mm 直径炮孔的液压钻机投入施工以后，直眼掏槽应用得更多。但直眼掏槽的炮眼数目和用炸药量多。

目前，常用直眼掏槽的形式有柱状掏槽和旋形掏槽两种。

① 柱状掏槽。它是充分利用大直径中空眼作为“临空孔”和岩石破碎后的膨胀空间，使爆破后能形成柱状槽口的掏槽爆破。

② 螺旋形掏槽。它是由柱状掏槽发展而来的，其特点是中心眼为空眼(不装药)，邻近空眼的各装药孔至空眼之间的距离逐渐增大，其连线呈螺旋状。

影响直眼掏槽效果的因素有眼距、空眼、装药和钻眼质量。

① 眼距。空眼与装药之间的距离。当采用大直径空眼(直径 $d \geqslant 63$mm)，眼距不宜超过空眼直径的 2 倍。掏槽效果对眼距变化很敏感，往往眼距稍大就会造成掏槽效果降低或失败，而眼距过小不仅钻眼困难，还会发生槽内岩石被挤实的现象，不能形成槽腔。

② 空眼。空眼不仅起着临空面和破碎岩石的发展导向作用(即使岩石破碎后向空眼方向运动)，同时还为槽内岩石破碎提供一个空间。所以，增加空眼数量能获得良好的效果。一般随眼深加大，空眼数目也相应增加。

③ 装药。对于直眼掏槽装药眼一般要“过量装药”，装药长度占炮眼长度的 85%~90%。如果装药长度不够，则会发生“留门槛”和“挂门帘”现象。

④ 钻眼质量。要保证钻眼的准确，使各炮眼之间保持等距、平行极为重要。两眼打穿，易造成殉爆，降低槽内岩石抛掷，使岩石挤紧，不能形成临空面。距离过大，或钻眼

偏斜，易发生单个炮眼爆炸，炮眼间的岩石不易崩落。

8）隧道爆破参数设计

（1）炮眼直径

炮眼直径对凿岩生产率、炮眼数目、单位耗药量和洞壁的平整程度均有影响。加大炮眼直径以及相应装药量可使炸药能量相对集中，爆炸效果得以改善。但炮眼直径过大将导致凿岩速度显著下降，并影响岩石破碎质量、洞壁平整程度和围岩稳定性。因此，必须根据岩性、凿岩设备和工具、炸药性能等综合分析，合理选用孔径。一般隧道的炮眼直径在32~50mm之间，药卷与眼壁之间的间隙一般为炮眼直径的10%~15%。

（2）炮眼数量

炮眼数量主要与开挖断面、炮眼直径、岩石性质和炸药性能有关，炮眼数量的多少直接影响凿岩工作量。炮眼应能装入设计的炸药量，通常可根据各炮眼平均分配炸药量的原则来计算，计算如式(4.2)所示。

$$N=\frac{qS}{\alpha\gamma} \tag{4.2}$$

式中 N——炮眼数量，不包括未装药的空眼数，个；

q——单位炸药消耗量，kg/m^3；

S——开挖断面积，m^2；

α——装药系数，即装药长度与炮眼全长的比值；

γ——每米药卷的炸药质量，kg/m。

（3）炮眼深度

炮眼深度是指炮眼底至开挖面的垂直距离。合适的炮眼深度有助于提高掘进速度和炮眼利用率。随着凿岩、装渣运输设备的改进，目前普遍存在加长炮眼深度以减少作业循环次数的趋势。

炮眼深度一般根据下列因素确定。

① 围岩的稳定性，避免过大的超欠挖。

② 凿岩机的允许钻眼长度、操作技术条件和钻眼技术水平。

③ 掘进循环安排，保证充分利用作业时间。

确定炮眼深度的常用方法有三种。

① 采用斜眼掏槽时，炮眼深度受开挖面大小的影响，炮眼过深，周边岩石的夹制作用较大，故炮眼深度不宜过大。一般最大炮眼深度取断面宽度(或高度)的0.5~0.7倍。当围岩条件好时，采用较小值。

② 利用每一掘进循环的进尺数及实际的炮眼利用率来确定，如式(4.3)所示。

$$L=\frac{l}{\eta} \tag{4.3}$$

式中 L——炮眼深度，m；

l——每掘进循环的计划进尺数，m；

η——炮眼利用率，一般要求不低于0.85。

③ 按每一掘进循环中钻眼所占时间确定，如式(4.4)所示。

$$L=\frac{mvt}{N} \tag{4.4}$$

式中 L——炮眼深度，m；

m——钻机数量，个；

v——钻眼速度，m/h；

t——每一掘进循环中钻眼所占的时间，h；

N——炮眼数目，个。

所确定的炮眼深度还应与装渣运输能力相适应，使每个作业班能完成整个循环，而且使掘进每米坑道消耗的时间最少，炮眼利用率最高。目前较多采用的炮眼深度为1.2~1.8m，中深孔2.5~3.5m，深孔3.5~5.15m。

（4）装药量的计算及分配

炮眼装药量的多少是影响爆破效果的重要因素。药量不足，会出现炸不开，炮眼利用率低和石渣块度过大等情况；装药量过多，则会破坏围岩稳定，崩坏支撑和机械设备，使抛渣过散，对装渣不利，且增加了洞内有害气体，相应地增加了排烟时间和供风量等。合理的药量应根据所使用的炸药的性能和质量、地质条件、开挖断面尺寸、临空面数目、炮眼直径和深度及爆破的质量要求来确定。目前多采取先用体积公式计算出一个循环的总用药量，然后按各种类型炮眼的爆破特性进行分配，再在爆破实践中加以检验和修正，直到取得良好的爆破效果的方法。总用药量 Q 的计算如式(4.5)所示。

$$Q=qV \tag{4.5}$$

式中 Q——一个爆破循环的总用药量，kg；

q——爆破每立方米岩石所需炸药的消耗量，kg/m^3；

V——一个循环进尺所爆落的岩石总体积，m^3。

总的炸药量应分配到各个炮孔中去。由于各炮眼的作用及受到岩石夹制情况不同，装药数量亦不同，通常按装药系数 α 进行分配。

（5）炮眼布置

① 炮眼布置的方式

a. 首先布置掏槽眼，其次是周边眼，最后是辅助眼。

掏槽眼一般应布置在断面中央偏下部位，其深度应比其他眼深10cm。为爆出平整开挖面，除掏槽眼和底板眼外，所有掘进炮眼眼底应基本落在同一平面上。底板眼深度一般与掏槽眼相同。

之所以要加深掏槽眼、底板眼深度，是因为要确保掏槽的效果和深度，确保底板不留台阶(不留“门槛”)，同时因为掏槽眼、底板眼的爆破，岩层对其的夹制作用特别大。

b. 周边眼沿隧道轮廓布置，基本上取等距离布眼，断而拐弯处应布眼。为了钻眼施工的方便，应考虑周边眼有一定的外插角，外插斜率为3%~5%，并应使前后两槽炮眼的衔接台阶为最小，一般为15cm左右。

周边眼间距用 E 表示，具体取值如表4.5所示，预裂爆破的 E 值要比光面爆破的 E 值取得小一些。

表 4.5 周边眼间距 E 取值

围岩级别	周边眼间距 E/cm		抵抗线 W/cm
Ⅰ、Ⅱ	光爆 55~70	预爆 40~50	60~80
Ⅱ、Ⅲ	光爆 45~65	预爆 40~45	60~80
Ⅲ、Ⅳ	光爆 35~50	预爆 35~40	40~60

注：抵抗线 W 为内圈眼到轮廓线的距离

② 辅助眼的布置原则

在掏槽眼与周边眼之间，均匀分布、一圈一圈地布置辅助眼。需确定同一圈的炮眼间距和圈与圈的距离，这个距离一般就是抵抗线形。

这里应注意拱部炮眼布置可疏一些，因为拱部爆破，岩石有自重作用。施工经验证明，一般情况下，抵抗线为炮眼间距的 60%~80%。

（6）起爆顺序及延期时间

正确的起爆顺序是先掏槽，后辅助，再周边，由里向外分层起爆。应根据雷管的延期时间（ms）的长短来安排起爆雷管。

正确的起爆顺序可使先爆破的炮眼为后续爆破的炮眼减小岩石的夹制作用和增大临空面，创造更好的爆破条件。同时起爆的一组炮眼，能共同作用，爆炸力更强。

为了保证正确地按设计顺序起爆，应使用毫秒雷管，这样爆破就能由里向外，一层一层准确剥离、破碎岩石，达到高的炮眼利用率和平整的开挖轮廓。

起爆延期时间：每一段雷管“内存”有“时间”，这是一种比喻，起爆是同时点火起爆的，将不同段别的雷管装在炮眼中，则起爆时间“有先有后”，只要正确安排，就能达到有顺序起爆的目的。

起爆延期时间安排的主要原则如下。

① 前后时间间隔最好为 50~100ms。

② 周边眼和底板眼尽量分别使用同段雷管，同时起爆有共同作用效果。

（7）装药结构

隧道爆破钻凿炮眼的孔径，一般要求比药卷直径大 3~6mm，在装药前必须检查炮眼是否达到设计深度，并将孔内泥污杂物吹洗干净，然后进行装药。

所有的装药炮眼均应堵塞泡泥，周边眼的堵塞长度不得小于 20cm，泡泥一般为砂子和黏土的混合物，比例大致为 1∶1。

带雷管的药卷叫做起爆药卷，通常把普通药卷和起爆药卷在炮眼中的布置方法叫做装药结构。

① 按起爆药卷在炮眼中的位置和其中雷管聚能穴的方向，可将装药结构分为正向装药和反向装药。

正向装药：将起爆药卷放在眼口第二个药卷位置上，雷管聚能穴朝向眼底，并用炮泥堵塞眼口，如图 4.7（a）所示。这种装药结构过去使用得较多，现在隧道周边眼间隔装药时，往往采用正向起爆方式，即孔口向孔底方向起爆。

反向装药：将起爆药卷放在眼底第二个药卷位置上，雷管聚能穴朝向眼口，如图 4.7（b）所示。反向装药的爆破方向与抛掷石渣的方向一致，所以效果较好，现在掏槽眼和辅助眼多用反向装药。

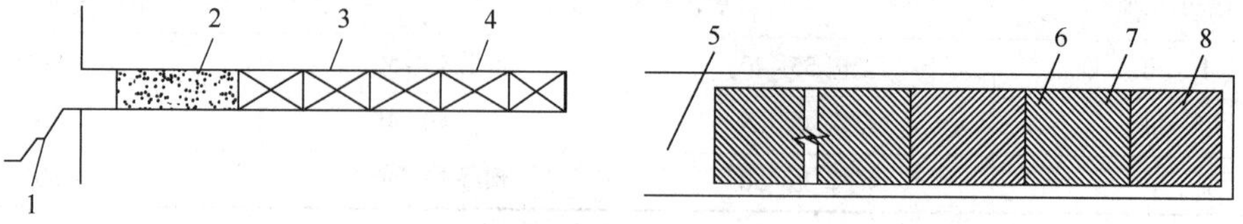

(a)正向装药　　(b)反向装药

图 4.7　装药形式

注：1、5—导爆管；2—炮泥；3、6—起爆药卷；4—普通药卷；7—雷管；8—底药

② 按其连续性，则可分为连续装药和间隔装药。

连续装药：把药卷一个紧接一个地装入炮眼，直至把该炮眼需用药量装完，此种方式又叫连续装药。

连续装药的起爆药卷放置位置，应保证最大限度利用炸药性能，一般采用反向，即将起爆药卷放在眼底的第二个药卷的位置，这样做的好处是既可保证不破坏眼底岩石，又因雷管聚能穴朝外，爆轰波由里向外，可取得较好的效果。现在掏槽眼和辅助眼多用连续装药。

间隔装药：光面爆破的周边眼如无专用的小直径药卷（25mm，标准药卷为 32mm），则采用此种装药方式。

间隔装药是每间隔一定距离装半个药卷，如图 4.8 所示，直到把该炮眼需用药量装完。

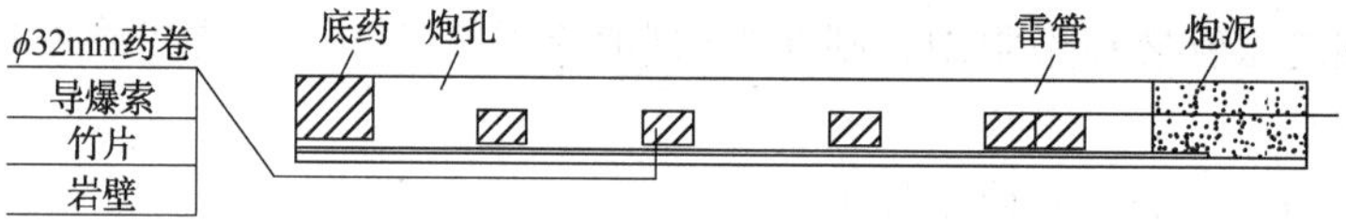

图 4.8　周边眼间隔装药

药卷的间隔距离，不应超过炸药殉爆距离的 80%，以确保每个药卷都能完全爆炸。如果间隔距离大于殉爆距离，则应用导爆索将各个药卷串联起来。

为正确掌握间隔距离，可事先将药卷按间距用细绳捆扎在一根竹片上，导爆索、导爆管或电雷管的脚线也附着竹片一起引出炮眼外。

③ 周边眼的其他装药结构形式

周边眼的其他装药结构形式包括小直径连续装药结构和导爆索装药结构。

小直径连续装药结构：一般情况下，如果现场有光面爆破专用的小直径药卷（ϕ25mm，标准药卷为 32mm），周边眼宜选用小直径连续装药结构，如图 4.9 所示。

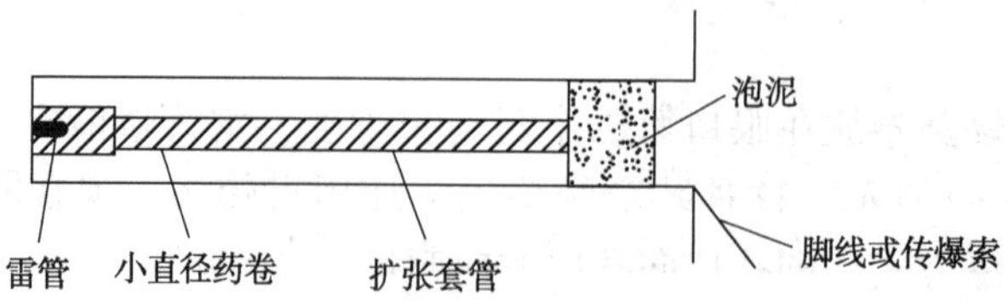

图 4.9　小直径连续装药结构

导爆索装药结构：当岩石很软时，只在眼底装一卷炸药，中间用导爆索代替药卷，此种装药方式称为导爆索装药结构，如图4.10所示。

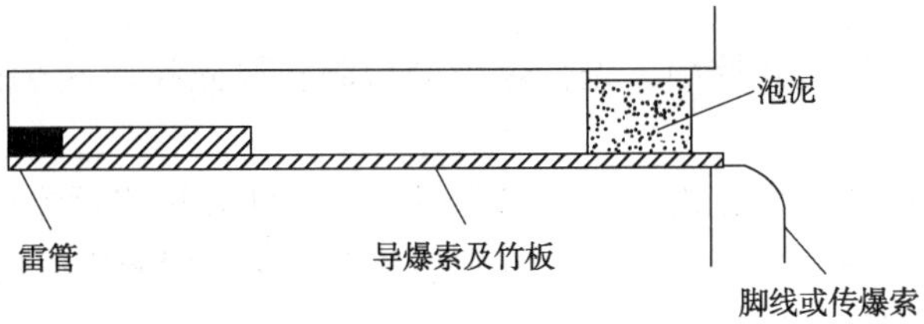

图4.10 导爆索装药结构

(8) 光面爆破和预裂爆破

① 光面爆破

光面爆破是为了使爆破形成平整的开挖面，减小超挖，由开挖面中部向外侧依次顺序起爆的爆破方法。

光面爆破是在设计断面内的岩体爆破崩落后才爆周边眼，使爆破后的围岩断面轮廓整齐，最大限度地减轻爆破对围岩的扰动和破坏，尽可能保持围岩的完整性和稳定性。

其主要标准为：开挖轮廓成形规则，岩面平整；围岩上半面炮眼痕迹(也称炮眼痕迹保存率)，硬岩不少于80%，中硬岩不少于60%；无明显的裂缝；超欠挖符合规定，围岩壁上无危石。

光面爆破的参数选择要求如下。

a. 适当加密周边眼间距 E，调整间距抵抗比。

周边眼间距 E 要视岩石的抗爆性、炸药性能、炮眼直径和装药量而定，一般可取40~70cm，大部分取45cm，具体选择时，对于硬岩取小值，软岩取大值。

为了保证孔间贯通裂缝优先形成，必须使周边眼的抵抗线形 W 大于炮眼眼距 E，以 $E/W=0.8$ 为宜，即 $W=50\sim90$cm。

b. 选择合理的炸药品种、炸药量和装药结构。

用于光面爆破的炸药，与主体爆破的炸药相比，应选用爆速较低、猛度较低、爆力较大、传爆性能良好的炸药。但底板眼则宜选用高爆力的炸药，既可以克服上覆石渣的压制，又起到翻渣作用。

周边眼装药量应既具有破岩所需的能量(不留残眼)，又不致造成对围岩的严重破坏。一般地，单位炮眼长度装药量控制在0.04~0.4kg/m，称为线装药密度。

周边眼的装药结构，可采用间隔装药或小直径不耦合装药。当采用不耦合装药时，不耦合系数 λ(为炮眼直径 D 与药卷直径 d 之比)最好大于2，但应注意药卷直径不应小于该炸药的临界直径，以保证完全爆轰。

当采用标准药卷时，不耦合系数一般小于2，往往采用间隔装药。此时，相邻炮眼所用的药卷位置应错开，以充分利用炸药效能。

c. 保证周边眼同时起爆。

据测定，各炮眼的起爆时差超过0.1s时，就等于各个炮眼单独爆破，不能形成贯通裂缝。因此，要求周边眼必须采用同段雷管、同时起爆，并尽可能减少雷管的延期时间误差。

光面爆破的分区起爆顺序：掏槽眼→辅助眼→周边眼→底板眼。

辅助眼则应由里向外逐层起爆。

② 预裂爆破

预裂爆破是在岩石隧道开挖中，先行爆破周边眼，预先拉成断裂面，然后再爆中央部分的爆破方法。

在开挖断面内其他炮眼爆破之前，先起爆周边眼，可沿开挖轮廓线预裂爆出一条裂缝，即各周边眼形成相互贯通的裂缝，与原岩体分割开来，这条裂缝用以反射爆破地震应力波。

预裂爆破的分区起爆顺序：周边眼→掏槽眼→辅助眼→底板眼。

由于预裂面的存在，对后起爆的掏槽眼、辅助眼的爆轰波能起缓冲作用，从而减轻对围岩的破坏影响，使围岩保持完整，使开挖面整齐规则。

预裂爆破尤其适用于稳定性较差的软弱围岩，但预裂爆破的周边眼间距和最小抵抗线都要比光面爆破的小，相应地要增加炮眼数量，当然钻眼工作量也增大了。

对于预裂爆破的周边眼，在堵塞炮泥时，应从药卷顶端堵塞，不得只堵塞眼口。

(9) 隧道瞎炮的处理

放炮时，炮眼内的装药未发生爆炸，雷管未爆炸，俗称瞎炮。瞎炮的处理方法主要有以下几种。

① 经检查确认炮眼的起爆线路完好时，可重新起爆。

② 在未爆的眼旁，打平行眼装药起爆，平行眼距瞎炮孔口不得小于0.3m。

③ 用木制、竹制或其他不发生火星的材料制成的工具，轻轻将炮眼内大部分填塞物掏出，用药包诱爆。

④ 瞎炮应在当班处理完。当班不能处理完毕，应将瞎炮做上记号，在现场交接清楚，由下一班继续处理。

⑤ 导爆管起爆法，若导爆管在孔外被打断，可以掏出仍在孔内的部分导爆管，接上导爆管雷管重新起爆。

4.3 出渣运输技术

4.3.1 出渣

将开挖的石渣迅速装车运出洞外，是提高隧道掘进速度的重要环节。该项作业往往占全部开挖作业时间的50%左右，控制着隧道的施工速度。因此，正确选择并准备足够的装渣运输方案，维修好线路，减少相互干扰，提高装渣效率是加快隧道施工速度，尤其是加快长大隧道施工速度的关键。装渣就是把开挖下来的石渣装入运输车辆。

1) 出渣量计算

出渣量应为开挖后的虚渣体积，计算如式(4.6)所示。

$$Z = R\Delta LS \tag{4.6}$$

式中 Z——单循环爆破后石渣量，m^3；

R——岩体松胀系数；

Δ——超挖系数，视爆破质量而定，一般可取1.05~1.15；

L——设计循环进尺，m；

S——开挖断面面积，m^2。

2）装渣方式

装渣的方式可采用人力装渣或机械装渣。人力装渣劳动强度大、速度慢，仅在短隧道缺乏机械或断面小无法使用机械装渣时才考虑采用。机械装渣速度快、可缩短作业时间，目前隧道施工中经常采用，但仍需配少数人工辅助。

3）装渣机械

隧道用的装渣机又称装岩机，要求外形尺寸小，坚固耐用，操作方便和生产效率高。装渣机械的类型很多，按其扒渣机构型式可分为：铲斗式、蟹爪式、立爪式、挖斗式。铲斗式装渣机为间歇性非连续装渣机，有翻斗后卸、前卸和侧卸式三种卸渣方式。蟹爪式、立爪式和挖斗式装渣机是连续装渣机，均配备刮板(或链板)转载后卸机构。

装渣机的走行方式有轨道走行和轮胎走行两种，也有配备履带走行和轨道走行两种走行机构的。轨道走行式装渣机需铺设走行轨道，因此其工作范围受到限制。但有些轨道走行式装渣机的装渣机构能转动一定角度，以增加其工作宽度。必要时，可采用增铺轨道来满足更大的工作宽度要求。轮胎走行式装渣机移动灵活，工作范围不受限制。但在有水土质围岩的隧道中，有可能出现打滑和下陷。

装渣机械扒渣方式不同，走行方式不同，装备功率不同，则其工作能力各不相同。装渣机的选择应充分考虑围岩及坑道条件、工作宽度及其与运输车辆的匹配和组织，以充分发挥各自的工作效能，缩短装渣的时间。

隧道施工中较为常用的装渣机有以下几种。

① 翻斗式装渣机。又称铲斗后卸式装渣机，有风动和电动之分。它是利用机体前方的铲斗铲起石渣，然后后退并将铲斗后翻，经机体上方将石渣投入机后的运输车内。该机具有构造简单、操作方便的特点，但工作宽度一般只有1.7~3.5m，工作长度较短，需将轨道延伸至渣堆，且一进一退间歇装渣，工作效率低，其斗容量小，工作能力较低，一般只有30~120m^3/h(技术生产率)，主要使用于小断面或规模较小的隧道中。

② 蟹爪式装渣机。这种装渣机多采用履带走行，电力驱动。它是一种连续装渣机，其前方倾斜的受料盘上装有一对由曲轴带动的扒渣蟹爪。装渣时，受料盘插入岩堆，同时两个蟹爪交替将岩渣扒入受料盘，并由刮板输送机将岩渣装入机后的运输车内。

因受蟹爪拨渣限制，岩渣块度较大时，其工作效率降低，故主要用于块度较小的岩渣及土的装渣作业。工作能力一般在60~80m^2/h之间。

③ 立爪式装渣机。这种装渣机多采用轨道走行，也有采用轮胎走行或履带走行的。以采用电力驱动、液压控制得较好。装渣机前方装有一对扒渣立爪，可以将前方或左右两侧的石渣扒入受料盘，其他同蟹爪式装渣机。立爪扒渣的性能较蟹爪式的好，对岩渣的块度大小适应性强，轨道走行时，其工作宽度可达到3.8m，工作长度可达到轨端前方3.0m，工作能力一般在120~180m^3/h之间。

④ 挖掘式装渣机。这种装渣机(如ITC312H4型)是近几年发展起来的较为先进的隧道装渣机。其扒渣机构为自由臂式挖掘反铲，其他同蟹爪式装渣机，并采用电力驱动和全液

压控制系统，配备有轨道走行和履带走行两套走行机构。立定时，工作宽度可达3.5m，工作长度可达轨道前方7.11m，且可以下挖2.8m和兼作高8.34m范围内清理工作面及找顶工作，生产能力为250m³/h。

⑤ 铲斗式装渣机。这种装渣机多采用轮胎走行，也有采用履带走行或轨道走行的。轮胎走行的铲斗式装渣机多采用铰接车身、燃油发动机驱动和液压控制系统。轮胎走行铲斗式装渣机转弯半径小，移动灵活；铲取力强，铲斗容量大，达0.76~3.8m³，工作能力强；可侧卸也可前卸，卸渣准确，但燃油废气污染洞内空气，需配备净化器或加强隧道通风，常用于较大断面的隧道装渣作业。

轨道走行及履带走行的铲斗式装渣机，多采用电力驱动。轨道走行装渣机一般只适用于断面较小的隧道中，履带走行的大型电铲则适用于特大断面的隧道中。

4.3.2 运输

隧道施工的运输(出渣和进料)可以分为有轨运输和无轨运输两种方式。

有轨运输为铺设小型轨道，用轨道式运输车出渣和进料。有轨运输多采用蓄电池车或内燃机车牵引，斗车或梭式矿车运渣。

无轨运输为采用各种运输车出渣和进料。其特点是机动灵活，不需铺设轨道，能适用于弃渣场离洞口较远、道路坡度较大的场合；缺点是由于多采用内燃驱动，在整个洞内排出废气，污染空气，因此应注意加强通风。

双线隧道，掘进长度在3000m以下时，可采用无轨运输。单线隧道，长度在1000m以下时，宜采用无轨运输；长度大于1500m时，宜采用有轨运输。

1) 有轨运输

(1) 有轨运输车辆

① 牵引电力机车

铁路隧道施工有轨运输的牵引电力机车，一般又称为蓄电池车。以前常用的为直流蓄电池工矿机车，现有的交流变频电机车，克服了直流机车换挡时的扭矩波动大、制动结构复杂、串激电机碳刷与换向器日常维护工作量大等不足。机车吨位有8t、12t、15t、18t、25t、35t、45t等系列产品，每种吨位的机车有762mm和900mm两种规格。

② 梭式矿车。梭式矿车是放在两个转向架上的大斗车，车底设有链板式或刮板式输送带，石渣从前端装入，依靠输送带传递到后端，石渣就可布满整个矿车的底部。

梭式矿车具有的在长车厢内输渣功能，是专门为配合带有转载设备的装渣机使用的，例如配合耙斗式、力爪式装渣机。

梭式矿车还可串列转渣，由一辆机车牵引两辆梭式矿车。

梭式矿车由机车牵引，与凿岩台车、装渣机等配套使用，组成隧道机器化作业线。由于梭式矿车本身具有自卸料功能，所以在卸料场不需配置辅助卸料设备，但需在料堆的上方卸渣。

梭式矿车近年来向大型化发展，由过去的8m³、12m³发展到现在的16m³和20m³。采用大容量的梭式矿车增大了运输量。

③ 侧卸式矿车。小型(6m³以下)侧卸式矿车一般用于斜井施工，由提升机牵引，运行

速度不超过1m/s，装料后牵引动力引至专用的曲轨卸料机构，当车厢翻至与水平成最大角度时，车侧门也开到最大限度，这时矿车卸料得以全部完成。返回时，矿车通过曲轨，侧门又自动关闭到位。

（2）有轨运输作业要求

① 线路铺设标准和要求

钢轨类型：不宜小于38kg/m。道岔型号：宜选择不小于6号的道岔，并安装转辙器。轨枕：间距不应大于0.7m。道床：厚度不应大于20cm。有轨运输设单道时，每间隔300m应设一个会车道。

② 有轨运输作业规定

机动车牵引不得超载。列车连接必须良好，机车摘挂后调车、编组和停留时，应备有刹车装置。车辆在同方向行驶时，两组列车的间距不得小于100m。轨道旁临时堆放的材料，距钢轨边缘不得小于80cm，高度不得大于100cm。卸渣场线路应设置安全线，并设置1%~3%的上坡道，卸渣码头应搭设牢固，并设有挂钩、栏杆及车挡装置，注意防止溜车。车辆运行时，必须鸣笛或按喇叭，并注意瞭望，严谨非专职人员开车、调车和搭车，以及在运行中进行摘挂作业。长隧道施工上下班的载人列车，应制定保证安全的措施。

③ 列车运行图

编制列车运行图，是为了统一指挥调度列车运行，加速车辆周转，充分发挥运输能力的有效作用，减少干扰，消除局部积压车辆、堵塞轨道等不良现象，确保隧道各工序都能正常施工。

列车运行图是根据隧道施工方法，轨道布置及机车车辆配备情况，各施工工序在隧道中所处的位置和进度安排，以及装渣、调车、编组、运行、错车、卸渣、列车解体等所需要的时间，综合考虑确定列车数量后编制而成的。

在实际的隧道施工中，运行图中所需要的时间应实测确定，随着隧道施工的不断向前推进和卸渣线的不断向前延伸，运输距离愈来愈长，因此运行图也要定期修正。

当列车运行图编制完成，一旦付诸实践之后，各项作业均应遵照执行，不得随意改动，以免打乱全局计划。

2）无轨运输

（1）无轨运输车辆

① 自卸汽车。自卸汽车主要用于洞内无轨运输，它是燃油动力、轮胎走行，载质量为5~25t，还有铰接式双向驾驶车辆，与装载机或装渣机配合使用的。

② 仰拱栈桥。仰拱栈桥是为了满足客运专线仰拱施工和填充，解决仰拱施工与隧道内运输矛盾，桥上通行运输车辆，桥下修筑仰拱，而开发的一种专用的配套设备。

（2）无轨运输作业要求

运输道路应铺设路面，与仰拱、底板混凝土配合施工，并做好排水和路面的维修工作。行车速度：施工作业地段不得大于15km/h。洞内应加强通风，洞内环境应符合劳动卫生标准。单线隧道采用无轨运输时，应在每间隔150~300m处设一个会车点。单线隧道采用无轨运输时，宜采用轮胎式轮斗装载机等小型装渣设备。当采用立爪式装岩机时，应在距开挖面70~80m范围内铺设轨道，轨枕采用120号槽钢代替，并与钢轨焊接成整体。隧道采用无轨运输时，严禁汽油机进洞，内燃机宜采用尾气净化装置并加强通风。

4.4 初期支护技术

4.4.1 概述

1）初期支护的基本概念

隧道是围岩与支护结构的综合体。隧道开挖破坏了地层的初始应力平衡，产生围岩应力释放和洞室变形，过量变形将导致围岩松动甚至坍塌。在开挖后的洞室周边，施作钢、混凝土等支撑物，向洞室周边提供抗力、控制围岩变形，这种开挖后隧道内的支撑体系，称为隧道支护。为控制围岩应力适量释放和变形，增加结构安全度和方便施工，隧道开挖后立即施作刚度较小并作为永久承载结构一部分的结构层，称为初期支护。

初期支护一般由锚杆、喷射混凝土、钢架、钢筋网等及其他们的组合组成，它是现代隧道工程中最常用的支护形式和方法。

初期支护施作后即成为永久性承载结构的一部分，它与围岩共同构成了永久的隧道结构承载体系。在这一点上，初期支护不同于传统施工方法中采用的钢木构件支撑。构件支撑在模筑整体式衬砌时，通常应予以拆除，即不作为永久承载构件，称为临时支撑。

2）锚喷支护工程特点

锚喷支护较传统的构件支撑，无论在施工工艺还是在作用机理上都有一些特点。

（1）灵活性。锚喷支护是由喷射混凝土、锚杆、钢筋网、钢架等支护部件进行适当组合的支护形式，它们既可以单独使用，也可以组合使用。其组合形式和支护参数可以根据围岩的稳定状态，施工方法和进度，隧道形状和尺寸等加以选择和调整。它们既可以用于局部加固，也易于实施整体加固；既可一次完成，也可以分次完成。充分体现了“先柔后刚，按需提供”的原则。

（2）及时性。锚喷支护能在施作后迅速发挥其对围岩的支护作用。这不仅表现在时间上，即喷射混凝土和锚杆都具有早强性能，需要它时，它就能起作用；而且表现在空间上，即喷射混凝土和锚杆可以最大限度地紧跟开挖而施工，甚至可以利用锚杆进行超前支护。虽然构件支撑的最大优点是即时承载，而锚喷支护同样有即时支护甚至超前支护作用，且能容纳必要的支撑构件(如格栅钢架)参与工作。

（3）密贴性。喷射混凝土能与坑道周边的围岩全面、紧密地黏结，因而可以抵抗岩块之间沿节理的剪切和张裂。从整体结构来看，喷射混凝土填补了洞壁的凹穴，使洞壁变得圆顺，从而减少了应力集中。喷射混凝土尚能使锚杆和钢筋网的点约束作用得以分配和改善，使其发挥协同作用，从而增强了支护对围岩的有效约束，体现出“围岩—支护”一体化的力学分析和结构设计思想。

（4）深入性。锚杆能深入围岩体内部一定深度，对围岩起约束作用。这种作用尤其是以适当密度的径向锚杆群(称为系统锚杆)的效果最为明显。系统锚杆在围岩中形成一定厚度的锚固区，锚固区内的岩体强度和整体性得以提高和加强，应力分布状态也得以改善。其承载能力和稳定能力显著增强。此时隧道的稳定性实际上就是指锚固区的承载能力和稳定能力。在围岩中加以锚杆，相当于在混凝土中加入钢筋形成钢筋混凝土，可以称为加筋岩石或加筋土。

另外，沿隧道轴线方向有一定外插角的超前锚杆或钢管，同样具有深入岩层内部对围岩起预支护的作用。它们也经常与系统锚杆、喷射混凝土一起发挥协同作用。这对于处理一般的工作面不稳定的问题颇有效果。

(5) 柔性。锚喷支护属于柔性支护，它可以较便利地调节围岩变形，允许围岩做有限的变形，即允许在围岩塑性区有适度的发展，以发挥围岩的自承能力。

大量工程实践和理论分析表明，对绝大多数的一般松散岩体，在隧道开挖后，适度的变形有利于发挥围岩的自承能力，而过度的变形则会导致坍塌。因此就要求支护既能允许有限变形，又能限制过度变形且自身不被破坏。

锚喷支护就很好地满足了这一要求。这一方面是因为喷射混凝土工艺上的特点，使得它能与岩体密贴黏结，且能喷得很薄，故呈现柔性(尽管混凝土是一种脆性材料)，而且这柔性还可以通过分层分次喷射和加钢纤维或钢筋网来进一步发挥；另一方面，锚杆也有一定的延性，它可以允许岩体有较大的变形，甚至同被加固岩体一起做整体位移，而仍能继续工作不失效。

(6) 封闭性。喷射混凝土能全面及时地封闭围岩，这种封闭不仅阻止了洞内潮气和水对围岩的侵蚀作用，减少了膨胀性岩体的潮解软化和膨胀，而且能够及时有效地阻止围岩变形，使围岩较早地进入变形收敛状态。

4.4.2 锚杆

1) 锚杆的支护效应

锚杆是用金属或其他高抗拉性能的材料制作的一种杆状构件。使用某些机械装置和黏结介质，通过一定的施工操作，将其安设在地下工程的围岩或其他工程结构体中。

锚杆支护作为一种新的支护手段，它在技术、经济方面的优越性和能适应不同地质条件的件质，使其在建筑领域尤其是地下工程中得到广泛应用和迅速发展。

锚杆的支护效应一般认为有如下几种。

(1) 支撑围岩

锚杆能限制约束围岩变形，并向围岩施加压力，从而使处于二轴应力状态的洞室内表面附近的围岩保持三轴应力状态，因而能制止围岩强度的恶化。

(2) 加固围岩

由于系统锚杆的加固作用，使围岩中，尤其是松动区中的节理裂隙、破裂面得以连接，因而增大了锚固区围岩的强度；锚杆对加固节理发育的岩体和围岩松动区是十分有效的，有助于裂隙岩体和松动区形成整体，成为“加固带”。

(3) 能起“悬吊”作用

“悬吊”作用是指为防止个别危岩的掉落或滑落，用锚杆将其与稳定围岩联结起来，这种作用主要表现在加固局部失稳的岩体上。

(4) 提高层间摩阻力——形成“组合梁”

对于水平或缓倾斜的层状围岩，用锚杆群能把数层岩层连在一起，增大层间摩阻力，从结构力学观点来看就是形成“组合梁”。

2) 锚杆类型和设计、施工要点

(1) 锚杆类型

锚杆的种类很多，若按其与被支护体的锚固形式来分，大致可分为以下几种。

① 端头锚固式锚杆

端头锚固式锚杆分为机械内锚头锚杆和黏结式内锚头锚杆。机械内锚头锚杆包括胀壳式锚杆、楔缝式锚杆、楔头式锚杆。黏结式内锚头锚杆包括水泥砂浆内锚头锚杆、快硬水泥卷内锚头锚杆和树脂内锚头锚杆。

端头锚固式锚杆，利用内、外锚头的锚固来限制围岩变形松动。安装容易，工艺简单，安装后即可以起到支护作用，并能对围岩施加预应力。但杆体易腐蚀，锚头易松动，影响长期锚固力，一般用于硬岩地下工程中的临时加固。隧道工程中，常用作局部锚杆。

② 全长黏结式锚杆

全长黏结式锚杆分为水泥浆全黏结式锚杆、水泥砂浆全黏结式锚杆(砂浆锚杆)和树脂全黏结式锚杆。

全长黏结式锚杆，采用水泥砂浆(或树脂〉作为填充黏结料，不仅有助于锚杆的抗剪和抗拉以及防腐蚀作用，而且具有较强的长期锚固能力，有利于约束围岩位移。安装简便，在无特殊要求的各类地下工程中，可大量用于初期支护和永久支护。隧道工程中，常用作系统锚杆和超前锚杆。

③ 摩擦式锚杆

摩擦式锚杆分为楔管式锚杆和缝管式锚杆。

摩擦式锚杆是用一种沿纵向开缝(或预变形)的钢管，装入比钢管直径小的钻孔，对孔壁施加摩擦力，从而约束孔周岩体变形。安装容易，安装后立即起作用，能及时控制围岩变形，又能与孔周变形相协调。但其管壁易锈蚀，故一般不适于作永久支护。隧道工程中，常由于端头机械锚固容易失效，或全长黏结不便施工(不能生效)，而采用全长摩擦式锚杆。

④ 混合式锚杆

混合式锚杆分为先张拉后灌浆预应力锚杆和无灌浆后张拉预应力锚杆。

混合式锚固锚杆是端头锚固方式与全长黏结锚固方式的结合使用，它既可以施加预应力，又具有全长黏结锚杆的优点。但安装施工较复杂，一般用于大体积、大范围工程结构的加固，如高边坡、大坝、大型地下洞室等。

(2) 常用锚杆的构造组成和设计、施工要点

下文简要介绍隧道工程中几种常用锚杆的构造和设计、施工要点。

① 水泥砂浆锚杆

a. 构造组成

普通水泥砂浆锚杆，是以普通水泥砂浆作为黏结剂的全长黏结式锚杆，其构造如图 4.11 所示。

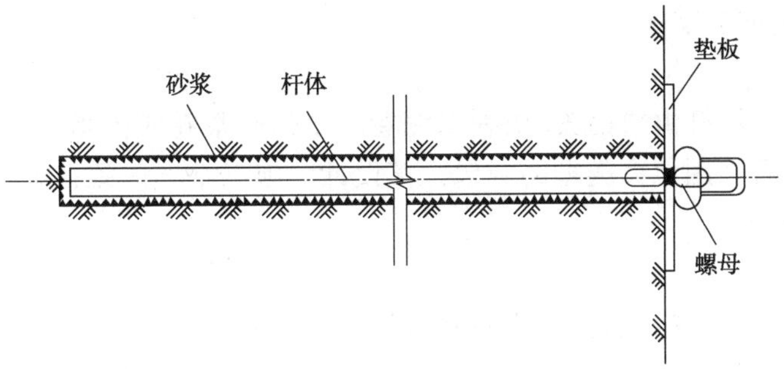

图 4.11　水泥砂浆锚杆构造

b. 设计要点

杆体材料宜用 20MnSi(锰硅合金)钢筋，亦可以采用 A3 钢筋；直径 14~22mm 为宜，长度 2~3.5m，为增加锚固力，杆体内端可劈口叉开。

水泥一般选用普通硅酸盐水泥，砂子粒径不大于 3mm，并过筛。

砂浆标号不低于 M10；配合比一般为水泥：砂：水=1：(1~1.5)：(0.45~0.5)。

钻孔应符合下列要求：孔径应与杆径配合好；一般孔径比杆径大 15mm(采用先插杆体后注浆施工的孔径比先注浆后插杆体施工的孔径要大一些)，这主要考虑注浆管和排气管占用空间。孔位允许偏差为±15~50mm；孔深允许偏差为±50mm。钻孔方向宜适当调整以尽量与岩层主要结构面垂直。孔钻好后用高压水将孔眼冲洗干净(若是向下钻孔还需用高压风吹净水)，并用塞子塞紧孔口，防止石渣掉入。

锚杆及黏结剂材料应符合设计要求，锚杆应按设计要求的尺寸截取，并整直、除锈和除油，外端不用垫板的锚杆应先弯制弯头。

c. 施工要点

黏结砂浆应拌和均匀，并调整其和易性，随拌随用，一次拌和的砂浆应在初凝前用完。

先注浆后插杆体时，注浆管应先插到钻孔底，开始注浆后，徐徐均匀地将注浆管往外抽出，并始终保持注浆管口埋在砂浆内，以免浆中出现空洞。

注浆体积应略多于需要体积，将注浆管全部抽出后，应立即迅速插入杆体，可用锤击或通过套筒用风钻冲击，使杆体强行插入钻孔。

杆体插入孔内的长度不得短于设计长度的 95%，实际黏结长度亦不应短于设计长度的 95%。注浆是否饱满，可根据孔口是否有砂浆挤出来判断。

杆体到位后要用木楔或小石子在孔口卡住，防止杆体滑出。砂浆未达到设计强度的 70%时，不得随意碰撞，一般规定 3d 内不得悬挂重物。

② 早强水泥砂浆锚杆

早强水泥砂浆锚杆的构造组成、设计和施工要点与普通水泥砂浆锚杆基本相同，所不同的是早强水泥砂浆锚杆的黏结剂是由硫铝酸盐早强水泥、砂、Ⅱ型早强剂和水组成。因此，它具有早期强度高、承载快、不增加安装困难等优点，弥补了普通水泥砂浆锚杆早强低，承载慢的不足。尤其是在软弱、破碎、自稳时间短的围岩中显示出一定的优越性。另外，以快硬水泥或树脂作为黏结剂的全长黏结式锚杆，也具有以上的优点，但费用较高。

③ 早强药包内锚头锚杆

a. 构造组成

早强药包内锚头锚杆由内锚头(快硬水泥卷或早强砂浆卷或树脂)、螺纹钢锚杆体、垫板、螺母组成。不管采用什么类型的药包，其设计、施工基本一致，下文以快硬水泥卷内锚头锚杆为例进行分析。

b. 设计要点

快硬水泥卷有三个主要参数：d——快硬水泥卷直径，mm；L——快硬水泥卷长度，mm；G——快硬水泥卷的水泥质量，g。

快硬水泥卷直径要与钻眼直径配合好，若使用 $D42$ 钻头，则采可用 37mm 直径的水泥卷。

L 要根据内锚固段长度 l 和生产制作的要求来决定，其计算如式(4.7)所示。

$$L=\frac{D^2-\varphi^2}{d^2}lk \tag{4.7}$$

式中 L——快硬水泥卷长度，mm；

D——钻眼直径，mm；

φ——锚杆直径，mm；

l——内锚固段长度，mm；

k——富余系数，一般 $k=1.05\sim1.10$；

d——快硬水泥卷直径，mm。

快硬水泥卷的水泥质量 G 主要由装填密度 γ 来确定。γ 是控制水灰比的关键，当 $\gamma=1.45\text{g/cm}^3$时，水泥净浆的水灰比控制在 0.34 左右为好。每个快硬水泥卷的 G 值计算如式(4.8)所示。

$$G=\frac{\pi d^2}{4}L\gamma \tag{4.8}$$

式中 符号意义同前。

c. 施工要点

钻眼要求同前，但孔眼应比锚杆长度短 4~5cm。

用 2~3mm 直径，长 150mm 的锥子，在快硬水泥卷端头扎两个排气孔。然后将水泥卷竖立放于清洁水中，保持水面高出水泥卷 100mm。浸水时间以不冒气泡为准，但不得超过水泥初凝时间，必要时要做浸水后的水灰比检查。

将浸好水的水泥卷用锚杆送至眼底，并轻轻捣实。若中途受阻，应及时处理，若处理时间超过水泥终凝时间，则应换装新水泥卷或钻眼作废。

将锚杆外端套上连接套筒(带有六方旋转头的短锚杆；断面打平，对中焊上锚杆螺母)，装上搅拌机，然后开动搅拌机，带动锚杆旋转，搅拌水泥浆，并用人力推进锚杆至眼底，再保持 10s 的搅拌时间(总时间 30~40s)。

轻轻卸下搅拌机头，用木楔楔住杆体，使其位于钻眼中心。自浸水后 20min，快硬水泥有足够强度时，才能使用扳手卸下连接套筒(可准备多个套筒周转使用)。

采用树脂药包时，还需注意搅拌时间应根据现场气温决定。20℃时，固化时间为 5min。温度下降 5℃，固化时间大致会延长 1 倍，即 15℃时，为 10min；10℃时，为 20min。因此，隧道工程在正常温度下，搅拌时间约为30s，温度在10℃以下时，搅拌时间可适当延长为45~60s。

④ 缝管式摩擦锚杆

a. 构造组成

缝管式锚杆由前端冠部制成锥体的开缝管杆体、挡环以及垫板组成(图4.12)。缝管式锚杆是一种全长锚固，主动加固围岩的新型锚杆，它立体部分是一根纵向开缝的高强度钢管，当安装于比管径稍小的钻孔时，可立即在全长范围内对孔壁施加径向压力和阻止围岩下滑的摩擦力，加上锚杆托盘托板的承托力，从而使围岩处于三向受力状态。

b. 设计施工要点

缝管式锚杆的锚固力与锚杆的材质、构造尺寸、围岩条件、钻孔与缝管直径之差、锚固长度等有直接关系，其中，钻孔与缝管直径之差是设计与施工要严格控制的主要因素。锚固力与孔、管径差的关系是：径差小，锚杆安装推进阻力小，锚固力亦小；径差大，锚杆安装推进阻力大，锚固力也大。

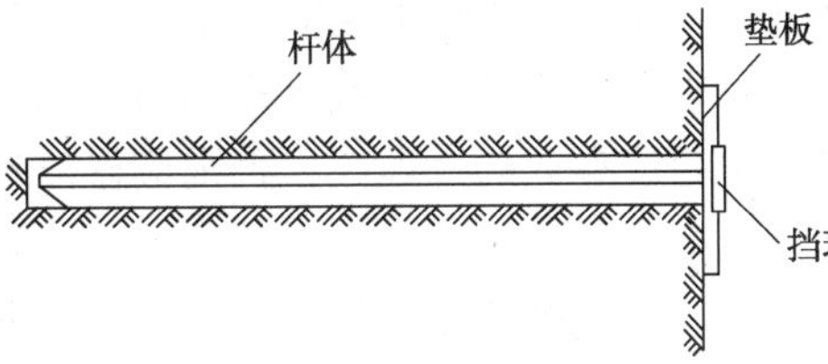

图4.12 缝管式摩擦锚杆

可根据需要和机具能力，选择不同直径的钻头和管径，通过现场试验确定最佳径差。另外施工中还应考虑到因钻头磨损导致孔径缩小等情况。

缝管式锚杆的杆体一般要求材质有较高的弹性极限。

安装时先将锚杆套上垫板，将带有挡环的冲击钎杆插入锚管内(钎杆应在锚管内自由转动)，钎杆尾端套入凿岩机或风镐的卡套内，锚头导入钻孔，调正方向，开动凿岩机，即可将锚杆打入钻孔内，至垫板压紧围岩为止。停机取出钎杆即告完成。2.5m长的锚杆，一般20~60s时间即可安装完毕。

若作为永久支护、则应做防锈处理，并灌注有膨胀性的砂浆。

另有一种楔管式锚杆，它是楔缝式锚杆与缝管式锚杆结合的一种锚杆。其施工与缝管式锚杆相同。

⑤ 楔缝式内锚头锚杆

a. 构造组成

楔缝式内锚头锚杆由杆体、楔块、垫板和螺母组成(图4.13)。

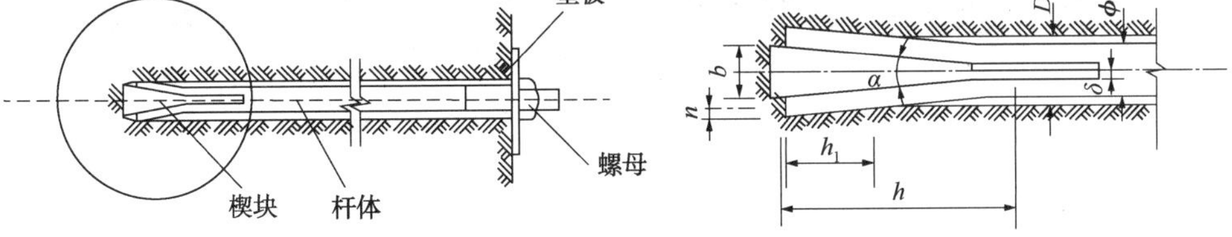

(a)构造一　(b)构造二

图4.13 楔缝式内锚头锚杆构造

注：D—钻孔直径；ϕ—锚杆杆体直径；δ—锚杆杆体楔缝宽度；b—楔块端头厚度；α—楔块的楔角；h—楔块长度；h_1—楔头两翼嵌入钻孔壁长度；n—楔缝两翼嵌入钻孔壁深度

b. 设计要点

影响锚固力的主要因素有：岩体性质、锚杆有效直径、楔块端部厚度和楔角。

在其他条件相同时，围岩愈坚硬则锚固力愈大；嵌入孔底围岩的深度与长度愈大，则锚固力愈大；或锚杆有效直径愈大则锚固力愈大。另外钻孔直径与锚杆直径的配合情况对锚杆锚固力也有一定影响。

在一定的岩体和相同的安装冲击(或锤击)条件下，提高楔缝式锚固力的办法有：加大楔块长度，或加大楔块端头厚度；或减小钻孔直径与锚杆直径之差，或减小楔缝宽度。

一般而言，对于坚硬岩体，楔角在8°以上为好。楔缝宽度一般为3mm。其他尺寸可根据其对锚固力的影响关系适当选择。

采用楔缝式锚杆，若对锚固力有明确要求，则应根据以上配合和影响关系，先行试验，以检验初选参数的合理性，否则应修改参数，直到满足锚固力的要求为止。

c. 施工要点

楔缝式锚杆的安装是先将楔块插入楔缝，轻敲，使其固定于缝中，然后插入眼底，并以适当的冲击力冲击锚杆尾，至楔块全部楔入楔缝为止。有时为了防止杆尾受冲击发生变形，可以采用套筒保护。

一般均要求锚杆具有一定的预应力，此时可采用测力矩扳手或定力矩扳手来拧紧螺母，以控制锚固力。

若要求在楔缝式锚杆的基础上再做灌浆处理，则除按砂浆锚杆灌浆外，楔块预张力应在砂浆初凝前完成，并注意减小砂浆的收缩率。

另外，若只要求作为临时支护，则可以改楔缝式锚杆为楔头式锚杆或胀壳式锚杆。楔头式锚杆及胀壳式锚杆均可以回收，但锚头加工制作复杂，故一般在煤矿中应用稍多。

⑥ 胀壳式内锚头预应力锚索

a. 构造组成

胀壳式锚头预应力锚索主要由机械胀壳式内锚头、锚索(钢绞线)外锚头以及灌注的黏结材料等组成，如图4.14所示。

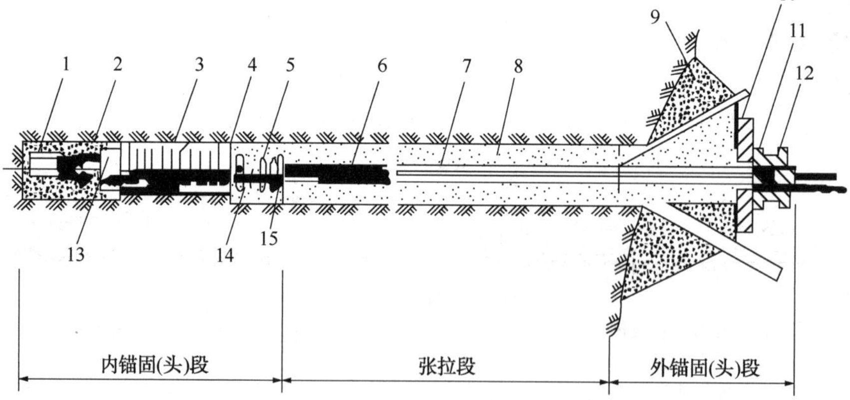

图4.14 胀壳式内锚头预应力锚索

注：1—导向帽；2—六棱锚塞；3—外夹片；4—挡圈；5—顶簧；6—套管；7—排气管；8—黏结砂浆；9—现浇混凝土支墩；10—垫板；11—锚环；12—锚塞；13—锥筒；14—顶簧套筒；15—托圈

b. 性能特点

胀壳式内锚头预应力锚索常用在中等以上的围岩中。它具有施工工序紧密简单、安装迅速方便的特点，是能立即起作用的大型预应力锚杆。可以在较小的施工现场中作业，常用于高边坡、大坝以及大型地下洞室的支护、抢修加固。目前的预应力值一般为600kN。内锚头采用机械加工，比较复杂，价格较高，在软弱围岩中不能使用。施工中还要及时注浆，以减少预应力损失。

c. 施工要点

胀壳式内锚头预应力锚索的加工应符合设计质量要求，在运输、存放及安装过程中不能有损伤、变形。钻孔一般采用冲击式潜孔钻，也可以选用各种旋转式地质钻。钻后应予以清洗，并做好孔口支墩。锚索安装要平直不紊乱，同时安装排气管。

锚索推送就位后，即可进行张拉。一般先用20%~30%的预应力值预张拉1~2次，促使各相连部位接触紧密，绞线平直。最终张拉值，应有5%~10%的超张量，以保证预应力损失后仍能达到设计预应力值要求。张拉时，千斤顶后严禁站人。

预应力无明显衰减时，才最后锁定，且48h内再检查。

注浆应饱满，注浆达到设计强度后，进行外锚头覆盖。

3）锚杆布置形式

锚杆的布置一般采用局部和系统两种形式。

（1）局部锚杆

在硬岩中，由于岩层倾斜或呈水平状，常用锚杆进行局部加固。这种锚杆的布置是不规则的，锚杆的方向按实际需要布置。

有一种局部锚杆叫做锁脚锚杆，数量少但很重要，它是为了阻止钢拱架的掉落而设置的。如果其掉落，将直接威胁到施工人员的安全。

（2）系统锚杆

系统锚杆是指沿着隧道开挖周边纵横方向有规则布置的锚杆，其目的是将锚杆有系统地深入岩层内部，改善围岩的承载能力。

系统锚杆的布置形式有两种，即矩形和梅花形。梅花形布置比较均匀，效果较好，因此多以梅花形布置为主。

4.4.3 喷射混凝土

喷射混凝土既是一种新型的支护结构，又是一种新的施工工艺。它是使用混凝土喷射机，按一定的混合程序，将掺有速凝剂的细石混凝土，喷射到岩壁表面上，并迅速固结成一层支护结构，从而对围岩起到支护作用。

喷射混凝土可以作为隧道工程的永久性和临时性支护，也可以与各种形式的锚杆、钢纤维、钢拱架、钢筋网等构成组合式支护结构。它的灵活性也很大，可以根据需要分次追加厚度。因此除用于地下工程外，还广泛应用于地面工程的边坡防护、加固、基坑防护、结构补强等。随着喷射混凝土原材料、速凝剂及其他外加剂、施工工艺、机械的研究和应用，喷射混凝土不管作为新材料，还是新的施工工艺，将有更为广阔的发展前景。

1）喷射混凝土的作用

（1）支撑围岩

由于喷层能与围岩密贴和粘贴，并施与围岩表面以抗力和剪力，从而使围岩处于三向受力的有利状态，防止围岩强度恶化。此外，喷层本身的抗冲切能力可阻止不稳定块体的滑塌。

（2）“卸载”作用

由于喷层属柔性，能有控制地使围岩在不出现有害变形的前提下，进行一定程度的变形，从而使围岩“卸载”，同时喷层中的弯曲应力减小，有利于混凝土承载力的发挥。

（3）填平补强围岩

喷射混凝土可射入围岩张开的裂隙，填充表面凹穴，使裂隙分割的岩层面粘连在一起，保护岩块间的咬和、镶嵌作用，提高其间的黏聚力、摩阻力，有利于围岩松动，并避免或缓和围岩应力集中。

（4）覆盖围岩表面

喷层直接粘贴岩面，形成风化和止水的保护层，并阻止裂隙中充填物流失。

（5）阻止围岩松动

喷层能紧跟掘进进程并及时进行支护，早期强度较高，因而能及时向围岩提供抗力，阻止围岩松动。

（6）分配外力

通过喷层把外力传给锚杆、钢拱架等，使支护结构受力均匀分担。

2）喷射混凝土的特点及力学性能

（1）喷射混凝土的特点

喷射混凝土具有强度增长快、黏聚力强、密度大、抗渗性好的特点。它能较好地填充岩块间裂隙的凹穴，增加围岩的整体性，防止自由面的风化和松动，并与围岩共同工作。

与普通模筑混凝土相比，喷射混凝土施工将输送、浇注、捣固几道工序合而为一，更不需模板，因而施工快速、简捷。

喷射混凝土能及早发挥承载作用。它能在10min左右终凝，一般2h后即具有强度，8h后可达2MPa，16h后达5MPa，1d后可达7~8MPa，4d达到28d强度的70%左右。

试验表明，喷射混凝土与模筑混凝土相比，密实性和稳定性性能要差。而性能较干式喷射混凝土有显著改善。

（2）喷射混凝土的力学性能

喷射混凝土的力学特性直接影响地下工程加固效果，主要力学性能有强度和变形特性。

评价喷射混凝土质量的主要强度指标，包括设计强度（表4.6）和弹性模量（表4.7）。由于采用喷射法施工，拌和料高速喷到岩面上且反复冲击压密，故喷射混凝土一般具有良好的密实性和较高抗压强度。

表4.6　喷射混凝土的设计强度　　MPa

强度种类	喷射混凝土强度等级		
	C20	C25	C30
轴心抗压	10	12.5	15
弯曲抗压	11	13.5	16
轴心抗拉	1.0	1.2	1.4

表 4.7 喷射混凝土的受压弹性模量 MPa

喷射混凝土强度等级	C20	C25	C30
受压弹性模量 E_e	2.1×10^4	2.3×10^4	2.5×10^4

喷射混凝土的黏结强度包括抗拉黏结强度和抗剪黏结强度。前者用于衡量喷射混凝土在受到垂直于界面方向拉应力作用时的黏结能力，后者则反映抵抗平行于界面作用力的能力。

喷射混凝土与岩石的黏结强度，与待喷岩石性质、岩面条件、节理充填物等有密切关系，喷射混凝土与各种岩石的黏结强度如表 4.8 所示。新喷射混凝土与原喷混凝土的黏结强度一般为 0.7~2.85MPa，与喷射混凝土界面的抗拉黏结强度是 1.47~3.49MPa。喷射混凝土层与岩石之间的黏聚力取决于岩石表面的清洁度，所以喷射前应清洗岩石表面。

表 4.8 岩石与水泥结石体之间的黏结强度值 MPa

岩石种类	岩石单轴饱和抗压强度	岩石与水泥结石体之间黏结强度值
硬岩	>60	1.5~3.0
中硬岩	30~60	1.0~1.5
软岩	5~30	0.3~1.0

3）喷射混凝土的工艺种类

喷射混凝土的工艺流程有干喷、潮喷、湿喷和混合喷四种，主要区别是各工艺的投料程序不同，尤其是加水和速凝剂的时机不同。

（1）干喷和潮喷

干喷是将骨料、水泥和速凝剂按一定的比例干拌均匀，然后装入喷射机，用压缩空气使干集料在软管内呈悬浮状态送到喷枪，再在喷嘴处与高压水混合，以较高速度喷射到岩面上。

干喷的缺点是产生的粉尘量大，回弹量大，加水是由喷嘴处的阀门控制的，水灰比的控制程度与喷射手操作的熟练程度有关。但使用的机械较简单，机械清洗和故障处理容易。

潮喷是将骨料预加少量水，使之呈潮湿状，再加水泥拌和，从而减少上料、拌和与喷射时的粉尘。但大量的水仍是在喷头处加入和喷出的，其喷射工艺流程和使用机械同干喷工艺。目前施工现场较多使用的是潮喷工艺。

（2）湿喷

湿喷是将骨料、水泥和水按设计比例拌和均匀，用湿式喷射机压送到喷头处，再在喷头上添加速凝剂后喷出。

湿喷混凝土质量容易控制，喷射过程中的粉尘和回弹量很少，是应当发展应用的喷射工艺。但对喷射机械要求较高，机械清洗和故障处理较麻烦。对于喷层较厚的软岩和渗水隧道，则不易使用湿喷。

（3）混合喷射

混合喷射又称水泥裹砂造壳喷射法，是将一部分砂加第一次水拌湿，再投入全部水泥强制搅拌造壳；加第二次水和减水剂拌和成造壳混凝土砂浆；将另一部分砂和石、速凝剂强制搅拌均匀；分别用砂浆泵和干式喷射机压送到混合管混合后喷出。

混合喷射是分次投料搅拌工艺与喷射工艺的结合，关键是水泥裹砂(或砂、石)造壳技术。

混合喷射工艺使用的主要机械设备与干喷工艺基本相同，但混凝土的质量较干喷混凝土质量好，且粉尘和回弹率有大幅度降低。但使用机械数量较多，工艺较复杂，机械清洗和故障处理很麻烦。因此混合喷射工艺一般只用在喷射混凝土量大和大断面隧道工程中。

另外，由于喷射工艺的不同，喷射混凝土强度不同，干喷和潮喷混凝土强度较低，一般只能达到 C20，而混合喷射和湿喷则可达到 C30~C35 。

4) 喷射混凝土设计要点、原料、配比、机械设备、检查及准备和注意事项

(1) 设计要点

为使喷射混凝土有一定的力学性能和耐久性以及早期强度，喷射混凝土设计的最低强度不应低于 15MPa，一般设计强度为 20MPa，1d 龄期抗压强度不应低于 5MPa。不同强度等级的喷射混凝土设计强度及弹性模量、容重参照国家标准，具体如表 4.9 所示。

表 4.9　喷射混凝土的设计强度、弹性模量、容重

性能	C15	C20	C25	C30
辅心受压/MPa	7.5	10	12.5	15
弯曲抗压/MPa	8.3	11	13.5	16
抗压/MPa	0.8	1.0	1.2	1.4
弹性模量/MPa	1.85×10^4	2.1×10^4	2.30×10^4	2.50×10^4
容重/(kg/m^3)	2200			

对Ⅱ~Ⅲ级围岩，喷射混凝土与岩面的黏结强度不应低于 0.8MPa，对Ⅳ级围岩，喷射混凝土与岩面的黏结强度不应低于 0.5MPa。

喷射混凝土支护的设计厚度，若作为防止围岩风化、侵蚀的结构，不得小于 30mm；若作为支护结构，不得小于 50mm；若围岩含水，不得小于 80mm；为防止喷射混凝土由于收缩裂纹而剥落并妨碍喷射混凝土的柔性特点的发挥，以及减少在软弱围岩中产生较大变形压力，喷射混凝土最厚不宜超过 200mm。

在Ⅱ、Ⅲ、Ⅳ级围岩中，易出现局部不稳定岩块，喷射混凝土的设计厚度应进行验算，如式(4.9)所示。

$$d \geqslant \frac{k_s G}{0.75 f_{ct} u_r} \tag{4.9}$$

式中　d——设计的喷射混凝土厚度，当 $d>10$cm 时，仍按 10cm 计；

f_{ct}——喷射混凝土设计抗拉强度，MPa；

u_r——局部不稳定块体出露面的周边长度，cm；

G——不稳定岩块质量，kg；

k_s——安全系数，一般取 2.5。

喷射混凝土中含有较多的大小适中、分布均匀、彼此不串通的气泡，故提高了抗渗性。一般若水灰比不超过 0.55 时，可以达到 P8。要求有较高的抗渗性时，水灰比最好不超过

0.45~0.50。

采用水泥裹砂喷射工艺时，除应试验确定总的水灰比外，还应注意试验选择最佳造壳水灰比。

有试验表明，对普通中砂，当造壳水灰比为0.20~0.25时，28d强度及其他指标均最高，称为最佳造壳水灰比。造壳水灰比与砂子的细度模数关系很大，砂子越细，其表面需水量越大，则需要造壳水灰比值越大；反之，砂子越粗，其表面需水量越小，则需要造壳水灰比值越小(一般在0.15~0.35范围内)。最佳造壳水灰比与水泥品种亦有很大关系，一般地，矿渣水泥、火山灰水泥较之硅酸盐(普通硅酸盐)水泥的最佳造壳水灰比大0.05以上。

拌制造壳混凝土砂浆应采用强制式搅拌机，以缩短搅拌时间和改善造壳效果。尤其第二次加水后的搅拌时间不能太长，要加以严格控制。

(2) 原料

① 水泥。为保证喷射混凝土的凝结时间与速凝剂有较好的相容性，应优先采用425号以上的普通硅酸盐水泥，其次是矿渣硅酸盐水泥和火山灰质硅酸盐水泥。在有专门使用要求时，采用特种水泥。所使用的水泥，其性能应符合国家现行标准。

② 砂。为保证喷射混凝土的强度和减少施工操作时的粉尘，以及减少硬化时的收缩裂纹，应采用坚硬而耐久的中砂或粗砂，细度模数一般宜大于2.5。

③ 碎石或卵石(细石)。为防止喷射混凝土过程中的堵管和减少回弹量，应采用坚硬耐久的细石，粒径不宜大于15mm，以细卵石较好。

④ 骨料成分和级配。若使用碱性速凝剂，砂、石骨料均不得含有活性二氧化硅，以免产生碱骨反应，引起混凝土开裂，为使喷射混凝土密实和在输送管道中顺畅，砂石骨料级配应符合国家标准，具体如表4.10所示。

表4.10 喷射混凝土骨料通过各筛径的累计质量分数 %

粒径/mm	0.15	0.30	0.60	1.20	2.50	5.00	10.00	15.00
优	5~7	10~15	17~22	23~31	35~43	50~60	78~82	100
良	4~8	5~12	13~31	18~41	26~54	40~54	62~90	100

⑤ 水。为保证喷射混凝土正常凝结、硬化，保证强度和稳定性，饮用水均可用于喷射混凝土；若采用其他水，则不应含有影响水泥正常凝结与硬化的有害物质；不能使用污水以及pH值小于4的酸性水，也不能使用硫酸盐含量(按硫酸根离子计算)超过水重1‰的水。

⑥ 外加剂。主要是速凝剂，在喷射混凝土中添加速凝剂的目的是使喷射混凝土速凝，以减少回弹和早强，选用时应做与水泥的相容性试验。

(3) 配比

干集料中水泥与砂石质量比，一般为1∶4~1∶4.5，每立方米干集料中，水泥用量约为400kg。这种配比能满足喷射混凝土强度要求，回弹也较少。

砂率一般为45%~55%。实践证明，低于45%或高于55%时，均易造成堵管，且回弹大，强度降低，收缩加大。

水灰比一般为0.4~0.45。否则强度降低，回弹增大，采用水泥裹砂喷射工艺时，还应试验选择最佳造壳水灰比。

速凝剂和其他外加剂的掺量。一定要由试验来确定其最佳掺量，并达到各龄期的设计强度要求。

喷射混凝土搅拌时间及搅拌后临时存放时间。均应按工艺要求及规范规定进行。

(4) 喷射混凝土机械设备

① 喷射机。喷射机是喷射混凝土的主要设备。国内已有多种鉴定定型产品，各有特点，可以由施工的具体情况选用。但以保证喷射混凝土的质量，减少回弹和粉尘，控制施工成本，提高工作效率为前提。

常用的干式喷射机有双罐式喷射机、转体式喷射机、转盘式喷射机。新研制的湿式喷射机有挤压泵式、转体活塞泵式、螺杆泵式喷射机。这些泵式喷射机均要求混凝土具有较大的流动性(水灰比大于0.5，含砂率大于70%)，其机械构造较为复杂，易损件使用寿命短，机械使用费较高，机械清洗和故障处理较麻烦，目前现场使用尚较少，有待进一步改进推广。

② 机械手。喷头的移动和喷射方向、距离的控制，可采用人力直接控制或机械手控制。

人力直接控制虽然可以近距离随时观察喷射情况，但劳动强度大，粉尘危害健康，因此劳动保护要求佩戴防尘面具；对于软弱破碎围岩，需紧跟开挖面及时施喷时，有可能因突发性坍塌危及人身安全；另外对大断面隧道，还需要搭设临时性工作台。所以，人力直接控制一般只用于解决少量的和局部喷射。机械手控制则可以避免以上缺点，且方便灵活，工作范围大，可覆盖140m^2。

③ 强制式搅拌机。喷射混凝土的拌制宜用强制式搅拌机。喷射时风压为0.1~0.15MPa，且水压应稍高于风压。湿式喷射时，风压及水压均较干喷时高。输料管在使用过程中应注意转向，以减少管道磨损。

(5) 喷前检查及准备

喷前应对开挖断面尺寸进行检查，清除松动危面，欠挖超标严重的应予处理。根据石质情况，用高压风或水清洗受喷面。受喷岩面有集中渗水时，应做好排水引流处理；无集中渗水时，应根据岩面潮湿程度，适当调整水灰比。埋设喷层厚度检查标志，一般是在石缝处钉铁钉，或用快硬水泥安设钢筋头，并记录其外露长度。检查调试好各机械设备的工作状态。

(6) 施喷注意事项

喷射作业应注意以下事项。

① 喷射时应分段(不超过6m)、分部(先下后上)、分块(2.0m×2.0m)，严格按先墙后拱、先下后上的顺序进行，以减少混凝土因重力作用而引起的滑动或脱落现象。

② 喷射时可以采用S形往返移动前进，也可以采用螺旋形移动前进。

③ 喷射时喷嘴要垂直于受喷面，倾斜角不大于10°，距离0.8~1.2m。

④ 对于岩面凹陷处应先喷多喷，凸出处应后喷少喷。

⑤ 喷射时一次喷射厚度不得太薄或太厚，它主要与混凝土的黏聚力和受喷部位及回弹情况等有关，具体见表4.11。

表 4.11 一次喷射厚度 cm

部位	掺速凝剂	不掺速凝剂
边墙	7~10	5~7
拱部	5~7	3~5

⑥ 若设计喷射混凝土较厚，应分层喷射，一般分2~3层喷射；分层喷射的间隔时间不得太短，一般要在初喷混凝土终凝以后再进行复喷；喷射混凝土的终凝时间受水泥品种、施工温度、速凝剂类型及掺量等因素影响。

间隔时间较长时，复喷应将初喷混凝土表面清洗干净，复喷应将凹陷处进一步找平。

⑦ 喷射混凝土的养护应在其终凝1~2h后进行水养护，养护时间一般不少于7d。

⑧ 冬季施工时喷射混凝土作业区的气温不得低于5℃；若气温低于5℃，亦不得洒水；混凝土强度未达到设计强度的50%时，若气温降低到5℃以下，则应注意采取保温防冻措施。

⑨ 回弹物料的利用。实测表明，采用干法喷射混凝土时，一般边墙的回弹率为10%~20%，拱部为20%~35%，回弹量相当大。除应设法减少回弹外，尚应将回弹物料回收利用。

及时回收的洁净而尚未凝结的回弹物，可以按一定比例掺入混合料中重新搅拌后喷射，但掺量不宜大于15%，且不宜用于喷射拱部；回弹物的另一处理途径是掺进普通混凝土中，但掺量也应加以控制。

5）钢筋网喷射混凝土

钢筋网喷射混凝土是在喷射混凝土之前，在岩面上挂设钢筋网，然后再喷射混凝土。其物理力学性能基本上同钢纤维喷射混凝土，只是其配筋均匀性较钢纤维差。目前，我国在各类隧道工程中应用钢筋网喷射混凝土支护的比较多，主要用于软弱破碎围岩，而更多的是与锚杆或者钢拱架构成联合支护。

（1）构造组成

钢筋网通常做环向和纵向布置。环向筋一般为受力筋，由设计确定，直径12mm左右；纵向筋一般为构造筋，直径6~10mm；网格尺寸一般为20cm×20cm，20cm×25cm，25cm×25cm，25cm×30cm或30cm×30cm；围岩松散破碎严重的，或土质和砂土质隧道，可采用细一些的钢丝，直径一般小于6mm，网格尺寸亦应小一些，一般为10cm×10cm、10cm×15cm、15cm×15cm、15cm×20cm或20cm×20cm。

（2）施工要点

① 钢筋网应根据被支护围岩面上的实际起伏形状铺设，且应在喷射一层混凝土后再行铺设。钢筋与岩面或与初喷混凝土面的间隙应不小于3cm，钢筋网保护层厚度不小于3cm，有水部位不小于4cm。

② 为便于挂网安装，常将钢筋网先加工成网片，长宽可为100~200cm。

③ 钢筋网应与锚杆或锚钉头连接牢固，并应尽可能多点连接，以防止喷射混凝土时钢筋发生“弦振”。锚钉的锚固深度不得小于20cm。

④ 开始喷射时，应缩短喷头至受喷面之间的距离，并适当调整喷射角度，使钢筋网背

面混凝土密实。对于干燥土质隧道，第一次喷射不能太厚，以防起鼓剥落。

4.4.4 钢拱架

无论是采用喷射混凝土还是锚杆(抑或是加长、加密锚杆)或是在混凝土中加入钢筋网、钢纤维，都主要是利用其柔性和韧性，而对其整体刚度并未过多要求。这对支护不太破碎的围岩使其稳定是可行的。但当围岩软弱破碎严重、其自稳性差时，开挖后要求早期支护具有较大的刚度，以阻止围岩的过度变形和承受部分松弛荷载。钢拱架就具有这样的力学性能。

1）构造组成

钢拱架可以采用型钢、工字钢、钢管或钢筋制成。现场采用以钢筋制作的格栅钢架较多。

2）性能特点

（1）钢拱架的整体刚度较大，可以提供较大的早期支护刚度；型钢拱架较格栅钢架能更早承载。

（2）钢拱架可以很好地与锚杆、钢筋网、喷射混凝土相结合，构成联合支护，增强支护的有效性，且受力条件较好。尤以格栅钢架结合最好。

（3）格栅钢架采用钢筋现场加工制作，技术难度和要求并不高；对隧道断面变化适应性好。

（4）钢拱架的安装架设方便。

3）设计要点

从理论上讲，钢拱架应按其与锚杆、喷射混凝土共同工作状态来设计，即按 $P=KU$(P 为支护阻力；K 为支护刚度；U 为位移)来确定初期支护的最大阻力。但由于在软弱破碎围岩中，围岩变形与支护阻力之间的极限平衡状态随着支护变形程度而变化，难以确定。另外由于软弱破碎围岩早期变形快，有可能造成较大变形和一定范围的松弛荷载，因此，钢拱架的设计可按其单独承受早期松弛荷载来设计。根据设计、施工经验，早期松弛荷载的量值一般按全部松弛荷载的10%~40%来考虑，如式(4.10)所示。

$$q'=\mu q \tag{4.10}$$

式中 q'——钢拱承受的早期松弛荷载；

q——围岩松弛荷载；

μ——钢拱架的荷载系数，一般取0.1~0.4。

拟定钢拱架尺寸后，进行强度、刚度和稳定性检算。

钢拱架的截面高度应与喷射混凝土厚度相适应，一般为16~20cm，且要有一定保护层。钢拱架通常是在初喷封面混凝土后架设的，初喷混凝土厚度约4cm。

为架设方便，每榀钢拱架一般应分为2~6节，并保证接头刚度，节数应与断面大小及开挖方法相适应。每榀钢拱架之间应设置不小于 ϕ22mm 的纵向钢拉杆。

当围岩变形量较小或只允许围岩有小量变形时，钢拱架可以设计为固定型。当围岩流动性强、变形量大，且允许围岩有较大变形时，宜将钢拱架设计为可缩性，其可缩节点位置宜设置在拱顶节点处。

4）施工要点

（1）钢拱架应架设在隧道横向竖直平面内，其垂直度允许误差为±2°。

（2）钢拱架的拱脚应稳定，一般有垫板、纵向托梁、锁脚锚杆等。

（3）钢拱架的安设应在开挖后的2h内完成。

（4）钢拱架应尽可能多地与锚杆露头及钢筋网焊接，以增强其联合支护效应。

（5）可缩性钢拱架的可缩性节点不宜过早喷射混凝土，待其收缩合拢后，再补喷射混凝土。

（6）喷射混凝土时，应注意将钢拱架与岩面之间的间隙喷射密实。

（7）喷射混凝土应分层分次喷射完成，初喷混凝土应尽早进行，复喷混凝土应在量测指导下进行，以保证其适时、有效。

4.4.5 联合支护

前面分别介绍了锚杆（系统锚杆或局部锚杆）、喷射混凝土、钢拱架（型钢拱架或格栅钢架）等常用支护方法。在隧道工程中，为适应地质条件和结构条件的变化，常将各种单一支护方法进行恰当组合，共同构成较为合理的、有效的和经济的支护结构体系。但不论何种组合形式，将其统称为联合支护。

在隧道工程中，作为初期支护，使用最多的组合形式是锚杆（主要指系统锚杆）加喷射混凝土（素喷或网喷）。因此，初期支护可以称为锚喷支护，它是一种最基本的组合形式。

联合支护的施工不仅应满足各部件安设施工的技术要求，还应注意以下事项。

（1）联合支护宜“联”不宜“散”，彼此要直接地牢固相连，以充分发挥联合支护效应。

（2）钢筋网及钢拱架要尽可能多地与锚杆头焊接，锚杆要有适量的露头。

（3）钢筋网及钢拱架要被喷射混凝土所包裹、覆盖，即喷射混凝土要将钢筋网和钢拱架包裹密实。

（4）分次施作的联合支护，应尽快将其相连，如超前锚杆与系统锚杆及钢拱架的联结。

4.5 防排水技术

隧道防排水一般应采取“防、排、截、堵相结合，因地制宜，综合治理”的原则，以达到防水可靠、排水通畅、线路基床底部无积水、经济合理的目的。

1）防水/堵水措施

防水即堵水，是指堵住地下水，不让其从衬砌背后渗入隧道。防水措施包括防水混凝土结构、设置防水层、施工缝和变形缝防水、注浆堵水等。

（1）防水混凝土结构

防水混凝土是指以调整配合比或掺用外加剂的方法增加混凝土的密实性，以提高混凝土自身抗渗性能的一种混凝土，常用的有普通防水混凝土、外加剂防水混凝土、高性能防水混凝土等。防水混凝土结构厚度不应小于30cm，抗渗等级不得低于P6，裂缝宽度不得大于0.2mm，并不得贯通；当为钢筋混凝土时，迎水面主筋保护层厚度不应小于5cm。

(2) 设置防水层

防水层种类很多，大致可归纳为两类：一类为粘贴式防水层，如用沥青将油毡(或麻布)粘贴在衬砌的外表面(适用于明挖修建的地下工程)，衬砌内表面渗漏或施工缝处的渗漏可用内贴式防水层，复合式衬砌在初期支护与二次模筑衬砌之间可粘贴软聚氯乙烯薄膜、聚乙丁烯片、聚乙烯片等防水卷材，采用无纺布作缓冲层；另一类为喷涂式防水层，如“881”涂膜防水胶、阳离子乳化沥青等防水剂。

(3) 施工缝和变形缝防水

① 施工缝的防水

施工缝是衬砌混凝土间歇灌注时造成的。常见施工缝防水的单一构造形式如图4.15(a)(b)所示，也可采用其他新型、成熟、可靠的防水构造形式，如图4.15(c)。

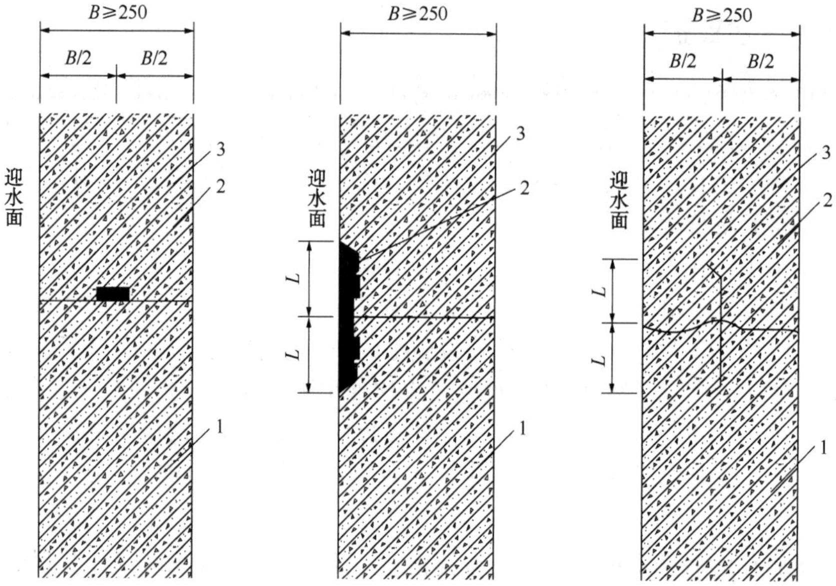

(a)遇水膨胀止水条构造　(b)迎水面外部防水构造　(c)中埋止水带构造

图4.15　施工缝防水的构造形式(单位：mm)

注：L—止水带长度或外涂防水涂料和防水砂浆长度；B—变形缝宽度；
1—先浇混凝土；2—遇水膨胀止水条或外贴防水层或中埋止水带；3—后浇混凝土

② 变形缝的防水

变形缝包括沉降缝和伸缩缝。沉降缝是为了防止不均匀沉陷所引起衬砌的开裂而设置的，在地质条件有显著变化处、明洞与隧道衬砌连接处，均应设置沉降缝。伸缩缝是为了防止因温度变化使混凝土自由伸缩产生裂缝而设置的。由于隧道内温差较小，故除严寒地区外，一般地区在隧道内不设置伸缩缝。常见变形缝的复合防水构造形式如图4.16所示。

(4) 注浆堵水

采用超前小导管或超前长钢管将适宜的胶结材料压注到地层节理、裂隙、孔隙中，不仅可以加固围岩，同时也起到了堵水的作用，更可以防止地下水大量流失，较好地保护地下水环境。在隧道内层衬砌施工完成后，若因内层衬砌混凝土质量等问题产生渗漏，也可

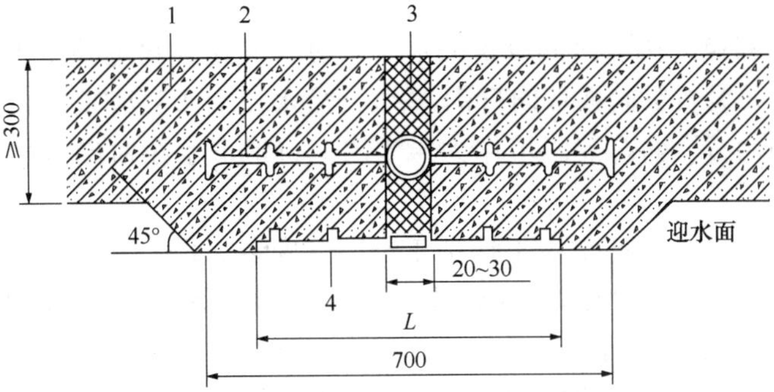

图 4.16 常见变形缝的复合防水构造形式(单位：mm)

注：L—止水带长度；1—混凝土结构；2—中埋式止水带；3—填缝材料；4—外贴防水层

以向衬砌与围岩之间的缝隙压注胶结材料，以实现堵水。常用的浆液材料有水泥浆、水泥砂浆、水泥-水玻璃浆液、化学浆液，以及近年来广泛采用的双快水泥浆液等材料。

2）排水措施

如果衬砌背后的地下水无法排除，地下水位就会逐渐升高，给隧道衬砌施加很大压力，必须采用排水设施将地下水引入隧道内，再经由洞内水沟排至洞外。排水设施主要有：衬砌内的纵横向排水沟、衬砌上的引水管(暗槽)或泄水孔、衬砌背后的纵横向盲沟和集水钻孔等。

(1) 排水沟

隧道全长在 100m 及以下(干旱地区为 300m 及以下)，且常年干燥的，可不设洞内排水沟。除此之外，均应设排水沟。水沟坡度应与线路坡度一致，水沟断面视水量的大小而定，应有足够的过水能力。一般沟底宽不应小于 40cm，沟深不应小于 35cm。沟底纵坡宜与线路纵坡一致。水沟上面应设有预制的钢筋混凝土盖板，其顶面应与避车洞底面齐平。排水沟在一定长度上应设检查井，以便随时清理残渣。

排水沟有两种形式。一种是侧式水沟，设在线路的一侧或两侧，视水量大小而定。有仰拱的隧道宜采用侧沟；单线隧道宜优先设置双侧水沟；当地下水较大或长隧道和采用混凝土宽枕道床或整体道床的隧道，宜设双侧水沟。双侧水沟隔一定距离应设一横向联络沟，以平衡不均匀的水流量。另一种是中心式水沟，设在线路中线的下方或设在双线隧道两线路之间。排水沟断面图如图 4.17 所示。

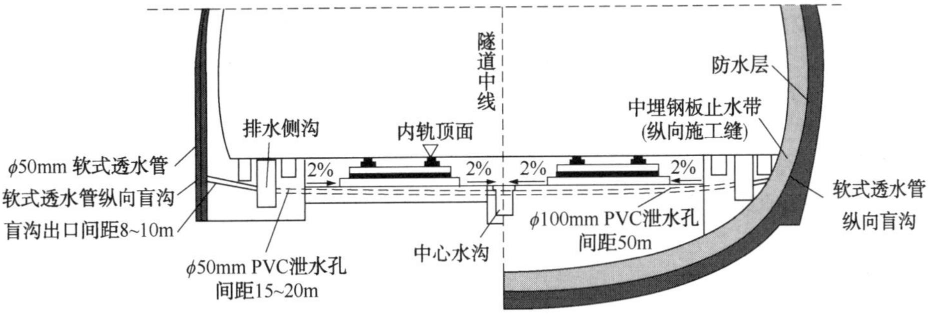

图 4.17 排水沟断面图

注：PVC—Polyvinyl Chloride，聚氯乙烯

（2）盲沟(管)

盲沟(管)是在衬砌与围岩之间设置的汇水、过水通道。它主要用于引导较为集中的局部渗流水，根据需要设置纵向或环向盲沟(管)，将水流引入衬砌墙脚的泄水孔中。盲沟也可以在沟中用干砌片石、卵石等回填作为导水层，将地下水在衬砌背后集中到沟内排入洞内水沟。

现在新型柔性盲沟(管)通常由工厂加工制造，安装方便，布置灵活，连接容易，接头不易被混凝土阻塞，过水效果良好，成本较低。目前使用较多的盲沟(管)是弹簧软管盲沟(管)和化学纤维渗滤布盲沟(管)，其构造形式有以下几种。

① 弹簧软管盲沟(管)。一般采用10号钢丝缠成直径5~8cm的圆柱形弹簧或采用质硬又具有弹性的塑料丝缠成半圆形弹簧，或带孔塑料管，以此作为过水通道的骨架，安装时，外覆塑料薄膜和铁窗纱从渗流水处开始沿环向铺设并接入泄水孔，如图4.18(a)所示。

② 化学纤维渗滤布盲沟(管)。这种盲沟(管)以结构疏松的化学纤维布作为水的渗流通道，其单面有塑料敷膜，安装时使敷膜朝向混凝土一面，可以阻止水泥浆渗入滤布。这种渗滤布式盲沟(管)质量轻，便于安装和连续加垫焊接，宽度和厚度也可以根据渗排水量的大小进行调整，是一种较理想的渗水盲沟，如图4.18(b)所示。

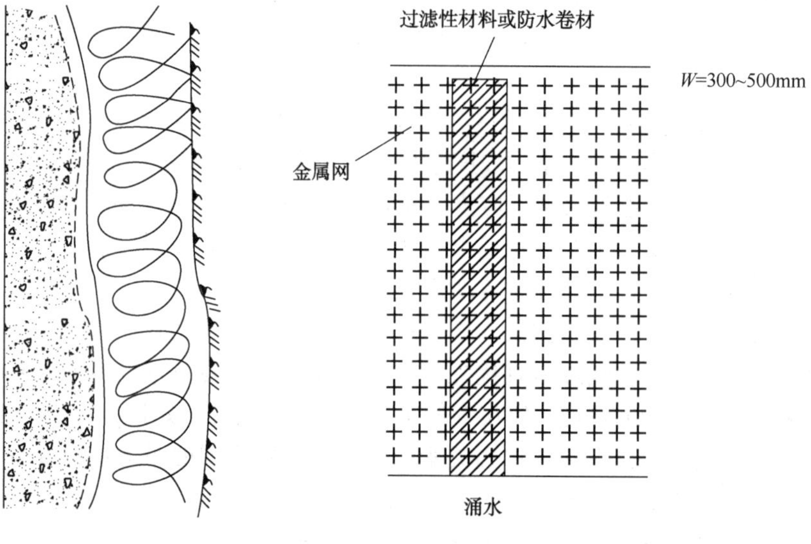

(a)弹簧软管盲沟(管)　　(b)化学纤维渗滤布盲沟(管)

图4.18　隧道排水盲沟(管)

注：W—管径

3）截水措施

截水是指截断地表水和地下水流入隧道的通路，截水措施主要有设置洞顶天沟和设置泄水洞。

（1）设置洞顶天沟

为防止地表水冲刷仰坡，流入隧道，一般应在洞口边仰坡上方设置天沟，但当地表横坡陡于1∶0.75时可不设天沟。

天沟设于边仰坡坡顶以外不小于5m处，黄土地区应不小于10m。天沟一般沿等高线向线路一侧或两侧排水。天沟坡度根据地形设置，但应不小于3%，以免淤积。当纵坡过陡时，应设计急流槽或跌水连接。一般在地面自然坡度陡于1∶1时，水沟宜做成阶梯式，以减少冲刷。天沟断面应根据流入截水沟的汇水区流量确定。水沟深度宜高出计算水面20cm，一般底宽和深度均不小于60cm；在干燥少雨地区，深度可减至40cm；水沟分水点深度可减至20cm。天沟长度的确定应满足使边仰坡面不受冲刷，下游应将水引至适当地点排泄，避免危害农田和冲刷山体。流量较大时，不宜将水引向路堑排泄，应根据地形将水引至沟谷或涵洞处排泄。在容易渗漏、沉陷和易冲蚀的地层及易溶于水的岩层中设置的天沟，其底部及侧壁必须用M5水泥砂浆浆砌片石铺砌。通过裂隙岩层的天沟可采取水泥砂浆抹面、勾缝等防止渗漏的措施。

(2) 设置泄水洞

泄水洞一般是在地下水特别发达、涌水地段较长且水压较高，当其他防排水措施收效甚微时才采用。泄水洞应设在地下水上游一侧，与隧道方向平行或近似平行，使周围的地下水经由泄水洞的过滤孔眼流入泄水洞内排走，以达到拦截排水，防止地下水影响隧道的目的。泄水洞与隧道的间距应根据地质情况、地下水位及需要降低水位的程度等来确定，一般情况下其净距为10~15m。泄水洞断面尺寸除应保证有足够的排水能力外，还应便于施工和检查维修，一般不小于1.2m(宽)×1.8m(高)。泄水洞纵向坡度应满足流水通畅，一般不小于3‰。

4.6 二次衬砌技术

1) 二次衬砌施工方法

按照现代支护理论和新奥法施工原则，二次衬砌是在围岩与支护基本稳定后施作的，此时隧道已成型，为保证衬砌质量，衬砌施工按先仰拱，后墙拱，即由下到上的顺序连续灌注。在隧道纵向，则需分段进行，分段长度一般为9~12m。

2) 模板类型

常用的模板有整体移动式模板台车、穿越式分体移动模板台车、拼装式拱架模板。

(1) 整体移动式模板台车

整体移动式模板台车主要由大块曲模板、机械或液压脱模装置、背附式振捣设备等组成，并在轨道上走行。有的还设有自行设备，从而缩短立模时间，墙拱连续灌注，加快衬砌施工速度。

模板台车的长度即一次模筑段长度，应根据施工进度要求，混凝土生产能力和灌注技术要求以及曲线隧道的曲线半径等条件来确定。

整体移动式模板台车的生产能力大，可配合混凝土输送泵联合作业，是较先进的模板设备，但其尺寸大小比较固定，可调范围较小，影响其适用性，且一次性设备投资较大。我国有些施工单位自制较为简单的模板台车，效果也很好。

(2) 穿越式分体移动模板台车

这种台车是将走行机构与整体模板分离，因此一套走行机构可以解决几套模板的移动问题，既提高了走行机构的利用率，又可以多段衬砌同时施作。

（3）拼装式拱架模板

拼装式拱架模板的拱架可采用型钢制作或现场用钢筋加工成桁架式拱架。为便于安装和运输，常将整榀拱架分解为2~4节，进行现场组装，其组装连接方式有夹板连接和端板连接两种形式。为减少安装和拆卸工作量，可以做成简易移动式拱架，即将几榀拱架连成整体，并安设简易滑移轨道。

拼装式模板多采用厂制定型组合钢模板，其厚度均为5.5cm，宽度有10cm、15cm、20cm、25cm、30cm，长度有90cm、120cm、150cm等。局部异形及挡头板可采用木板加工。

拼装式拱架模板的一次模筑长度，应与围岩地质条件、施工进度要求，混凝土生产能力以及开挖后围岩的动态等情况相适应。一般分段长度为2~9m，松软地段最长不超过6m。拱架间距应视未凝混凝土荷载大小及隧道断面大小而定，一般可采用90cm、120cm及150cm。

拼装式拱架模板的灵活性大，适应性强，尤其适用于曲线地段。因其安装架设较费时费力，故生产能力较模板台车低。在中小型隧道及分部开挖时，使用较多。在传统的施工方法中，因受开挖方法及支护条件的限制，其衬砌施作多采用拼装式拱架模板。

3）衬砌施工准备工作

在灌注衬砌混凝土之前，要进行隧道中线和水平的测量，检查开挖断面和放线定位，准备混凝土制备和运输等工作。

这些准备工作，除应按模筑混凝土工程的一般要求进行外，还应注意以下各点。

（1）断面检查

根据隧道中线和水平测量，检查开挖断面是否符合设计要求，欠挖部分按规范要求进行修凿。并做好断面检查记录。

墙脚地基应挖至设计标高，并在灌注前清除虚渣，排除积水，找平支承面。

（2）放线定位

根据隧道中线和标高及断面设计尺寸，测量确定衬砌立模位置，并放线定位。

采用整体移动式模板台车时，实际是确定轨道的铺设位置。轨道铺设应稳固，其位移和沉降量均应符合施工误差要求。轨道铺设和台车就位后，都应进行位置、尺寸检查。放线定位时，为了保证衬砌不侵入建筑限界，须预留误差量和预留沉落量，并注意曲线加宽。

预留误差量是考虑到放线测量误差和拱架模板就位误差，为保证衬砌净空尺寸，一般将衬砌内轮廓尺寸扩大5cm。

预留沉落量是考虑到未凝混凝土的荷载作用会使拱架模板变形和下沉；后期围岩压力作用和衬砌自重作用（尤其是先拱后墙法施工时的拱部衬砌）会使衬砌变形和下沉。预留沉落量应根据实测数据确定或参照经验确定。

预留误差量和预留沉落量应在拱架模板定位放线时一并考虑确定，并按此架设拱架模板和确定模板架的加工尺寸。

（3）拱架模板整备

使用拼装式拱架模板时，立模前应在洞外样台上将拱架和模板进行试拼，检查其尺寸、形状，不符合要求的应予修整。配齐配件，模板表面要涂抹防锈剂。洞内重复使用时亦应注意检查修整。拱架模板尺寸应按计算的施工尺寸放样到放样台上，并注意曲线加宽后的衬砌及模板尺寸。

使用整体移动式模板台车时，应在洞外组装并调试好各机构的工作状态，检查好各部件尺寸，保证进洞后能投入正常使用。每次脱模后应予检修。

（4）立模

根据放线位置，架设安装拱架模板或模板台车就位。安装就位后，应做好各项检查，包括位置、尺寸、方向、标高、坡度、稳定性等，并注意处理好以下几个问题。

① 每排拱架应架设在垂直于隧道中线的竖直平面内，不得倾斜；对于曲线隧道，因曲线外弧长、内弧短，则应分段调整拱架方向和模板长度。

② 拱架应立于稳固的地基上。拱架下端一般应焊接端头板，以增大支承面，减少下沉；当地基较软弱时，应先用碎石垫平，再用短枕木支垫，此垫木不得伸入衬砌混凝土中。

当采用整体移动式模板台车时，其走行轨道应铺设稳定，轨枕间距要适当，道床要振捣密实，必要时可先施作隧道底板，防止过量下沉。

③ 拱架的架设要牢固稳定，保证其不产生过量位移。拱架立好后还应对其稳定性进行检查。固定的方法：横向有横撑（断面较小时采用）、斜撑（断面较大时采用）；纵向有带木、拱架间撑木、拉杆及斜撑。

拱架模板的架设和加强，均应考虑其腹部的通行空间，以保证洞内运输的畅通。

④ 挡头模板应同样安装稳固，挡头板常用木板加工，现场拼铺，以便于与岩壁之间的缝隙嵌堵严密，也可以采用气囊式堵头。

⑤ 设有各种防水卷材、止水带时，应先行安装好，并注意挡头板不得损伤防水材料，以免影响防水效果。

（5）混凝土制备与运输

由于洞内空间狭小，混凝土多在洞外拌制好后，用运输工具运送到工作面再灌注。其实际待用时间中主要是运输时间，尤其是长大隧道和运距较长时。因此运输工具的选择应注意装卸方便，运输快速，保证拌好的混凝土在运输过程中不发生漏浆、离析泌水、坍落度损失和初凝等现象。

可结合工程情况，选用各种斗车、罐式混凝土运输车或输送泵等机械。

4）混凝土的灌注、养护与拆模

在做好上述准备工作后，即可进行混凝土灌注。隧道衬砌混凝土的灌注应注意以下几点。

（1）保证捣固密实，使衬砌具有良好的抗渗防水性能，尤其应处理好施工缝。

（2）整体模筑时，应注意对称灌注，两侧同时或交替进行，以防止未凝混凝土对拱架模板产生偏压而使衬砌尺寸不合要求。

（3）若因故不能连续灌注，则应按规定进行接茬处理。衬砌接茬应为半径方向。

（4）边墙基底以上 1m 范围内的超挖，宜用同级混凝土同时灌注。其余部分的超、欠挖应按设计要求及有关规定处理。

（5）衬砌的分段施工缝应与设计沉降缝、伸缩缝及设备洞位置统一考虑，合理确定位置。

（6）封口方法。当衬砌混凝土灌注到拱部时，需改为沿隧道纵向进行灌注，边灌注边铺封口模板，并进行人工捣固，最后堵头，这种封口称为“活封口”。当两段衬砌相接时，纵向活封口受到限制，此时只能在拱顶中央留出一个 50cm×50cm 的缺口，最后进行“死封口”，如图 4.19 所示。采用整体式模板台车配以混凝土输送泵时，可以简化封口。

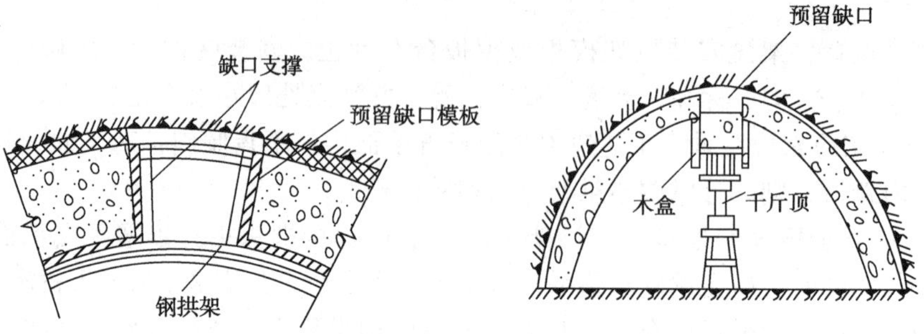

(a)示意一 (b)示意二

图 4.19 拱部初砌封口(死封口)示意

(7) 多数情况下隧道施工过程中，洞内的湿度能够满足混凝土的养护条件。但在干燥无水的地下条件下，则应注意进行洒水养护。

采用普通硅酸盐水泥拌制的混凝土，其养护时间一般不少于 7d；掺有外加剂或有抗渗要求的混凝土，一般不少于 14d。养护用水的温度应与环境温度基本相同。

(8) 二次衬砌的拆模时间，应根据混凝土强度增长情况来确定。一般应在混凝土达到施工规范要求强度时方可拆模。有承载要求时，应根据具体受力条件来确定。

5) 压浆、仰拱和底板

(1) 压浆

在灌注衬砌混凝土时，虽然要求将超挖部分回填，但由于操作方法方面的原因，其中有些部位并不可能回填得很密实。这种情况在拱顶背后一定范围内较为明显。因此，要求在衬砌混凝土达到设计强度后，向这些部位进行压浆处理，以使衬砌与围岩密贴(全面紧密接触)，达到限制围岩后期变形，改善衬砌受力工作状态的目的。压浆浆液材料多采用单液水泥浆。

(2) 仰拱和底板

若设计无仰拱，则铺底通常是在拱墙修筑好后进行，以避免与拱墙衬砌和开挖作业的相互干扰。若设计有仰拱，说明侧压和底压较大，则应及时修筑仰拱使衬砌环向封闭，避免边墙挤入造成开裂甚至失稳。但仰拱和底板施工占用洞内运输道路，对前方开挖和衬砌作业的出渣、进料造成干扰。因此，应对仰拱和底板的施作时间、分块施工顺序与运输的干扰问题进行合理安排。

为施工方便，仰拱和底板可以合并灌注，但应保证仰拱混凝土强度符合设计要求。

待仰拱和底板纵向贯通，且混凝土达到一定强度后，方能允许车辆通行。其端头可以采用石渣土填成顺坡通过。

灌注仰拱和底板时，必须把隧道底部的虚渣、杂物及淤泥清除干净，排除积水。超挖部分应用同级混凝土或片石混凝土灌注密实。

4.7 辅助坑道设置技术

当隧道较长时，可选择设置适当的辅助坑道，如横洞、斜井、竖井、平行导坑等，用以增加施工工作面，加快施工速度，改善施工条件(通风、排水)。

设置辅助坑道可能使隧道工程造价提高，辅助坑道选择适当与否，会影响其作用的发挥。因此，在选择辅助坑道时应根据是否将其作为永久通风通道、工期要求、施工组织、地形条件、地质及水文地质情况、弃渣场地、施工机具、经济性等各个方面综合考虑，其断面尺寸视地质及施工需要、机具情况而定，一般不宜过大。在无特殊要求时，辅助坑道的支护一般只要求能够保证施工期间的稳定和安全即可。

辅助坑道类型的选择应遵循下列原则。

① 优先选择横洞。受地形条件限制时，可选择斜井或平行导坑。特殊条件下经过技术、经济比较后方可选择竖井。

② 高瓦斯隧道应结合施工通风优先选用平行导坑。

③ 岩溶水发育的隧道应优先选择横洞或平行导坑。

④ 岩溶发育和地下水丰富地段不宜设置斜井和竖井。

1）横洞

横洞是与隧道侧面相交的坑道。当隧道傍山沿河，侧向覆盖层较薄时，就可以考虑设置横洞。横洞布置如图4.20所示。为便于车辆运输，相交处可用半径(R)不小于7倍轴距的圆曲线相连。运输方式可采用无轨运输或有轨运输。但应注意，横洞纵坡因考虑到便于排水及重车下坡运输方便，有轨运输时应向外设不小于3‰的下坡，无轨运输时可视车辆情况而定。

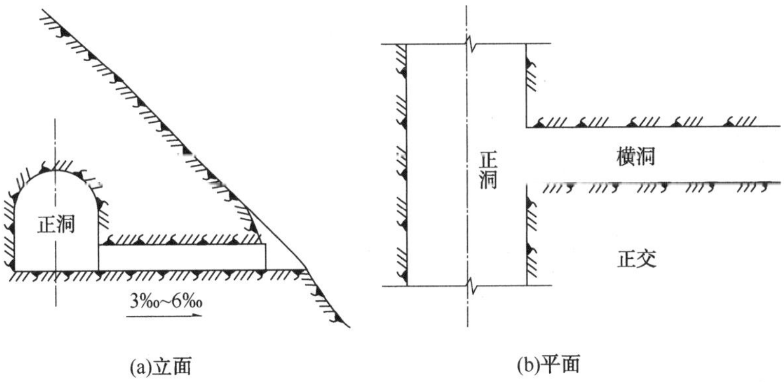

图4.20 横洞布置示意图

一般情况下，横洞不长，故较经济，因此在地形条件允许时，宜优先考虑采用横洞来增辟工作面。

选择横洞与隧道中线的交角一般不小于60°，交角太小则锐角段围岩较易坍塌，斜交时最好朝向隧道主攻方向。横洞与隧道的连接形式有双联式或单联式，相交处用半径不小于12m的曲线连接。

在考虑把横洞作为运营时的通风口的情况下，横洞断面大小应按通风要求及施工需要一并考虑，并宜修筑(至少在两端适当长度范围内)永久衬砌。

有时在隧道洞口处桥隧相连，影响施工，或地质条件差，地形条件不利，路堑因开挖量大尚未完工而需进洞等情况下，并且又有条件在洞口附近设置横洞时，则可利用横洞进入正洞以避免施工干扰，且提前进洞能加快速度。

2) 平行导坑

平行导坑是与隧道平行修筑的坑道。对于长大越岭隧道，由于地形限制，或因机具设备条件、运输道路等条件的限制，无法选用横洞、竖井、斜井等辅助坑道时，为加快施工速度，及超前地质勘察，可采用平行导坑方案。但由于多开挖一个导坑使工程造价提高，因此在3000m以上的隧道，无其他辅助导坑可设时才考虑平行导坑方案。大断面开挖的隧道，采用大型机具施工，干扰小，施工条件也好(如通风、排水、运输等)，因此一般不需采用平行导坑。

(1) 平行导坑在隧道施工中的作用

平行导坑超前掘进，可进行地质勘察，充分掌握前方地质状况；平行导坑通过横通道与正洞联络，可以增加正洞工作面，加快施工速度，并且构成巷道式通风系统、排水降水系统、进料出渣运输系统，可以将洞内作业分区段进行，减少相互干扰；此外还可以构成洞内测量导线网，提高测量精度。

(2) 平行导坑设计及施工要点

① 平行导坑的平面布置一般设于地下水流向隧道的一侧，以利用平行导坑排水，使正洞干燥，但同时也应结合地质情况及弃渣场地等条件综合确定。平行导坑与正洞之间的最小净距离，应视地质条件、施工方法、导坑跨度等因素确定，并以导洞开挖形成的两个“自然拱”不相接触为好，否则容易造成塌方。一般平行导坑距正洞约为20m。平行导坑底面标高应低于隧道底面标高0.2~0.6m，不低于1.2m，以有利于正洞的排水和运输。平行导坑纵坡原则上与隧道纵坡一致，或向出洞方向设3‰的下坡。

② 初进洞时可在适当长度(500m左右)不设横通道，以后，每隔120~180m设一个横通道，以便于运输，为方便运输调车作业，每隔3~4个横通道设置一个反向横通道。

从维持围岩稳定和运输顺畅方面考虑，横洞与正洞中线的平面交角一般以40°~45°为宜，夹角过小则夹角中围岩易坍，并且增加了横通道的长度；夹角过大则运输线路的运行条件差。横通道坡度则由正洞与平行导坑的高差来定。

③ 平行导坑衬砌与否，视地质情况而定，一般可不修筑。当考虑作为永久通风道或泄水洞时应做衬砌。

④ 为更好地发挥平行导坑增辟工作面的作用，以及利用平行导坑超前预测正洞经过地带的地质情况，平行导坑应超前正洞导坑两个横通道以上间距，不过也不宜过大，以减少平行导坑施工通风等的困难。

⑤ 平行导坑与正洞的各项作业应分区分段进行，以减少干扰。分区分段长度应结合横通道及运输组织来选择。

有轨运输时，在平行导坑中一般都采用单道运输，为满足运输调车的需要，可每隔2~3个横通道铺设一个双道的会车站，其有效长度一般为1.5倍施工车辆长度。

3）斜井

斜井是在隧道侧面上方开挖的与之相连的倾斜坑道。当隧道洞身一侧有较开阔的山谷且覆盖不太厚时，可考虑设置斜井。

斜井设计施工应注意以下事项。

（1）当隧道埋深不大，地质条件较好，隧道侧面有沟谷等低洼地形时，可采用斜井作为辅助坑道。斜井示意图如图4.21所示。

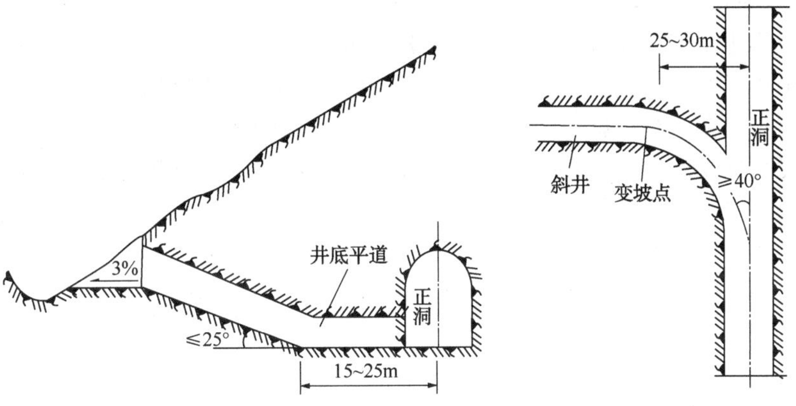

(a)示意图一　(b)示意图二

图4.21　斜井示意图

（2）斜井长度一般不超过2000m，以降低工程造价及保证运输效能，因此，在选用较长斜井方案时，应做经济比较。

（3）斜井井口位置不应设在洪水淹没处。洞口场地最小宽度一般不应小于20m，以利井口场地布置及卸料出渣，井身避免穿越含水率大及不良地质区段。设置位置应能使增辟工作面充分发挥作用。斜井仰角α的大小，主要考虑斜井长度及施工方便，一般以不大于25°为宜，且井身不宜设变坡。斜井与隧道中线的夹角不宜小于40°，并宜在与隧道连接处用15~25m的水平道相连，以便于运输作业和保证运输安全。井口场地通常设有向洞外的不小于3‰的下坡，以防车辆溜向洞内造成事故，且有利于排水。

（4）斜井与隧道正洞的平面连接形式有单联式、斜交双联式和正交双联式三种。采用单联式时，斜井与正洞中线的平面交角不宜小于40°，此连接方式施工比较简单，多在用皮带运输机或梭式矿车出渣时采用。斜交双联式的特点是在对着斜井的井底车站前方，有一段安全岔线。一旦斜井中发生溜车事故时，不会影响正洞施工的安全，其技术数据为：斜井井底变坡点与正洞中线的距离应不小于25~30m；车站长度不小于8~12m；安全岔线长度不小于8~10m；连接曲线半径为7~10倍的车辆轴距；双通道与正洞平面交角为30°~35°。正交双联式的特点及基本数据与斜交双联式相同，不同的是安全岔线设于两通道中间的岩体之中，开挖爆破时容易引起坍塌，故必须加强支护。

（5）提升机械一般用卷扬机牵引斗车，坡度很小时亦可采用皮带输送或无轨运输，斜井内的轨道数视出渣量而定。坑道大小在单线行车道时，一般底宽为2.6m；三轨双线行车道时，底宽为3.4m；双线行车道时，底宽为4.1m（以上均包括单侧设宽70cm的人行道）。高度通常不小于2.6m。其中，以单线或三轨双线较为常用，并在斜井中部设有20~30m的四轨双线作为错车道，这样可减少断面及节约运输器材。在斜井需作为通风道时，其断面大小应满足通风要求。

(6) 井口段应修筑衬砌，其他部分视地质条件及是否作为永久通风道等条件决定是否修筑永久衬砌。

(7) 施工期间应做好井口防排水工程，严防洪水淹没。卷扬机牵引斗车时需防止钢丝绳拉断或脱钩等事故。为此应严格控制牵引速度，斜井长小于 200m 时，车速不大于 3.5m/s；斜井长超过 200m 时，可适当提高车速。井口应设置安全闸，在斗车出洞后及时安好安全闸以防溜车，为防止斗车在坡道上因脱钩或钢丝绳断裂而下滑，可在斗车上或坡道上设置止溜沟，以阻止斗车继续下滑。也可以在斜井坡道终点或坡道中间适当位置设置安全缆绳，由专人负责看守，在斗车经过后，即在坑道的两侧岩壁间缆以钢丝绳，万一斗车脱钩，也不致冲入井底车场而发生严重事故。此外，在井底调车场及井身每隔 30~50m 宜设避险洞以保证作业人员安全。

(8) 为保证施工安全，还应注意井底车场需加支撑，或修筑衬砌。为提高运输效率，可在井底调车场加设储渣仓，并尽量不在斜井口处进行摘挂作业。

4) 竖井

竖井是在隧道上方开挖的与隧道相连的竖向坑道。覆盖层较薄的长隧道或在中间适当位置覆盖层不厚，具备提升设备，施工中又需增加工作面时，则可采用竖井增加工作面。竖井深度一般不超过 150m。

竖井的位置可设在隧道一侧，与隧道的距离一般情况下为 15~25m 之间(竖井布置示意图如图 4.22 所示)，或设置在正上方。竖井设置在隧道一侧时，施工安全、干扰少，但通风效果差；竖井设在隧道正上方时，通风效果好，不需另设水平通道，但施工干扰大，施工中不太安全。圆形断面的竖井利用率低，但施工较方便，且受力条件好，故常用于压力较大的围岩中修筑临时性竖井和简易竖井。

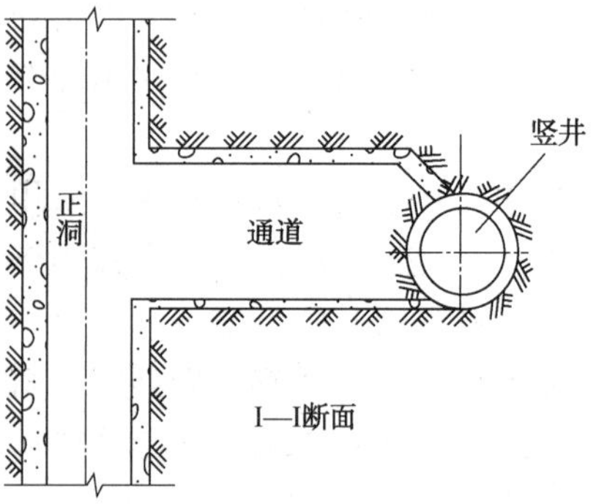

图 4.22 竖井布置示意图

竖井的位置，断面形状，应根据施工要求、通风、是否作为永久通风道、造价等因素综合考虑确定。

当隧道设两个以上竖井时，应做经济性分析，以保证工程造价不致过高。

竖井断面尺寸根据提升能力、机具设备、通风排水等铺设的管道、安全梯等设备的布置以及安全间隙等因素确定，直径为 4~6m。竖井构造包括锁口圈、井筒、壁座、井筒与隧道间的连接段、井下集水坑等部分。

井口段常处于松软土壤中，从地面往下 1~2m(严寒地区至冻结线以下 0.25m)处应设置钢筋混凝土锁口圈，以承受土压和经土壤传来的井口建筑物，机具设备所产生的荷重，并承受施工时挂钩所悬吊的荷重。围岩较破碎时需修筑永久衬砌，开挖面与衬砌之间的距离不宜超过 30m，衬砌厚度由设计计算确定，并不小于 20cm。壁座是为防止井壁下滑而设置的，视地质情况及衬砌结构而定，一般为 30~40m。

施工中，在井口、井底需有必要的安全措施，以防施工时发生事故。井口要注意防洪，加强排水防洪设施。井口与井底间应设置联系用的通信信号设备。

根据地质及水文条件，竖井可采用人工开挖或下沉沉井的方法进行施工。此外，在有条件和必要时，可设置投料孔(即一种小断面简易竖井)，用于向洞内投放砂、石材料甚至混凝土等。此外投料孔常用钻井的方法施作，并与斜井或竖井配合使用，以减少进料对斜井或竖井运输的要求，从而提高斜井的生产能力。

4.8 水电供应与通风防尘技术

4.8.1 水电供应

1) 施工供水

隧道施工中的凿岩、防尘、喷射混凝土、灌注混凝土、混凝土养护及空压机冷却等需要大量用水，施工人员生活(饮水及洗澡)也要用水，因此要有供水设施。需要注意的是，为了保证洞内有个良好的施工环境，洞内施工所用的水、渗漏出来的地下水都必须及时排到洞外。

(1) 水质要求

凡无臭味、不含有害矿物质的洁净天然水都可以做施工用水，但应做水质实验分析。对混凝土拌制用水，要求硫酸盐含量不大于1500mg/L，氢离子含量(pH值)不小于4，且无油、糖、酸等杂质。

防尘用水，要求大肠杆菌指数每升水中不超过3个。生活用水要求新鲜清洁。

(2) 用水量估算

用水量与隧道工程的规模、施工进度、施工人员数量、机械化程度等条件有关，关系幅度较大，1d的用水量如表4.12所示，再加一定的储备量。

表4.12 1d的用水量 t

用水项目	单位	耗水量	说明
手持式凿岩机	t/(台×h)	0.20	
喷雾洒水	t/min	0.03	爆破后喷雾30s
衬砌	t/h	1.50	包括混凝土养护
机械	t/(台×h)	5.00	循环冷却
浴池	t/次	15.0	
生活	t/(人×d)	0.02	

(3) 供水方式

供水方式主要根据水源情况而定。在选择水源时，要根据当地季节变化，要求有充足的水量，保证不间断供水。

通常应尽量利用自流水源，以减少抽水机械设备。一般是把山上流水或泉水，河水或地下水(打井)用水管或抽水机引或扬升到修建于山顶的蓄水池中，然后利用地形高差形成水压，通过管路送达使用地点。

蓄水池一般为开口式，水池容量根据最大计算用水量、水源及抽水机等情况而定。为防止抽水机发生故障或偶尔停电，还应考虑备用水量。

蓄水池位置应选在基地坚固的山坡上，避开隧道洞顶，以防水池下沉开裂后漏水渗入隧道，造成山体滑坡或洞内塌方。

水从水池出水口到达隧道开挖面，其水压应不小于0.3MPa，又因为10m高的水柱可以产生0.1MPa的水压，所以水池与隧道开挖面间应有一定的高差值H，如式(4.11)、式(4.12)所示。

$$H \geqslant 1.2(30+h_{损}) \tag{4.11}$$

$$h_{损} = \sum h_{摩} + \sum h_{局} \tag{4.12}$$

式中 1.2——水压储备系数；

$h_{损}$——管路全部水头损失；

$\sum h_{摩}$——管路摩擦损失；

$\sum h_{局}$——管道局部损失。

(4) 供水管道的布置

① 供水管道主管直径一般为75~150mm，支管直径为50mm。

② 管道铺设要求平顺、短直且弯头少，干路管径尽可能一致，接头密不漏水。

③ 管道沿山顺坡铺设悬空跨距大时，应根据计算来设立支柱承托，支撑点与水管之间加木垫；严寒地区应采用埋设或包扎等防冻措施，以防水管冻裂。

④ 水池的输出管应设总闸阀，干路管道每隔300~500m安装闸阀一个，以便维修和控制管道。

⑤ 给水管道应安设在电线路的异侧，不应妨碍运输和行人，并设专人负责检查养护。

⑥ 管道前端至开挖面一般保持30m距离，用直径50mm高压软管接分水器，中间预留三通，至其他工作面供水使用软管连接，其长度不宜超过50m。

⑦ 如利用高山水池，其自然压头超过所需水压时，应进行减压，一般是在管路中段设中间水池作为过渡站，也可利用减压阀来降低管道中水流的压力。

2) 电力和通信设施

(1) 电缆槽设置要求

当通信、信号电缆通过隧道时，为了避免电缆被损坏、腐蚀，以保证通信、信号工作的安全，应在隧道内设置电缆槽。通信、信号电缆可设在同一电缆槽内，也可以分设，但通信、信号电缆必须和电力电缆分槽铺设。如分槽铺设困难时，电力电缆可沿隧道墙壁架设，但应有必要的防护措施。在地形困难区段，自动闭塞电力电缆可与通信电缆同槽铺设，但应将电缆排列位置固定，两电缆间的最小距离不得小于0.1m，电力电缆应涂以标志颜色。

电缆在隧道内完成平面或竖向转变过渡时，其弯曲半径不小于1.2m，对应折线的转折角不应大于30°，转折长度不小于0.6m。电缆槽应设盖板，盖板顶面应与避车洞底面、水沟盖板顶面或道床顶面齐平。当电缆槽与水沟并行时，宜分设盖板。电缆槽净空尺寸可由有关专业提供，一般当通信、信号电缆合槽设置时，主要干线为25cm(宽)×20cm(高)，非主要干线为20cm(宽)×20cm(高)；当通信、信号电缆分槽设置时，其净空尺寸可适当减小。

为使电缆槽内不积水，每隔3~5m设流水槽一道。电缆槽根据隧道衬砌类型、电缆槽位置与洞内水沟异侧或同侧等情况分为甲、乙、丙三种类型。甲式电缆槽：电缆槽单独在一边，与水沟异侧。乙式电缆槽：电缆槽与水沟同侧，位于水沟侧墙上。丙式电缆槽：电缆槽与水沟同侧，但紧靠边墙。

当隧道长度大于500m时，为便于电缆维修，电缆应留余长，并需在设电缆槽同侧的大避车洞内设余长弧形电缆槽。避车洞原电缆槽仍需照做，并在两槽衔接处预留槽口。隧道长500~1000m时，可在中部设一处；隧道长大于1000m时，每500m增设一处。为便于电缆维修时使用余长电缆，槽内除电缆位置以外的空间全部用粗砂回填。

(2) 无人增音站(洞)

根据电信传输衰耗和通信设计要求，每隔一定距离应设置一处无人增音站(洞)。当无人增音站(洞)位于隧道内时，则应在边墙外增设，以便安装无人增音机。无人增音站(洞)的具体位置由通信专业人员确定，尽量选择在无水、地质条件较好、洞内温差较小的地方，一般多设于大避车洞内。

(3) 安全用电

安全用电是保证人身安全和高速度、高质量完成施工任务的重要措施之一。防止触电事故，主要依靠健全的规章制度和完善的技术措施。一般采用的技术措施除使用安全电压外，还有采用绝缘、屏护、遮拦、隔离、搭铁等。

① 安全作业要求

有关安全作业，除应遵守电工安全作业规程外，重点应注意以下几点。

a. 线路接头不许裸露，要经常检查，发现裸露应立即包扎。

b. 各种电流负荷保护装置不得随意加大其容量，不得用任何其他金属丝代替熔丝。

c. 电工人员操作时，必须戴绝缘手套和穿绝缘胶靴。

d. 在需要触及导电部分时，必须先用测电器检查，确认无电后，才能开始工作，并事先将有关的开关切断封锁，以防误合电闸。

e. 一切电器设备的金属外壳或构架都必须进行妥善搭铁。

② 搭铁

在隧道施工中需要搭铁的设施有：与电机连接的金属架构、变压器外壳、配电箱外壳、启动器外壳，高压电缆的金属外皮、低压橡套电缆的搭铁芯线(即联结变压器中性点的中性线)、风水管路、轨道及洞内临时装设的金属支架等。

搭铁是由高压电缆外皮和低压电缆的搭铁芯线以及所有明线架设的中性线连接成一个总的搭铁网路，在网络上分别连接上述需要搭铁的设施，构成一个具有多处搭铁装置的搭铁系统。不用高压供电的隧道，应在400/230V进线端设置中心搭铁装置。

3) 照明

(1) 普通光源施工照明

① 照明安全变压器

作业地段照明必须使用安全变压器，其容量不宜过大，输入电压为220V，输出电压最好有36V、32V、24V、12V四个等级，以便按工作面的安全因素要求选用照明电压，并应装有按电源电压下降而能调整的插头。

② 不同地段的照明布置

根据隧道施工相关规范要求，隧道施工洞内照明要求如表4.13所示。

表4.13 隧道施工洞内照明要求

工作地段		灯头距离/m	悬挂高度/m	灯泡容量/W
施工作业面		不少于15W/m²(断面较大时可适当采用投光灯)		
开挖地段和作业地段		4	2~2.25	60
运输巷道		5	2.25~3	40~60
特殊作业地段或不安全因素较多地段		2~3	3~5	100
成洞地段	用白炽灯照明时	8~10	4~5	60
	用日光灯照明时	20~30	4~5	40
竖井内		3		60

注：(1)在直线段灯头距离采用表中大数，曲线段采用较小数；(2)在有水地段应用胶皮电线，在工作面附近应用防水灯头。

③ 事故照明设施

在主要交通道、竖井、斜井、涌水较大的抽水站、高压变电站等重要地点，应设事故照明自动线路和开关，并应每天检查一次，以保证安全。

(2) 新光源照明

一般普通光源使用的是白炽灯或荧光灯管，其优点是价格低，使用方便，但其耗电量较大，且亮度较弱。而采用新光源，如低压卤钨灯、高压钠灯、铳钠灯、钠铊铟灯、镝灯等，具有的优点：大幅度增加了施工工作面的场地照度，为施工人员创造了一个明亮的作业环境，保证操作质量；安全性好；节约用电效果明显；使用寿命长，维修方便。

新光源在洞内外照明布置要求如表4.14所示。

表4.14 新光源洞内外照明布置要求

工作单位	照明布置
开挖面40m以内作业	两侧用36V 500W卤钨灯各2盏(或300W卤钨灯7盏，以不少于2000W为准)，灯泡距离隧道底面高4m
开挖面40~100m区段	安设2盏400W高压钠灯和2盏400W钠铊铟灯，间距约15m，灯泡距隧道底面高5m
开挖面后的100m至成洞末端	每隔40m，左右侧各设计400W高压钠灯1盏
模板台车衬砌作业段	台车前台10~15m，增设400W高压钠灯各1盏，台车上亮度不足时，增设36V 300W或500W卤钨灯
成洞地段	每隔40m安装400W高压钠灯1盏
斜井、竖井井身掌子面及喷混凝土作业面	使用36V 500W或36V 300W卤钨灯，已施工井身部分选用小功率110V高压钠灯，间距：混合井30m安装1盏，主副井每25m安装1盏
洞外场地	每隔200m安装高压钠灯1盏

4.8.2 通风与防尘

1) 隧道施工作用环境

隧道通风可分为施工期间的通风和运营期间的通风。施工期间的通风是临时性的，隧道施工中，由于炸药爆炸、内燃机械的使用、开挖时地层中放出有害气体，以及施工人员呼吸等因素，使洞内空气十分污浊，对人体的影响较为严重。通风可以有效地降低有害气体的浓度，供给足够的新鲜空气，稀释并排除有害气体和降低粉尘浓度，降低洞内温度、湿度，改善劳动条件，保障作业人员的身体健康。在运营期间，由于车辆会排放大量烟尘、有害气体和热量，衬砌缝隙也不时渗透出有害和潮湿的气体，维修人员呼出二氧化碳等，隧道内空气变得污浊、炽热和潮湿。

(1) 作业环境要求

实际隧道施工中，最常使用的是轴流式风机配软管压入式通风，较少采用自然通风。按照有关规定，隧道施工作业环境必须符合下列卫生标准。

① 坑道中氧气含量：按体积计，不得低于20%。

② 粉尘允许浓度：每立方米空气中含10%以上游离二氧化硅的粉尘为2mg；含10%以下游离二氧化硅的水泥粉尘为4mg；二氧化硅含量在10%以下，不含有毒物质的矿物性和动植物性的粉尘为10mg。

③ 有害气体浓度：

a. 一氧化碳(CO)：不大于$30mg/m^3$；当作业时间短暂时，一氧化碳浓度可放宽；作业时间在1h以内为$50mg/m^3$；在0.5h以内为$100mg/m^3$；在15~25min内为$200mg/m^3$；在上述条件下反复作业时，两次作业时间间隔必须在2h以上。

b. 二氧化碳(CO_2)：按体积计，不得超过0.5%。

c. 二氧化氮(NO_2)：氧化物换算成二氧化氮含量应在$5mg/m^3$以下。

④ 瓦斯(CH_4)浓度：按体积计，不得大于0.5%，否则必须按《煤矿安全规程》中的相关内容处理。

⑤ 洞内工作地点的空气温度，不得超过30℃，铁路规定不得超过28℃。

⑥ 洞内工作地点噪声，不宜大于90dB。

(2) 通风方式

施工通风方式应根据隧道的长度、掘进坑道的断面大小、施工方法和设备条件等诸多因素来确定。在施工中，有自然通风和强制机械通风两类，其中自然通风是利用洞室内外的温差或风压差来实现通风的一种方式，一般仅限于短直隧道。因受洞外气候条件的影响极大，所以完全依赖于自然通风的情况是较少的，绝大多数隧道均应采用强制机械通风。

机械通风方式可分为管道通风和巷道通风两种。

管道通风，根据隧道内空气流向的不同又可分为压入式，吸出式和混合式三种，如图4.23所示。这些方式，根据通风机(以下简称风机)的台数及其设置位置、风管的连接方法的不同又分为集中式和串联(或分散)式；根据风管内的压力不同还可分为正压型和负压型。

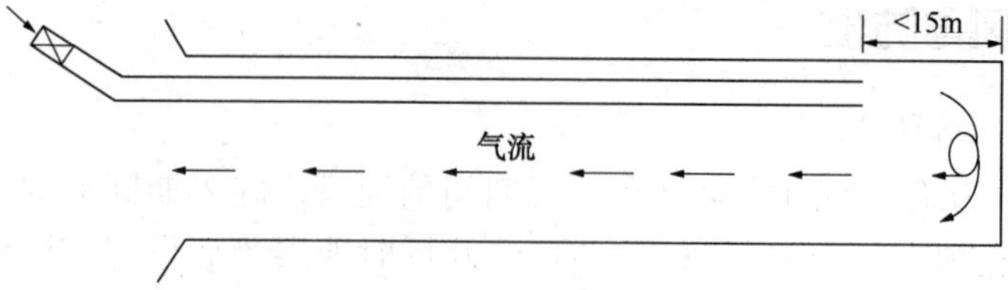

(a)压入式

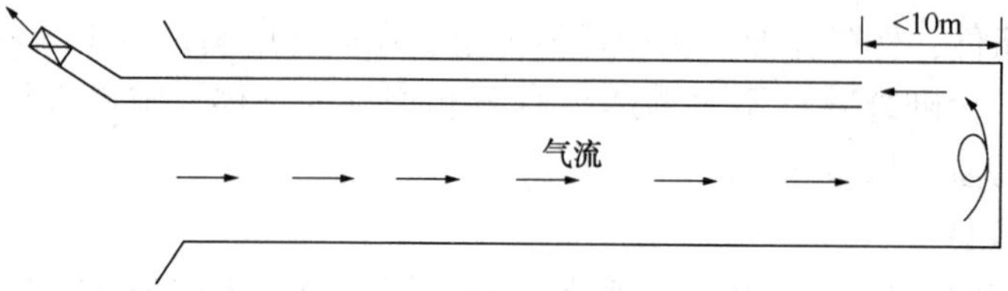

(b)吸出式

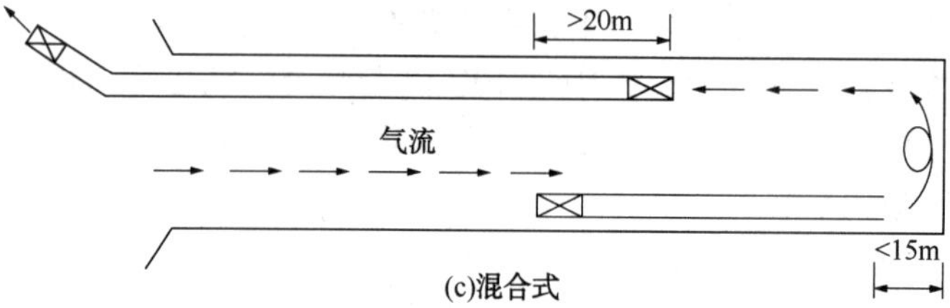

(c)混合式

图 4.23　管道通风方式

巷道式通风，利用隧道本身(包括成洞、导坑及扩大地段)和辅助坑道(如平行导坑)组成主风流和局部风流两个系统，二者相互配合以达到通风目的。下文以设有平行导坑的隧道为例来说明一个风流循环系统的组成：在平行导坑的侧面开挖一个通风洞，在通风洞口安装主通风机，在平导洞口设置两道风门，除将最里面一个横通道作为风流通道外，其余横通道全部设风门或砌筑堵塞。

当主通风机向外抽风时，平导内产生负压，洞外新鲜空气向洞内补充，由于平导口及横通道全部风门关闭或砌堵，新鲜空气只得由正洞进入，直至最前端横通道，带动污浊气体经平导进入通风洞排出洞外，形成循环风流，以达到通风目的。

另外，巷道通风还有风墙式，通风竖井、通风斜井、横洞等。但随着目前我国巷道式通风独头掘进技术的提高，开挖断面的增大，通风方式更趋向于采用大功率，大管径的压入式通风。

(3) 通风方式的选择原则

通风方式的选择应针对污染源的特性，尽量避免成洞地段的二次污染，且应有利于快速施工。因而在选择时应遵循以下原则。

① 自然通风因其影响因素较多，通风效果不稳定且不易控制，故除短直隧道外，应尽量避免采用。

② 压入式通风又称为射流纵向式通风，它能将新鲜空气直接输送至工作面，有利于工

作面施工，但污浊空气将流经整个坑道。若采用大功率、大管径，其适用范围较广。

③ 吸出式通风的风流方向与压入式相反，但其排烟速度慢，且易在工作面形成炮烟停滞区，故一般很少单独使用。

④ 混合式通风机集压入式和吸出式的优点于一身，但管路、风机等设施较多，在管径较小时可采用，若有大管径、大功率风机时，其经济性不如压入式。

⑤ 利用平行导坑做巷道通风，是解决长隧道施工通风的方案之一，其通风效果主要取决于通风管理的好坏。若无平行导坑，如断面较大，可采用风墙式通风。

⑥ 选择通风方式时，一定要选用合适的通风机和风管等设备，同时要解决好风管的连接，尽量减少漏风率。

⑦ 做好施工中的通风管理工作，对设备要定期检查，及时维修，加强环境监测，使通风效果更加经济合理。

2）隧道防尘

在隧道施工中，由于钻眼、爆破、装渣、喷混凝土等原因，在洞内空气中飘浮着大量的粉尘；这些粉尘对施工人员的身体健康危害极大，特别是粒径小于10um的粉尘，极易被人吸入，沉积于支气管或肺泡表面。隧道施工人员常见的肺尘埃沉着病（矽肺病）就是因此而形成的，此病极难治愈，病情严重时会使肺功能完全丧失而死亡。因而，防尘工作是十分重要的。

目前，在隧道施工中采取湿式凿岩、喷雾洒水和个人防护结合的综合性防尘措施。

（1）湿式凿岩

湿式凿岩，就是在钻眼过程中利用高压水湿润粉尘，使其成为岩浆流出炮眼，防止了岩粉的飞扬。根据现场测定，这种方式可降低80%粉尘量。目前，我国生产并使用的各类风钻都有给水装置，使用方便。

对于缺水，易冻害或岩石不适于湿式钻眼的地区，可采用干式岩凿孔口捕尘，其效果也较好。

（2）喷雾洒水

喷雾一般是爆破时实施的，主要是防止爆破中产生粉尘浓度过大。喷雾器分两大类，一种是风水混合喷雾器，另一种是单一水力作用喷雾器。前者是利用高压风将流入喷雾器中的水吹散而形成雾粒，更适合于爆破作业时使用；后者则无需高压风，只需一定的水压即可喷雾，且这种喷雾器便于安装，使用方便，可安装于装渣机上，故适合于装渣作业时使用。

洒水是降低粉尘浓度的简单而有效的措施，即使在通风较好的情况下，洒水降尘也仍然必要。因为单纯加强通风，还会吹干湿润的粉尘而重新飞扬。对渣堆洒水必须分层洒透，一般每吨岩石洒水为10~20L，如果岩石湿度较大，水量可适当减少。

（3）个人防护

对于防尘而言，个人防护主要是指佩戴防护口罩，在凿岩、喷混凝土等作业时还要佩戴防噪声的耳塞和防护眼镜等。

4.9 浅埋偏压隧道施工技术——以永家山隧道工程为案例

4.9.1 浅埋偏压隧道概述

1）浅埋偏压隧道定义

浅埋偏压隧道是一种特殊的隧道类型，其施工难度较大。在浅埋偏压隧道中，由于埋深较浅，隧道容易受到地表变形和沉降的影响，同时由于地形和地质条件的影响，隧道一侧的压力会大于另一侧，导致隧道结构的不稳定。

2）浅埋偏压隧道的施工特点

（1）地形起伏大

在浅埋偏压隧道施工中，地形起伏大是一个显著的特点。这类隧道通常位于山区或丘陵地带，地形起伏较大，使得施工难度增加。在施工过程中，需要充分考虑地形对施工的影响，采取相应的措施来降低地形对施工的影响。

（2）围岩强度低

浅埋偏压隧道施工的另一个特点是围岩强度低。由于隧道位于浅层地质环境中，围岩的强度和稳定性相对较差，容易受到破坏。因此，在施工过程中需要加强对围岩的支护和加固，保证施工安全。

（3）埋深浅

浅埋偏压隧道的埋深较浅，通常在5~10m之间。埋深的浅薄使得隧道容易受到地表变形和沉降的影响，增加了施工难度和安全风险。因此，在施工过程中需要采取相应的措施，如加强地表加固、增加支护等，以保证施工安全。

（4）偏压严重

浅埋偏压隧道通常存在严重的偏压问题。由于地形和地质条件的影响，隧道一侧的压力会大于另一侧，导致隧道结构的不稳定。在施工过程中需要采取相应的措施，如加强支护、调整隧道断面等，以应对偏压问题。

（5）施工难度大

由于浅埋偏压隧道的地形、地质和环境条件复杂，使得施工难度较大。在施工过程中需要采取多种技术和设备，如钻爆法、锚杆喷射混凝土等，以保证施工质量和安全。同时，还需要进行严格的施工组织和协调，确保施工顺利进行。

（6）安全风险高

浅埋偏压隧道的施工安全风险较高。由于隧道位于浅层地质环境中，围岩的稳定性和安全性较差，容易发生坍塌、冒顶等安全事故。因此，在施工过程中需要采取相应的安全措施，如加强监测、及时预警等，确保施工人员的安全。

（7）技术要求高

浅埋偏压隧道的施工技术要求较高。由于隧道的地形、地质和环境条件复杂，需要采用多种技术和设备进行施工。同时，还需要进行严格的质量控制和技术管理，确保施工符合相关标准和规范要求。

(8) 地质条件复杂

浅埋偏压隧道的地质条件较为复杂。在施工过程中，需要充分考虑地质条件的影响，采取相应的措施来降低地质条件对施工的影响。同时，还需要加强对地质条件的监测和分析，及时调整施工方案。

(9) 施工组织难度大

浅埋偏压隧道的施工组织难度较大。由于地形和地质条件的影响，施工场地通常较为狭窄，需要进行严格的施工组织和协调，确保施工顺利进行。同时，还需要加强对施工现场的管理和维护，确保施工安全和质量。

4.9.2 永家山隧道左洞官庄端偏压处治(预加固桩)专项施工案例

下文以永家山隧道工程为案例，对浅埋偏压隧道施工技术进行阐述。

1) 工程概况

永家山隧道为小净距长隧道，官庄端洞口(现场如图4.24所示)地表横坡陡峭，浅埋、偏压显著(地面线如图4.25所示)。根据管棚钻孔、预加固桩开挖揭示地质情况和超前地质预报结论，左洞洞口段(ZK27+867~ZK27+897)主要为粉质黏土夹碎石，结构碎裂、松散，碎石土无胶结能力，整体无自稳能力，粉质黏土整体较潮湿，含弱裂隙水，该段围岩位于隧道进口浅埋段且偏压较重，围岩稳定性极差，施工与运营阶段存在冒顶、塌陷、洞顶边仰坡滑塌风险。

左线隧道官庄端洞口桩号为ZK27+862，洞底设计高程209.664m；右线隧道官庄端洞口桩号为K27+855，洞底设计高程211.243m。右洞比左洞约高1.58m。

为减缓偏压对隧道的影响，经现场变更ZK27+871~ZK27+881段隧道左洞边墙右侧为新增3根预加固桩(矩形截面为2m×1.5m)。隧道左洞长管棚、套拱已施工完成，此3根预加固桩已于2021年11月完工。

图4.24 永家山隧道官庄端洞口现场

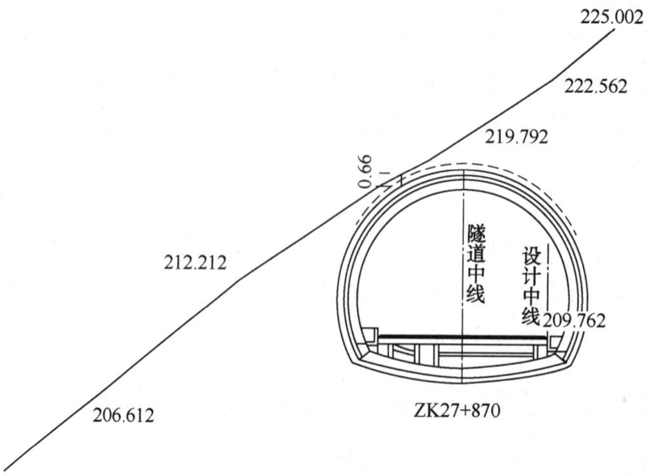

图 4.25　地面线复测图

2）偏压处置措施

在左洞 ZK27+862～ZK27+889 段左侧设置 6 根预加固桩，桩径 2.5m×2m，桩间距 5m，1#、2#和 6#桩桩长 29m，3#、4#桩长 26m，5#桩长 28m，其中 ZK27+862～ZK27+879 段桩间设板，预加固桩距隧道开挖轮廓线 1m。1#桩由于明洞段偏压挡墙基底已施作，为便于施工，1#桩在距离偏压挡墙基底 1m 处施作，桩顶与洞门墙同高，并采用连接筋进行连接。ZK27+867～ZK27+879 段左侧隧道顶部进行 C15 片石混凝土反压回填。预加固桩平面、纵断面、横断面布置如图 4.26～图 4.28 所示。

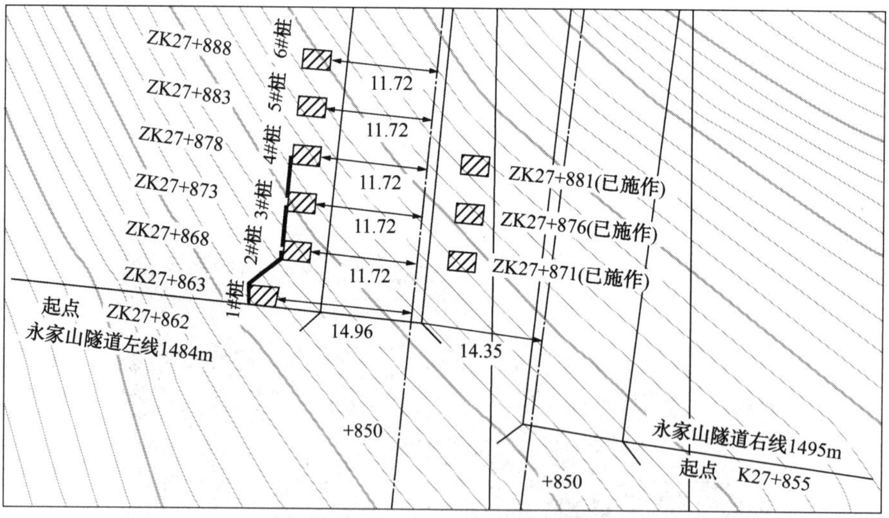

图 4.26　预加固桩平面布置

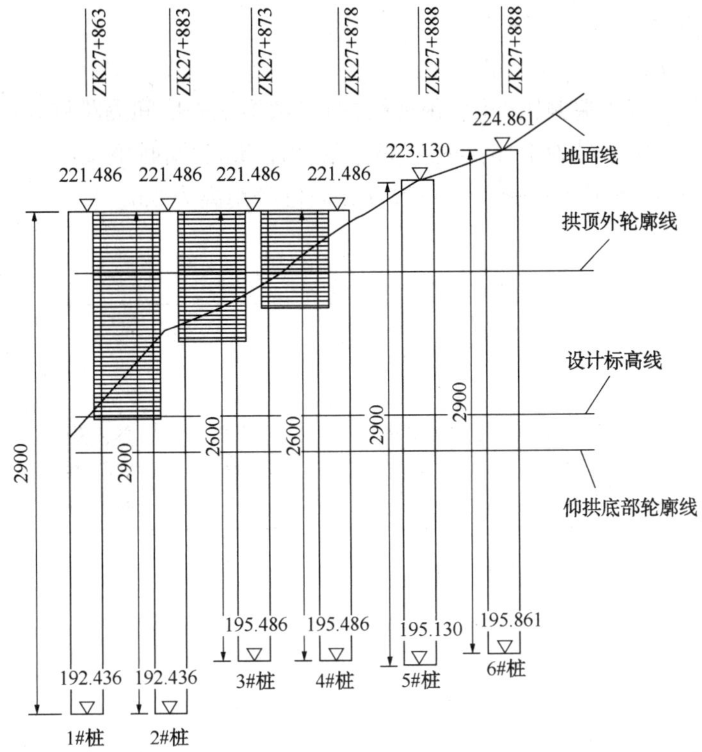

图 4.27 预加固桩纵断面布置

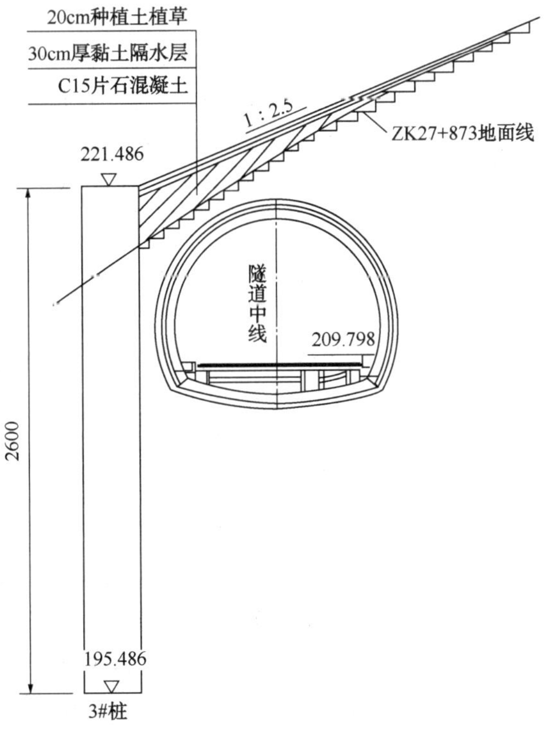

图 4.28 预加固桩横断面布置

3）主要施工安排及施工内容

（1）主要施工安排

永家山隧道左洞官庄端偏压处治(预加固桩)专项施工采取间隔跳桩开挖。共有6根桩，从小里程往大里程依次编号为1~6号桩，桩轴线间距5m。同时施工三个工作面，2、4、6号桩先行施工，1、3、5号桩后施工；每根预加固桩净距离为3m，1号、6号桩之间的净距离为23m(图4.29)。

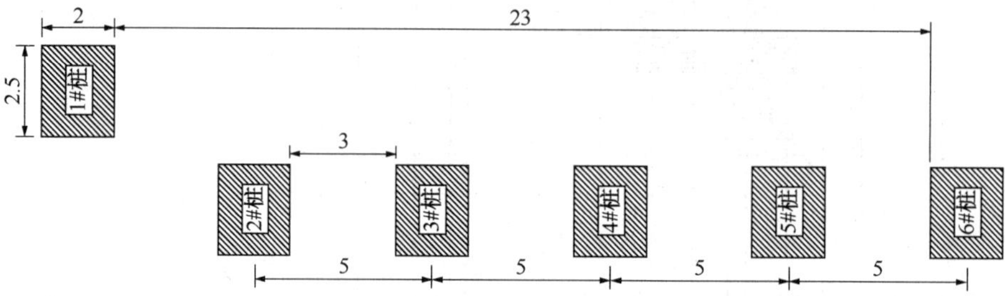

图4.29 永家山隧道左洞官庄端偏压处治(预加固桩)专项施工(单位：m)

6号桩里程为ZK27+888，为避免洞内施工爆破对桩孔围岩及护壁产生强烈扰动，若在桩孔施工期间，新化端洞内掌子面掘进至ZK27+928处，掌子面须暂停施工直至桩孔施工完成。

桩孔开挖主要采用风镐、铁锹开挖，遇到硬质岩石时采用水磨钻开挖，不得采用爆破施工。

（2）施工工艺流程

施工工艺流程：施工准备→孔口部分处理→桩孔开挖→出渣→护壁施工→井内通风、照明、排水及通信→上下井设施→制作钢筋笼→孔底清理→铺底→桩身钢筋孔内安装→桩身模板的支立→桩身混凝土的灌注→桩间挡板预制和安装→反压回填。

（3）施工准备

① 场地清理和边坡临时支挡、防护

清理预加固桩上边坡浮土、孤石等，凿除左侧一部分截水天沟，至不妨碍预加固桩施工。在边坡面挂网喷浆，喷浆厚度约5cm，用以稳定坡面及减少地表水下渗。在各桩口开挖场地右侧边线打设一排Φ108×6mm的钢管桩，纵向间距0.5m，打设深度深入开挖平台面下方2m，作为临时支挡，保障施工过程中的上方边坡稳定性。在场地上侧装安全网，下侧装临边防护(栏杆+密目网，高1.5m)，用于防止落石和人员滑落。

② 临时排水

清理、修砌隧道洞口线路右侧边沟至可正常排水。洞顶截水沟在与仰坡平台相交处截断。在边坡平台修砌临时水沟与集水坑，临时水沟高宽可根据地形适当调整，集水坑深度控制在40cm左右，可根据地形设置。采用C20混凝土构筑，铺底厚度不得小于10cm，将截水沟流至左侧的水引至集水坑中，设置水泵与排水软管将水抽至线路右侧的边沟中排出。隧道洞口右侧冲沟汇水、截水沟右侧排水、桩板墙渗出的流水因与线路右侧边沟相邻近，可直接引排。设专人进行抽水和排水观测，保障各方来水可及时排出。

③ 便道修整

工程所在位置现有一条羊肠小道，从洞口一直延伸至6号桩处，需对该便道进行修整，稍宽处修葺平整即可，过窄处可铺钢板，左侧打设钢管支撑钢板，钢板下方垫土。修整便道过程中，不得大范围切削边坡，确保坡体稳定。便道左侧设置临边防护(栏杆+密目网，高1.2m)。

④ 设置人员出口

人员进出口方案：孔内须设置软梯用于人员出入桩孔，因本工程各桩孔均深超15m，故每隔8m设置一处休息平台。孔口用钢管打设地锚，软梯固定于地锚上。

⑤ 固定卷扬机器

卷扬机本身较重且为确保其抗倾覆稳定性设有压重，本身具有一定的抗滑移能力，在卷扬机机架周边采用钢筋打设地锚固定卷扬机，确保其稳固、安全。

⑥ 施工监测

本工程监测项目较多，除常规的边坡地表变形(水平位移、沉降)、桩孔周边地面塌陷、桩孔位移等外，还利用补勘钻设的两个探孔埋设测斜管进行边坡坡体深层水平位移监测。

(4) 孔口部分处理

根据现场地形情况，2~6号桩均处于斜坡上，右侧为靠山侧，靠山侧有陡峭的边坡坡面，故而为确保施工安全，对2~6号桩孔口右侧打设钢管桩，钢管紧靠右侧边坡，并对孔口平整场地造成的边坡新开挖的部分施作喷射混凝土，确保边坡稳定性。

1号桩因位于洞口较平坦处，但下方有一定高度的边坡，故须做好临边防护。各桩根据桩孔孔口段土质情况将井口挖至1.0m深时，即采用C20钢筋混凝土浇筑成锁口，并在孔口四周做好截、排水沟，防止雨水流入井口内造成下节井壁开挖时井口沉陷。

锁口顶面平整，厚0.6m，并高出地面40cm，靠线路侧锁口、护壁应各桩对齐，光滑平整。施工时必须保证锁口与护壁施工质量，以便隔离层施工及挡土板安装。

(5) 桩孔开挖

作业人员每次进入桩孔前，应对上边坡、锁口、护壁进行仔细检查，确认无边坡岩体滑移、围岩松动、渗出浑水、护壁开裂、护壁突出等现象后方可进入桩孔。此外，同时进入孔内作业人员单孔不得超过2人，孔口设置钢盖板，防止上方土体失稳滑入孔内，造成人员伤亡。桩孔开挖的施工要点如下。

① 桩基上部较软的土体用风镐、铁锹进行开挖，遇坚硬土或大块孤石采用锤、钎破碎。

② 挖至下方岩层岩质较硬时，岩层开挖采用水磨钻进行开挖。运用水磨钻进行开挖时，沿着孔壁固定钻芯机开始取芯，取芯圆紧挨，注意保证套筒向桩孔侧壁外倾一定角度，这样在下次循环才可以保证钻机就位套筒起钻点能位于设计孔桩边线不致造成缩孔，保证成孔截面尺寸。

③ 钻取四周岩石。沿桩基孔壁布置取芯点，取芯直径为150mm，取芯圆与锁口内壁相切，取芯圆之间的距离为130mm。依次钻取外周的岩芯，取出的岩芯高约500mm，将外周岩芯取完后桩芯岩体外围便形成一个临空面。

④ 钻取中间岩石。沿桩中轴线钻取岩芯，将桩芯岩体等分成4等份，每份占桩芯岩体的1/4，以便于岩体破裂。

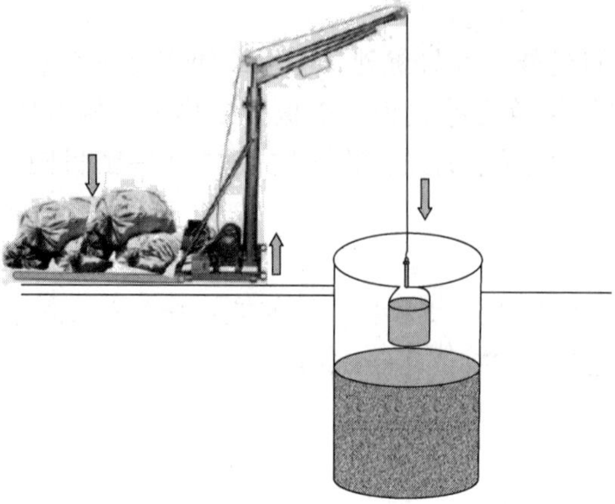
图 4.30　提升支架示意图

⑤ 手电钻打孔。用手电钻在桩芯岩体上钻眼，再将桩岩石分成 8 等份。

⑥ 插入钢楔、击打钢楔分裂岩石。在沿桩基径向手电钻钻出的孔内打入钢楔，用大锤锤击钢楔使岩体获得一个水平的冲击力，在水平冲击力作用下岩石沿铅锤面被拉裂，底部会发生水平剪切破裂。依次分裂岩体，直至该层桩芯岩体全部被破裂。

（6）出渣

由于施工场地狭窄，桩位出渣采用孔内人工装渣，卷扬机垂直提升（提升支架如图 4.30 所示），井外人工挑运的施工方法出渣。

桩孔出渣采用卷扬机提升出渣，因平台狭小，渣土不在平台堆放，直接挑运至洞口平地临时堆放。为保证施工人员安全，起升渣料时，井内作业人员必须爬出孔外。

在施工现场、施工范围内外设置安全文明标志、警示牌、警示红灯。吊运弃渣桶采用废旧半截油桶，并利用 10 号圆钢加固，装运弃渣不能超过桶深度的 2/3。

（7）护壁施工

混凝土护壁平均厚度为 30cm。在检查桩孔中心位置合格后，拆除第一节护壁模板，并放置附加钢筋，护壁模板一般采用拆上节支下节的方式一次周转使用。护壁施工主要流程如下。

① 护壁模板制作与安装

在全桩长范围内采用与桩基同标号混凝土护壁，为便于模板的安装和拆卸，护壁模板用钢板制作成定型钢模板。拆模时做到只需将其中一块模板往桩中心方向一退，其余模板方便就地拆除。

钢模的边肋按圆弧倒角设计，两块模板在边肋处用 U 形卡连接，为了保证模板刚度，护口壁模板做成“上口小下口大”的形状，即每节护壁接头处做成台阶形，便于浇筑混凝土。

每一节段挖孔完成后，在节与节之间必须安放附加钢筋。护壁模板通过拆上节、支下节的方式重复周转使用。模板采用 4 块钢模板拼接而成，模板必须有足够的刚度。模板用木桩加固支撑，其中轴线与桩中心在同一条垂直线上，偏差不大于 5cm，以保证桩基的垂直度符合规范要求。模板之间用卡具、扣件连接固定，可在多节模板的上、下端各设一道槽钢或角钢做成的内支撑，以防止模板受力变形。为操作方便，不设水平支撑。

模板安装牢固后，检测模板的位置，以保证桩孔的平面位置及其垂直度。

② 护壁支撑

为保证桩孔开挖的施工安全和护壁质量，桩井采取边挖边护的方法施工。注意避免在土石变化和滑动面处分节。在支模灌注每节混凝土前，注意清除岩壁上的浮土和松动石块，使护壁混凝土紧贴围岩。每节开挖应在上节护壁混凝土终凝后进行，而且开挖不宜过深，以免上节护壁悬空过高，整修井壁时不宜爆破，以免造成震动。

浇筑第一节护壁混凝土：每挖完一节段后，应立即放置模板，浇筑护壁混凝土，采用人工浇筑、人工振捣，坍落度控制在8~10cm。混凝土护壁要保证混凝土强度及其厚度，根据气候条件，混凝土强度不小于1.2MPa，浇筑24h后方可拆模。

浇筑第二节护壁混凝土：模板支好后，检测模板的中心位置、支撑情况，当符合要求后浇筑第二节段护壁混凝土。混凝土用吊桶运送到孔内，人工入模、振捣密实。为加快工程进度，在混凝土中可适当加入早强剂，以加速混凝土的硬化。

逐节段往下循环操作，将桩孔挖至设计高程，用钢钎插探桩底地质情况是否与图纸相符，清除虚土。基底地质情况与设计不符时，应及时上报监理工程师，签署验底记录。

检查验收：成孔后在自检的基础上，做好施工原始记录，办理隐蔽工程验收手续，经监理工程师对桩直径、高程、桩位、垂直度全面检查签字后，安装钢筋。

③ 护壁钢筋

根据设计要求，在护壁内设置Φ12mm钢筋，2.5m侧壁上的环向间距18cm，2.0m侧壁上的环向间距20cm。

为保证护壁可承受洞内爆破应力波的拉伸作用力，在桩孔护壁前侧和右侧增加横向和纵向钢筋，横向增加Φ16mm钢筋，间距40cm，纵向增加Φ16mm钢筋，间距40cm，直至进入孔底。

④ 护壁浇筑

护壁采用分段开挖浇筑，每段0.5m，浇筑混凝土护壁前，仔细校核位置，以保证桩径及垂直度，浇筑混凝土护壁时，随时观察模板位置及变形情况，发现问题及时处理。护壁混凝土的强度等级为C30。为使混凝土振捣密实，需配置坍落度稍大的细石混凝土。混凝土采用机械拌制，用吊桶运输人工浇筑，同时采用钢钎人工捣固混凝土。

由于护壁较薄，护壁混凝土的坍落度要严格控制，控制在8~10cm，人工振捣密实。

对于需要拆除护壁的桩身部分，在成孔之后，对外露锚固桩护壁进行抹面，使其平整、光滑，使用环氧树脂将宝丽板粘贴在护壁上，以保证拆除护壁后桩身的平整美观。

(8) 井内通风、照明、排水及通信

① 井内通风

孔深超过5m后应采用孔内气体检测仪检测孔内有毒有害气体(一氧化碳、甲烷、硫化氢等)。孔深超过10m时必须采取机械通风措施(每秒通风量应大于25L)。每天工人下孔前应采用孔内气体检测仪进行孔内有毒有害气体浓度检测，防止人员中毒或窒息事件发生。

利用风镐开挖时，压缩空气作为孔内通风，风管为内径30mm塑料管，沿孔壁布设，每孔1根。

② 井内照明

孔深超过15m后，孔内设12V低压照明电缆，接60W防水带罩红色灯泡，电缆沿孔壁布设，与风管距离不小于0.5m。

③ 井内排水

桩体范围内围岩节理裂隙均较发育，不具备大量含水基础，但桩体下部可能进入含裂隙水较丰富地层，孔内设集水坑，渗水量大时采用离心泵或多级泵抽水。每次下井前应进行抽水，直至见底方可下井。

④ 井内通信

为保证安全生产，协调作业，上下联络通过设置电铃进行通信。

(9) 上下井设施

采用直径为20mm的粗尼龙绳加工的软梯解决施工人员上下井的问题。人员上下必须佩戴安全绳。

(10) 制作钢筋笼

由于桩身钢筋笼不方便吊装，每根主筋在孔外加工连接，吊车吊入孔内安装。

钢筋必须是附有出厂合格证明的钢筋，进场后及时报试验室取样试验报验，合格后才允许用于工程中。

主筋采用高强直螺纹机械连接接头技术，接头错开布置，每个断面接头数量不超过50%。钢筋应严格按设计图纸和施工技术规范施工，以确保各部分尺寸及方便施工为原则，要求主筋顺直，符合规范要求，吊装过程中不能有松脱和变形现象，钢筋笼四侧每平方米设置不小于4处混凝土保护层混凝土垫块，以保证钢筋骨架的保护层厚度。

(11) 孔底清理

挖孔达到设计深度后，将孔底的松渣、淤泥、沉淀物、扰动过的土层等全部清理干净，确保孔底无虚渣，同时检测基底标高，检查合格后方可进行下道工序。

(12) 铺底

在桩底清扫干净后，浇筑C15铺底混凝土厚5cm以减少井内渗水，待铺底混凝土强度达到75%以上后，开始绑扎钢筋。

(13) 桩身钢筋孔内安装

锚固桩桩身钢筋密集，种类较多，主筋多，安装钢筋时由专人负责指挥安装顺序，首先按要求放入孔内四周部分竖向钢筋，然后安设箍筋，并同竖向钢筋焊牢，以形成钢筋骨架。

箍筋安装至孔口平面后，再下放剩余的竖向钢筋，然后安设上部箍筋及辅助钢筋。由于竖向钢筋太长，柔度极大，不具备整体刚度，从而在安装过程中，应使用绳索进行牵引，以防钢筋变形或向一侧倾倒，砸坏脚手架。

为方便作业人员下放、绑扎和焊接钢筋，在桩孔内根据需要每隔1.0~2.0m高度，随箍筋的制作搭设一个宽约30cm的作业平台。作业平台搭设在箍筋上，平台的前后两侧用短钢筋焊接牢固，卡住搭设平台上的木板，以防滑动。

(14) 桩身模板的支立

桩身外露部分均采用厂制钢模。模板一次性支立到顶，为减小串筒的悬挂高度，在支立模板的过程中，视高度情况在桩侧预留2~3个小窗，以方便混凝土的灌注。模板布置如图4.31所示。

为防止模板的变形，在模板背面用钩头螺栓、蝴蝶卡、槽钢组成纵、横向的钢楞，以增强模板的刚度；用整体对拉式螺杆对拉。对拉螺杆外套塑料管，以利螺杆从混凝土中拔出，重复使用，对拉螺杆垂直间距设置为1.5m，模板单次浇筑最大高度4.5m，除1、2号需分两次浇筑外，其余桩外露部分短，可一次浇筑到位。

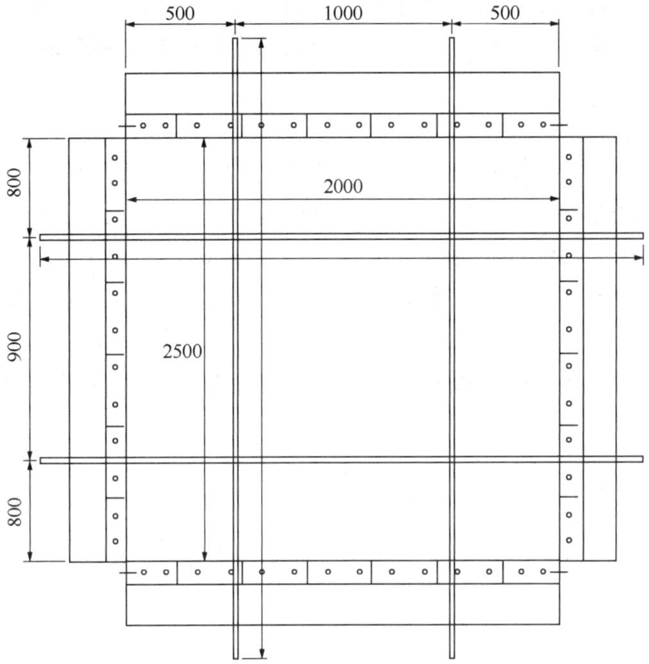

图 4.31 模板布置(单位：m)

(15) 桩身混凝土的灌注

混凝土采用 C30，混凝土的施工须连续进行，中途中断时间不得超过相关规范要求(不能超过下层混凝土的初凝时间，初凝时间应进行试验测定)。工序安排要紧凑合理，并控制交接班时间，混凝土每次的捣固厚度控制在 25~35cm。入孔混凝土必须进行二次拌合，派专人摊铺。

灌注混凝土时，混凝土坍落度宜为 18~20cm，用导管灌注混凝土，可在导管中自由坠落，导管对准桩中心。混凝土必须在集中拌和站拌制，采用搅拌运输车运送混凝土，现场配备汽车泵，采用泵管泵送混凝土。浇筑时，作业人员下到孔内浇筑，为方便作业人员，在桩孔内根据需要每隔 1.0~2.0m 高度，随箍筋的制作搭设一个宽约 30cm 的作业平台。作业平台搭设在箍筋上，平台的前后两侧用短钢筋焊接牢固，卡住搭设平台上的木板，以防滑动，平台木板随浇筑面的上升而拆除。

作业人员站在平台上采用直径 5cm 的软轴振动棒振捣，振捣时，振动棒以 75°角插入混凝土，注意控制振捣棒的插入和抽出速度。至混凝土不再沉落、不出现气泡、表面呈现平坦并泛浆时停止振捣。上层混凝土振捣时需插入下层混凝土 5~10cm。振动时遵循快插慢拔的原则与钢筋笼保持约 10cm 的距离，防止钢筋笼变形和焊接部位脱落。

(16) 桩间挡板预制和安装

① 桩间挡板预制

桩间挡板在靠近施工现场的加工场进行预制，为保证混凝土表观质量，采用 5cm 厚的光滑覆模板制作。预制挡土板时预留好吊装孔及安装孔。挡土板内混凝土振捣时，必须采取有效措施严格控制钢筋的设计位置，避免钢筋上爬、侧移而影响其承载力。

泄水管位置应安装准确，不得随意安放。钢筋混凝土挡土板采用翻转脱模时，混凝土的强度必须达到70%以上才能翻身搬运。挡板混凝土养护必须及时，且养护时间不得小于7d。

② 桩间挡板安装

桩身施工完成后，待桩体检测全部合格且强度达到设计强度时方可安装。挡土板安装需在边坡开挖后及时进行施作，以防雨季水流引起坍塌。桩间土体开挖完成后，同步安排人工破除桩与挡板相连部位钢筋混凝土护壁。利用吊车进行挡板安装。挡土板安装要求中线、标高、位置正确，表面平整，光洁度好。挡土板施工时，必须挂线作业，保证所有挡土板在同一平面上，且垂直度符合要求。

吊装过程中为避免弄错挡土板的正、反面位置，在现场预制时便应对挡土板的正、反面做一明显的标记。

(17) 反压回填

隧道顶部采用C15片石混凝土进行反压回填。回填前应进行再次清表，将腐殖土、浮土等清理干净，露出新鲜岩面，由于总体回填方量较大，故分段浇筑。

浇筑完成后应及时进行养护，混凝土达到设计强度后，及时施作黏土隔水层。

4) 处置效果

在预加固桩施工期间，各项监测数据表现出平缓且趋于稳定的变化，边坡并未出现明显的位移，坡面未发现明显的裂缝。

在洞内掘进施工期间，洞内外各项监测数据与其余洞口进洞施工期间相比较无明显差异，仅隧道内侧拱腰处的测点收敛位移略有偏大。此外，测斜管未测得明显的深层水平位移。

综上所述，可以证明采用预加固桩的偏压处置措施是行之有效的。但同样需要注意的是，在施工期间应尽量减少对岩体的扰动，以降低开挖可能产生的不利影响。

第5章　瓦斯隧道施工技术

5.1　地质特点

5.1.1　瓦斯特性

广义上讲，瓦斯是矿井或隧道内各种有毒有害气体的总称，其主要组分通常是甲烷、一氧化碳、硫化氢、二氧化硫、二氧化氮，氯气，氨气等；狭义上讲，瓦斯就是甲烷(沼气)。在隧道施工中，一般说的瓦斯就是指甲烷。

1）甲烷

无色、无味，本身无毒，在一定浓度时会燃烧或爆炸。与空气的相对密度比为0.554，扩散速度是空气的1.34倍，因此，隧道瓦斯主要积存在隧道顶部。通常状态下，甲烷的爆炸浓度为5%~16%，在浓度超过16%时遇火源会出现燃烧。

2）一氧化碳

无色、无臭、无味，分子式为CO，分子量28.01，相对密度0.793。自燃点608.89℃。与空气混合物爆炸极限为12%~75%。在水中的溶解度较低，易被氨水吸收。在空气中燃烧时呈蓝色火焰。遇热、明火易燃烧爆炸。在400~700℃分解为C(碳)和CO_2(二氧化碳)。急性CO中毒是指吸入高浓度CO后引起以中枢神经系统损害为主的全身性疾病。急性CO中毒起病急，潜伏期短。轻、中度中毒主要表现为头痛、头昏、心悸、恶心、呕吐、四肢乏力、意识模糊、甚至昏迷，但昏迷持续时间短，经脱离现场进行抢救，可较快苏醒，一般无明显并发症。中毒后，应立即将中毒者移至新鲜风流处，并保持温暖，避免着凉。轻者离开有毒场所即可慢慢恢复；重者可使用压缩氧呼吸或人工呼吸抢救。

3）硫化氢

无色，具有臭蛋气味。分子式H_2S，分子量34.08，相对密度1.19。弱溶于水，也溶于醇类、石油溶剂和原油中。可燃上限为45.5%，下限为4.3%。燃点为292℃。

硫化氢的急性毒作用靶器官和中毒机制可因其不同的浓度和接触时间而异。浓度越高则中枢神经抑制作用越明显，浓度相对较低时黏膜刺激作用明显。人吸入70~150mg/m^3硫化氢，1~2h会出现呼吸道及眼刺激症状，吸入2~5h后嗅觉疲劳，不再闻到臭气。吸入300mg/m^3硫化氢，6~8min会出现眼急性刺激症状，稍长时间接触会引起肺水肿。吸入760mg/m^3硫化氢，15~60min后会发生肺水肿、支气管炎及肺炎，出现头痛、头昏、步态不稳、恶心、呕吐等症状。吸入1000mg/m^3硫化氢数秒钟，很快出现急性中毒，呼吸加快后呼吸麻痹而死亡。

现场抢救极为重要，因空气中含有极高硫化氢浓度时现场会引起多人电击样死亡，如能及时抢救可降低死亡率，减少转院人数、减轻病情。发现中毒后，应立即使患者脱离现场至空气新鲜处，有条件时立即给予吸氧；对呼吸或心脏骤停者应立即施行心肺脑复苏术。对在事故现场发生呼吸骤停者如能及时施行人工呼吸，则可避免随之而发生的心脏骤停。在施行口对口人工呼吸时施行者应防止吸入患者的呼出气或衣服内逸出的硫化氢，以免发生二次中毒。天然气，采空区瓦斯中可能含有硫化氢成分，除采用通风将其降至允许浓度下、加强检测外，采用注水或石灰水，或在隧道内积水处、涌水点撒生石灰也有一定的辅助效果。

4）二氧化硫

无色，中等刺激性气体，主要影响呼吸道，分子式 SO_2，易溶于甲醇和乙醇；溶于硫酸、乙酸、氯仿和乙醚等。潮湿时，对金属有腐蚀作用。吸入二氧化硫将使呼吸系统功能受损，加重已有的呼吸系统疾病(尤其是支气管炎及心血管病)。对于容易受影响的人，除肺部功能改变外，还伴有一些明显症状，如喘气、气促、咳嗽等。

5）二氧化氮

棕红色，有刺激性臭味，分子式 NO_2。氮氧化物主要来自车辆尾气，火力发电站和其他工业的燃料燃烧以及硝酸、氮肥、炸药的工业生产过程。氮氧化物可刺激肺部，使人较难抵抗感冒之类的呼吸系统疾病，呼吸系统有问题的，如哮喘病患者，会较易受二氧化氮影响。NO_2易溶于水或碱中生成硝酸和亚硝酸或硝酸盐和亚硝酸盐的混合物。

6）氯气

黄绿色，为强烈刺激性的有毒气体。分子式 Cl_2，分子量 70.91，相对密度 1.47(0℃，369.77kPa)。可溶于水和碱溶液，易溶于二硫化碳和四氯化碳等有机溶剂。遇水生成次氯酸和盐酸，次氯酸再分解为盐酸新生态氯、氧和氯酸。氯与一氧化碳在高热条件下，可生成光气。本身不燃，但可助燃。在日光下与易燃气体混合时会发生燃烧爆炸。与许多物质反应会引起燃烧和爆炸。氯气中毒主要表现为对呼吸系统，眼睛和皮肤的伤害。《煤矿安全规程》未对其允许最高浓度进行规定，一般认为，空气中氯气最高允许浓度为 0.001mg/L。防止氯气中毒的主要方法是洒水喷雾吸收空气中的氯气，通风将空气中的氯气浓度降至规定浓度以下。中毒后的紧急处理：将中毒者抬至有新鲜风流处，用清水清洗眼睛，吸氧。

7）氨气

无色气体，有刺激性恶臭味，分子式 NH_3，分子量 17.03。蒸气与空气混合物爆炸极限为 16%~25%(最易引燃浓度为 17%)。极易溶于水，氨在 20℃水中溶解度为 34%。人在短期内吸入大量氨气后可出现流泪、咽痛、声音嘶哑、咳嗽、痰带血丝、胸闷、呼吸困难等症状，还伴有头晕、头痛、恶心、呕吐、乏力等。氨气吸入者应迅速脱离现场，至空气新鲜处，维持呼吸功能，卧床静息。氨气是有毒气体中对人体损害较小的一种气体，氨中毒一般是当时有刺激，喉咙、口腔感觉明显，人体很容易将氨毒排泄，一般不会留下后遗症。隧道内消除氨气的方法是洒水、通风。

5.1.2 瓦斯赋存地质特性

瓦斯以游离、吸附两种状态赋存于岩(煤)中。岩(煤)体内的瓦斯在矿井采掘或隧道开挖过程中暴露而释放至风流中。游离、吸附瓦斯可根据瓦斯压力变化互相转换。

1）游离状态

瓦斯以自由的气体状态赋存于煤和岩石的孔隙中。游离的瓦斯气体分布在煤岩的孔隙中可以自由运动，并遵循一般的气体定律，从压力大的地方向压力小的地方运移。煤和岩石中的游离瓦斯含量的多少取决于孔隙度、裂隙度和瓦斯压力，一般游离瓦斯量占煤层赋存瓦斯总量的10%～20%。

2）吸附状态

由于瓦斯分子和固体颗粒之间的分子引力，瓦斯分子被吸附在煤岩和岩体的微空隙表面，形成一层瓦斯薄膜。吸附瓦斯就是滞留在煤或岩石微孔隙表面的气体，不能自由运动，不服从气体定律。吸附量的大小取决于岩（煤）对瓦斯的吸附能力，而吸附能力又取决于岩（煤）的孔隙率、变质程度以及外界温度和压力。一般吸附瓦斯量占煤层赋存瓦斯总量的80%～90%。

5.1.3　隧道瓦斯来源及涌出特征

隧道施工期间瓦斯来源可大体分为以下几种，其瓦斯涌出形式及特点存在较大差异。

1）隧道穿过煤层或炭质岩

煤层或炭质岩中含瓦斯，当隧道开挖至含煤层、炭质岩的地层时，煤层、炭质岩中的瓦斯被释放。

隧道穿越煤层、炭质岩时的瓦斯涌出具有明显的分段性。根据经验，一般在掌子面距离煤层20m（垂距）时即能检测到瓦斯涌出，可通过打超前钻孔时钻渣及观察反水来判定掌子面前方围岩情况，通过检测孔口瓦斯浓度以及钻孔结束后检测超前钻孔内瓦斯浓度提前预判掌子面前方是否出现瓦斯涌出。

根据2019年《防治煤与瓦斯突出细则》，对于平均厚度不超过30cm的煤层，可采取安全防护措施后直接揭煤，对于平均厚度30cm及以上的煤层，应按防突揭煤流程管理。

在隧道爆破揭开煤层的瞬间，一般有较集中的瓦斯涌出，瓦斯涌出来源包括：落煤瓦斯涌出和周边煤（岩）壁瓦斯涌出；在过煤层期间，瓦斯涌出量较大；在开挖过煤层后，瓦斯仍会通过初支渗出，但涌出量会呈衰减趋势。

隧道开挖过煤层时的瓦斯涌出量与诸多因素有关，主要因素有煤层瓦斯含量、煤层透气性、开挖断面与循环进尺等。煤层瓦斯含量与煤种、煤质、隧道埋深、是否有煤层露头、煤层上伏围岩封贮条件（岩性、构造、裂隙及节理发育情况等）等因素有关。

隧道揭穿煤层前开挖时瓦斯涌出量主要与掌子面至煤层垂距、煤层瓦斯含量、原始瓦斯压力、煤层透气性、煤层顶（底）板岩性及构造、裂隙、节理发育情况等因素有关。

隧道施工穿过煤层后开挖过程时仍会有瓦斯涌出，主要由两部分组成：一部分为爆破开挖时围岩裂隙积存的瓦斯释放；另一部分为掌子面后部过煤层段煤、岩瓦斯通过支护体渗出。瓦斯涌出量主要与掌子面围岩裂隙发育程度及瓦斯存贮情况、煤层残余瓦斯含量、残余瓦斯压力、煤层透气性、支护体气密性等因素有关。

炭质岩含一定比例的碳并具一定的发热量。炭质岩生成过程中产生的瓦斯以游离状态积存于炭质岩内裂隙、节理中，当隧道开挖至炭质岩时，炭质岩中的瓦斯被释放。隧道开挖至炭质岩时的瓦斯涌出量与炭质岩瓦斯含量、循环开挖方量等因素有关。

2）隧道周边有煤层或炭质岩

隧道开挖断面不穿煤层或炭质岩，但在隧道开挖轮廓线以外存在煤层或炭质岩，煤层或炭质岩瓦斯通过围岩裂隙、构造、破碎带等通道运移至隧道开挖穿过的地层，积存于隧道开挖地层的围岩空腔、孔隙、裂隙中，当隧道开挖至含瓦斯的空腔、孔隙、裂隙地段时，空腔、孔隙、裂隙中的瓦斯释放；同时隧道周边煤系地层瓦斯可通过构造、裂隙向隧道涌出。例如，隧道下伏煤系地层时，隧道开挖过程中常出现底部、侧帮瓦斯涌出现象；隧道拱顶及两侧含煤层、老窑采空区时，出现瓦斯涌出，老窑水涌出并含硫化氢、一氧化碳等其他有毒有害气体。

隧道开挖断面内围岩裂隙中所含瓦斯存储量很小，放炮后较短时间内释放，之后迅速衰减，根据实际瓦斯监控结果，炮后风流中瓦斯浓度一般不超过10min便降至0。对于隧道开挖断面内围岩裂隙瓦斯，在实施超前钻孔时可以得到判断，由于施钻期间钻孔内释放的瓦斯涌出量极小，加之施钻用水量较大，瓦斯得到及时稀释，施钻期间一般在孔口检测不到瓦斯；施钻结束后，围岩裂隙瓦斯释放至超前钻孔内，由于钻孔内处于无扰动状态，所以会出现孔内瓦斯较高，但一般较稳定且孔口感觉不到瓦斯涌出的现象。

隧道周边煤系地层或炭质岩瓦斯通过构造、裂隙等通道向隧道涌出，涌出量及其衰减规律主要取决于围岩性质、构造与裂隙的性质及充填物情况等因素。

在围岩性质方面，岩石致密程度决定其透气性，常用渗透系数表达，通常透气性较好的是灰岩、砂岩等，较差的是泥岩、页岩等。

构造与裂隙的性质及充填物情况直接影响构造与裂隙的瓦斯导通性。周边煤系地层瓦斯向隧道涌出有均匀涌出和集中涌出两种形式，以构造为通道的涌出通常表现为集中涌出，存在明显的瓦斯涌出点；以围岩孔隙为渗透通道的涌出一般表现为沿隧道壁均匀涌出，无明显的瓦斯涌出点。由于隧道周边煤系地层瓦斯涌出存在较大贮量的补给，在隧道开挖接近该处时，其可能出现连续的瓦斯涌出，例如，超前钻孔若穿过贯通性构造，周边煤系地层瓦斯将通过构造向钻孔涌出，出现打钻期间瓦斯涌出甚至喷出现象，打钻结束后，钻孔有明显瓦斯涌出现象，瓦斯涌出一般会有衰减，但涌出时间会很长；隧道围岩裂隙有时也会出现瓦斯涌出，这些涌出瓦斯的裂隙一般位于隧道底部和两侧，涌出量不大但涌出点瓦斯浓度较高，总体呈衰减态势，但衰减极缓慢，衰减至检测不到瓦斯，少则一个月，多则数月。

3）隧道下伏天然气、页岩气

天然气、页岩气储藏较深，位于隧道下部，少则上千米，多则数千米。

下伏天然气、页岩气在隧道施工中涌出形式大体有两种：一种是隧道开挖断面本层及邻近围岩空腔、裂隙内游离瓦斯释放涌出；另一种是深部天然气，页岩气气田的瓦斯通过导通性构造涌出。

本层及邻近围岩空腔、裂隙内游离瓦斯涌出较为普遍，涌出量一般不大且快速衰减。在施工超前钻孔，打炮眼时也偶尔出现瞬间瓦斯喷出现象，喷出距离数米，钻孔施工结束后一般有较高浓度瓦斯但孔口无明显瓦斯涌出现象；放炮后瓦斯涌出显现明显峰值，正常通风情况下，数分钟至十余分钟后恢复正常。

深部天然气、页岩气气田的瓦斯通过导通性构造涌出现象较少，由于存在补给源，如未完成二衬封闭支护或通道无变化(或未采取注浆封堵措施)，瓦斯涌出将持续数月。超前钻孔或打炮眼若打穿导通下伏天然气，页岩气气田的构造，则会出现瓦斯涌出甚至喷出，钻孔结束后，钻孔会有瓦斯涌出现象且短时间不会有明显的衰减。

5.2 施工难点

1）超前探测难度大，瓦斯监测要求高

除对掌子面前方的隧道围岩进行长期、中期及短期预报外，应重点做好煤层和瓦斯的探测。提前采用综合的探测方法精确查明掌子面前方煤层情况、瓦斯赋存情况、采空区情况，施工过程中对多干扰、多障碍、多变化移动范围进行全方位的瓦斯准确监测，制定有效应对措施，保证施工安全。

2）瓦斯突涌防治难度大，安全风险高

施工中常伴随煤与瓦斯突出、煤突然倾出、煤突然压出、岩石与瓦斯突出、瓦斯爆炸、煤尘爆炸，监测要求高，稀释消散瓦斯、防治病害等稍有不慎会造成瓦斯爆炸，有时会造成二次破坏。

3）采空区密集复杂发育，安全隐患大

隧道穿越的煤层区域多有废弃的小煤窑，年代久远造成人为坑洞，开采的规模和具体情况无据可查。隧道不可避免地穿越人为坑洞或采空区时，隧道施工安全及结构安全存在较大安全隐患。

4）变形、塌方、突煤，施工技术处理复杂多变

瓦斯隧道围岩多由薄至中厚层状细砂岩、粉砂岩、泥质粉砂岩、粉砂质泥岩、泥岩、炭质泥岩、煤层灰岩组成，含腕足类及瓣鳃类动物化石，岩石多为泥质胶结，岩质软弱，易掉块、坍塌，突煤现象时有发生，施工处置复杂多变。

5.3 施工技术

5.3.1 瓦斯隧道施工通风

1）一般规定

在瓦斯隧道及辅助坑道施工的任何作业面通道中不应存在通风盲区。施工组织设计中应编制全隧道和各工区的施工通风设计方案，并考虑各工区贯通后的风流调整和防爆要求。瓦斯工区施工期间应建立通风检查、瓦斯检测及监测的组织系统和管理制度，测定气象参数、风速、风量、瓦斯浓度等参数。瓦斯工区洞内最低风速不应小于0.25m/s，防止瓦斯局部积聚的风速不宜小于1m/s。瓦斯隧道及辅助坑道出现调整通风方案或因故停风重启等情况时，应根据瓦斯检测及监测结果进行安全评估后，方可恢复正常施工。

微瓦斯，低瓦斯工区的施工通风方式应采用压入式，也可采用巷道式。高瓦斯、煤与

瓦斯突出工区可采用压入式或巷道式。当高瓦斯或煤与瓦斯突出区段距洞口大于2000m时，应采用巷道式通风。瓦斯工区施工中，对瓦斯易于积聚的空间和区域，可实施局部通风的方法，消除瓦斯积聚。

（1）通风系统的一般要求

① 瓦斯隧道应根据各工区通风方式合理布置通风系统，根据需风量要求合理选择风机及风管等通风设备。瓦斯工区需风量应符合以下要求。

a. 瓦斯工区施工通风需风量应按照同时工作的最多人数、最小风速、爆破排烟、洞内作业机械及瓦斯绝对涌出量分别计算，取其最大值。

b. 高海拔地区瓦斯隧道总需风量应根据大气压力进行修正。

c. 瓦斯工区作业人员及内燃作业机械需风量标准应满足的规定：作业人员需风量不小于$4m^3/min$·人；作业机械需风量不小于$4m^3/min$·kW。

d. 瓦斯工区各处允许浓度应符合的要求：采用压入式通风的瓦斯工区，应将洞内各处的瓦斯浓度稀释到0.5%以下；采用巷道式通风的瓦斯工区，应将开挖工作面及回风巷道风流中的瓦斯浓度稀释到0.5%以下；当平导仅作巷道式通风的回风道时，其瓦斯浓度应小于0.75%。

② 瓦斯施工通风布置应考虑洞口自然风作用，必要时采取设置气动风机等防反风措施。

③ 瓦斯隧道各开挖工作面必须采用独立通风，严禁任何两个工作面之间串联通风。

④ 采用巷道式通风的瓦斯工区，除用作回风的横通道外，其他横通道应及时妥善封闭，并符合下列要求。

a. 留作运输用的横通道应设两道风门，防止风流短路。

b. 施工不再用的横通道，若运营期间予以利用，在施工期间需设置至少一道风门，并加强瓦斯检测、加强通风；若运营期间不予利用，应按要求永久性封堵。

⑤ 瓦斯突出工区采用巷道式通风时，在揭煤工作面进风巷必须设置至少两道反向风门。风门之间的距离不得小于4m，风门距回风巷不得小于10m，与开挖工作面的距离不得小于70m。

⑥ 瓦斯隧道两工区贯通前必须遵循下列规定。

a. 两工区开挖作业面相距不小于50m时，必须停止其中的非瓦斯或瓦斯等级低的工区工作面作业，做好调整通风系统的准备工作。

b. 停止作业的工作面必须保持正常通风。

c. 当贯通两工区均为瓦斯工区时，掘进的工作面每次爆破前，必须派专职瓦斯检测员到停止作业的工作面检查瓦斯浓度，瓦斯浓度超限时，应停止爆破作业，及时处理。

⑦ 瓦斯隧道各工区贯通后，必须调整通风系统，待通风系统风流稳定、瓦斯浓度满足安全要求后，方可恢复施工。

⑧ 瓦斯隧道必须制定主要通风机停止运转的应急预案。因检修、停电或者其他原因停止主要通风机运转时，必须立即停止工作、切断电源，将洞内人员全部撤出，并制定停风和恢复正常通风的措施。

⑨ 瓦斯工区使用局部通风机通风的工作面，因检修、设备故障、停电等原因导致局部

通风机停风时，必须撤出人员，切断电源，设置栅栏、警示标志，禁止人员入内。恢复通风前，必须由瓦检员检查瓦斯浓度，并符合下列规定。

a. 当停风区内瓦斯浓度不超过 1.0%，且在局部通风机及开关地点附近 20m 以内风流中的瓦斯浓度均不超过 0.5%时，方可人工启动局部通风机。

b. 当停风区中瓦斯浓度超过 1.0%，必须制定排除瓦斯的安全措施。只有经检查证实停风区中瓦斯浓度不超过 1%时，方可人工恢复局部通风机供风的坑道中电气设备的供电。

（2）通风设备的一般规定

① 瓦斯工区通风设备应遵循下列规定。

a. 瓦斯工区的通风机应设两路电源，并应装设风电闭锁装置。当采用备用电源供电时，应保证风机在 10min 内可靠启动和运行。

b. 瓦斯工区必须配备一套同等性能的备用通风机，并保持良好的使用状态，且能在 10min 内启动。

c. 高瓦斯及瓦斯突出工区的洞内通风机，均应配备专用变压器、专用开关、专用线路供电、风电闭锁、瓦电闭锁装置。当通风机停止运转或开挖巷道内瓦斯超限时，应立即自动切断通风机供风区段的一切电源。

d. 风管应采用抗静电、阻燃的风管，百米平均漏风率不宜大于 1%，宜采用大直径风管。

② 主要通风机必须装设在洞外或洞内新鲜风流中，避免污风循环。洞内风机应采用防爆型。

③ 通风管布置应遵循下列规定。

a. 通风管的节长尽量加大，以减少接头数量，接头应严密。弯管平面轴线的弯曲半径不得小于通风管直径的 3 倍。

b. 通风管路安装完成后应调整至整个风路平、直，无扭曲和褶皱。

c. 压入通风管靠近工作面的距离可根据具体情况确定，且必须满足以下要求：开挖工作面附近风速及瓦斯浓度必须满足安全要求；风管出风口距工作面的距离不宜大于 15m。

④ 瓦斯工区施工通风设备设施管理应符合下列规定。

a. 主要通风机和局部通风机必须指定专职人员负责，挂牌管理。当工作通风机需要停运时，必须先启动备用通风机，严禁出现先停后启动或主、备通风机均停止运行的情况。

b. 应定期对风管等通风设施进行检查，并指定专人进行维修和保养。

c. 瓦斯隧道内外均应设置测风牌板。

d. 通风管理人员每月至少检查 1 次主要通风机，每 15d 至少进行 1 次风电闭锁和瓦电闭锁试验，每天应进行 1 次正常工作的局部通风机与备用局部通风机自动切换试验，发现问题应及时处理。试验记录要存档备查。

2）通风方式

（1）常用通风方式

确定通风方式是与确定施工方案一起进行的，在确定了施工方案后，才能确定采用独头掘进等方式。根据独头掘进长度和通风长度，计算工作面风量。通风方式主要有以下几种。

① 压入式通风

压入式通风是隧道常用的通风方式，风机一般设置在洞外，具有系统简单、可靠、风机供电方便等特点。风机设置在洞外时，可采用普通型，若设置在洞内必须采用防爆型，必须采用阻燃、抗静电风管。

根据相关规范要求，设主、备风机，主、备风机通过风管裤衩与风管连接，以便于主、备风机切换，风机吸风端至洞口距离不得小于 30m，风管出口至掌子面距离不得超过 15m，如图 5.1 所示。

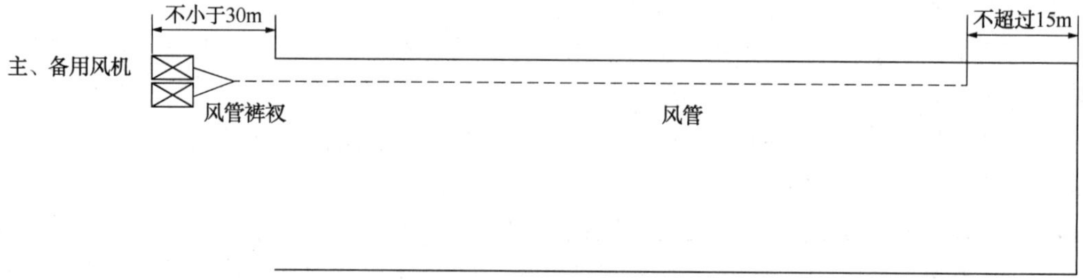

图 5.1　压入式通风系统布置

② 巷道式通风

巷道式通风是指利用正洞平导、竖井或其他通道做主进、回风路线实施的通风方式，主要有主扇抽出式、射流抽出式、隔断压入式、竖井压入式、竖井抽出式和隔仓式等类型。

a. 主扇抽出式

在平导或隧道口或专用风洞口设密闭墙或门，设主扇向外抽出，从另一隧道进风，经横通道、隧道后从主扇排出，形成隧道主通风系统。在进风侧设压入式风机分别向正洞掌子面及平导掌子面送风。主扇抽出式通风方式的特点是充分利用平导、正洞、横通道，缩短压入式通风风管长度，保证掌子面通风效果，但平导口运输系统中断，可设门供行人通过，如图 5.2 所示。

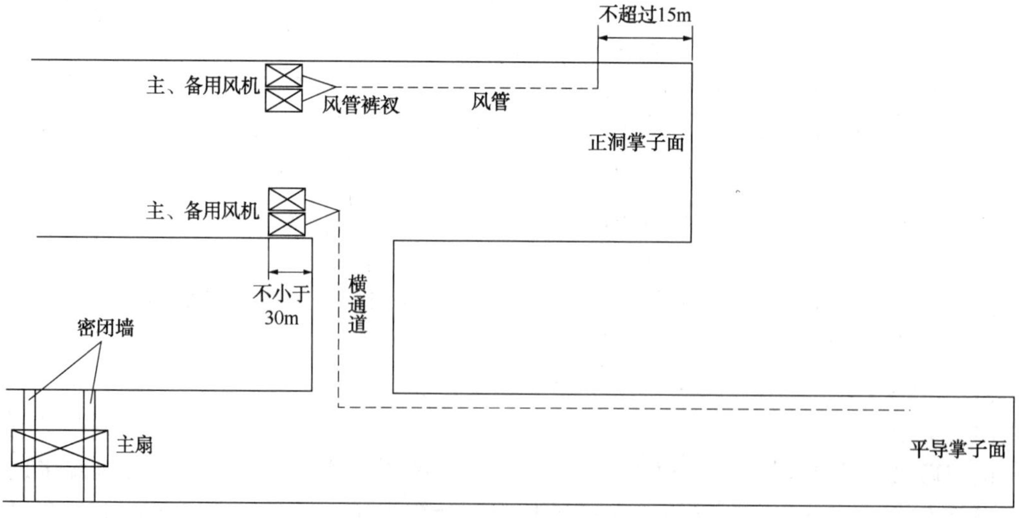

图 5.2　主扇抽出式通风系统布置

b. 射流抽出式

在正洞、横通道、平导内设射流风机以引导隧道风流，形成隧道主通风系统。掌子面供风与主扇抽出式相同，如图5.3所示。

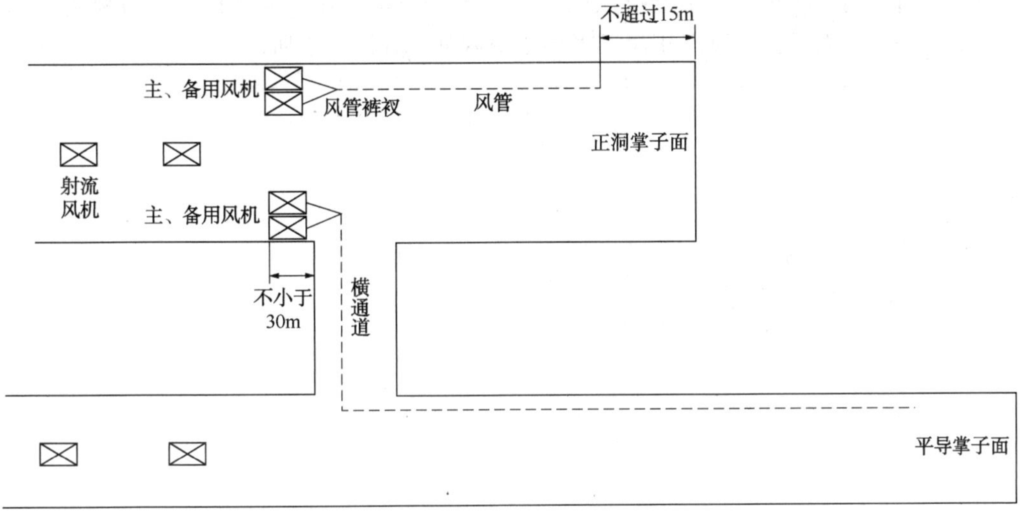

图5.3　射流抽出式通风系统布置

c. 隔断压入式

在平导(或正洞)某横通道处设置两道密闭墙，在密闭墙新鲜风流侧设压入式风机分别向正洞掌子面及平导掌子面送风。

隔断压入式通风方式的特点是充分利用平导、正洞、横通道，缩短压入式通风风管长度，提高掌子面通风效果，但平导口至密闭墙段运输系统中断，可设门供行人通过，如图5.4所示。

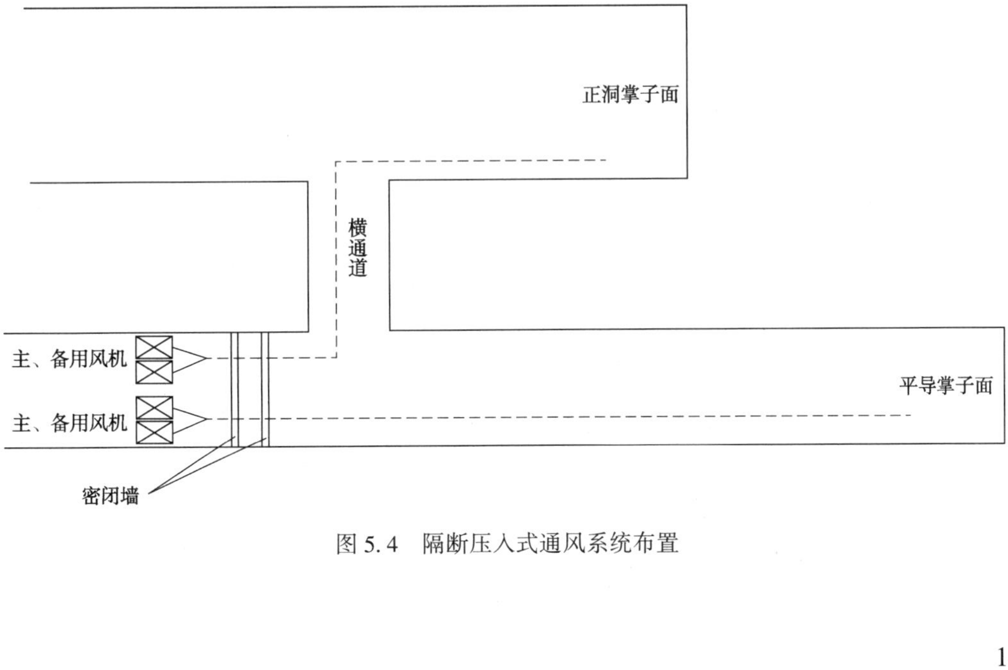

图5.4　隔断压入式通风系统布置

d. 竖井压入式

在隧道埋深条件及竖井施工条件具备的情况下，可在隧道适当位置施作竖井，竖井通过通风联络硐与横通道连接，在横通道两端施作密闭墙以隔断新、乏风流，密闭墙预留风筒孔和行人通过门，向正洞、平导供风的主、备风机均安设在横通道内，通过风管分别向正洞、平导掌子面供风，回风经正洞、平导排至洞外，如图 5.5 所示。

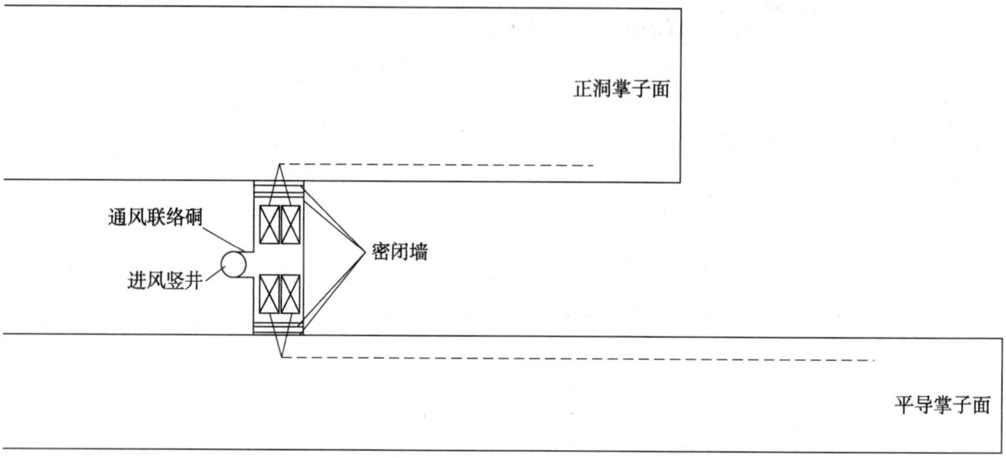

图 5.5　竖井压入式通风系统布置

e. 竖井抽出式

竖井及通风联络硐布置与竖井压入式相似，在竖井地面安装隔爆型抽出风机，形成以正洞(平导)进风，横通道、通风联络硐及竖井回风的通风主系统，压入式风机分别安装在正洞、平导内向掌子面供风，如图 5.6 所示。

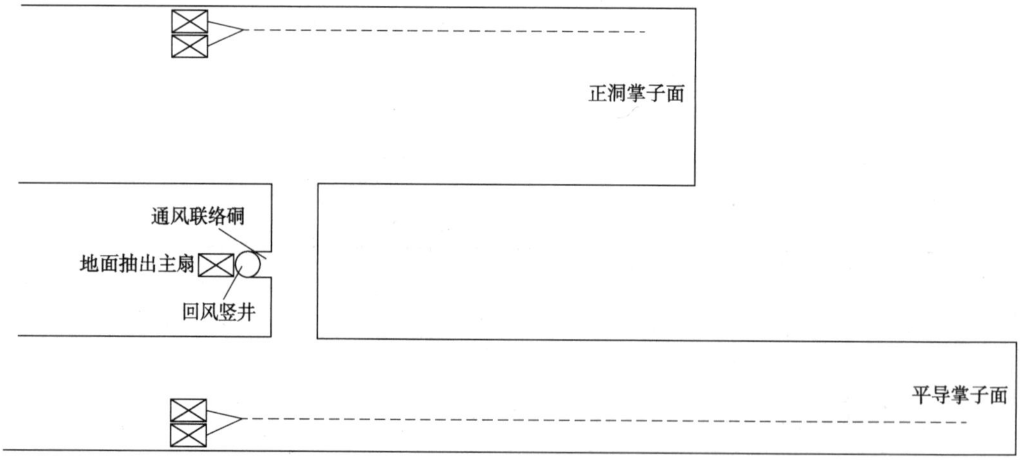

图 5.6　竖井抽出式通风系统布置

f. 隔仓式

在通风距离长，无进、回风通道，无条件施工竖井或难度大的情况下，可根据隧道断面布置专用通风隔仓，形成隔仓式通风系统。隔仓可根据断面尺寸，在满足运输的前提下布置在拱顶或侧帮。将压入式风机安装在进风仓的前端，配风管向掌子面供风，回风经隧道排至洞外。隔仓式通风方式的原理是利用风仓代替风管，增大通风断面，减少通风阻力。

主要要求：进风隔仓在洞口应向外延伸至少 30m，以保证不产生循环风；进风隔仓设置的高度应考虑隧道内最大尺寸运输机械的通行(作业台车、挂布台车及二衬台车在洞内组装、施工期间不出洞，位于进风仓端头前方，不予考虑)；进风隔仓底部横梁、隔离板材、固定方式、密封、风机的安装及进风隔仓端头等应进行专门设计以保证不漏风；方案应考虑风机、进风隔仓端头的设置位置以及后期是否需前移，如图 5.7 所示。

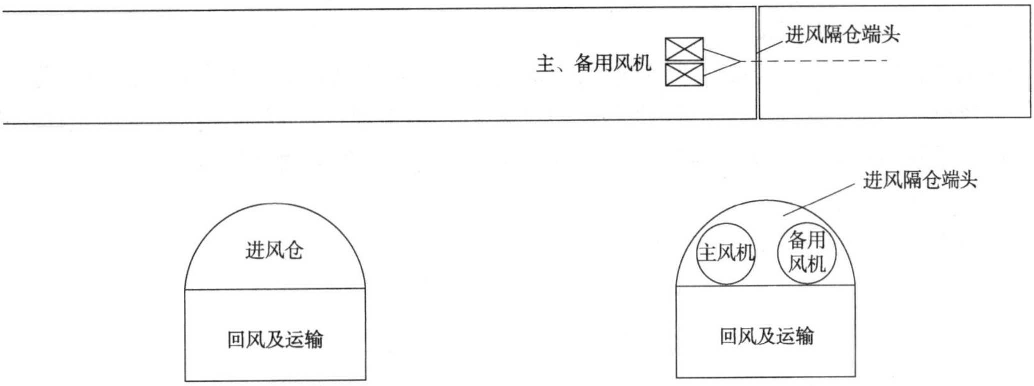

图 5.7　隔仓式通风系统布置

(2) 不同通风方式的运用对比

不同通风方式的优、缺点及适用条件，如表 5.1 所示。

表 5.1　通风方式的优缺点及适用条件

通风方式	优点	缺点	适用条件
压入式	系统简单、稳定，风机供电方便，用电节省，可采用普通型风机	风管较长，通风管理要求高	通风距离不宜超过 2km
主扇抽出式	通风阻力小，掌子面通风效果好	平导运输受限，通风电费高	有平导，通风距离长
射流抽出式	通风阻力小，掌子面通风效果较好	通风电费高	有平导，通风距离长
隔断压入式	通风阻力小，掌子面通风效果好，通风电费低	平导运输中断	有平导，通风距离长
竖井压入式	通风阻力小，掌子面通风效果好，通风电费低	需施工竖井及联络道	设竖井地点埋深浅，地面有施工竖井条件
竖井抽出式	通风阻力小，掌子面通风效果好	需施工竖井及联络道，通风电费较高	设竖井地点埋深浅，地面有施工竖井条件
隔仓式	通风阻力小，掌子面通风效果较好，通风电费低	隔仓施工难度大且成本高，隔仓密封难度大且管理困难	单洞长度大，无法采用其他通风方式或不经济

3）通风管理

（1）风机配置与安装

根据方案选定风机型号及数量配置隧道施工期间的风机；风机安装地点应符合相关规范及通风专项方案要求；风机支座应牢固，可靠；双风机均应接入专用供电系统，并配备风机专用启动柜；根据瓦检与监控方案要求安装风机开停传感器，对主、备风机运行状况实施连续实时监控，当风机停止运转时，瓦斯监控系统自动切断洞内所有非本质安全电气设备电源，实现“风电闭锁”。

在通风方案编制时，风机、风管选型关系到施工期间通风效果、成本等方面的问题。

通风机选择的三个原则：通风机产生的风量不能小于理论计算风量；通风机直径不能与选取通风管直径相差太大；风机全风压值应大于理论计算的总通风阻力。

① 风机选型

通风摩擦阻力计算如式(5.1)所示。

$$H_f = RQ^2 \tag{5.1}$$

式中 H_f——计算最大通风摩擦阻力；

R——计算最大风阻；

Q——计算最大风量。

最大风阻 R 的计算如式(5.2)所示。

$$R = \frac{\alpha LU}{S^3} \tag{5.2}$$

式中 α——摩擦阻力系数；

L——风筒长度；

U——风筒周长；

S——风筒横截面积。

工况点是风阻特性曲线与风机静压特性曲线的交点，工况点对应风机运行效率区域应不低于80%，以达到高效、节能的目的。

风机选型应根据计算风机需风量、最大通风阻力选择，并考虑通风最困难时风机的供风量应满足要求。

② 风机质量的评价

结构方面评价：叶轮、轮毂同心度高，叶片至筒壁间隙小，有利于提高效率、降低噪声。

通风风压、风量方面评价：依据风机性能曲线，陡峭的曲线性能更好，即通风阻力增大，对风量影响较小，有利于隧道长距离、大风阻通风。

效率方面评价：效率越高，越节电。

噪声方面评价：与风机叶片类型、叶轮、轮毂同心度、间隙等有关，是能量的消耗，不仅不利于节能，而且造成噪声污染。

可从风机性能曲线看出风机性能的优劣：曲线陡峭，说明通风阻力增大对通风量的影响较小，更适合隧道高阻力通风。

(2) 风管的配置、延接与管理

① 风管直径的选择

风管直径的选择要同时考虑风管内风速和隧道断面(包括二衬台车，作业台车等)的通过能力。其主要依据是送风量与通风距离，送风量大，通风距离长，风管直径就应增加。除此之外，还要考虑隧道断面大小及安装难度。除了考虑技术上是否可行外，还要考虑在经济上是否合理。风管直径小，成本低，但耗电量较大；风管直径大，成本高，但单机送风距离长，耗电量少。本着经济、合理的原则，配风管直径计算如式(5.3)所示。

$$D=2\sqrt{\frac{Q_{修}}{3.14\times V_{许}}} \tag{5.3}$$

式中 D——计算风管直径；

$Q_{修}$——修正后的洞内所需风量；

$V_{许}$——风管内风速上限。

a. 风管内风速

风管内风速过大，不仅导致过大的通风阻力，而且因风压高风管漏风量增大，影响有效风量。风管内风速一般不宜超过20m/s。

b. 风管直径

风管直径要考虑隧道车辆通行，一般风管通风时车辆与风管间距不得小于0.3m；在设计二衬台车，作业台车时，应考虑二衬台车风管穿过空间及作业台车后移(爆破时)时不影响风管正常通风。

② 风管数量配置

对高瓦斯工区、瓦斯突出工区的正洞施工的通风要求：建议采用双风管配置，当移动二衬台车、延接主风管不得不停止主风机运行时，启动备用风机与备用风管，以保证洞内连续通风。高瓦斯工区的平导施工，在条件具备的情况下，也可采用双风管配置。低瓦斯工区可采用单风管配置。

③ 主、备风机与风管的连接

单风管配置的作业面，为保证10min内完成主、备风机之间的切换，应采用三叉风管，实现风管与主、备风机之间的连接，当主风机运行时，备用风机不得有漏风现象，同样，当备用风机运行时，主风机不得有漏风现象。

④ 风管的吊挂、延接、修补与更换

风管的吊挂位置可根据隧道断面尺寸、风管直径及洞内运输设备的尺寸予以确定，必须保证洞内最大尺寸运输设备能安全通过，且预留不小于0.3m的安全间距。一般在通风方案编制时即考虑风管直径及吊挂位置。

风管吊挂每5~10m安装一个膨胀螺栓，将钢丝绳或双股8号铁丝固定在膨胀螺栓上，用紧线器张紧，以吊挂风管后不下垂为原则。风管吊挂在拉线下。

风管应及时延接，以保证风管出口到掌子面距离不超过相关规范及通风专项方案规定。

风管出现破损时，应根据坏损尺寸采用合适的方式进行修补。一般情况下，破损尺寸不超过0.2m时，可直接采用风管胶和风管布进行粘补；破损尺寸超过0.2m时，可先对破损口进行缝合，再采用风管胶和风管布进行粘补，以保证修补后不漏风且具有足够的强度。

风管破损严重，无法修补或修补不经济时，应予以更换。

⑤ 风管对通风效果的影响因素分析

除风机性能因素外，风管对通风效果的影响因素包括以下几个方面：风管直径，直接影响通风阻力，通风阻力与风管直径呈负 5 次方关系；风管内壁光滑度，影响通风摩擦阻力系数从而影响风阻特性曲线；风管接头漏风，接链及针眼漏风；风管漏风，因材质本身存在的孔隙导致漏风；风管变径，过弯道，局部通风阻力；风管破口，导致漏风，越靠近风机端风压越大，漏风越大；风管出口至掌子面距离，影响掌子面有效风量。

（3）测风工作

a. 测风地点

测风地点应根据通风系统图具体确定，一般包括风机吸风口测量、风管出口测量、掌子面风速测定和回风口测量。

风机吸入风量用于考核风管百米漏风率，在风机吸风口测量，在装载机协助下采用中、高速风表测定风机吸风口风速，测 3 次取平均值（若某次测量结果误差超出其他两次测量结果的 10%，应舍弃后重新测量），根据风机吸风口断面（直径）计算风机吸入风量。条件不具备时，也可在洞口以内 20～30m 处测量洞口回风风量代替风机吸入风量（仅针对压入式通风）。

风管出口风量用于考察掌子面有效风量并计算风管百米漏风率，在装载机或其他工具协助下采用中、高速风表测定风管出口风速，测 3 次取平均值（若某次测量结果误差超出其他两次测量结果的 10%，应舍弃后重新测量），根据风管断面（直径）计算风管出口风量，并根据风机吸入风量、风管长度计算风管百米漏风率。

由于风管出口至掌子面段处于风流紊乱区，断面各部位风速差异较大且不稳定，受风管位置、作业台车、作业机械、作业人员影响较大，测定掌子面风速一般在风管出口往回风方向 20～30m 无明显断面变化且无大型机械设备影响，风流稳定地段进行，目的在于考察掌子面风速是否符合相关规范及通风方案要求。

采用微速风表在距离回风口（或总回风口）10～30m 无明显断面变化且无大型机械设备影响地段测定风速，目的在于考察洞内回风（或总回风）风速是否符合相关规范及通风方案要求。

b. 测风频率

一般情况下，测风工作每旬进行一次，通风系统调整期间或瓦斯涌出异常时应加密测量。

c. 测风方法

测风方法包括全断面路线法、多点法、简易路线法和单点法。

全断面路线法：在低速风表底部安装延长杆，风表垂直隧道轴线沿隧道断面均匀行走，测出该次测量的平均风速，连续测量 3 次，取平均值（若某次测量结果误差超出其他两次测量结果的 10%，应舍弃后重新测量），得出该断面平均风速，可根据该处有效断面积（隧道断面减去风管及测风人面积）计算该断面风量。全断面路线法的优点是准确性高；缺点是风表底部需配备有延长杆、测风技术要求较高。全断面路线法对测定风机吸入风速及风管出口风速较适用，也常用于瓦斯等级评价时隧道风速测定。

多点法：根据测风处断面形状取多个有代表性的测点测量点位风速，一般为7~9点，计算平均风速，连续测3次取平均值(若某次测量结果误差超出其他两次测量结果的10%，应舍弃后重新测量)，得出该断面平均风速，可根据该处有效断面积(隧道断面减去风管及测风人面积)计算该断面风量。多点法的优点是准确性较高；缺点是风表底部需配备有延长杆，测风时间较长，一般用于瓦斯等级评价时隧道风速测定。

简易路线法：测风人手举低速风表(风表垂直隧道轴线)，从左帮到右帮，再从右帮至左帮，测出该次测量的平均风速，连续测量3次取平均值(若某次测量结果误差超出其他两次测量结果的10%，应舍弃后重新测量)，得出该断面平均风速，可根据该处有效断面积(隧道断面减去风管及测风人面积)计算该断面风量。简易路线法的优点是简便，快速；缺点是未考虑断面内上、下风速差异，测量结果有一定误差，一般用于隧道风速快速测定。

单点法：在隧道断面中央部位测点位风速，连续测量3次取平均值(若某次测量结果误差超出其他两次测量结果的10%，应舍弃后重新测量)，得出该断面平均风速，可根据该处有效断面积(隧道断面减去风管及测风人面积)计算该断面风量。单点法的优点是简便，快速；缺点是测量结果误差较大(一般是偏大)，一般不用于隧道内风速测定，可用于风机吸入风速及风管出口风速测定。

(4) 通风评价

① 通风系统评价内容

通风系统评价内容包括通风系统稳定、通风设备(设施)完好、无通风死角、无循环风等方面。

② 通风效果评价

a. 风速：考察洞内风流风速是否满足相关规范及通风方案要求，如达不到要求，应分析原因，并采取措施进行处理。

b. 风量：根据风速测定结果计算洞内实际风量，考察洞内风量是否满足通风方案要求，是否将洞内瓦斯稀释到安全浓度以下。

c. 风管百米漏风率：百米风管漏风率不宜超过1%；如不能达到要求，应分析原因，并采取措施进行处理，计算如式(5.4)所示。

$$A_{100}=\frac{100\times(Q_{吸}-Q_{出})}{L\times Q_{吸}} \tag{5.4}$$

式中 A_{100}——风管百米漏风率；

$Q_{吸}$——风机吸入风量；

$Q_{出}$——风管出口风量；

L——风管长度。

5.3.2 瓦斯检测

瓦斯检测一般采用人工瓦斯检测法。

(1) 人工瓦斯检测的内容

① 必检内容：甲烷、二氧化碳。

② 当发现有涌出时必检内容：硫化氢、一氧化碳。

③ 选测内容：氧气，温度等根据需要选测。

（2）人工瓦斯检测的地点及检测方法

① 掌子面风流瓦斯浓度：采取多点检测法，取最大值作为检测结果。由于隧道断面大，容易出现低风速、顶部瓦斯层状积聚现象，检测方法与煤矿传统方法有所区别，要求顶部检测时采用贴顶检测法以便检测到最大瓦斯浓度，防止掌子面动火作业时发生顶部瓦斯燃烧或爆炸。二衬台车及挂布台车部位通风断面变化大，存在明显的局部通风阻力。一般在二衬台车前端检测，采取多点检测法，取最大值作为检测结果。顶部检测时采用贴顶检测法。施工防水板地段要检测防水板里侧瓦斯浓度，防止防水板焊接时高温导致防水板内积聚的高浓度瓦斯燃烧或爆炸。

② 回风及总回风口：一般在距离回风口 20~30m 处检测，为隧道施工期间瓦斯涌出量的主要评定依据。采取多点检测法，取最大值作为检测结果。顶部检测时采用贴顶检测法。

③ 洞室：所有洞室均应设对应瓦斯检测点检查是否存在局部瓦斯积聚。一般在洞室最里侧顶部检测。

④ 联络通道：对有平导的双作业面，两个作业面采用独立压入式通风，中间存在横通道时，容易出现横通道风流不稳定或无风状态，除采取必要的通风措施外，还应开展人工瓦斯检测工作，防止出现局部瓦斯积聚。

⑤ 塌腔或超挖：通风死角多且为顶部，容易形成瓦斯积聚。若再次坍塌，原有塌腔内所含瓦斯、再次坍塌岩体瓦斯以及再次坍塌后坍腔岩壁渗出瓦斯集中涌出，造成隧道风流中瓦斯浓度短时间内严重超限。应对塌腔顶部进行加密人工检测；必要时采取局部通风措施（如小型防爆风机配小直径风管、高压风稀释）防止局部瓦斯积聚；有再次塌方风险期间，洞内严禁动火作业甚至切断洞内所有非本质安全电气设备电源。如需对塌腔进行封闭处置，必须先处置塌腔瓦斯。

⑥ 超前钻孔打钻期间：为掌握掌子面前方围岩性质、构造、裂隙、破碎带、岩溶发育等情况，前方含水及涌水情况，瓦斯涌出情况，实施超前钻孔。实施超前钻孔期间，瓦斯检测人员应现场值守检测，每钻进 2~3 节钻杆，检测一次孔口瓦斯浓度，并做好记录。施钻期间检测到有瓦斯涌出、喷出等异常现象时，应立即采取相应的安全措施，同时加大瓦斯检测频率。

⑦ 超前钻孔孔内瓦斯浓度：超前钻孔施工结束后，应检测孔口、孔内 1m、3m 处瓦斯浓度，采用延长杆、延长管进行检测，检测频率一般为 2~8h 一次。

⑧ 碴堆间隙：放炮后，应检测碴堆间隙瓦斯情况，如检测到有瓦斯涌出，表明开挖面底部可能有瓦斯涌出点，在出碴前应对碴体进行全面洒水湿润，防止装载机装碴产生火花引爆瓦斯。

⑨ 小导管内：掌子面超前小导管如需电焊与拱架连接，应检查小导管内瓦斯的情况，防止管内瓦斯燃烧、爆炸。

⑩ 裂隙瓦斯涌出点：掌子面出碴结束并排险后，应对掌子面新揭露的岩面进行贴壁扫描检测，发现有裂隙瓦斯涌出点时，在掌子面动火前应采取针对性安全技术措施，防止裂隙瓦斯涌出点发生局部燃烧、爆炸。

(3) 检测频率与记录

检测频率与记录如表 5.2 所示。

表 5.2 检测频率与记录

检测点位	检测频率	瓦检手册	瓦检牌板	瓦检台账
掌子面风流中、二衬台车风流中、回风流、总回风	1 次/2h	√	√	√
洞室及联络通道	1 次/2h	√	√	√
超前钻孔打钻期间	1 次/2~3 节钻杆，检测孔口	√	×	√
超前钻孔孔内、加深炮眼、炮眼瓦斯检测	1 次/2~8h	√	×	√
一炮三检	装药前、放炮前、放炮后及时检测	√	√	√
碴堆间隙	炮后检测	⊙	×	×
小导管内	需动火焊接前检测	⊙	×	×
裂隙瓦斯涌出点	出碴结束并排险后及时检测	⊙	×	×
计划停风、动火期间	值守检测	×	×	×

注：√表示采用；⊙表示选用；×表示不采用

(4) 人工瓦斯检测的人员及仪器配置

① 瓦检人员配置

瓦检人员配置可采用固定人数法或动态人数法。

固定人数法：每个作业面 3 名瓦检人员，采用三班作业制。

动态人数法：根据本工区所有检测地点之间的距离，在综合考虑瓦检员沿途行走时间和各检测点检测时间的基础上动态确定各阶段瓦检员配置。

② 人工瓦检仪器的配备

光干涉式甲烷测定器，俗称“光瓦”，有测定范围 0~10%和 0~100%两种。一般每个工区要保证瓦检员每人 1 台测定范围 0~10%光瓦的基础上至少还有 1 台备用，每个工区至少配备测定范围 0~100%光瓦 1 台。甲烷检测报警仪以满足管理人员、工班长、特种作业人员使用为原则，一般每个工区不少于 10 台；多参数或其他有毒有害气体检测报警仪根据现场需要配备。

5.3.3 瓦斯隧道爆破作业

1) 一般规定

(1) 瓦斯区段应严格控制超欠挖，避免塌方，减少开挖面坑凹形成瓦斯局部积聚。

(2) 隧道内同一瓦斯区段宜划分在同一工区，各工区间的贯通点不应处于揭煤段。

(3) 瓦斯工区爆破工作应由专职爆破工担任；瓦斯区段爆破作业必须执行“一炮三检”(装药前、放炮前、放炮后的瓦斯检查)和“三人连锁爆破”(爆破工、班组长、瓦斯检查员三人必须同时自始至终参加爆破工作的全过程，并执行换牌制)制度。

(4) 瓦斯区段必须使用煤矿许用炸药和煤矿许用电雷管。一次爆破必须使用同一厂家、同一品种的煤矿许用炸药和电雷管。

(5) 具有煤层自燃倾向，煤尘爆炸危险的瓦斯工区应采取相应的预防措施。

(6) 瓦斯区段应根据地质条件，断面大小，煤层及瓦斯的赋存情况合理选择开挖方法，高瓦斯及煤与瓦斯突出区段宜采用分部开挖。

(7) 瓦斯工区钻孔作业应符合的规定：开挖工作面附近 20m 风流中瓦斯浓度必须小于 1.0%；必须采用湿式钻孔；炮眼深度不宜小于 0.6m。

(8) 瓦斯区段炮眼封泥必须使用水炮泥。水炮泥外剩余的炮眼部分应用黏土炮泥或者不燃性、可塑性松散材料制成的炮泥封实，其长度不应小于 0.3m。严禁用煤粉、块状材料或者其他可燃性材料做炮眼封泥。无封泥、封泥不足或者不实的炮眼，严禁爆破。严禁裸露爆破。

(9) 炮眼深度和炮眼封泥长度应符合的要求：炮眼深度小于 0.6m 时，不得装药，爆破；在特殊条件下确需进行炮眼深度小于 0.6m 的浅孔爆破时，必须制定安全措施并封满炮泥；炮眼深度为 0.6~1m 时，封泥长度不得小于炮眼深度的 1/2；炮眼深度超过 1m 时，封泥长度不得小于 0.5m；炮眼深度超过 2.5m 时，封泥长度不得小于 lm；深孔爆破时，封泥长度不得小于孔深的 1/3；光面爆破时，周边光面爆炮眼应用炮泥封实，且封泥长度不得小于 0.3m；工作面有两个及以上自由面时，在煤层中最小抵抗线不得小于 0.5m，在岩层中最小抵抗线不得小于 0.3m；浅孔装药爆破大块岩石时，最小抵抗线和封泥长度都不得小于 0.3m。

(10) 瓦斯区段爆破严禁使用导爆管或普通导爆索、火雷管，应使用煤矿许用瞬发电雷管、煤矿许用毫秒延期电雷管或者煤矿许用数码电雷管，并应符合下列规定：使用煤矿许用毫秒延期电雷管时，最后一段的延期时间不得超过 130ms；使用煤矿许用数码电雷管时，一次起爆总时间差不得超过 130ms，并应与专用起爆器配套使用。

(11) 瓦斯区段煤矿许用炸药的选用应遵守下列规定：煤与瓦斯突出区段应使用安全等级不低于三级的煤矿许用含水炸药；高瓦斯区段应使用安全等级不低于三级的煤矿许用炸药；微、低瓦斯区段的岩层掘进应使用安全等级不低于一级的煤矿许用炸药；煤层、半煤层掘进应使用安全等级不低于二级的煤矿许用炸药；非煤地层的微、低瓦斯区段应使用安全等级不低于一级的煤矿许用炸药。

(12) 瓦斯工区装药和爆破作业应符合下列规定：爆破地点附近 20m 内，风流中瓦斯浓度小于 1.0%；爆破地点 20m 内，各类施工机具设备、碎石、煤渣或者其他物体堵塞隧道断面不得大于 1/3；开挖工作面应保证通风风量足、风向稳定，局扇无循环风；炮眼内无异状、无温度骤高骤低、无显著瓦斯涌出，无煤岩松散、无透老空区等情况；装药前，炮眼内煤粉、岩粉应清除干净；瓦斯区段严禁反向装药起爆。

(13) 爆破网路及连线必须符合下列要求：爆破母线应符合标准；爆破母线和连接线、电雷管脚线和连接线、脚线和脚线之间的接头相互扭紧并悬空，不得与轨道、金属管、金属网、钢丝绳等导电体接触；巷道掘进时，爆破母线应随用随挂，不得使用固定爆破母线，母线的长度应大于规定的爆破安全距离；爆破母线与电缆、电线宜分别挂在巷道的两侧，如果必须挂在同一侧，爆破母线必须挂在电缆的下方，并保持 0.3m 以上的距离；必须采用绝缘母线单回路爆破，严禁用轨道、金属管、金属网、水或者大地等当作回路；爆破前，爆破母线应扭结成短路。

(14) 电力起爆必须使用防爆型发爆器作为起爆电源，一个开挖工作面不得使用两台发爆器同时进行爆破。

(15) 微、低、高瓦斯工区爆破后通风 1min，应先巡视爆破地点，检查通风、瓦斯、煤尘、支护、瞎炮、残炮等情况。如有危险情况必须立即处理。在瓦斯浓度小于 1%，二氧化碳浓度小于 1.5%，解除警戒后，工作人员方可进入开挖工作面工作。

(16) 处理瞎炮、残炮时，必须符合下列规定：由于连线不良造成的瞎炮，可重新连线起爆；在距瞎炮眼 0.3m 以外另打与瞎炮眼平行的新炮眼，重新装药起爆；严禁用镐刨或者从炮眼中取出原放置的起爆药卷，或者从起爆药卷中拉出电雷管；不论有无残余炸药，严禁将炮眼残底继续加深；严禁使用打孔法往外掏药；严禁使用压风吹瞎炮、残炮炮眼；处理瞎炮的炮眼爆炸后，爆破工必须详细检查炸落的煤和岩体，收集未爆的电雷管；在瞎炮处理完毕前，严禁在该地点进行与处理瞎炮无关的工作。

(17) 爆破材料的运输应严格执行《民用爆炸物品安全管理条例(2014 修订)》(中华人民共和国国务院令第 653 号)等有关规定。

(18) 瓦斯工区爆破作业应采用远距离放炮，工区内必须停电、撤人。

(19) 在半煤半岩中掘进应在岩石炮眼中装药；煤层需爆破时，必须采用松动爆破。

2) 洞内爆破作业关键风险控制

(1) 风险类型

① 瞎炮、残爆、爆燃

瞎炮产生的原因主要有爆破材料不合格或使用不当，起爆电源不足或爆破网路连线不当等。一旦发现瞎炮，应严格按规程规定处理，但严禁炮眼深度小于 0.6m 时放炮，严禁放糊炮，因为此时很容易由爆破产生的冲击波及爆生气体引起瓦斯燃烧爆炸。

残爆和爆燃的主要原因是违反规定采用了“盖药”或“垫药”的装药结构，或装药前岩粉未清理干净，或装药用力过猛，药卷被压实等。由于炸药爆轰反应不完全，从而产生灼热固体颗粒和产生大量有毒气体，它们不但可引燃瓦斯，而且对瓦斯爆炸起催化作用，存在严重的安全隐患。

② 爆破危害

隧道开挖施工中，习惯用大药量，炮眼堵塞长度短，且存在常规乳化岩石炸药的爆能与爆速、地质关系和爆能利用率的影响，常规爆破掏槽眼装药系数在 0.9 以上，炸药单耗达 1.8~2.0kg/m。但在瓦斯隧道施工中，由于存在雷管段别限制及瓦斯爆炸危险隐患，装药系数及炸药单耗应严格控制。如装药量过大，粉碎区域和破裂区域的关系不一致，短段数导致爆能叠加，爆破震动效应产生裂缝使瓦斯涌出量大，同时产生的空气冲击波强度大，是引起瓦斯爆炸的隐患；如装药系数超过规定或炮眼堵塞长度和质量不符合要求，同样会加大空气冲击波的强度，严重的还会使爆生气体及灼热固体颗粒逸出炮孔，直接引起瓦斯燃烧爆炸。

因此，瓦斯隧道爆破施工，应防止爆破震动及冲击波等危害，以消除瓦斯爆炸事故隐患。

③ 杂散电流

隧道掘进中，电气设备、照明、动力线路及机车等会产生杂散电流，在运送电雷管、装配引药、连线及放炮前都存在着杂散电流引起电雷管早爆的危险。因此，应采取措施减小杂散电流值，同时加强杂散电流检测工作，当杂散电流超过 30mA 时，应停止以上工作并进行处理。另外，隧道掘进中，6kV 高压线直接进洞，在电雷管运输，使用过程中，为防止感应电流引起早爆应避开高压线网，安全距离不小于 20m；为防止静电危害，工作人员一律禁止穿化纤衣服；在雷雨季节应安装雷电报警仪等。

防止因杂电、静电、感应电流及雷电引起电雷管早爆事故，在瓦斯隧道施工中尤为重要。一旦发生早爆事故，不但造成人员伤亡，而且存在直接引燃瓦斯，引起瓦斯爆炸事故，危害较大，须引起足够重视。

(2) 风险控制技术措施

① 技术保障措施

a. 高瓦斯工区爆破安全管理制度

成立高瓦斯工区施工爆破管理组，分部经理为第一管理人，设置专人负责爆破作业管理。爆破作业采用湿式钻孔和水压爆破技术。瓦斯段的爆破作业必须采用煤矿许用炸药，有瓦斯突出地段，必须使用安全等级不低于三级的煤矿许用含水炸药，必须使用煤矿许用瞬发电雷管或煤矿许用毫秒延期电雷管。

b. 爆破物品安装规定

装药前，炮眼内煤、岩粉应清除干净。再用木质或竹质炮棍将药卷轻轻推入，不得冲撞或捣实。炮眼内的各药卷必须彼此密接；电雷管必须由药卷的顶部装入，不得用电雷管代替竹、木棍扎眼；电雷管必须全部插入药卷内，严禁将电雷管斜插在药卷的中部或捆在药卷上；在岩层内爆破，炮眼深度为 0.9m 以下时，装药长度不大于炮眼深度的 1/2；炮眼深度为 0.9m 以上时，孔口炮泥长度不得少于 30cm。在煤层内爆破，装药长度不得大于炮眼深度的 1/2。所有炮眼的剩余部分均应用炮泥堵塞；炮泥应用水炮泥。水炮泥外剩余的炮眼部分，应用黏土填满封实，严禁用煤粉、块状材料或其他可燃材料作炮泥；采用毫秒爆破、正向起爆，一次起爆。爆破必须使用电力起爆，原则上在洞外起爆。

c. 高瓦斯工区洞内爆破应符合的要求

爆破地点 20m 范围内，洞内回风流中瓦斯浓度必须小于 0.5%；爆破地点 20m 范围内，施工车辆、材料以及煤渣等物体阻塞开挖断面面积不得大于 1/3；爆破点通风应风量足，风向稳，局扇无循环风。

爆破员必须经过专业培训，取得爆破合格证，持证上岗。

每次爆破作业前，爆破工必须做电爆网路全电阻检查。必须定期校验起爆器的各项性能参数，并进行防爆性能检查，不符合规定的严禁使用。

爆破后，待工作面的炮烟吹散(通风时间不少于 15min)，爆破工、瓦检员、安全员、班组长必须先巡视爆破地点，检查通风、瓦斯、煤尘、拒爆、残爆等情况。如有危险情况，必须立即处理。在瓦斯浓度小于 0.5%，CO_2浓度小于 1.5%，并解除警戒后，作业人员方可进入开挖工作面作业。

爆破后，在爆破地点附近 20m 的范围内，必须洒水降尘。

② 爆破施工安全技术措施

根据地质条件、开挖断面、方法、掘进循环进尺、钻眼机具和爆破材料等进行钻爆设计。采用爆破干扰降震法进行控爆。装药方法严格遵照爆破设计要求进行装药和堵塞炮孔。起爆前应再次检查起爆网路连接情况，以免出现瞎炮。在爆破的同时，做到同步监测并记录。爆破 15min 后按规定检查和处理盲炮。

洞内爆破作业必须统一指挥，并由经过专业培训且持有爆破作业合格证的专职爆破工担任。进行爆破时，将所有人员撤到不受有害气体、震动和飞石损伤的地区，其安全距离为独头坑道不小于 200m，爆破时必须提前 1h 通报，以便其他作业人员撤离险区。

③ 防爆安全技术措施

禁止摩擦、撞击、抛掷爆破器材。遇雷雨或暴风雨时禁止装卸爆破器材。爆破器材的装卸工作尽量在白天进行。禁止使用汽车的拖斗、自卸汽车、翻斗车、摩托车、自行车、独轮手推车运载爆破器材，爆破器材专用运输车辆要有明显的危险标志。一人一次运送的爆破器材不准超过：起爆器材 10kg，拆箱(袋)搬运炸药 20kg，背运原包装炸药一箱(袋)。每次作业领取爆破材料时，必须按用量填单由相关责任人签认后，方可领取；出库材料如未用完应及时交回库房；遵守外部校核，定期检验机制。

第 6 章　岩溶区隧道施工技术

6.1　地质特点

我国岩溶地区分布广泛，可溶岩层分布面积约占国土总面积的 1/3，其中以云、贵、桂、川、鄂、湘等部分地区岩溶最为发育。随着我国西部大开发建设的蓬勃发展，岩溶地区交通隧道、水电站、跨流域调水以及深部矿产等地下工程建设的迅猛发展，所遇到的工程地质条件日趋复杂，面临的问题也越来越具有挑战性，高压岩溶突水、涌泥、岩爆、塌方等地质灾害时有发生。

1）地形地貌

地下水沿岩层裂隙、落水洞向下流动，同时进行岩溶作用，扩大空间，形成大小不一、形态多样的管道和洞穴。起初管道和洞穴多数是孤立的，随着岩溶作用的不断进行，它们逐渐沟通，小溶洞合并为大溶洞，形成一个统一的地下水面。如果地壳上升，则河流下切，地下水位下降，使洞穴脱离地下水面成为干溶洞。洞内堆积有化学沉积和其他堆积物。例如，地下水从干溶洞顶的裂隙渗出，遇到温度升高、压力降低、水分蒸发时，水中 $CaCO_3$ (碳酸钙)沉淀形成自洞顶向下增长的钟乳石；水滴从钟乳石上滴到洞底，$CaCO_3$ 沉淀形成自下而上增长的石笋；钟乳石和石笋相接则形成石柱等。此外，还有地下河和地下湖的沉积，生物堆积，崩塌堆积等。由于这些堆积物的填充或洞顶的崩塌，溶洞的面貌和性质也会发生改变。

岩溶发育的地区，在岩溶水的水平流动带内，多发育有与侵蚀基面(大河河面)相适应的水平溶洞。这类溶洞可与阶地或现在的河面相对比。在垂直流动带和深部流动带内，发育着大致垂直形的溶洞或管道，洞穴水平方向长度不大，深度则可达数百米甚至千米以上。

2）地质结构面及产状

经验表明，岩体中各种原生地质结构面(断层、裂隙、节理、层面)是地下水的主要运移通道，次生溶蚀管道主要沿这些结构面发生，其中，沿张扭性断层和巨裂隙、层面裂隙、岸边卸荷裂隙往往发育巨大洞穴系统。

加拿大岩溶和洞穴学家福特统计自己长期的洞穴调查成果后，认为 70%～80%以上的洞穴通道沿层面裂隙发育。我国南方洞穴调查、岩溶工程勘察和资源开发勘察相关资料显示，构造断裂结构面对洞穴管道和强烈岩溶发育带方位的贡献率超过层面。

因受岩体各向异性的影响，水平产出的岩层入渗条件差，岩溶发育受到抑制。直立产出的岩层，因地表汇水面积小，岩溶分异反馈环中水交替较弱，岩溶发育较弱。最利于岩溶发育的岩层产状是倾角 20°～60°的单斜(向斜或背斜的翼部)，一组全层厚 50～100m 的中厚层灰岩，倾角 30°时，地表出露宽度 100～200m；若两侧的中等或弱含水层构成山坡，即可形成500~1000m宽的岩溶洼地汇集大量地表水，岩溶分异反馈环中水交替加强，岩溶发育较强。

3）水文地质

岩溶作用主要取决于水的溶蚀能力和岩石的化学性质及透水性。因此，水流的活动与岩溶作用有密切的关系。流动的水饱和度低，溶蚀能力强。在湿热气候区，雨量丰富，地表水和地下水流量大，流动快，故岩溶作用强烈。

相反，在干旱和寒冷地区，水流的活动性差，岩溶作用减弱。在受大河深切的岩溶地区，地下水的运动范围大致可分为四个带。

（1）垂直流动带（包气带）：位于地下水面以上，平时地下水较缺乏，地下水以垂直向下运动为主，岩溶以向下发育为特征。在深切河谷区，垂直流动带的厚度较大，形成的落水洞等也较深。

（2）水平流动带（浅饱水带）：位于地下水面以下，地下水常年存在，主要以水平方向向河床排泄，越靠近主河谷，水平运动越明显。水平流动带常发育水平溶洞，通道和暗河。

（3）过渡带（季节变动带）：由于地下水面随季节而升降，因此在垂直流动带和水平流动带之间，形成一个过渡带。地下水位上升时，过渡带表现为水平流功；地下水位降低时，则为垂直流动。过渡带的厚度变化不一，在年降水量分配不均匀的地区，过渡带较厚。

（4）深部流动带（深饱水带）：位于水平流动带之下，地下水在水文网的直接影响范围以外运动，其流向受地质构造的控制，以承压水形式流向远方排泄区。深部流动带地下水的补给范围比其上的各带大得多，不同来源的地下水，其中化合的CO_2（二氧化碳）平衡值各不相同，混合后可引起碳酸的不饱和，因此具有一定溶蚀能力，从而形成深部岩溶。

地下水的垂直分带可以因地貌和构造不同而异。在长期稳定的、有河流深切的高原地区，垂直分带比较明显；在新构造强烈上升地区，石灰岩岩层中没有形成统一的地下水位，垂直分带就不显著，并且原有的水平流动带或深部流动带可以转化为垂直流动带。

4）地层岩性

在我国岩溶工作实践中发现，不同可溶岩组的成岩矿物和微量矿物的成分、组织结构对含水层的可溶性、透水性、自源侵蚀性和水运动四项基本条件都产生重要影响。岩性通过“四项基本条件”组合决定岩溶介质分异的作用机理和展现强度，并产生面貌迥异的含水介质及其地貌、水文和沉积形态组合。

我国北方已确定中奥陶系马家沟灰岩和震旦亚界雾迷山白云岩两个强岩溶含水层，在南方5000m的碳酸盐岩的剖面中有寒武系石龙洞灰岩、三游洞灰岩、奥陶系南津关灰岩、泥盆系融县灰岩、石炭系黄龙马平灰岩、二叠系茅口灰岩、三叠系嘉陵江灰岩等强岩溶含水层。

岩层剖面中还划分出中等、微弱岩溶含水层和非可溶岩相对隔水层。如二叠系栖霞灰岩、长兴灰岩和三叠系大冶灰岩，在多数地区属中等岩溶含水层，个别地区有时也成为强岩溶含水层；多数白云岩属于中等或微弱岩溶含水层；含泥质灰岩的岩组多数属于微弱岩溶含水层。

实践证明，在碳酸盐岩剖面中非可溶岩组均属于可靠的隔水层。

强岩溶含水层(岩组)都是质纯、厚层灰岩或古老的硅质胶结的白云岩。厚层、质纯灰岩是可溶岩山体中的刚性结构，具有稀疏但宽大的原生裂隙，透水性最强，成为山体中地下水运动的主要通道，汇集整个流域的地下水。由于岩溶分异受正向反馈环控制，在这些可溶性高的刚性结构中易形成巨大洞穴系统。

泥质灰岩含水层中的泥质导致薄层结构和微细裂隙的发生，成为山体中地下水渗流的主要通道，因此岩溶发育比较分散。一般形成溶蚀裂隙网络而不形成大型洞穴系统。泥质灰岩层通常呈泥灰岩和质纯(中厚层)灰岩间层产出。据研究，质纯(中厚层)灰岩的岩组厚度10~20m时是岩溶分异正向反馈环机制启动的阈值。

炭质和沥青质灰岩含有较多黄铁矿、H_2S(硫化氢)和烃类等还原物质。据统计，煤系地层的全硫含量通常高达3%~5%，氧化后产生双倍侵蚀性，可溶解接近岩组体积20%的方解石。硫酸与方解石反应速度很快，方解石溶蚀大半发生在侵蚀源附近，岩溶分异正向反馈环机制启动阈值降低到1m左右。

白云岩一般也是岩体中的刚性结构，但发育镶嵌结构且属碳酸钙、碳酸镁二元矿物，扩散溶蚀在岩溶发育中起十分重要的作用，导致白云岩粉的产生和岩体结构整体岩溶化。白云岩粉及次生方解石的产生严重堵塞通道，含水介质分异机制受到遏制，致使白云岩含水层透水性中等偏弱，在岩溶水文地质结构中一般作为相对隔水层。但白云岩孔隙率高，是重要的储水层。

5）隔水顶底板

一是在隔水顶底板处存在来自相对隔水层的外源补给水，借助不同化学类型水的混合产生新的侵蚀性；二是沿隔水底板容易在包气带和季节变动带形成由外源水不断补给的稳定含水层，在接近隔水底板部位易产生岩溶洞穴系统。在该含水层中地下水沿底板继续流动，使洞穴系统往往延伸到水面以下300~500m或更深。实践表明，隔水顶底板和横张断裂带是可溶岩地块中洞穴发育概率最高的部位。

6）沉积期古剥蚀面

沉积期古剥蚀面指可溶岩地层剖面中的沉积间断面，间断期沉积物抬到海水面以上，遭受风化，产生古岩溶。从岩溶学角度古剥蚀面包括间断面本身，间断面以上的陆相沉积和间断面以下的古溶蚀带。在我国，按陆相沉积性质不同有三种类型的古剥蚀面：铁铝剥蚀面、磷酸盐剥蚀面和煤系地层剥蚀面。沿不同类型的古剥蚀面，岩溶发育差别极大。如北方马家沟灰岩顶部的古剥蚀面曾暴露在地表1亿多年，形成了30~50m厚的铁铝古风化壳。沁水盆地油气勘探和渤海湾油气开发实践表明：在深部马家沟灰岩古剥蚀面的铁铝风化壳已在还原环境中变质成为富含黄铁矿的泥质页岩，古溶蚀带被泥质页岩紧密胶结，已完全失去透水性。古剥蚀面返回地表附近时，黄铁矿氧化产生的硫酸的侵蚀性导致强烈的次生岩溶化带出现。在华北各大煤田奥陶系马家沟灰岩顶部(古剥蚀面以下)都发现了强岩溶发育带，应该是在新的环境下，被胶结的古岩溶带二次溶蚀的结果。

在南方二叠系茅口灰岩顶部普遍发育煤系地层剥蚀面，该剥蚀面以下大部分地区都发现了溶洞发育带。研究表明，古溶蚀带次生充填在深部相对微弱，当返回地表附近时常有黄铁矿氧化引发次生溶蚀的迹象。

6.2 施工难点

6.2.1 岩溶发育分布和充填规律

岩溶，指由岩溶作用所产生的现象的总称，包括地面峰丛和石林、溶蚀洼地、溶沟、溶槽、竖井、漏斗及其间充填物(空气、水、黏土、黏土夹块体等)和地下溶洞、溶缝、溶孔、溶隙及其间充填物(空气、水、黏土、黏土夹块石、粉细砂等)及地下暗河等。

岩溶作用，指地表水和地下水对可溶性岩石(碳酸盐岩、石膏、岩盐等)进行的以化学溶蚀作用为主，流水冲蚀、潜蚀和淘蚀等机械作用为辅的地质作用。

1) *岩溶发育分布规律*

可溶岩、地下水动力条件与构造条件是岩溶发育的三个充分必要条件。可溶性岩石是岩溶发育的前提条件。岩石的可溶性越强，就越有利于岩溶发育。在常见的碳酸盐类岩石中，纯石灰岩比白云质灰岩及白云岩易受溶蚀；白云岩比硅质灰岩易受溶蚀。在各种碳酸盐类岩石分布地区，岩溶主要在厚层纯灰岩中发育。

在碳酸盐类岩石中，不溶于酸的物质(黏土、二氧化硅、沥青等)含量越多，岩石的可溶性就越低，岩溶就不易发育。由于这些非可溶物质的存在，阻碍了水同岩石中可溶成分的接触，尤其是这些非可溶物质呈分散状态或以胶结构形式存在时，更是如此。

(1) 岩溶发育分布一般规律

① 质纯厚层石灰岩岩溶最发育，多以溶隙和中小型溶洞为主，并有一定数量的大型溶洞。

② 白云质灰岩及白云岩岩溶次之。

③ 大理岩岩溶发育较弱。

④ 泥质灰岩、泥灰岩及泥质、白云质角砾岩岩溶发育很弱。

⑤ 蚀变灰岩、矽卡岩岩溶发育甚微。

(2) 地下水的运动对岩溶发育的影响

地下水的运动对岩溶发育的影响，主要有以下几点内容。

① 泥灰岩中一般很少发现有强烈的岩溶现象。

② 存在有非可溶性岩石夹层时，岩溶发育较弱且分布不均。

③ 岩溶多沿着可溶岩层与非可溶岩层接触带一侧的可溶岩中发育分布。

④ 当产状倾斜的可溶岩层与上覆和下伏的非可溶岩层接触时，常在其上覆接触带形成一系列溶井、落水洞等垂直形态的岩溶，在下伏接触带常形成系列岩溶接触泉。

(3) 地质构造的分布对岩溶发育的影响

地质构造的分布对岩溶发育的影响主要是通过岩体破裂和变形形成的结构面表现出来的，构造裂隙的延伸方向常常控制着地下岩溶的发展方向。可溶性岩石中的构造裂隙，为地下水的运动提供了空间，地下水不断沿着岩石裂隙运移，对可溶岩进行化学溶蚀，形成空洞。具体内容有以下几点。

① 沿可溶岩中的断层破碎带发育。断层与裂隙是岩体在构造应力作用下形成的破裂构

造形迹，可溶岩层中的断层破碎带，特别是张性断层破碎带，利于地下水的运移，地下岩溶特别发育，常发育有地下暗河等大型岩溶，在断层交叉的部位常形成大型溶洞、地下河天窗及地下湖泊等。

② 在褶皱轴部可溶岩中发育。在褶曲构造的轴部，纵张裂隙(断层)较多，有利于地下水活动，地下水易沿着张裂隙溶蚀扩展，形成溶蚀裂隙和溶洞，进一步发展成为大型岩溶或暗河。

③ 沿可溶岩层面构造裂隙发育。在原状水平岩层褶皱过程中，岩层往往发生层间错动或滑动，在层间可产生层面张裂隙或层面扭裂隙，为地下水活动提供运移通道，易发育顺层岩溶。

④ 垂直节理发育。在岩石中沿垂直方向裂开的节理、裂隙或裂缝。

2）充填规律

岩溶的充填，与其在岩溶地下水动力剖面中的位置相关。

（1）岩溶洼地多覆盖第四系松散土石堆积物。

（2）岩溶沟槽或直接裸露，或充填黏土，上覆第四系松散土石。

（3）岩溶竖井、漏斗或无充填，或充填黏土。

（4）混流带岩溶多无充填。

（5）水平循环带和深部循环带岩溶底部充填黏土或粉细砂或黏土夹破碎岩石块体，上部充填地下水。

（6）深部循环带岩溶底部充填黏土或粉细砂或黏土夹破碎岩石块体，上部充填地下水。

6.2.2 施工难点

溶洞的存在，常常造成隧顶塌方、地表下沉开裂、周围围岩应力增大，边墙因土、水压力的改变影响隧道围岩的稳定性。岩溶水具有腐蚀性，长期腐蚀隧道结构，降低了隧道结构的耐久性。

1）工程地质条件复杂，施工安全风险高

岩溶隧道地区地形起伏大，地层繁多，岩性复杂，断裂构造发育。可溶岩广泛分布，岩溶及岩溶水问题构成控制线路方案的主要工程地质问题；浅埋偏压、崩塌、掉帮、断层、节理发育、突泥、膨胀土、岩溶管道、地下暗河、软质岩及破碎夹层等主要工程地质问题十分突出。

2）各类型岩溶位置复杂多变

溶洞分布于隧底时，使隧道底部悬空，常伴有松散填充物或暗河，隧底处理困难；溶洞分布于隧道顶部时，在浅埋段施工中易造成坍塌、地表下沉；高压富水岩溶易造成隧道突水突泥。

3）形式多样，探测难度大

岩溶可分为溶洞、暗河、充填式等多种形式。单一预报方法的准确度并不十分可靠，同时不同方法对不同的地质缺陷预报效果也不尽相同。综合超前地质预报虽然有多种形式，但大多强调几种方法的综合运用，缺乏对不同地质对象的适用性。

4）涌水量大，施工排水风险大

隧道内涌水随季节性变化，隧道出现线状裂隙水、喷射状涌水、超前孔喷水，涌水量大，涌水风险高，止水困难。反坡隧道施工、大型充填溶洞、断层岩溶角砾岩等区段隧道施工涌水安全风险大。岩溶地下水难以封堵，区域地面居民生活及生产的地下水资源施工流失风险大。

6.3 施工技术

6.3.1 岩溶隧道探测技术

根据预报距离，隧道不良地质体超前地质预报分为长期和短期两种预报形式。长期超前地质预报的预报距离为掌子面前方100~200m以上，国内外主要采用隧道地震勘探(TSP，Tunnel Seismic Prediction)法来进行隧道不良地质体的长期超前地质预报。短期超前地质预报是在长期超前地质预报的基础上进行的，预报距离为掌子面前方15~30m。国内外主要采用地质雷达、瞬变电磁、水平钻探、红外探水和掌子面编录预测法(地质素描法)等进行短期超前地质预报。

岩溶隧道主要采用超前导洞(坑)法、超前水平钻孔法、隧道地震探测(TSP)法、地质雷达探测方法，并对岩溶隧洞地面地质进行复查，以便更准确地确定岩溶的位置、形式。

1）超前导洞(坑)法

超前导洞(坑)法包括超前平行导洞(坑)法和超前正洞导洞(坑)法。

超前平行导洞(坑)法是在与隧道正洞轴线相距一定距离的位置，平行于隧道正洞开挖一导洞(坑)，以探明隧道正洞的地质条件并兼做他用。利用该方法预测正洞地质条件非常直观，准确率也比较高，是我国隧道工程中常用的一种预报方法。

超前正洞导洞(坑)法则是先沿隧道正洞轴线开挖小导洞(坑)，探明前方的地质情况，再将导洞(坑)扩为隧道断面。在国外的一些特殊地段，为了探明地质情况往往不惜花费高昂代价，甚至利用正洞导洞(坑)来进行超前地质预报，但在国内采用正洞导坑法的并不多见。

2）超前水平钻孔法

超前水平钻孔法与超前导洞(坑)法的原理基本相同，用钻探设备向掌子面前方钻探，从而直接揭露隧道掌子面前方地层岩性、构造、地下水、岩溶、软弱夹层等地质体及其性质、岩石(体)的可钻性、岩体完整性等资料，还可通过岩芯试验获得岩石强度等指标，是最直接有效的超前地质预报方法之一。目前国内超前水平钻孔法已在隧道工程中得到普遍应用。英吉利海峡隧道、日本青函海底隧道也采用了超前水平钻孔进行施工期超前地质预报。超前钻探的布孔数量，视不良地质的性质和可能发生施工地质灾害的严重程度来决定，对于溶洞、暗河或岩溶淤泥带等可能突水区段，则以布置5孔为宜。布孔位置主要依据长期、短期超前地质预报的结论来确定。

3）隧道地震探测(TSP)法

隧道地震探测(TSP)法可以预报涌水量大于5~10m^3/h的溶洞、暗河、岩溶淤泥带、断层水等富水地质体和老窑、老峪等采空区的位置和规模；可以预报发生塌方、突泥、突水等施工地质灾害的危险性。

TSP是一种用于隧道开挖面前方地质情况超前预报的地下反射地震波技术，利用地震波的反射原理进行地质探测。地震波由若干个(一般不大于24个)特定爆破点上的小规模人工爆破激发产生，并由电子传感器接收。当地震入射波遇到地层界面、节理面，特别是断层破碎带、溶洞、暗河、岩溶陷落带、淤泥等不良地质界面时，将产生反射波；反射波被接收器接收，由数字记录仪放大、输出并记录。反射波的传播速度、延迟时间、波形、强度和方向等均与相关界面的性质和产状相关，表现在数据上，用来对掌子面前方的不良地质体进行预报。TSP测量原理及测量布置示意如图6.1所示。

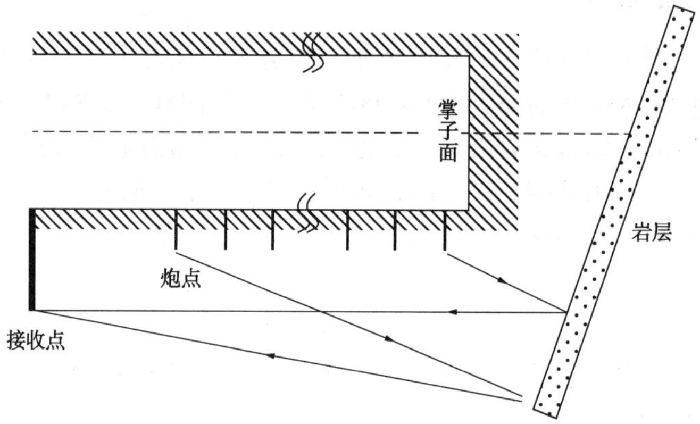

图6.1　TSP测量原理及测量布置示意

纵波波速 V_p 计算如式(6.1)所示。

$$V_p = \frac{L_1}{T_1} \tag{6.1}$$

式中　L_1——震源到传感器的距离；

T_1——直达波到达传感器的时间。

从起爆到反射信号被接受的时间与到反射界面的距离成比例，由反射时间和地震波的速度进行换算，得到反射面的位置和与隧道轴线的夹角后，进而确定与掌子面的距离和大体的形状，同时还可以通过对波速的计算将岩性的变化显示出来。

反射波传播时间计算如式(6.2)所示。

$$T_2 = \frac{L_2 + L_3}{V_p} = \frac{2L_2 + L_1}{V_p} \tag{6.2}$$

式中　T_2——反射波传播时间；

L_2——爆破孔到反射面的距离；

L_3——传感器到反射面的距离；

L_1——震源到传感器的距离；

V_p——纵波波速。

工作面前方遇到与隧道轴线近于垂直的不连续体(节理、裂隙、断层破碎带等)的界面时，TSP结果将是相当准确可靠的，如果不连续体的界面形状不规则，则准确预报的难度较大。对于尺寸较大且呈近平面状的溶洞体，TSP 有可能探测到，但信号反映的效果较差，需要具有丰富地质经验的专家来分析。

4）地质雷达探测法

地质雷达(Ground Penetrating Radar，GPR)也称作探地雷达，是一种电磁探测技术，它利用地下介质对广谱电磁波($10^7 \sim 10^9$Hz)的不同响应来确定地下介质的分布特征，主要是通过观测位移电流的变化来实现其探测目的，基本原理如图 6.2 所示。其应用范围涉及公路、铁路、水电站、煤矿、隧道、矿产资源和考古等各个领域。其对溶洞、暗河、老窑和老崆等洞穴式不良地质体判断准确率一般可达到 80%，经验丰富者可达到 90%以上。

发射天线将高频短脉冲电磁波定向送入地下，电磁波在传播过程中遇到存在电性差异的地层或目标体就会发生反射和透射，接收天线收到反射波信号并将其数字化，然后由电脑以反射波波形的形式记录下来。对所采集的数据进行相应的处理后，分析这些携有地下介质电信息的电磁波，可根据其旅行时间、幅度和波形，判断地下目标体的空间位置、结构及分布。探地雷达是在对反射波形特性分析的基础上来判断地下目标体的，所以其探测效果主要取决于地下目标体与周围介质的电性差异、电磁波的衰减程度、目标体的埋深以及外部干扰的强弱等。其中，目标体与介质间的电性差异越大，二者的界面就越清晰，表现在雷达剖面图上就是同相轴不连续。可认为目标体与周围介质之间的电性差异是探地雷达探测的基本条件。

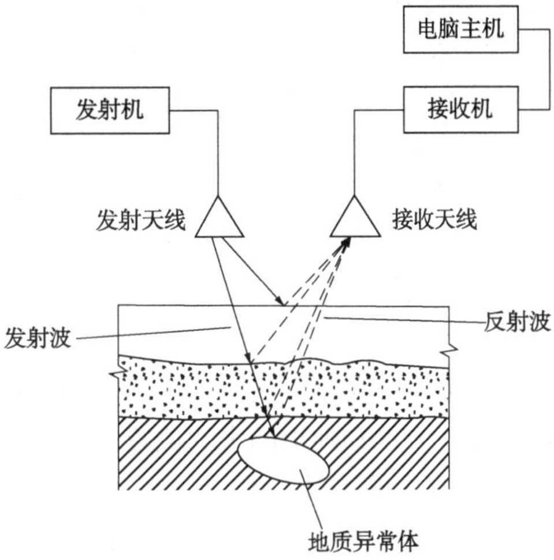

图 6.2　地质雷达的基本原理

地质雷达能预报掌子面前方地层岩性的变化，对于断裂带特别是含水带、破碎带有较高的识别能力。在深埋隧道和富水地层以及溶洞发育地区，地质雷达是一个很好的预报手段。但是地质雷达目前探测的距离较短，大约在 20~30m 之间，对于长距离隧道的预报只能分段进行，同时雷达记录易受洞内机器干扰，探测分析中要特别注意波相识别，排除干扰。所以如何判定含水带、如何去除干扰提高信噪比成为目前需要解决的问题。

5）岩溶隧道隧洞地面地质复查

在岩溶发育地区施工的隧道隧洞、溶洞、暗河和岩溶陷落柱的地面地质复查在隧道隧洞施工地质工作中占有突出重要的位置。

(1) 溶洞的地面地质复查

① 复查的内容和目的

溶洞的地面地质复查主要复查大型溶洞的进口、周围的岩性、构造和地貌特征；目的是分析和预测该溶洞向深部发育延伸的状态。

② 复查的关键技术与注意事项

了解大中型溶洞主要发育的构造部位：可溶岩特别是强溶岩(质纯灰岩或白云岩、大理岩)中的断层破碎带及两条或两条以上断层的交会处，也可以沿可溶岩与非可溶岩的接触界面产生，如灰岩、白云岩与泥灰岩、泥岩、页岩的接触界面，灰岩与岩浆岩，特别是玄武岩、辉绿岩等的接触界面发育。

③ 复查的工作方法和步骤

a. 查明隧道隧洞线路经过地区可溶岩(灰岩、白云岩)特别是强溶岩(质纯灰岩、白云岩)的地层层位。

b. 查明隧道隧洞线路经过地区和其邻近地区，在可溶岩、强溶岩中分布规模较大的断层、产状及其与隧道隧洞线相交的位置；特别注意两条或两条以上断层交会的位置。

c. 查明可溶岩与非可溶岩接触界面的位置及其与隧道隧洞线路相交的位置。d. 在地表封闭低地(洼地)内，寻找岩溶漏斗等溶洞入口。

e. 依据断层产状，可溶岩非可溶岩界面的产状，用视倾角向隧道隧洞投射，求得可能出现的大型溶洞在隧道隧洞中的位置。

f. 依据岩溶发育的分带性和隧道隧洞的相对高程，判断那些可能与隧道隧洞相交溶洞的含水量和有无季节性变化，或推断那些不与隧道隧洞相交，有水的溶洞与隧道隧洞的距离和对隧道隧洞施工的影响程度。

(2) 暗河的地面地质复查

① 复查的内容和目的

主要复查大型暗河进口、出口周围的岩性、构造和地貌特征，目的是分析该暗河的径流途径、入口和河道的大约位置、出口高程，预测与开挖隧道隧洞的空间关系。

② 复查的关键技术与注意事项

a. 了解大中型暗河主要发育的构造部位；大中型暗河主要发育于可溶岩，特别是强溶岩(质纯灰岩或白云岩、大理岩)中的背斜、向斜核部和破碎宽大的、以压性为主的断层破碎带中，也可以沿可溶岩与非可溶岩的接触界面径流。

b. 暗河发育具有明显的独立性。无论大小暗河，均受地形控制，具有由高处向低处流、由高向低延伸的特点。多数暗河为一个独立系统，同一带内的不同暗河之间很少有水利联系。

③ 复查的工作方法和步骤

a. 查明隧道隧洞线路经过地区可溶岩(灰岩、白云岩)特别是强溶岩(质纯灰岩、白云岩)的地层层位。

b. 查明隧道隧洞线路经过地区和其邻近地区，在可溶岩、强溶岩中分布的规模较大的断层、产状及其与隧道隧洞线相交的位置，应特别注意两条或两条以上断层交会的位置。

c. 查明可溶岩与非可溶岩接触界面的位置及其与隧道隧洞线路相交的位置。

d. 在地表封闭低地(洼地)内，寻找岩溶漏斗；查明隧道隧洞上方地表存在的断流河、减流河的开始点位置，它们都可能成为暗河的入口。仔细寻找暗河出口，确定与当地入侵基准面的关系。

e. 查明已知暗河入口、出口的位置和出入口的高程，并结合可能成为暗河通道的较大断层或较紧闭背斜褶皱核部的位置、产状，推断暗河大致通道，确定是否与隧道隧洞相交或在隧道隧洞上、下、左、右通过的大约位置。

f. 依据岩溶发育的分带性和隧道隧洞的相对高程，判断可能与隧道隧洞相交的暗河的含水量和有无季节性变化；或推断不与隧道隧洞相交的有水暗河与隧道隧洞的距离和对隧道隧洞施工的影响程度。

(3) 岩溶陷落柱的地面地质复查

① 复查的内容和目的

主要复查可以形成岩溶陷落柱的地层是否存在，隧道隧洞地表有无岩石产状凌乱的封闭洼地存在及其位置；目的是分析可能出现岩溶陷落柱的大约位置，预测与开挖隧道隧洞的空间关系。

② 复查的关键技术与注意事项

了解大中型岩溶陷落柱主要发育的构造部位：岩溶淤泥带主要发育于上部是泥岩、页岩，下部是可溶岩(灰岩、白云岩)特别是强溶岩(质纯灰岩、白云岩)的特殊地层组合。

③ 复查的工作方法和步骤

a. 查明隧道隧洞线路经过地区可溶岩(灰岩、白云岩)特别是强溶岩(质纯灰岩、白云岩)和上覆的泥岩、页岩等软岩的地层层位。

b. 查明隧道隧洞线路经过地区是否存在岩石产状凌乱的封闭洼地，并查明其大约位置，预测与隧道隧洞的空间关系。

c. 确定封闭洼地中线的位置，并垂直向隧道隧洞投射，预测该岩溶陷落柱可能与隧道隧洞相遇的大约位置。

6.3.2 岩溶地段处治技术

1) 总体处治方案

根据隧道内岩溶的表现形态，隧道岩溶段的处治方案可按溶洞空腔、岩溶水或管道和溶洞充填三种形态制定。

(1) 表现为溶洞空腔的岩溶段的处治方案应根据溶蚀洞穴与隧道的相互位置关系及其自身的洞穴发育规模等信息制定。一般地，大型溶洞可采用跨越方案和支顶加固方案，小型溶洞可采用护拱、封闭、换填和回填等方案。

(2) 表现为岩溶水或管道的岩溶段的处治方案应根据最大涌水量、补给条件、地下水流向等因素制定。一般可采用堵水、引排和打引水导洞等措施。包括预注浆堵水、后注浆堵水、依靠隧道自身的排水系统排水以及泄水洞排水等措施。

(3) 表现为溶洞充填的岩溶段的处治方案，应根据岩溶洞穴与隧道的相互位置关系及发育规模、围岩和溶蚀充填物的地质条件等制定，一般可采用超前支护、超前注浆、周边径向注浆、基础换填、基础加固等措施，也可采用跨越的方式进行处理。

2) 小型溶洞的处治

对于小型溶洞的处治，应综合考虑岩溶洞穴的充填特征、所处位置以及现场施工便利性等、制定相应的处治方案。小型溶洞的处治如图 6.3 所示

(1) 对于无充填或半充填型岩溶洞穴，首先应清除溶洞表面浮土或洞穴内的充填物，然后对岩溶洞穴回填处理。

出露于隧道拱部上方的小型溶洞，应清除洞内充填物，如有条件，宜对溶穴腔壁进行适当的喷锚防护，并保证锚杆嵌入基岩不少于 1.0m。在隧道衬砌施工后，浇筑混凝土护

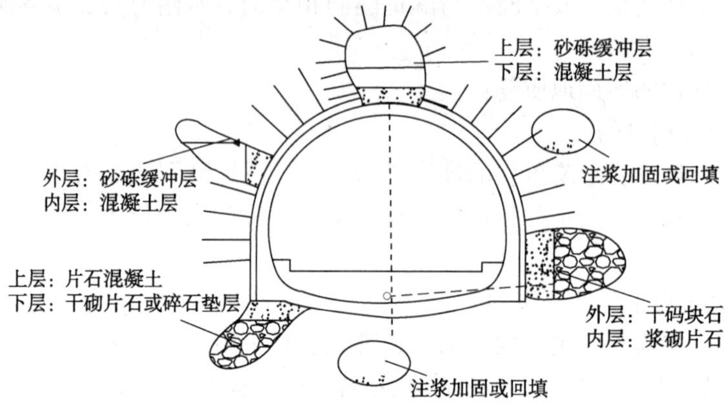

图 6.3　小型溶洞的处治

拱，护拱应加设锁脚锚杆，最后吹(堆)砂充填。

出露于隧道边墙侧部的小型溶洞，应在隧道衬砌施工前，先浇筑 C15 片石混凝土或 M7.5 浆砌片石护墙，然后墙背以干砌片石回填。

出露于隧道底板(路面或仰拱)下方的小型溶洞，应在隧道底板(路面或仰拱)浇筑前，先清除溶蚀充填物，并自下而上以干砌片石、C15 片石混凝土换填。

(2) 对于充填型小溶洞，应根据溶洞所处的位置及方便现场施工，采取相应的换填或加强防护措施。

当岩溶洞穴位于隧道拱部和边墙位置时，若施工过程中岩溶洞穴内充填物已发生滑落，应在岩溶洞穴内充填物清除后，采用喷射 C25 混凝土或水泥砂浆回填；若施工过程中岩溶洞穴充填物未发生滑落，应在岩溶洞穴位置采取喷锚网防护。

当岩溶洞穴位于隧道基底位置时，应在清除岩溶洞穴内的充填物后，采用混凝土回填密实的处治方案。

(3) 对于隐伏型溶洞，隧道施工过程中应采用综合地质超前预报技术对隧道周边，特别是基底进行隐伏岩溶普查，当普查揭示出隧道开挖轮廓线外附近存在隐伏岩溶洞穴时，应采取局部注浆措施，对隐伏岩溶进行注浆回填或注浆固结。

3) 大型溶洞的处治

对于发育于隧道周边不同部位的大型溶洞，原则上应因地制宜，利用“梁、柱、墙、桩”等结构，采用“引、堵、越、绕”等措施进行处理。

(1) 对洞体深浚充填丰满、难于回填、不宜填塞的大型干溶洞，应因地制宜进行处理。原则上，拱部及边墙主要采取回填措施，基底处治应根据其不同的发育特点采取针对性的处治方案。

① 型钢混凝土+板跨的处治方案

当隧道基底处的溶洞深度很深，同时溶洞纵向跨度不大(一般小于 3m)，并且隧道弃渣回填量大，并有可能影响地下水通道时，宜采用型钢混凝土+板跨处治方案。型钢多采用钢轨、工字钢等强度较高的钢材。

② 托梁+板跨的处治方案。隧道基底处的溶洞，可在洞渣回填后，采用“托梁+钢筋混凝土板”的跨越结构处治，托梁断面一般采用宽 1~1.5m×高 1~1.8m，托梁两端置于完整基

岩上的长度不小于2m，钢筋混凝土板厚度一般为0.8~1.5m。

③ 钢管群桩加固方案。当隧道基底处的溶洞深度较深(5~20m)时，宜采用钢管群桩加固处治方案。

④ 桩基+承台的处治方案。当隧道基底处的溶洞纵向发育范围较大，基底深度较深(20~30m)时，宜采用桩基托梁处治方案。在制定处治方案时，首先要对溶洞的地质情况做详细的调查，先对溶洞做一定的防护处理后，再采用桩基托梁处治方案。设计时，要计算桩的承载力，通过计算，确定桩基布设方案和承台厚度。桩基+承台的处治方案如图6.4所示。

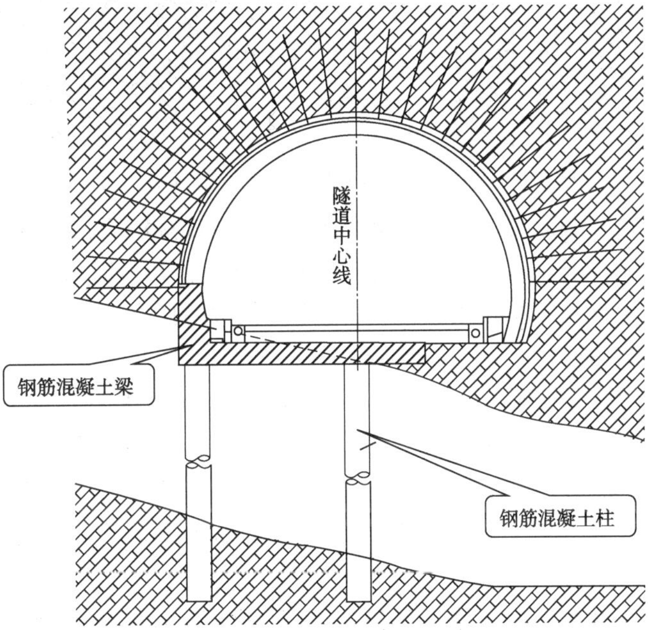

图6.4　桩基+承台的处治方案

⑤ 填筑方案。当隧道基底处的溶洞规模大，发育深度很深(深度≥30m)时，宜采用填筑方案，可采用路基形式通过。施工时，要填筑密实，可采用分层填筑夯实的方案。

(2) 对大型充填型溶洞应根据充填物的性质，采取不同的处治技术。

① 充填淤泥型。在隧道施工中，采取综合超前地质预报表明前方存在大型充填淤泥质溶洞时，应停止施工，封闭掌子面。然后采用超前预注浆加固淤泥质地层，并采取超前大管棚支护，上下台阶留核心土或侧壁导坑法开挖。开挖后及时进行径向补充注浆，及时施作加强型二次衬砌结构。大型充填型溶洞处治方案如图6.5所示。

② 充填粉质黏土型。在隧道施工中，采取综合超前地质预报表明前方存在大型充填粉质黏土层时，鉴于粉质黏性土层有一定的自稳能力，对于拱部及边墙的溶洞可采用超前小导管支护，必要时在隧道拱部设大管棚超前支护，分步开挖，制定钢架支撑的处治方案。开挖后及时进行径向加固注浆。基底的溶洞可采取钢管群桩或高压旋喷桩进行加固处治。加固后及时施作二次衬砌结构，根据水压力测试结果确定是否采取抗水压二次衬砌结构形式。

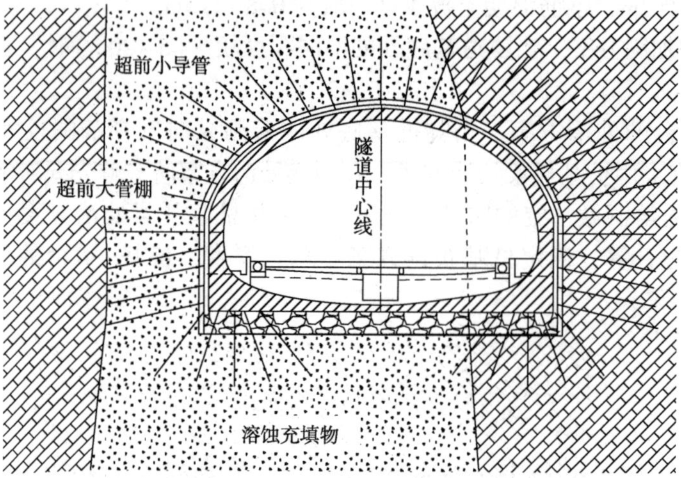

图 6.5　大型充填型溶洞处治方案

③ 充填粉细砂型。在隧道施工中，当综合超前地质预报表明前方存在大型充填粉细砂层溶洞时，开挖之前，采取超前大管棚支护，然后开挖，开挖时采用留核心土法或侧壁导坑法，开挖后立即进行径向补充注浆，然后进行水压力测试，根据测试结果，确定是否采用抗水压二次衬砌结构形式。

④ 充填块石土型。在隧道施工中，当综合超前地质预报表明前方存在大型充填块石土型溶洞时，应停止施工，封闭掌子面。先采用全断面超前预注浆的形式加固块石土，再采取超前大管棚支护，然后开挖，开挖时采用留核心土法或侧壁导坑工法，开挖后立即进行初期支护，初期支护采用加强型(增加钢架支撑或者缩短钢架支撑间距)，必要时采用 C30 钢筋混凝土二次衬砌结构形式。

(3) 对于大型含水型溶洞，为保证施工及隧道建成后运营的安全，施工中应根据溶洞含水量的多少，采取相应的处治措施。

① 充水型溶洞

受地质构造影响，不同岩性之间，有时会出现层间宽张裂隙，张裂隙内充填有大量的岩溶水，即为充水型溶洞。为保证施工及隧道建成后运营的安全，施工中应采取以注浆加固堵水为主的处治措施。

注浆加固堵水处治可根据涌水量多少、水压力高低、隧道施工特点，选择采取超前预注浆堵水和揭示后径向注浆堵水两种方式。

a. 当隧道采取顺坡施工时，通过综合超前地质预报确定掌子面前方涌水量不大(涌水量≤$300m^3/h$)，水压不高(水压≤0.5MPa)，水量比较稳定时，可采取爆破揭示后局部注浆或者径向注浆处治方案。采用后处治方式既能满足隧道快速施工要求，也能达到注浆堵水加固要求。

b. 当隧道采取顺坡施工时，通过综合超前地质预报确定掌子面前方涌水量大(涌水量>$300m^3/h$)，水压高(水压>0.5MPa)时，采用后处治方式施工难度大，注浆堵水效果差，因此采用超前预注浆堵水的处治方案。

c. 当隧道采取反坡施工时，通过综合超前地质预报确定掌子面前方涌水量不大(涌水量≤100m³/h)，水压不高(水压≤0.5MPa)，水量比较稳定时，可采取爆破揭示后局部注浆或者径向注浆处治方案。

d. 当隧道采取反坡施工时，通过综合超前地质预报确定掌子面前方涌水量大(涌水量>100m³/h)，水压高(水压>0.5MPa)时，应采用超前预注浆堵水的处治方案。

② 过水型溶洞

过水型溶洞，该隧道所在位置的地下水水系的一部分如果堵塞，将破坏该位置的地下水水系，同时也给隧道衬砌上附加了很大的水压力，因此，对于过水型溶洞，处治的原则是"宜通不宜堵"。常用的是形式是泄水洞、梁跨(拱跨)、迂回导坑。

a. 泄水洞方案。如图6.6所示，泄水洞应设置为上坡，坡度应结合地形条件设置，一般以1%~3%为宜。泄水洞断面应能满足排水要求，断面的设置应按水文地质条件进行估算。

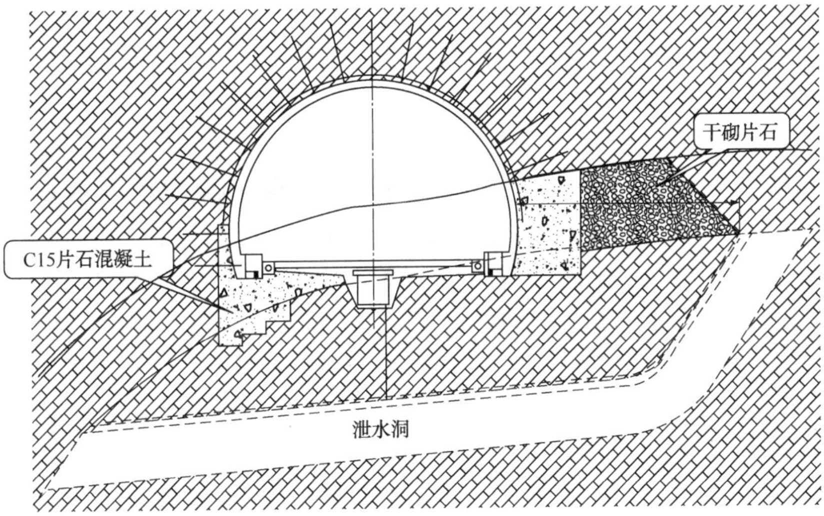

图6.6 泄水洞方案

若泄水洞长度$L\leq 500$m，泄水洞断面尺寸原则上按照满足现场机械配置和施工通风的要求进行确定。采取无轨运输时宜为4.5m×4.6m(宽×高)，采取有轨运输时宜为3.5m×4.2m(宽×高)。若泄水洞长度$L>500$m，泄水洞断面尺寸原则上按照有轨运输和施工通风的要求进行确定。

b. 梁跨或者拱垮方案。对于大跨度过水型溶洞，溶洞周围岩体相对完整时，可根据溶洞的具体地质条件，采用隧道内梁(拱)桥跨越的处治方案。

c. 迂回导坑方案。遇涌水量大的溶洞或岩溶带等复杂情况，一时难以处理，为使开挖工作不致停顿，可采取迂回导坑绕避溶洞的方案，继续进行隧道前方开挖。同时在溶洞两段进行探测，借以查明溶洞大小或岩溶带的分布范围、岩溶水补给来源等，再来进行研究，确定相应的处理方案。

6.4 广西河池至百色高速公路丘莫隧道施工案例

6.4.1 隧道工程概况

1）工程简介

丘莫隧道位于东兰县武篆镇丘莫村和红里村，设计为分离式曲线形长隧道，左幅全长为2347m，起、终点桩号为ZK75+875~ZK78+222；右幅全长为2349m，起、终点桩号为YK75+875~YK78+224。洞门形式：左线进口为削竹式，出口为削竹式；右线进口为削竹式，出口为削竹式。隧道最大埋深370.81m，围岩等级为Ⅲ、Ⅳ、Ⅴ级围岩。

2）地形地貌

隧址区属岩溶岩的中低山区，微地貌为岩溶强烈发育的峰丛洼地地貌，隧址区海拔高程400~808m，相对高程约408m，地形起伏大。隧道进口地形较陡，自然坡角40°~43°，坡面植被发育，出口上覆碎块石，下部基岩出露，基岩自然坡度约40°，碎块石层坡度平缓，坡度约10°~15°。

3）水文地质条件

隧址区位于岩溶强烈发育地段，地下水类型主要为碳酸盐岩裂隙岩溶水，受大气降水补给及沟里西南一带碎屑岩山体的泉水补给，受季节影响大，地下水赋存于石灰岩、白云岩溶蚀裂隙及岩溶洞穴中，雨季水量很大，旱季水量较小，再在岩溶谷地边缘以地下暗河的形式流出形成地表径流，排入沟谷。

隧址区两侧发现一处地下暗河出口，位于主线桩号K75+750左侧约300m处，出口高程343.5m，高约4m、宽约3.5m，基本呈圆形，水量受季节控制，水量较大，勘察期间流量约为2L/s。暗河进口在里程桩号K79+673左侧约55m处，进口高程为523.5m，高约4.5m，雨季时红里、沟里洼地内的水流由落水洞流入，穿越山体，由此流出；经分析，隧道洞身段落水洞群在降雨时，地表水也将汇聚于此，然后经该暗河流出，最后流入巴拉河。

根据涌水量估算比较及水文地质条件，丘莫隧道地下水位埋深较浅，地下水对隧道涌水影响较大，采用达西定律计算结果，左线隧道涌水量为2175.07m^3/d，每米涌水量为0.93m^3/d；右线隧道涌水量为2343.95m^3/d，每米涌水量为1.00m^3/d。

4）隧道地质情况

隧址区在大地构造位置上属于广西山字形构造前弧西翼中段，以北西向构造为主，经历了海西(华力西)、印支、燕山及喜马拉雅(喜山)四个大的构造运动期。隧址区位于新烟背斜，无大的断裂及全新世活动断裂通过，隧址区区域稳定性较好。因隧道通过新烟背斜的核部，受构造影响隧址区岩石局部破碎。丘莫隧道进出口现场地貌如图6.7和图6.8所示。

(1) 进口端

进口段坡度较陡，自然坡角40°~43°，边坡上覆盖约1.2m厚崩坡积碎块石，下部为

图 6.7 丘莫隧道进口现场地貌

图 6.8 丘莫隧道出口现场地貌

强~中风化灰岩，岩层产状 85°∠40°。碎块石层对边坡稳定不利，在开挖过程中可能产生滑移，应予清除。基岩发育两组裂隙。产状：裂隙①265°∠35°，裂隙②350°∠65°。经投影分析隧道进口仰坡稳定性一般，隧道进口两侧边坡整体稳定性较好。

（2）出口端

出口基岩边坡高约 20m，坡度约 40°，由强~中风化石灰岩组成，产状 230°∠30°。发育两组裂隙，产状：①160°∠80°，②270°∠70°。经投影分析裂隙①②切割形成的岩体倾向坡外，形成顺层边坡，但倾角大于坡角对边坡稳定影响较小，边坡整体稳定。崩塌体 B2-2，位于左线隧道出口，线路桩号 K78+210，长 50m，宽 30m，岩体裂隙发育，崩塌沿裂隙发生，崩塌堆积物直径 50~100cm，厚度 1.0~1.5m，现状稳定，在暴雨或扰动条件下产生滑塌可能性大，对隧道出口边坡稳定性有很大的影响。

6.4.2 洞口工程施工

丘莫隧道洞口工程施工工序如图 6.9 所示。进洞施工前提前定制二衬台车，以尽快施工明洞衬砌。洞口边、仰坡的开挖自上而下，需爆破则采用控制爆破，及时防护。下文主要从洞顶截水沟施工、洞口土石方开挖、边仰坡防护、洞身超前支护施工和明洞施工这五个方面进行阐述。

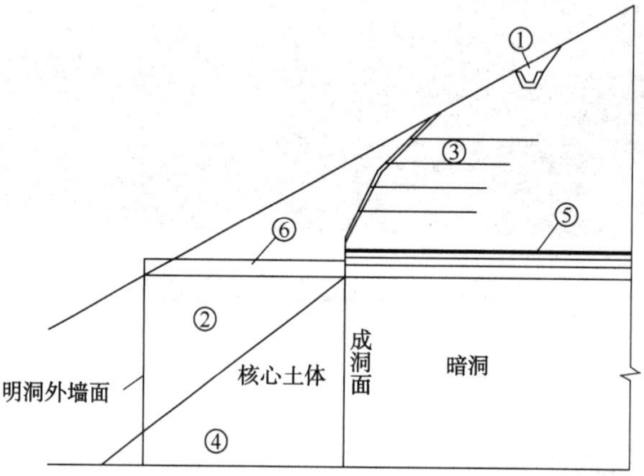

图 6.9 洞口工程施工工序

注：①—施作洞顶截水沟；②—洞口段开挖(成洞面保留核心土)；③—施作边坡及仰坡临时防护工程(边开挖边防护)；④—非核心土分部开挖至成洞面；⑤—开始暗洞的超前支护施工；⑥—进洞掘进施工，并尽快施作明洞段衬砌

1) 洞顶截水沟施工

(1) 施工流程

洞顶截水沟施工工艺流程如图 6.10 所示。

(2) 主要施工内容

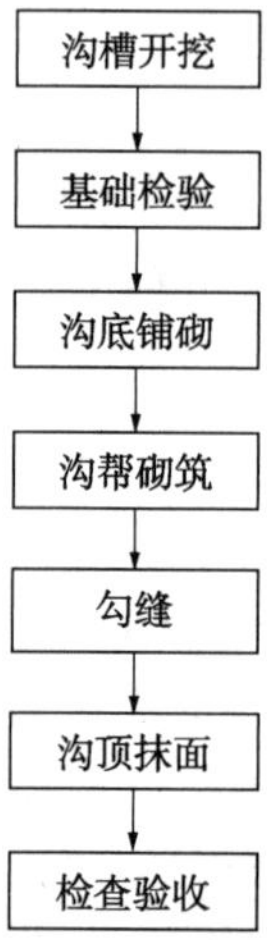

图 6.10 洞顶截水沟施工工艺流程

① 测量放线

按施工图纸及施工技术规范要求，在边仰坡开挖线外 5m 处测量选定一道截水天沟开挖施工线，截水沟施工线结合地形和地质条件沿等高线布置，可将拦截的水顺畅地排向自然沟谷或水道，所选截水沟的位置、标高、形式、尺寸和纵坡符合图纸和规范规定并报监理工程师批示。

② 沟槽开挖

监理工程师批示后进行沟槽开挖。沟槽开挖采取人工开挖。开挖时严格按照图纸尺寸开挖(截水沟断面图如图 6.11 所示)。若在开挖中遇到硬岩，采用浅眼爆破法进行基坑开挖。在爆破时采取安全防范措施。严格控制炸药用量，药量以震松周围岩体而不破坏隧道及边坡处岩石为度，使沟底与沟壁坚实平顺，不欠挖。

③ 沟槽清理

人工整修沟底及边坡，沟底高程、坡度、断面尺寸达到设计要求。保证沟底及边坡平整，无松土，线型圆顺。

④ 浆砌片石砌筑

砂浆采用机械拌和，严格按照设计配比参数拌制砂浆；浆砌片石厚度不小于 30cm，强度不小于 30MPa，片石无风化、表面无裂纹、污物。先砌筑沟底，后砌筑沟帮，并且要保证厚度和坡度，砂浆饱满无空洞；砌体表面采用面积较大、表面平整的片石砌筑，片石相互咬合，缝宽小于 4cm，杜绝出现通缝，曲线上砌筑片石时线条圆顺，片石在砌筑前要浇水湿润及清除污物；砌筑完毕后，在砂浆凝固前进行勾缝，缝深不小于 2cm。

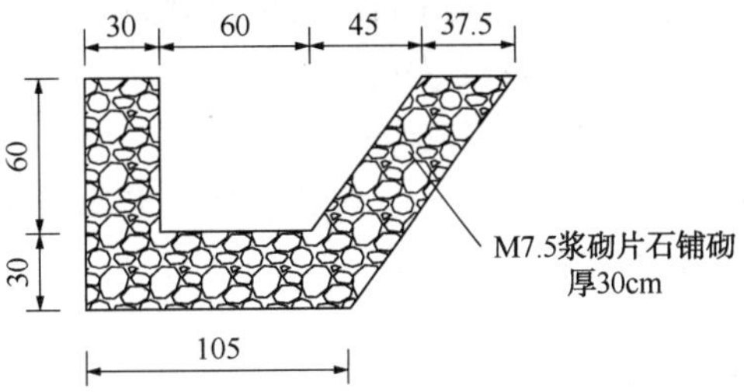

图 6.11　截水沟断面图(单位：cm)

⑤ 沟顶抹面

浆砌施工完毕后进行 M7.5 砂浆抹面，抹面要确保面层平整，无错台，抹面厚度要达到设计要求。对已完成的截水沟，要定期洒水养护，养护时间 7~14d。

⑥ 现场清理

浆砌施工完成后，对沟底、坡面、坡顶进行清理，使水沟面无污物、垃圾，两边土方进行平整。

2）洞口土石方开挖

① 隧道尽量采用“零开挖”进洞，隧道洞顶以内植被禁止砍伐破坏，隧道中间山体尽可能保护，严禁大开大挖。

② 洞口边仰坡采用明挖法施工，自上而下分阶段、分层进行开挖。第一阶段挖至设计临时成洞面，并视围岩情况，结合暗洞开挖方法，预留进洞台阶。第二阶段开挖其余部分，形成永久边仰坡。不得掏底开挖或上下重叠开挖。在进洞前对地表及边仰坡进行加固防护，松软地层开挖边仰坡随挖随支护，随时监测、检查山坡稳定情况。当洞顶可能出现地层滑坡、崩塌时，及时采用地表砂浆锚杆、地表注浆等稳定措施对土体进行加固。

③ 施工时，注意观察洞口上方是否有可能滑塌的表土、灌木、山坡危石等，以尽早清除，不留后患，洞口在雨季施工要特别注意对边仰坡稳定、地表沉陷等情况的观测。

3）边仰坡防护

（1）锚喷网防护

边仰坡采用喷锚防护，锚杆长 2.5m，间距 1m×1m，采用人工手持风钻钻孔，锚杆外露 10~20cm。

由于洞口边仰坡成型后，距永久防护到位时间较长，为防止地表水渗入开挖面，保证期间洞口土体稳定性，采取锚喷网防护。具体要求如下。

① 坡面临时防护施工前，将岩面浮渣及危岩清除干净并用高压风将坡面清理干净。

② 锚杆施工时，先在坡面上确定锚杆位置，并控制钻孔方向进行钻孔，孔深及孔径符合设计要求，钻孔结束将孔内岩粉吹干净。

③ 如坡体含水量较大或有地下水，坡面渗漏水较多，增设泄水孔。

④ 边仰坡防护，洞口削竹段以内采用锚网喷形式，做到开挖一级防护一级。边仰坡锚网喷支护参数：ϕ22mm 砂浆锚杆，间距 100cm×100cm，长度 250cm，梅花形布置；ϕ8mm

钢筋网，25cm×25cm；C20 喷射混凝土厚 10cm。

（2）锚杆安装及注浆

① 锚杆安装前准备

检查锚杆类型、规格、质量及其性能是否与设计相符。根据锚杆类型、规格及围岩情况准备钻孔机具。

② 锚杆钻孔

锚杆采用手持风钻成孔，按照设计间距布孔，钻孔方向尽可能垂直结构面，锚杆孔比杆径大 15mm，深度误差不得大于±50mm，成孔后采用高压风清孔。

③ 砂浆锚杆注浆及安装

锚杆注浆安装前须先做好材料、机具、脚手平台和场地准备工作，注浆使用普通硅酸盐 42.5 水泥，砂浆标号 M20，注浆压力要求不大于 0.4MPa。

具体操作是：将水注入注浆泵内并倒入少量砂浆，初压水和稀浆湿润管路；再将已调好的砂浆倒入泵内；将注浆管插入锚杆眼底，将泵盖压紧密封，一切就绪后，慢慢打开阀门开始注浆；在气压推动下，将砂浆不断压入眼底，注浆管跟着缓缓退出眼孔，并始终保持注浆管口埋在砂浆内以免水泥浆出现空洞，将注浆管全部抽出后，立即把锚杆插入眼孔；用木楔堵塞眼口，防止砂浆流失。

锚杆孔中必须注满砂浆，发现不满须拔出锚杆重新注浆。注浆管不准对人放置，以防止高压喷出物射击伤人。

砂浆随用随拌，在初凝前全部用完，使用掺速凝剂砂浆时，一次拌制砂浆，数量不多于 3 个孔，以免时间过长，使砂浆在泵管中凝结。

注浆完成后，及时清洗，整修注浆用具，除掉砂浆凝聚物，为下次使用创造好条件。

（3）预制钢筋网、铺挂钢筋网

① 钢筋网的制作

钢筋网片采用 ϕ8mm 钢筋（25cm×25cm）焊制，在钢筋加工场内集中加工。先用钢筋调直机把钢筋调直，再截成钢筋条，钢筋网片尺寸根据网片之间搭接长度等综合考虑确定。

钢筋焊接前要先将钢筋表面的油渍、漆物、水泥浆和用锤敲击能剥落的浮皮、铁锈等均清除干净，加工完毕后的钢筋网片平整，钢筋表面无削弱钢筋截面的伤痕。

② 成品的存放

制作成型的钢筋网片必须轻抬轻放避免摔地产生变形。钢筋网片成品远离加工场地，堆放在指定的成品堆放场地上。存放和运输过程中要避免潮湿的环境，防止锈蚀、污染和变形。

③ 挂网

按图纸规定的位置挂设加工好的钢筋网片，钢筋网片随坡面起伏铺设，绑扎固定于先期施工的锚杆之上，再把钢筋片焊接成网。

④ 施工要点

钢筋网格尺寸符合设计要求。铺设钢筋网按照以下要求执行。

a. 钢筋网在初喷一层混凝土后铺挂，且保护层厚度不小于 2cm。

b. 砂层地段先加铺钢筋网，压紧后再喷射混凝土。

c. 钢筋网随喷面的起伏铺设，与受喷面的间隙一般不小于3cm，与锚杆连接牢固。

d. 喷射时，减小喷头至受喷面的距离，并调整喷射角度。

e. 喷射中如有脱落的石块或混凝土块被钢筋网卡住时，及时清除后再喷射混凝土。

f. 钢筋网的网格间距符合设计要求，网格尺寸允许偏差为±10mm；钢筋网搭接长度不小于25cm。

(4) 喷射混凝土

按设计要求喷射混凝土，进料加入速凝剂，由专业熟练工人操作，保证喷射混凝土面平整，无干斑或脱落现象。

① 喷射混凝土工艺流程

边坡采用C20喷射混凝土防护，喷射混凝土厚度为10cm。边仰坡喷射混凝土工艺流程如图6.12所示。

② 喷射混凝土重点内容

a. 喷射准备

喷射前对受喷面进行处理，可用高压水冲洗受喷岩面的浮尘、岩屑，以提高喷射混凝土的附着力。

b. 现场喷射作业

喷射操作程序为：打开速凝剂辅助风→缓慢打开主风阀→启动速凝剂剂量泵、主电机、振动器→向料斗加混凝土。

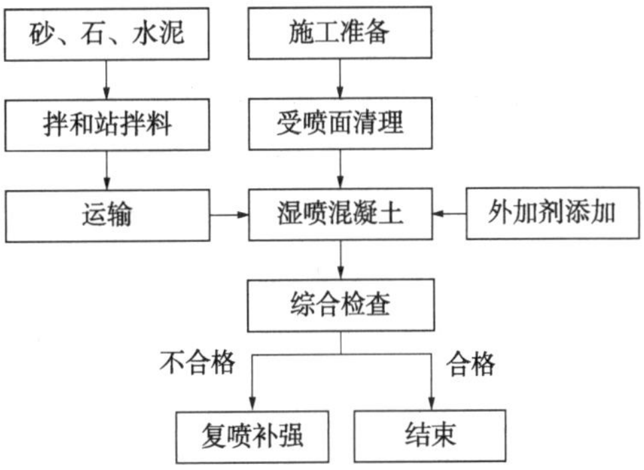

图6.12 边仰坡喷射混凝土工艺流程

分层喷射时，后一层喷射在前一层混凝土终凝后进行，若终凝1h后再进行喷射，先用清水清洗喷层表面。一次喷混凝土的厚度以喷混凝土不滑移不坠落为限，既不能因厚度太大而影响喷混凝土的黏结力和凝聚力，也不能太薄而增加回弹量。

喷射速度要适当，以利于混凝土的压实，风压过大，喷射速度增大，回弹增加，风压过小，喷射速度小，压实力小，影响喷混凝土强度。因此在开机后要注意观察风压，并根据喷嘴出料情况调整风压。

喷射时使喷嘴与受喷面间保持适当距离，喷嘴角度尽可能接近90°，以使获得最大压实和最小回弹。喷嘴与受喷面间距为0.6~1.2m，若受喷面被钢筋网覆盖，可将喷嘴稍加偏斜，但不小于70°，如果喷嘴与受喷面的角度太小，会使混凝土物料在受喷面上滚动，产生出凹凸不平的波形喷面，增加回弹量，影响喷混凝土的质量。

c. 养护

喷射混凝土终凝2h后，进行养护，养护时间不小于14d。

4) 洞身超前支护施工

丘莫隧道洞身超前支护施工主要包括套拱施工和超前大管棚超前支护。

(1) 套拱施工

套拱施工主要内容包括钢架的安装、基础部分、导向管的安装和套拱混凝土浇筑。

① 钢架的安装

按照设计图纸进行弯制4榀I20a导向拱架，工字钢拱架由钢筋加工厂加工制作后现场安装，安装时根据测量人员测定的高程和拱架安装控制线准确定位，并严格检查拱架的垂直度，严格将拱架控制在同一平面。型钢拱架与套拱基础槽钢连接牢靠，型钢间采用$\Phi22$的连接钢筋连接。

② 基础部分

根据测量放样开挖套拱基坑，按1∶0.5坡率放坡开挖，基坑底部两侧加宽50cm。如设计基底范围内为松散堆积体，则由技术人员根据现场实际情况制定处理方案。基底承载力不得小于0.25MPa。

采用组合钢模板浇筑护拱C20混凝土，模板采用方木顶撑及对拉加固。混凝土浇筑至设计顶面后，按设计图所示位置插入预埋型钢。混凝土掺早强剂，混凝土终凝2h后，覆盖、洒水养护。

③导向管的安装

工字钢架设好之后，精确测量导向管的位置，导向管采用ϕ140mm×8mm无缝钢管，环向间距40cm，长度2.0m，外插角2°。导向管焊接在钢拱架上(图6.13)，并且将导向管的管口封死，以防止混凝土进入管口内。此外，注意在施工套拱时，在两相邻导向管之间的中心部位预留ϕ22mm锚栓，以平衡钻机成孔时所产生的反力。孔口管定位时，由测量组精确定出，并按设计要求通过ϕ12mm钢筋焊接在工字钢上。其中标高和方向必须精确，可采用小钢板或钢筋调整。

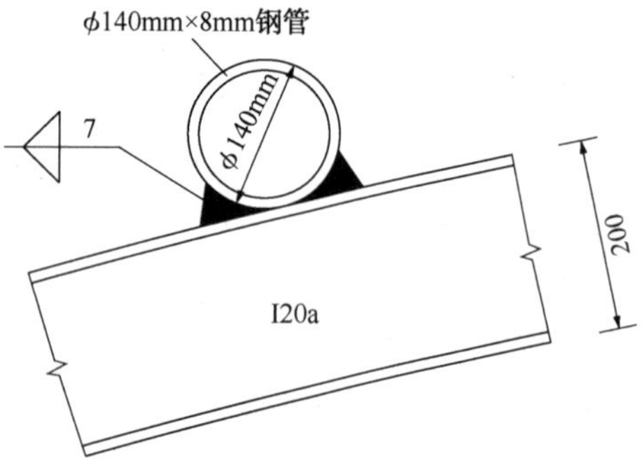

图6.13　钢管与钢架连接(单位：cm)

④ 套拱混凝土浇筑

套拱浇筑采用钢拱架作为内支撑，木模板作为底模，模板具有足够的强度、刚度和稳定性。支模直顺、稳固，模板接缝务必严实紧密，确保浇筑时不漏浆，并且在拱架与模板间设置混凝土垫块，以保证混凝土保护层厚度。混凝土浇筑前严格检查钢支撑的加固情况，复测导向管的位置，如有偏差，则进行调整。

套拱采用C20混凝土(必要时掺加早强剂)，浇筑厚度60cm，纵向长度2.0m。浇筑过程连续，中途不得间断。混凝土振捣采用振捣棒，拱顶部分加以人工振捣，每个部位都要振捣密实，一般以振捣至混凝土不再下沉、无明显气泡上升、混凝土表面出现薄层水泥浆、表面平整为适度。在混凝土浇筑、振捣时不得碰撞钢筋和模板，如发生松动，立即加固处理。此外，在混凝土浇筑的时候，振捣棒在振捣过程中不要触及导向管，以防止导向管移动。

(2) 超前大管棚超前支护

丘莫隧道进、出口超前大管棚支护34m，含套拱和搭接长度，各2m，管棚有效度长度30m，钢管为Φ108mm×6mm，每处共47根，间距均为40cm，外插角扣除坡度影响外为2°。在套拱施工完毕并封闭掌子面后，采用钻机按照设计方向钻孔，钻孔到设计位置后，清孔，顶进钢管，最后压浆。超前管棚施工布置如图6.14所示。

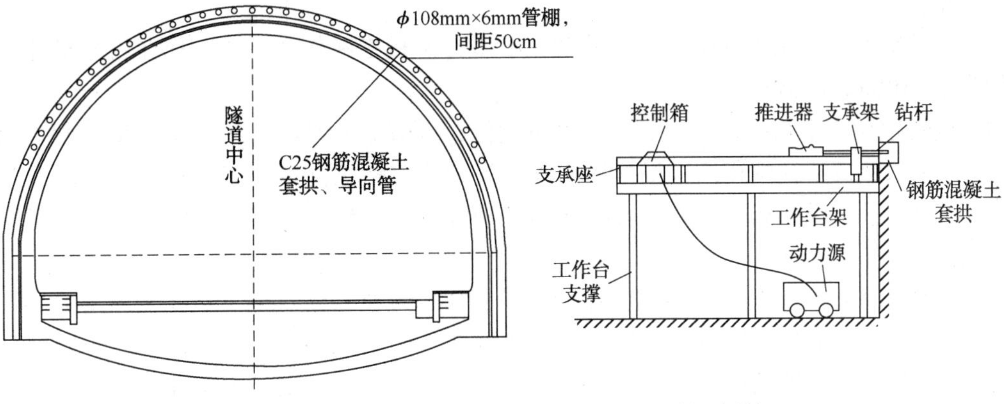

(a)超前管棚布置　(b)钻机打管棚

图 6.14　超前管棚施工布置

施工准备：管棚钢管连接采用丝扣连接，丝扣长为 15cm；为使同一断面的钢管接头数量不大于 50%，并且相邻接头至少错开 1.0m，把钢管加工成 4m 和 6m 两种类型。超前大管棚超前支护施工流程如图 6.15 所示。下文主要从施工技术措施方面进行阐述。

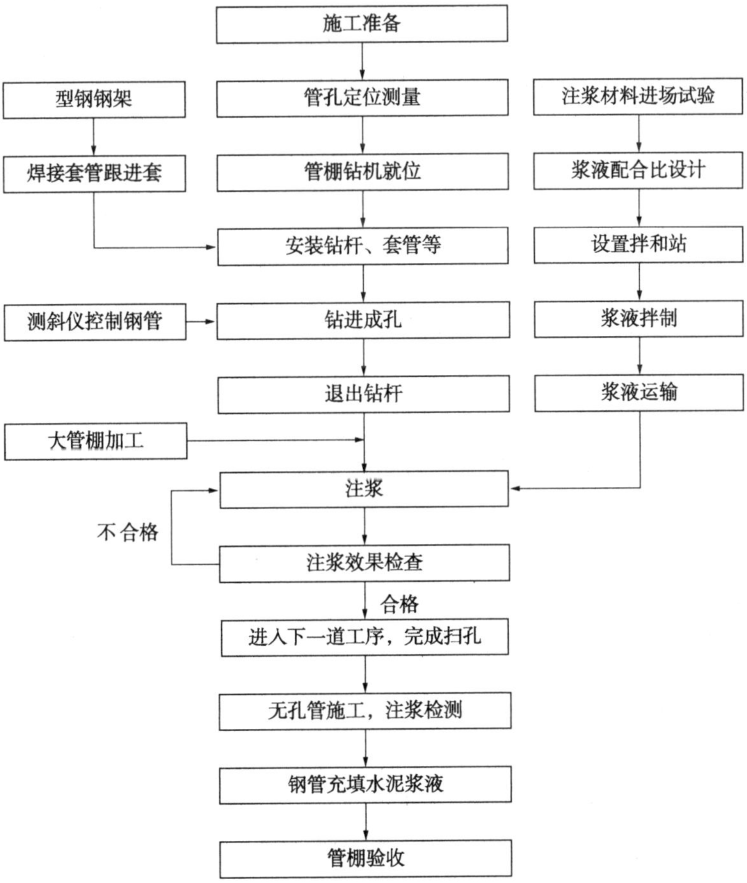

图 6.15　管棚施工流程图

① 钻孔

a. 搭设平台。采用钢管脚手架的搭设，用4cm木板搭建作业平台，作业台架搭建高度依孔位的变化而进行调整。

b. 设备定位。平台搭建好后，钻机设备就位，从两个拱脚开始自下而上两侧对称施钻。施钻前，移动钻机至管棚孔位，根据导向管位置，调整钻机高度，用测斜仪及肉眼观察法检查钻机角度，以保证钻杆、钻具轴线和隧道轴线方向一致。而后，用固定夹将钻机固定在平台上。

c. 钻孔。采用两台全液压钻机钻孔。孔径比管棚钢管大2~3cm，钻孔顺序由低孔位向高孔位钻进。为保证长管棚施工质量，在拱脚部位，选两个孔作为试验孔，找出地层特点，并进行注浆和砂浆充填试验。钻孔时，做好每个孔详细的钻孔记录。钻孔自下而上，每钻完一孔便顶进一根钢管。

d. 扫孔。钻孔结束后，用高压风吹孔清扫孔内残渣，并根据经验判断孔内是否干净，如有孔道内不干净，及时进行第二次扫孔，以便顺利地进行下道工序。

② 管棚钢管加工及安装

a. 管棚钢管材料。钢管材料采用ϕ108mm×6mm热轧无缝钢管。

b. 管棚钢管加工。钢管加工成4m和6m长两种类型，钢管之间采用方丝扣连接，钢管丝扣一头公丝、一头母丝，丝扣加工成地质常用方形粗丝扣。为了便于注浆，管棚钢管采用有孔花管，孔眼为ϕ12mm，间距15cm，呈梅花形布置。为了便于下管，将其最前端钢管做成锥形。

c. 钢管安装。经现场监理工程师同意后方可进行下管作业。下管前先认真检查钢管丝扣质量，丝扣加工不好或钢管有弯曲时不得使用。丝扣要拧紧牢固，必要时采用从内部加焊ϕ10mm钢筋以增加强度，钢管采用钻机顶进。

③ 注浆

注浆设备：注浆泵2~3台，立式搅拌机1台。

安设注浆管和排气管：注浆管采用2cm塑料软管，沿管棚全长布置；排气孔亦采用2cm塑料软管，设于管棚孔内上方。

管棚钢管孔口处理：在钢管安装后，管口用麻丝和锚固剂封堵钢管与孔壁间空隙，钢管自身利用孔口安装的封头将密封圈压紧，压浆管口上安装三通接头。

搅拌浆液：浆液采用普通硅酸盐425号水泥、水灰比为1∶1(重量比)。浆液必须搅拌均匀，然后经滤网放入储浆桶内，再由注浆泵经管路注到管棚钢管内。

注浆作业：管棚注浆是管棚施工的关键环节之一。注浆效果的好坏直接影响管棚施工的质量。注浆参数：水泥浆水灰比1∶1(重量比)，可添加早强剂，初始注浆压力0.5~1Mpa，注浆终压为2Mpa。管棚注浆：浆液必须搅拌均匀，然后放入储浆桶中，由注浆泵经管路注入钢管中。注浆时在注浆泵和钢管头处必须由专人负责操作，并控制好注浆压力和速度，每注完一桶要及时关闭注浆阀。注浆结束标志：注浆压力逐步提高，达到设计终压并注浆不进后稳压3min停止注浆。注浆后，扫排管内胶凝浆液，用水泥砂浆紧密填充，对于非压浆孔，直接充填即可。

施工过程中，要准确记录每孔的下钻起止时间，安装钢管的时间和数量，以及注浆的起止时间和注浆数量等情况，详细记录钻孔过程中地质、水文情况，并准确描述，做好地质超前探测工作。

5）明洞工程

明洞工程施工工艺流程：基础处理→仰拱施工→仰拱填充施工→衬砌混凝施工→防水层施工→明洞回填。

隧道明洞施工时仰拱采用分段开挖，分段浇筑，并进行全幅一次性施工。仰拱施作完成后待混凝土强度达到设计强度的70%时，安设仰拱填充模板，进行仰拱填充。采用液压整体式衬砌台车作为明洞施工的内模，台车就位固定，经测量检查合格后绑扎钢筋，利用木模现场拼装作为明洞施工的外模进行二次衬砌。拱墙采用一次性整体灌注施工。混凝土在洞外采用拌和站集中拌和，混凝土搅拌运输车运至洞内，混凝土输送泵送入模。

隧道明洞施工应合理组织加快施工速度，遵循连贯性原则；开挖后及时衬砌，及时回填，避免边坡长期暴露在外，增强洞口的稳定性。

（1）基础处理

土质挖方到基地标高后清理浮土，实验室进行地基承载力试验，与设计图纸核对，地基承载力不小于250kPa。地基承载力达到设计要求时，对基地进行夯实，准备进行下道工序；如地基承载力不够，报业主、监理、设计单位变更设计，可采取浆砌片石、混凝土换填等措施处理。

石质挖方到设计标高后清理浮渣，对进入到仰拱范围内的孤石进行小炮处理，经验收合格后进入下道工序。

（2）仰拱施工

明洞工程仰拱施工主要包括钢筋的制作及安装、模板的制作及安装、混凝土的浇筑。

① 钢筋的制作及安装

仰拱设计采用C35钢筋混凝土，钢筋采取在洞外钢筋加工场进行制作，洞内进行现场安装。钢筋在定制的模具上进行制作，钢筋的连接应保证焊缝的长度、宽度、厚度符合要求。安装应保证间距均匀，各钢筋允许偏差在规范允许范围之内。

② 模板的制作及安装

模板采用大块木模进行现场的拼制，模板的刚度及平整度符合要求，支撑采用$\Phi42\times3.5$mm的无缝钢管，确保支撑的合理可靠，对拼缝不严密的局部采用膨胀胶进行填塞封堵，防止混凝土浇筑时出现漏浆造成混凝土出现麻面。

③ 混凝土的拌和、运输

混凝土采用拌和站集中拌和，混凝土搅拌运输车运输至施工地点直接入模进行浇筑。混凝土拌和及运输过程应确保混凝土质量，避免混凝土出现离析及混凝土坍落度损失过大，影响混凝土质量。混凝土振捣应确保混凝土满足内实外光的质量要求。

（3）仰拱填充施工

填充混凝土采用C15片石混凝土，混凝土浇筑前，底部必须清理干净，经监理工程师检查合格后方可浇筑。混凝土浇筑应采用拱架模板浇筑，泵送混凝土，从前到后一次浇注成型，人工摊铺，浇筑次序为先浇筑一层30cm混凝土，然后在铺设一层片石，片石厚度不大于30cm，然后再浇筑一层混凝土，依次进行片石混凝土的施工。振捣器振捣时，按照振捣棒的作用半径顺序进行，不能漏捣，不能过振。每点的振捣时间应保证30s，以混凝土表面不再显著下沉、混凝土表面开始泛浆、不再有气泡冒出为宜，施工时片石间距应大于粗骨料的最大粒径，并应分层铺设，振捣密实。

(4) 衬砌混凝施工

① 衬砌模板

明洞衬砌采用衬砌台车作为内模，外模采用木模进行现场拼做。衬砌台车按照隧道内净空尺寸进行设计与制造，钢结构及钢模具有足够的强度、刚度和稳定性。衬砌台车经施工单位会同监理单位验收合格后方可投入使用。

② 衬砌钢筋

钢筋在钢筋棚集中加工，钢筋加工弯制前应调直，并将表面油渍、水泥浆和浮皮铁锈等清除干净；加工后的钢筋表面不应有削弱钢筋截面的伤痕；利用冷拉方法矫直伸长率：Ⅰ级钢筋不得超过2%，Ⅱ级钢筋不得超过1%。

③ 混凝土灌筑

采用混凝土输送泵(拖泵)灌筑混凝土，两侧混凝土对称灌筑。混凝土灌筑过程中采用插入式振捣棒，防止过捣和漏捣出现，确保混凝土表面光滑、平整。混凝土泵应连续运转，管道拐弯圆缓，接头严密，使用前润滑管道。混凝土灌注结束后，及时清理现场，及时检修，保养输送泵，清洗管道。

混凝土灌注后10~20h开始养护，养护时间7~14d，采用喷雾法喷水养护。在混凝土强度达到设计强度70%后方可拆模。

(5) 防水层施工

在明洞衬砌浇筑完毕后进行防水层施工，防水层由土工布及防水板组成。土工布采用单位面积质量不小于400g/m^2，防水板采用1.5mm厚的PVC板。在铺设防水层之前应对基面的外露的突出物及表面凸凹不平处进行检查处理，以保护防水板不受损伤。

(6) 明洞回填

明洞与边坡两侧设计采用M7.5浆砌片石进行砌筑，高度为墙基础以上6.45m。施工采取明洞浇筑，浇筑完成拆除明洞外模后立即施作M7.5浆砌片石。洞顶回填应待明洞混凝土强度达到设计强度的100%后方可进行填筑，填筑前应确保明洞防水系统施工完成且质量符合要求。填筑采取人工配合小型机具进行，采取对称分层填筑，分层夯实，分层厚度不大于30cm。

6.4.3 洞身开挖

丘莫隧道的洞身施工遵循“弱爆破、短进尺、少扰动、早喷锚、勤量测、紧封闭”的施工原则。下文主要分析Ⅴ级围岩洞身开挖、Ⅳ级围岩洞身开挖、Ⅲ级围岩洞身开挖和光面爆破。

1) Ⅴ级围岩洞身开挖

Ⅴ级围岩洞身开挖，采取三台阶预留核心土开挖法。三台阶预留核心土开挖法适用于一般土质或易坍塌的软弱围岩地段，是以弧形导坑开挖留核心土为基本模式，分上、中、下三个台阶七个开挖面，各部位的开挖与支护沿隧道纵向错开、平行推进的隧道施工方法。

施工步骤如下。

第1步，上部弧形导坑开挖。在拱部超前支护后进行，环向开挖上部弧形导坑，预留核心土，核心土长度为3~5m，宽度为隧道开挖宽度的1/3~1/2。开挖循环进尺根据初期支护钢架间距确定，最大不得超过1m，开挖后立即初喷3~5cm混凝土。开挖后及时进行喷、锚、网系统支护，架设钢架，在钢架拱脚以上30cm高度处，紧贴钢架两侧边沿按下倾角45°打设锁脚锚杆，拱脚锚杆和钢架牢固焊接，复喷混凝土至设计厚度。

第2、3步，左右侧中台阶开挖。开挖进尺应根据初期支护钢架间距确定，最大不得超过1m，开挖高度一般为3~3.5m，左右侧台阶错开2~3m，开挖后立即初喷3~5cm混凝土，及时进行喷、锚、网系统支护，接长钢架。

第4、5步，左右侧下台阶开挖。开挖进尺根据初期支护钢架间距确定，最大不得超过1m，开挖高度一般为3~3.5m，左右侧台阶错开2~3m，开挖后立即初喷3~5cm混凝土，及时进行喷、锚、网系统支护，接长钢架。

第6步，上中下台阶预留核心土开挖。

第7步，隧底开挖。每循环开挖进尺长度为2~3m开挖后及时施作仰拱初期支护，完成两个隧底开挖、支护循环后，及时施作仰拱，仰拱分段长度为4~6m，并保证微台阶施工时前方掌子面距离仰拱封闭成环不大于25m。

2）Ⅳ级围岩洞身开挖

隧道穿越Ⅳ级围岩，采用三台阶法开挖施工，如图6.16所示。为改善洞室的受力，降低围岩变形和地表沉降，将断面分成“1”“2”“3”三个部分，即上中下三级台阶。开挖时按照从上至下的步骤施工，并且在挖好一级台阶后立即做好相应的初期支护。台阶长度可根据施工实际情况而定，但上台阶与中台阶最长不可超过10m，下台阶最长不可超过20m，未浇筑二衬部分的仰拱长度不可超过30m。

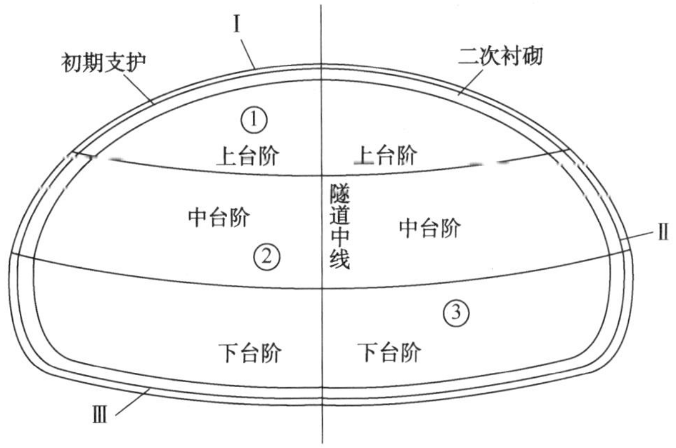

图6.16 Ⅳ级围岩三台阶开挖法示意图

注：Ⅰ—上部弧形导坑环向开挖，施作拱部初期支护；Ⅱ—中、下台阶左右错开开挖，施作墙部初期支护；Ⅲ—中心预留核心土开挖、隧底开挖，施作隧底初期支护

3）Ⅲ级围岩洞身开挖

丘莫隧道Ⅲ级围岩地段开挖依据新奥法原理采用全断面法开挖，如图6.17所示。开挖时，每次循环开挖进尺控制在3m左右，并根据实际情况确定进尺量。

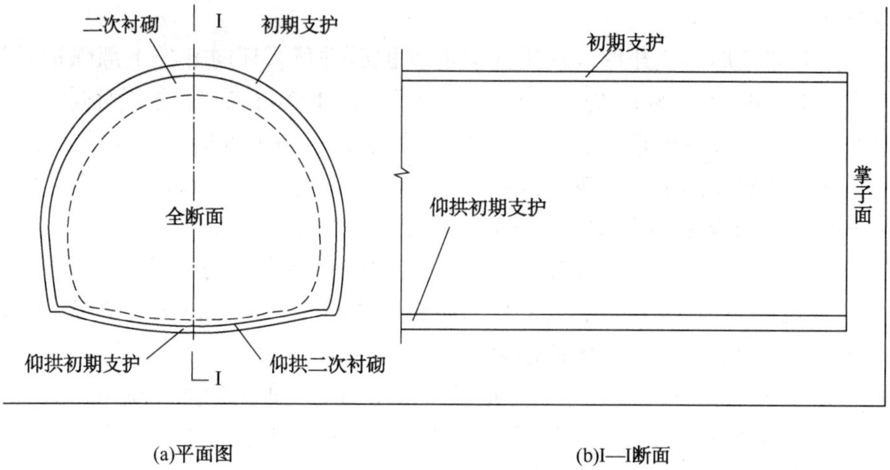

图 6.17　Ⅲ级围岩全断面法开挖示意图

开挖流程为：全断面开挖→全断面初期支护→调平层或铺地施工→铺设环向盲沟及防水板，整体灌注二次衬砌混凝土→循环施工。预留变形沉落量按设计或根据现场监测来确定。

4）光面爆破

根据丘莫隧道爆破区域地形、地质条件、开挖断面、工期及爆破器材要求等条件，采用浅孔爆破开挖，选择小口径炮孔，风动凿岩机钻孔。掏槽形式采用水平斜眼掏槽。周边眼采用光面爆破，不耦合间隔装药，使药量沿炮眼全长均匀分布，以控制爆破震动的危害、减少超挖数量。其他炮眼采用连续装药结构。

影响光面爆破效果的因素有很多，主要有围岩地质条件、炸药特性、断面形状和大小、钻孔质量等。其中围岩地质条件和钻孔质量是最主要的影响因素。

爆破器材选用 2 号岩石硝铵炸药和乳化炸药，电雷管起爆，非电毫秒雷管引爆(1、3、5、7、9、11、13、15、17 段)。

根据设计并结合工期要求，人行横洞采用全断面法开挖施工，紧急停车带采用上下台阶法施工，Ⅳ级围岩采用短台阶法开挖施工；Ⅴ级围岩根据围岩具体情况采用人工配合挖掘机进行开挖，同时辅以少量风枪钻孔控制爆破或风镐凿除。

（1）爆破参数确定

根据现有的凿岩设备及现场施工经验，丘莫隧道开挖采用 Y40 型风动凿岩机钻孔，钻头直径 40mm，成孔直径 42mm。光面爆破参数如表 6.1 所示。

表 6.1　光面爆破参数

岩性	参数					
	饱和单轴抗压极限强度 R_b/MPa	装药不耦合系数 D	周边眼间距 E/cm	周边眼最小抵抗线 V/cm	相对距 E/V	周边眼装药集中度 q/(kg/m)
软岩	≤30	2.00~2.50	30~50	40~60	0.5~0.8	0.07~0.15
中硬岩	30~60	1.50~2.00	45~60	60~75	0.8~1.0	0.20~0.30
硬岩	>60	1.25~1.50	55~70	70~85	0.8~1.0	0.30~0.35

人工凿岩机打眼，装药采用人工装药，炸药选用2号岩石硝铵炸药（遇有水时选用乳化炸药），塑料非电毫秒雷管起爆，Ⅲ级围岩控制在1.0~2.0m，Ⅳ级围岩控制在1.0~2.0m，Ⅴ级围岩控制在0.5~0.8m，具体应视围岩情况而定。炮眼由掏槽眼、辅助眼、周边眼组成。

① 掏槽眼

掏槽眼采用楔形式掏槽形式，其布置如图6.18所示。

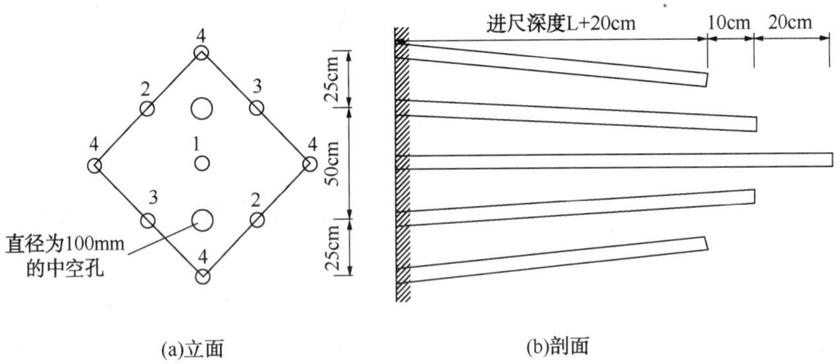

图6.18 掏槽眼布置示意图

注：1、2、3、4—掏槽眼标号

为提高爆破效果，在1号眼上下各打一个中空眼，中空眼采用水平钻机打眼，孔径为10cm，打眼深度一次可达10余米，既是中空眼也作为地质超前探孔。

② 辅助眼

辅助眼布置参数：钻孔直径为42mm；孔深=进尺长度；药卷直径采用ϕ32mm。

为提高爆破效果，减少粉尘，掏槽眼、辅助眼采用水压爆破新工艺，水压爆破装药结构如图6.19所示。

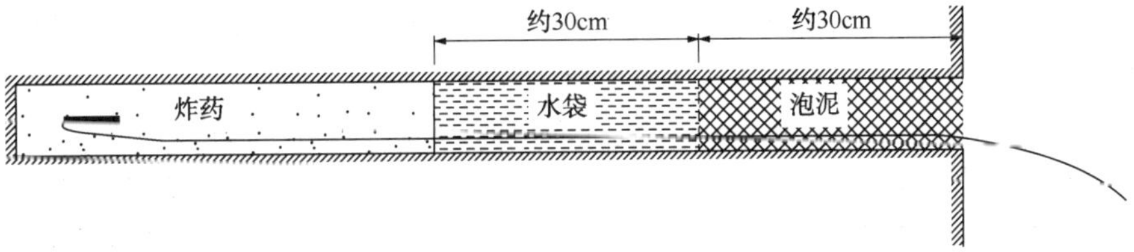

图6.19 水压爆破装药结构

③ 周边眼

周边眼布置参数：炮眼直径为42mm；间距为45~60cm；最小抵抗线为60~75cm；孔深=进尺长度；装药均采用ϕ20mm的小药卷间隔装药，装药结构如图6.20所示。

开挖前进行测量放样，采用全站仪和水平仪，标出开挖中线和标高，画出炮眼位置等。

在钻爆施工中，针对不同的围岩并结合施工现场情况要不断地进行爆破优化，每一循环爆破后，对爆破效果评估，包括炮眼利用率、残留率、药量大小、装药结构、爆破深度、抛碴距离及碴块大小等，通过统计、评估优化爆破设计，从而提高爆破效果，减少对围岩的扰动，充分发挥爆破后围岩的自稳能力，确保施工安全，提高施工生产率。

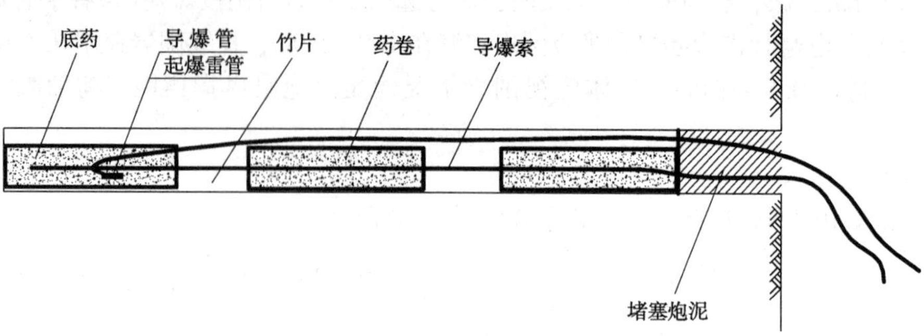

图 6. 20 周边眼装药结构

③ 控制爆破参数

隧道开挖时，能采用机械及人工开挖的部位，则尽量采用人工与机械开挖，不得不采用爆破方式开挖时，尽量采用浅眼松动爆破，爆破震动速度严格控制在 10cm/s 以下。环形开挖留核心土法施工时，上部弧形导洞及下半断面两侧可采用控制爆破，下半断面核心土可采用人工、机械及浅眼松动爆破施工，控制爆破参数如表 6. 2。

表 6. 2 控制爆破参数

岩性	参数				
	饱和单轴抗压极限强 R_b/MPa	装药不耦合系数 D	周边眼间距 E/cm	周边眼至内圈崩落眼间距/cm	周边眼装药集中度 q/(kg/m)
软岩	≤30	1. 40~2. 00	30~40	30	0. 09~0. 19
中硬岩	30~60	1. 30~1. 40	40~45	40	0. 25~0. 35
硬岩	>60	1. 2~1. 3	40~50	40	0. 35~0. 40

(2) 爆破施工

隧道开挖应根据工程地质条件、开挖断面、开挖方法、掘进循环进尺、钻眼机具和爆炸材料等进行钻爆设计。钻爆设计应根据爆破效果调整爆破参数。

钻爆设计的内容应包括炮眼(掏槽眼、辅助眼、周边眼)的布置、深度、斜率和数目，爆破器材、装药量和装药结构，起爆方法和爆破顺序，钻眼机具和钻眼要求等。钻爆设计图应包括炮眼布置图、周边眼装药结构图、钻爆参数表、主要技术经济指标及必要的说明。掏槽炮眼可采用直眼掏槽或斜眼掏槽。

爆破施工要点如下。

① 测量放样布眼

中线、水平控制点布设：为便于检查开挖断面的尺寸及形状，在施工中应设置控制点。中线施工控制点在直线地段宜每 10m 设一个，曲线地段宜每 5m 设一个，中线控制点应设在拱顶处，水平施工控制点宜每 10m 设一个。

中线、水平基点布设：宜距开挖面每 50m 埋设一个中线桩，每 100m 设一个临时水准点。

钻眼前应定出开挖断面中线、水平线，用红油漆准确绘出开挖断面轮廓线，并标出炮眼位置(误差不超过 5cm)，经检查符合设计要求后方可钻眼。

测量方法宜用激光指向仪定向，经纬仪、全站仪配合进行。

② 定位开眼

采用钻孔台车或风动凿岩机钻眼，其轴线与隧道轴线要保持平行。就位后按炮眼布置图正对钻孔。对于掏槽眼和周边眼的钻眼精度要求比其他眼要高，开眼误差控制在 5cm 以内。

③ 钻眼

按照不同孔位，将钻工定点定位。钻工应熟悉炮眼布置图，能熟练操作凿岩机械，特别是钻周边眼，一定要由有较丰富经验的员工进行，有专人指挥，确保周边眼有准确的外插角，使两茬炮交界处台阶不大于 15cm，同时，根据眼口位置、岩石的凹凸程度调整炮眼深度，保证炮眼底在同一平面上。

④ 清孔及成孔检查

钻眼完成后，应严格成孔检查。按炮眼布置图进行检查并做好记录，有不符合要求的炮眼应重钻，经检查合格后才能装药爆破；装药前，用高压风水将炮眼内泥浆、石屑吹洗干净。

⑤ 装药

装药需分片分组，按炮眼设计图确定的装药量自上而下进行，雷管要“对号入座”，要定人、定位、定段别，不得乱装药。所有炮眼均以炮泥堵塞，堵塞长度不小于 20cm。

掏槽眼和底眼连续装药。周边眼采用间隔不耦合装药结构，炮泥封口。

⑥ 联结起爆网路

按设计的联接网路实施。起爆网路为复式网路，以保证起爆的可靠性和准确性。联结时要注意：导爆索的连接方向和连接点的牢固性；导爆管不能打结和拉细；各炮眼雷管连接次数应相同；引爆雷管用黑胶布包扎在离一簇导爆管自由端 10cm 以上处，网路联好后，要有专人负责检查。

⑦ 非点炮人员撤离安全区后才能引爆。爆破后，如有瞎炮，要进行专门处理，分析原因，调整爆破设计。

6.4.4 进洞施工

丘莫隧道洞口段地质条件差，为Ⅴ级围岩，加之洞口段埋深较小为浅埋隧道，洞顶上方基岩层厚度较薄，围岩自稳能力差；左线出口有崩塌体，在暴雨或扰动条件下容易滑塌；左右线进口均为偏压隧道，施工难度大，安全风险高。丘莫隧道进口段高差 70 多米，隧道施工难度大。

左右洞进口相对施作，即两个工作面，分别统一洞口部署和调配。左右线隧道采用先进右洞后进左洞的施工顺序；为确保施工安全，洞口附属工程可同时施工，暗洞首先施工右洞，待掌子面掘进 2 倍开挖跨度后左洞方可进洞。

隧道进洞前做好洞顶防护，隧道进口地势较陡，进洞施工前首先清除危石，确保无岩石掉落，并在洞口仰坡 5m 外设置拦网措施。

进洞前做好临时防排水措施，包括洞顶截水沟和临时排水措施。

① 做好洞顶截水沟。进洞前根据设计要求做好截水沟施工，并根据实际地势情况增加

截、排水沟，尽量减少雨水对边仰坡的冲刷。

② 做好临时排水措施。隧道洞口利用截水沟将水引排至山边既有溪流渠道，避免洞口积水。

1）总体施工情况

（1）测量准备

洞口开挖工程开工之前，测量方面做好如下准备。

① 洞口地表复核。

② 洞口刷坡线放样。

③ 地表沉降观测预埋。

2）套拱施工

丘莫隧道左洞约 ZK66+419~ZK66+422、ZK67+425~ZK67+427 设置套拱；右洞约 YK75+879.5~YK75+881.5、YK75+214~YK75+216 设置套拱。

当边仰坡各测试项目所显示的位移速度明显减缓并已基本稳定时，所产生的位移量已达到预计位移量的 80%~90%，位移速度小于 0.1~0.2mm/d 后将尽快展开套拱的浇筑。

（1）施工放样

隧道套拱的施工放样，主要是平面位置和纵断高程的放样，平面位置放样在套拱施作时采用全站仪对拱架进行定位，确保能为管棚提供导向作用。纵断高程的测量采用水准仪，同时用全站仪校正安管斜度，确保套拱不侵入洞身。

（2）套拱基础

基础应落在稳固地基上，地基承载力应≥400kPa，如果地基承载力不能满足设计要求，需要开挖换填稳定性好的土、石回填并压实或夯实，即在一定范围内，把影响基础稳定性的软土用挖掘机挖除，用稳定性好的土、石换置，浇筑片石混凝土等，分层填筑、分层压实、分层检测压实度。待完成换填施工后方可施作护拱基础。

（3）钢架下料

下料前必须清楚是属于那部分衬砌结构部位的钢架，准确计算下料长度（考虑弯曲伸长量以节约钢材），然后经弯曲机进行试弯，每弯曲一次用模具校对直至合格，用记号笔精确标注弯曲机转轴的位置，作为加工该型号钢架的转轴定位标志。为保证各部位尺寸符合设计要求，每加工 1 榀钢拱架都必须用模具校核。

（4）连接钢板焊接

连接钢板焊接必须符合焊接工艺要求，焊缝必须饱满、无漏焊、无焊伤，并且保证钢拱架轴线垂直钢板中心线，保证构件连接成钢架后整体的密贴和稳固，钢架各构件段在同一个平面内。

（5）钢架的安装

钢架安装在洞口进行。安装前首先在测量定位需安装钢架基座处平放钢板或垫木，然后分段进行安装，连接螺栓必须拧紧。为保证钢架稳定，套拱钢拱架一次性安装完成，用 Φ22mm 连接筋焊接连成整体。

（6）导向管的设置

导向管均采用 Φ133×6mm 热轧无缝钢管，导向管外插角 1°，外侧与钢拱架搭接可靠，里侧施工放样采用钢筋加固支撑，导向管共设35根，每根长2m。

(7) 模板安装

① 内模

套拱采用挂模施工，钢拱架、纵向连接筋、导向管安装完成后，开始施作内模，模板依靠Φ20mm钢筋环向固定，模板完成后开始加固内模，支撑采用钢拱架和导管。

② 外模

待内模加固完成后，按设计60cm厚安装外模，为保证混凝土的密实度，首次装模高度不应大于1m，待完成拱脚1m混凝土浇筑后，按照混凝土浇筑时间依次将模板安装。

3) 辅助施工(超前支护)

辅助施工(超前支护)包括长管棚施工、大管棚施工和超前小导管施工。

(1) 长管棚施工

左右线进口长管棚均为30m。管棚平行路面中线布置。

长管棚设计参数如下。

① 钢管规格：热轧无缝钢管ϕ108mm，壁厚6mm，节长4m、6m。

② 管距：环向间距中至中50cm。

③ 倾角，仰角1°(不包括路线纵坡)；方向，与路线中线平行。

④ 隧道纵向同一横断面内的接头数不大于50%，相邻钢管的接头至少错开1m。

⑤ 管棚前端设长为10cm的锥头。

⑥ 长管棚中无孔段长度为4.5m。

(2) 大管棚施工

① 施作洞口套拱(即导向墙)

由于管棚钢管设置较密，施工精度要求高，因此为了保证施工质量，在施作套拱时，预埋35根ϕ133×6mm导向管，导向管按照水平向上1°埋设，加强钻孔导向。施工混凝土时，导向管的两端用编织袋堵塞，防止混凝土进入导向管。套拱长度2m，C30混凝土现浇，厚60cm；模板采用5cm厚度的木模板，表面平整、顺直且以新机油作为脱模剂。支撑采用直径42mm焊接钢管，间距80cm，加强支撑强度，防止模板变形，支持混凝土拱圈浇筑顺序从两侧拱脚向拱顶对称进行，间歇及封顶的层面成辐射状。

② 搭设平台

碗扣式钢管搭设平台，搭设时由下往上逐层使用，逐层搭设。平台要满足承重和水平推力的要求。

③ 设备定位

钻孔前，对每个孔进行编号。并对每个钻孔的位置、钻杆的倾角及方位角都要认真校对，保证钻机轴线与导向管轴线一致。钻机经过测量定位后，采用专门的固定件，牢固固定在平台上。

④ 钻孔

钻孔前先检查钻机机械状况是否正常、并在导向管外侧套拱端面标出孔位和孔号，钻孔顺序原则上是先单号后双号。钻机就位后，根据事先测量放样的点位按顺序开始钻孔；施钻时，顶紧套拱，提高施钻精度。施工中针对不同的地层，采用不同的钻孔施工方法：

土层采用“钻杆+薄壁岩芯管+三翼钎头”的钻具组合进行施工；破碎岩层采用“螺旋钻杆+潜孔冲击器+钻头”的钻具组合进行施工。钻机开孔时钻速宜低，钻深至20cm以后转入正常钻速。第一节钻杆钻入岩层尾部剩20~30cm时钻进停止，用两把管钳人工卡紧钻杆，钻机低速反转，脱开钻杆。钻机沿导轨退回原位，人工装入第二节钻杆，并在钻杆前端安装好连接套，钻机低速送至第一根钻孔尾部，方向对准后连接成一体。每次均按上述方法进行接长，直至设计孔深。换钻杆时，要注意检查钻杆是否弯曲，有无损伤等，不符合要求的应更换，以确保正常作业。

钻孔方向为水平向上1°，纵向为顺线路方向。为防止钻杆在推力和振动力双重作用下上下颤动，导致钻孔不直，钻孔时应把扶直器套在钻杆上，随钻杆钻进向前平移。

钻孔过程中，经常检查钻杆偏斜度以控制钻孔的偏斜度(采用全站仪测量外露杆体前后部位的轴向及外插角度的差值是否在允许范围)，发现偏斜度超过设计及规范要求的，应立即退出重新钻孔。每孔钻孔施工过程中要加强清孔，成孔后再次清孔。利用高压风，由里而外进行清孔，清孔时，如出现卡钻、退杆不畅等现象，则需要来回几次，直至清理干净。

⑤ 钻孔测斜及纠偏

管棚施工中对钻孔方向(空间位置)的精度要求很高，终孔位置出现偏差将会产生诸如，妨碍邻近管子的钻设，形状参数不齐导致支护效果不好，管子下沉侵限开挖时需切除造成间隔增大而发生坍塌等影响质量的情况。

⑥ 顶管施工

清孔、验孔完成后，顶管施工采用水平钻孔设备进行顶进施工，利用钻机的冲击和推力进行插管。顶进速度快，且操作方便。

⑦ 管棚钢管加工

根据地质条件、注浆工艺需要，管棚钢管采用有孔钢花管，钢管接头采用丝扣连接套管，丝扣螺纹段长大于15cm，钢管应在专用的管床上加工好丝扣。

为方便注浆，钢花管孔眼采用梅花形分布，钢管四周钻ϕ8mm出浆孔(靠掌子面4.5m的棚管不钻孔)，孔间距25cm；管头焊成圆锥形，便于入孔。

a. 管棚钢管的编组。管棚钢管安装时，考虑管棚受力、整体结构等因素，要求在同一断面内的钢管接头数量不大于50%，并且相邻钢管的接头至少要错开1m。

b. 钢管顶进。钢管在顶进前必须逐孔逐根进行编号，按编号顺序接管推进，不得混接(从上自下，先顶单号孔，后顶双号孔)，插管完成后，钢管与导向管间隙用速凝水泥或其他材料堵塞严密，以防注浆时浆液冒出，同时管口设置进浆孔(阀门)和排气孔(阀门)。钢管顶进前，先检查钻孔孔道是否干净，可用岩芯管再一次扫孔，清除孔道内的岩渣、碎块等。安设钢管时，认真检查钢管质量。丝扣加工不好或钢管有轻微弯曲等均不得使用。顶进时，在岩层段阻力相当大，因此，在钻机与套拱之间宜用“葫芦”拉紧。钻机加压不要过大，过猛，发现顶进阻力大时，可边旋转、边顶进，甚至借冲洗液辅助顶进。

⑧ 管棚注浆

a. 管棚孔口钢管安装

注浆前，把导向管和钢管间隙密封。为保证注浆效果，孔口设排气孔。注浆时，把排气阀打开排气，等浆液从排气阀流出时，再把排气阀关掉。

b. 管棚注浆

水泥浆水灰比为1∶1。注浆压力：初压0.5~1MPa；终压2MPa。注浆顺序：从下而上，分段注浆，先注单号孔；如在双号孔钻孔过程中，渣样不能发现水泥浆痕迹，则双号孔也需注浆补强；如有明显水泥浆痕迹，则双号孔无须补强注浆，仅采用水泥砂浆填充管体。

每个钢管注浆量 Q 计算如式(6.3)所示。

$$Q=\pi R_2 L\xi\eta \tag{6.3}$$

式中 R_2——浆液扩散半径，$R_2=0.6L_C$（L_C为钢花管中心间距，取0.5）；

L——管棚长度取30m；

ξ——注浆饱满系数，取0.23；

η——孔隙率，取0.15。

经计算单根大管棚注浆量为：1.299m^3；41根大管棚注浆量为53.26m^3。

注浆液必须搅拌均匀，然后经滤网放入储浆桶，再由注浆泵经管路注到钢花管中。注浆时，控制好注浆压力和速度，在注浆泵及钢管孔口处设专人操作，认真观察压力表和孔口有无异常现象，注浆过程中安排专人观察地表是否有浆液流出，每注完一桶，就要把孔口注浆阀关闭，以防浆液倒流。现场技术人员对注浆过程做好详细记录。

c. 注浆结束标准

钢花管注浆按单孔注浆量达到设计注浆量作为注浆结束标准。当注浆压力达至设计终压20min后，进浆量仍达不到设计注浆量时，也可结束注浆。另外，当注浆压力达到终压的80%时，出现较大的跑浆，经间歇注浆后，也可结束注浆。

d. 注浆异常现象处理

注浆过程中，经常发生浆液从其他孔流出的现象，即串浆现象。发现串浆时，在有多台注浆机的条件下，应同时注浆；无条件时，应将注浆孔及时堵塞，轮到该管注浆时再拔下堵塞物，用铁丝或细钢筋将管内杂物清除，并用高压风吹冲(拔塞后向外流浆的注浆管不必进行此工序)，然后再注浆。水泥浆进浆量很大，压力长时间不升高，则应调整浆液浓度及配合比，缩短凝胶时间，先进行小泵量低压力注浆或间歇式注浆，使浆液在裂隙中有相对停留的时间，以便凝胶，但停留时间不能超过水泥浆的凝胶时间。

⑨ 注浆效果检测

管棚注浆施工完毕后，为了探明注浆加固效果，需采取一定的检测手段对注浆效果加以评定，从中找出不足，加以改进，不断提高注浆技术水平。采用第二循环钻孔检查第一循环注浆效果。

(3) 超前小导管施工

超前小导管适用于洞口段洞身浅埋V岩层分界段及岩性破碎带，对围岩裂隙较发育，岩体较破碎的地段进行超前支护；左右线施作段落共计550m，洞口段左右线长度为430m。

① 超前小导管设计参数

钢管采用外径42mm、厚5mm的热轧无缝钢管，钢管长度为5m每根。为方便小导管插入围岩内，钢管前端宜做成尖锥状，管壁四周钻8mm压浆孔，尾部100cm不设压浆孔。间距：钢管环向间距为50cm。外插角为18°。注浆液采用水泥浆(施工开挖时有水出露则应变更设计，注浆由单液浆改注水泥-水玻璃双液浆)，水泥浆液水灰比为1∶1(重量比)，注浆压力为0.5~1.0MPa。

② 超前小导管施工方法和要领

a. 超前小导管安设一般采用钻孔打入法，即先按设计要求先钻4m孔，钻孔直径比钢管直径大3~5mm，然后将钢管穿过钢架，用锤击或钻机顶入，顶入长度不小于钢管长度的90%，并用高压风将钢管内的砂石吹出。

b. 小导管安设后，用塑胶泥封堵孔口及周围空隙，必要时在小导管附近及工作面喷射混凝土，以防止工作面坍塌。

c. 导坑的开挖长度应小于小导管的注浆长度，预留部分作为下一循环的止浆墙。

d. 注浆前后应进行压水试验，检查机械设备是否正常，管路连接是否正确，为加快注浆速度和发挥设备效率，可采用群管注浆(每次3~5根)。

e. 注浆施工前应进行注浆试验，以确定合适的注浆参数值。

f. 注浆量达到设计注浆量和注浆压力达到设计终压时可结束注浆。

g. 注浆过程中要随时观察注浆压力及注浆泵排浆量的变化，分析注浆情况，防止堵管、跑浆、漏浆。做好注浆记录，以便分析注浆效果。

6.4.5 防排水施工

1) 洞口防排水施工

在洞口仰坡及边坡以外5m的适当位置设置洞外截水沟；洞口范围雨水经截、排水沟汇入路基涵洞或自然沟渠内。

2) 中心排水管施工

中心排水管采用C30钢筋混凝土花管，考虑到工期进度影响，本管段隧道中心排水沟均采用预制拼装。排水管统一厂家预制生产，现场人工配合机械拼装。仰拱灌注完成后，灌注填充混凝土时同步安装中心排水管。

① 施工工艺

仰拱混凝土灌注完成后，在仰拱混凝土面测量放样出中心排水沟平面位置和底部高程。安装中心排水管，采用底部搭设简易钢筋架固定住排水管位置。灌注填充混凝土。

② 施工控制要点

a. 灌注填充混凝土之前和灌注过程中必须注意固定排水管架子，避免灌注过程中排水管移位，导致排水不畅。

b. 灌注填充混凝土时注意保护好管口，避免混凝土或其他杂物进入管道造成堵塞或污染。中心排水管安装的坡度和纵向顺直度必须满足设计要求，以保证水流畅通。

c. 中心排水管由于是预制管节，有企口和平口两种连接方式。必须注意排水管的连接牢固，采用土工布包裹密实连接。

3) 洞身防排水

隧道洞身防水是在二次衬砌与初支之间铺1.2mm厚防水卷材，在卷材与喷射混凝土之间铺设一层300g/m^{2}的无纺布作为缓冲层，二次衬砌施工缝设带注浆管的遇水膨胀止水条，沉降缝设橡胶型止水带。隧道衬砌排水主要内容包括以下几点。

① 衬砌背后环向设置 ϕ50mm 单壁打孔波纹管(环向盲沟)。

② 在衬砌两边墙墙脚外侧纵向设置 100HDPE(High Density Polyethylene，高密度聚乙烯)双壁打孔波纹管(纵向盲沟)。

③ 在两侧检修道下设置纵向排水边沟，纵向排水沟与纵向盲沟采用双壁无孔波纹管横向连接。

④ 在两侧路缘带设置开口路缘边沟，洞内清洗水通过纵向路缘边沟排出洞外，路缘边沟按间距 50m 设置沉沙池。

纵向排水边沟、纵向盲沟全隧贯通；环向盲沟在有集中水流处设置，并下伸至边墙与纵向盲沟相连，衬砌背后地下水从环向盲沟，无纺布汇集至纵向盲沟后，通过横向排水管将地下水引入纵向排水边沟，排出洞外。

4）防水层施工

（1）施工工序

施工工序：施工准备→喷射混凝土基面处理→原材检测→土工布的铺设→防水板的铺设→质量检查(合格)→下道工序

（2）主要施工内容

① 施工准备

防水层铺设利用轨行式作业平台施作，将爬焊机使用的电源线接到位，检验爬焊机、热风焊枪能否正常工作。防排水板在洞外清洗干净，并运至施工现场。监控量测表明支护变形已基本趋于稳定且净空满足设计要求、支护表面平整经钻孔检测初期支护及背后密实，满足质量要求后铺设土工布。防水层铺设作业区不得进行爆破，防止飞石损坏防水层结构。在衬砌台车就位前，对防水层进行全面检查。防水层施工与二次衬砌混凝土灌筑之间相距 30m 左右。

② 喷射混凝土基面处理

喷射混凝土基面必须牢固、无裂缝、松动、起鼓、凹坑、起砂、掉灰等缺陷，同时进行锚头、钉头、钢筋头、钢支护凸出者切至与基面整平，并用砂浆抹盖。

喷射混凝土基面平整光滑、均匀一致，其平整度用 2m 直尺和塞尺检查，其空隙不大于 3mm，并应平缓变化。

防水层施工前基层应清理干净，施工温度应在 5℃以上。对排水口、管子根部等易发生渗漏的薄弱部位，先涂刷一层氯丁胶黏剂，厚度 1mm 左右，随即粘贴一层无纺布，再在其上涂刷 1mm 厚氯丁胶黏剂，使形成一层增强层。基层处理干燥后按现场情况弹出卷材铺贴位置。

③ 原材检测

严把原材料进场关，进场防水材料均由物资部门提供各种有效证明，不合格产品不得进场。防水材料按品种、规格和检验状态分别标识存放。土工布进场时，必须按批抽取试件进行检测，土工布每平方米不低于 350g，达到标准和设计要求方可使用。

④ 土工布的铺设

加工防水层专用台车人工铺设土工布，台车长度 12m，加工要求轻便、灵活、方便施工。

施工前进行精确放样，弹出标准线进行试铺，尽量减少接头。标出初期支护拱顶中线，土工布中线与拱顶中线一致，从拱顶向两拱脚、边墙对称铺设。

铺设土工布时应环向铺挂，先拱后墙，上部土工布应压住下部土工布。低侧应压包裹纵向排水管，固定土工布时不得紧绷，并保证与喷射混凝土表面密贴。用手托起土工布，看其是否与喷射混凝土密贴。在拱顶 1m 范围内土工布不得下凹或呈水平状。

防水层采用无钉孔铺设工艺，用穿有塑料焊垫的水泥钉在隧道轮廓喷射混凝土表面从上向下梅花形布置，间距 0.6m×0.6m。

土工布沿隧道纵向一次铺挂长度要比本次灌筑混凝土长度多 1～3m，以便于与下一循环的相接，同时可使土工布接缝与混凝土接缝错开 1～3m，有利于防止混凝土施工缝渗漏水，对预留部分边缘部位进行有效的保护。绑扎或焊接钢筋时，采取措施尽量避免对卷材造成破坏。混凝土振捣时，振捣棒避免接触防水层，以防振动棒破坏防水层。

土工布在铺设过程中，不能有任何孔眼穿透土工布，以确保防水板整体性、完整性、防水性。防水层表面应平整顺直，搭接尺寸正确，接缝及末端处理必须封严，不得有扭曲、皱褶、翘边、脱层或滑动等缺陷。

⑤ 防排水板的铺设

防排水板的铺设应超前二次衬砌施工 20m，同时与开挖掌子面应保持一定的安全距离，防止爆破产生飞石损坏防水层结构，防排水板厚度不小于 1.2mm，铺设防水板，首先施工前进行精确放样，弹出标准线进行试铺，尽量减少接头。标出防水板中线与拱顶中线一致。防排水板根据实际情况下料，铺设时应从拱顶向两拱脚、边墙对称铺设，上部防排水板应压住下部防排水板，低侧防排水板应压住高侧防排水板。

铺设固定防水板(图 6.21)将拱顶部的防水卷材与热熔衬垫片焊接，再同土工布垫层一样从拱顶开始向两侧下垂铺设，边铺边与热熔衬垫焊接。铺设时要注意与土工布密贴，不得拉得太紧，并留出余量。将防水板专用熔热器对准热熔衬垫所在位置进行热合，一般 5s 即可。两者黏结剥离强度不得小于防水板抗拉强度。

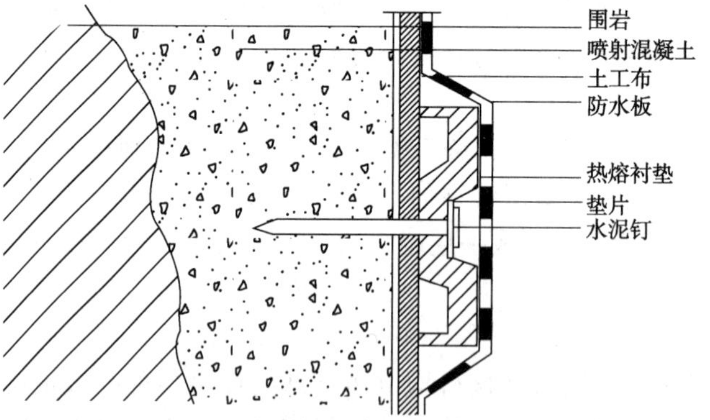

图 6.21　铺设固定防水板

防水板的搭接必须是“T”形接头。在焊缝搭接的部位焊缝必须错开，不允许有三层以上的接缝重叠。焊缝搭接处必须用刀刮成缓角后拼接，使其不出现错台。两幅防排水板的搭接宽度不小于 150mm，焊接接缝处必须擦洗干净，防排水板之间的拼接采用双焊缝焊接工艺，双焊缝的有效焊接宽度不应小于25mm，焊接严密，不得焊焦焊穿，防水板焊接如图6.22所示。

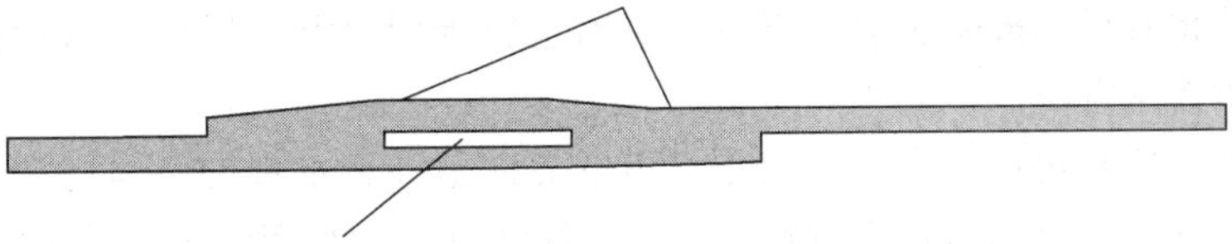

图6.22 防水板焊接

焊接完后的卷材表面留有空气道，用以检测焊接质量。检查方法：用5号注射针与压力表相接，用打气筒进行充气，在0.25MPa压力作用下保持15min，最终不小于0.225MPa。否则补焊至合格为止。检查每环防排水板是否有孔眼及漏缝、虚缝，是否有个别破损点，如有要进行覆盖焊补。

5）止水带施工

环向施工缝是结构自防水的薄弱环节，必须认真做好防水处理。施工缝采用带注浆管的遇水膨胀止水条带。

每衬砌类型变化界面均设置沉降缝，每道沉降缝必须在全断面(包括仰拱)设置，采用橡胶止水带。

（1）施工工序

施工工序：施工准备→原材检测→浇筑先衬砌段、形成预留槽→预留槽检查、整修→安装止水带→后浇筑段模板台车就位。

（2）施工要点

① 施工准备

在挡头板上准确放样止水带定位中线，并将止水带清洗干净。先浇筑混凝土段，使用的木条应用水浸泡，浸泡后据成小节并根据弧形预弯。止水带使用的铁锤、钢钉的数量能够满足施工需求。

② 原材检测

严把原材料进场关，进场防水材料均由物资部门提供各种有效证明，不合格产品不得进场。

③ 浇筑先衬砌段、形成预留槽

隧道衬砌在安装挡板时，在挡头板事先放样的中线上全环设一条木条，并与挡头板固定牢固。混凝土浇筑过程中要经常观察木条的位置，如发生偏位等现象要及时处理，确保预留槽位置的准确性，并检查衬砌端截面的混凝土，严格控制跑模或蜂窝、麻面，拆模后混凝土面自然形成一道连续凹槽。采用预留凹槽嵌入式止水条粘贴法，该方法可将止水条卡入预留凹槽中，可有效防止止水带在施工中移位、脱落，并确保与先浇筑衬砌端面的密贴。

④ 预留槽检查、整修

在粘贴止水带前对预留槽进行全面检查，不得有油、尘、泥等污物，槽体平直圆顺，不得有突出混凝土块、麻面、露石，否则应清洗凿除，并用钢刷、砂布砂平，清洗用高压水冲洗干净。

⑤ 安装止水带

在安装前应检查预留槽是否有水渗入，若有应将水引排开，保证止水带在安装时或浇筑混凝土时不被渗水淋湿。

止水带安装部位确定后，在需安装止水带的界面上和止水带的底面均涂上薄薄一层胶黏剂，待胶液挥发一段时间后再进行粘贴，或用高强钉将止水带固定在已确定安装的部位。若遇混凝土界面潮湿或凸凹不平，胶黏剂粘贴固定不牢时，可视具体状况用高强钉进一步加强固定，钢钉采用3cm长，用铁锤或用射钉枪固定，固定间距：拱部20~30cm；边墙：30~45cm。

将止水带顺槽拉紧嵌入，确保止水带与槽底密贴，不得有空隙；若止水带比槽明显窄，可将止水带靠洞内侧贴紧槽壁放置嵌入，靠围岩一侧若有孔隙可用刀片切止水带成薄片嵌入挤满。止水带必须与混凝土界面紧密接触，固定牢实，防止止水带脱离界面而失去抗渗作用。

止水带延伸使用，接头处采用重叠的方法进行搭接连接，搭接处粘贴后再用高强钉加固定，安装路径沿施工缝形成闭合环路，其间不得留断点。

止水带安装并经检查后，台车立即就位、浇筑混凝土，不得长时间搁置(即止水条安装至浇筑混凝土结束不超过24h)。

6.4.6 隧道照明施工

1）供电电压和供电方式

(1) 供电电压

洞内采用6~10kV高压供电，各级供电电压为：高压6kV，低压380V。

(2) 照明

开挖、支撑及衬砌作业地段为12~36V；成洞地段为110~220V；手提作业灯为12~36V。

(3) 供电方式

进口工区由地面变电站的6~10kV母线电缆供电。对洞内凿岩台车采用移动式变电站供电，每隔250~300m移动一次，抽水机和通风机等采用固定式配属变压器供电。

(4) 低压配电系统

洞内低压配电系统原则上采用中性点不接地的三相三线制供电。进口工区可根据项目部制定的安全措施，采用中性点接地的三相四线供电。

隧道洞内采用动力、照明共用变压器供电。

2）隧道照明施工

成洞和开挖成型地段，可选用220V，400W或者220V，250W高压钠灯。安装距离40~60m一盏，安装高度与起拱线齐。要求每盏灯安装一个开关。

电线悬挂高度距人行地面的距离，110V以下时不应小于2m；400V时应大于2.5m；6~10kV时不应小于3.5m。瓦斯地段的电缆应沿侧壁铺设，不得悬空架设。

开挖工作面和需要移动照明的局部地方，可选用36V的白炽灯。36V低压变压器应设在安全、干燥处，机壳接地，输电线路长度不应大于100m。

3）隧道供电有关安全规定

（1）一般规定

① 洞内不得带电检修、搬迁电气设备(包括电缆或电线)。

② 非值班电气人员，不得擅自操作电气设备。

③ 操作高压电气设备主回路时，操作人员必须戴绝缘手套，穿绝缘靴或站在绝缘台上。

④ 动力干线上的每一分支线，必须装设开关及保险丝具。禁止在动力线路上加挂照明设施。

⑤ 一切容易碰到的、裸露的电气设备必须安设遮拦，遮拦高度不低于1.7m。

⑥ 隧道内的照明灯光应保证亮度充足、均匀、不闪烁，应根据开挖断面的大小，工作面的位置选用不同高度的照明；潮湿及渗、漏水隧道中的电灯应使用防水灯口。

（2）机电设备洞室

① 洞室必须保证无落石可能，不得渗水。

② 洞室内应设置灭火器和沙箱，并在出口通道处设置向外开的铁门。

③ 当变电所与水泵房相毗邻时，两洞室间应设置带门得隔墙，各自应有一个单独的出口。洞室长度超过10m时，应在两侧均留设出口。

④ 配电室和控制室应能自然通风，并应采取措施防止雨雪和小动物出入；成列的配电屏(盘)和控制屏(台)两端应与重复接地及保护零线做电气连接。

⑤ 洞室内，各项设备同墙壁之间，应留出50cm以上的通道，设备之间应留出0.8m以上通道。

⑥ 洞室入口应悬挂“非工作人员不得入内”的警示牌，洞室内有高压电气设备时，要在明显的地方加挂“高压危险”牌。

⑦ 配电屏(盘)正面的操作通道宽度单列布置不小于1.5m，双列布置不小于2m，配电屏(盘)后的维护通道宽度不小于0.8m，侧面的维护通道不小于1m；配电室的顶棚距地面不低于3m；配电室内设值班或检修室时，该室外距配电屏(盘)的水平距离应大于1m，并应有屏障隔离；配电室内的裸母线与地面垂直距离小于2.5m时，应采取遮栏隔离，遮栏下面通行道的高度不小于1.9m；配电装置的上端距顶棚不小于0.5m。

（3）电气设备的保护

洞内高压电动机、动力变压器高压侧，应有短路、过负荷保护和无压释放保护；其余配电点上引出的馈电线上，则必须按时短路和过负荷保护。

手持式用电设备必须安装漏电保护装置。洞内高压电动机的变电所母线上需安装磁吹式避雷器和电容器。所有电气设备的保护接地装置和局部接地装置，都应同主接地极连接以形成一个总接地网。

（4）电缆的选用

电缆实际敷设地点的水平差，应同电缆规定的允许敷设的水平差适应。固定敷设的高压电缆应采用钢丝铠装电缆。移动式电站和手持式电气设备应采用专用橡胶电缆。固定敷设的低压电缆应采用铠装电缆或橡胶电缆。低压电缆不宜采用铝芯，开挖面禁止采用铝芯。

(5) 电缆的敷设

主洞内，电缆应用吊钩悬挂。电缆敷设应有适当的弛度，敷设中不能承受较大的拉力。若未衬砌段长度大于300m，则在该段敷设的电缆应预留6~10m富裕长度，以便通过台车。

电缆悬挂高度不宜低于2.5m。电缆悬挂点的距离不应超过3m，并与风、水管分侧敷设。若在同侧，则电缆必须敷设在风、水管上方30cm以上。

(6) 电缆的维护

电缆应定期进行巡查，检查是否有放电烧损、电缆及终端是否有漏油情况、终端瓷套是否清洁、接地线有无松动断股等现象。

电缆温度至少每月检查一次，测量电缆温度应在负荷最大的时间进行。

电缆金属保护层的接地线应同洞内接地网的主接地极相连接，接地电阻应每季度检查一次，其值不应大于4Ω。

4) 配电箱与开关箱安全注意要点

(1) 施工现场配电箱与开关箱设置的安全技术要点

① 施工现场临时用电一般采用三级配电方式，即总配电箱(或配电室)，总配电箱以下设分配电箱，再以下设开关箱，开关箱以下就是用电设备。

② 总配电箱应设在靠近电源的地区；分配电箱应装设在用电设备或负荷相对集中的地区；分配电箱与开关箱的距离不得超过30m；开关箱应由末级分配电箱配电，开关箱与其控制的固定式用电设备的水平距离不宜超过3m。

③ 配电箱与开关箱应装设在通风、干燥及常温场所。严禁装设在有严重损伤作用的瓦斯、烟气、蒸汽、液体及其他有害介质中，不得装设在易受撞击、振动、液体浸溅以及热源烘烤的场所，配电箱与开关箱周围应有足够两人同时工作的空间和通道，不得堆放任何妨碍操作、维修的物品，不得有杂草、灌木等。

④ 配电箱、开关箱应采用铁板或优质绝缘材料制作，铁板厚度应大于1.5mm；配电箱内的电器应首先安装在金属或非木质的绝缘电器安装板上，然后整体紧固在配电箱箱体内；金属板与配电箱箱体应做电气连接。

⑤ 配电箱、开关箱内的连接线采用绝缘导线，接头不松动，不得有外露带电部分；配电箱、开关箱内的工作零线应通过接线端子板连接，与保护零线接线端子板分设；配电箱、开关箱的金属箱体、金属电器安装板以及箱内电器的不应带电金属底座、外壳等必须做保护接零，保护零线应通过接线端子板连接。

⑥ 动力配电箱与照明配电箱宜分别设置，如合置在同一配电箱内. 动力和照明线应分路设置。

⑦ 配电箱、开关箱中的导线进线口和出线口应设在箱体的下底面，严禁设在箱体的上顶面、侧面、后面或箱门处；进线和出线应加护套分路成束并做防水弯；导线束不得与箱体进、出口直接接触；进入开关箱的电源线，严禁用插销连接；移动式配电箱、开关箱的进口线、出口线必须采用橡皮绝缘电缆。

⑧ 配电箱、开关箱应装设牢固、端正，移动式配电箱、开关箱应装设在坚固的支架上，固定式配电箱、开关箱的下底面与地面的垂直距离应大于1.3m，小于1.5m；移动式

分配电箱、开关箱的下底与地面的垂直距离宜大于0.6m，小于1.5m；所有的配电箱、开关箱必须防雨、防尘。

(2) 配电箱、开关箱内的电器装置安全技术要点

① 配电箱、开关箱内的电器装置必须可靠完好，严禁使用破损、不合格电器，各种开关电器的额定值应与其所控制的用电设备的额定值相适应。

② 每台用电设备应有各自专用的开关箱，必须实行“一机一闸”制，严禁用同一个开关电器直接控制两台及两台以上的用电设备(含插座)。

③ 在停、送电时，配电箱、开关箱之间应遵守合理的操作顺序。送电操作顺序：总配电箱→分配电箱→开关箱。断电操作顺序：开关箱→分配电箱→总配电箱。

正常情况下，停电时首先分断自动开关，然后分断隔离开关；送电时先合隔离开关，后合自动开关(出现电气故障时的紧急情况除外)。

④ 使用配电箱、开关箱时，操作者应接受岗前培训，熟悉所使用设备的电气性能和掌握有关开关的正确操作方法。

⑤ 总配电箱、分配电箱应装设总隔离开关和分路隔离开关、总熔断器和分路熔断器(或总自动开关和分路自动开关)。总开关电器的额定值，动作整定值应与分路开关电器的额定值、动作整定值相适应。

⑥ 总配电箱还必须安装漏电保护器、电压表、总电流表、总电度表和其他仪器。开关箱内的开关电器必须在任何情况下都可以使用电设备实行电源分离。

⑦ 开关箱内也必须安装漏电保护器，使用于潮湿和有腐蚀介质场所的漏电保护器应采用防溅型产品，总配电箱和开关箱中的漏电保护器应合理选用，使之具有分级分段保护的功能，漏电保护器至少每月检查一次，确保完好有效。

(3) 配电箱、开关箱使用与维护的安全技术要点

① 施工现场所有配电箱、开关箱都要由专人负责(专业电工)，所有配电箱、开关箱应配锁，并标明其名称、用途，做出分路标记。

② 开关箱操作人员应熟悉开关电器的正确操作方法；施工现场停止作业1h以上时，应将动力开关箱断电上锁。

③ 配电箱、开关箱内不得放置任何杂物，不得挂接其他临时用电设备；使用和更换熔断器时，要符合规格要求，严禁用铜丝等代替保险丝。

④ 所有配电箱和开关箱每月必须由专业电工检查、维修一次，电工必须穿戴绝缘防护用品，使用电工绝缘工具；非电工人员不许私自乱接电器和动用施工现场的用电设备。

⑤ 配电箱的进线和出线不得受外力，严禁与金属尖锐断口和强腐蚀介质接触。

6.4.7 隧道通风防尘

丘莫隧道采用爆破法开挖，将产生大量炮烟；出渣采用无轨出渣，汽车、装载机等机械设备将产生大量有害气体，且隧洞较长，主洞绝大部分烟尘只能通过洞口排出，随着隧洞的加深，通风排烟将十分困难。因此，必须采取有力的通风防尘措施，以保障洞内空气清新，创造良好的施工环境，保证洞内施工人员的身体健康，提高劳动效率，加快施工速度。

根据丘莫隧道施工特点和隧洞施工长度，结合类似工程通风经验，洞内通风采用 2×90kW 轴流变速风机压入式通风，具体通风防尘内容如下。

1）新机械进洞

随着丘莫隧道施工的进行，洞内装载机、自卸汽车等施工机械会逐渐磨损、破旧，有害气体增多，为保证通风效果，在隧道施工长度超过 1000m 或通风效果下降时，将调用新机械进洞施工，提高通风效果。

2）尾气净化

丘莫隧道施工采用无轨出渣，影响通风效果最大因素之一就是内燃机械尾气，随着隧道的加深，汽车、装载机尾气将采取净化措施，净化装置购买成品尾气净化器，并定期更换净化药品，确保尾气净化效果。

3）综合防尘措施

（1）水幕降尘

隧道爆破时，在距掌子面 30m 外边墙两侧各放一台水幕降尘器；爆破前 10min 打开阀门，放炮 30min 后关闭。水幕降尘布置如图 6.23 所示。

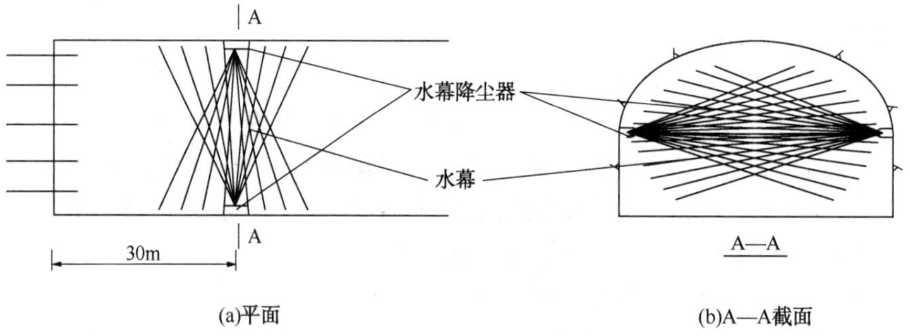

图 6.23　水幕降尘布置

（2）水炮泥技术

隧洞爆破时采用水炮泥，以降低粉尘。水炮泥就是用装水的塑料袋填于炮眼内来代替一部分炮泥，装完药后将其填于炮眼内，尽量不要搞破，然后用黄泥封堵。实践表明，此法降尘效率非常高。

（3）湿式凿岩

净化水源并在水中加湿润剂，湿润剂的作用是降低水的表面张力，当粉尘与水滴膜相撞时，便易被冲洗湿润。水中加放 0.1% 的氯化钠，可使空气中的含尘量降到 4.16～4.39mg/m^3。

利用锐钻头凿岩时，凿岩机的冲击力随风压的提高而加大，因而被破碎的岩石粒径也加大，粉尘量随之减少。凿岩的风压保持 0.6MPa 以上时，既能提高钻速又能降低含尘量。

凿岩机供水量要保持在 3～4L/min，供水压力一般以 0.2～0.3MPa 为宜。在凿岩机上配制除油器。

（4）装载机上洒水

为避免装岩时粉尘飞扬，除装岩前应使用专用水管向岩堆上洒水使其湿润外，另在装载机上安设喷雾器，边装渣边洒水。

(5) 湿喷混凝土防尘

采用湿喷技术，控制喷头处工作压力，减少混凝土回弹及粉尘量。

(6) 冲洗岩帮

放炮后，从工作面风筒出口以外1m处开始逐渐向工作面方向冲洗岩帮，不留空白区。

(7) 个体防护

个体防护措施主要是佩戴防尘口罩和安全防尘帽。

4) 提高通风效率措施

(1) 减少风筒漏风措施

选用漏风少的接头，胶质软风筒采用活三环多层反边接头，减少漏风。加固密封每节风带接头。经常检查，发现漏风及时处理，靠近工作面采用铁风筒，以防炮崩。

(2) 降低风筒通风阻力措施

① 采用合理变径节。当风筒直径变化时，须使用变径节来连接，以减少通风阻力。

② 提高风筒悬挂质量。吊挂要做到平、直、紧、稳，并尽量减缓转角处风筒弯度。

③ 排除风筒内积水。由于洞内外存在温差，风筒内空气遇冷后会出现积水，不仅易使风筒变形，而且也增大了风筒的阻力，可在风筒易积水处安放水嘴，并定期排放。

5) 其他措施

丘莫隧道地处高原山岭地区，冬季施工最低气温接近-4℃，施工中洞内温度高于洞外，气压差有助于洞内气体排出洞外，所以冬季易增加施工力量，集中进行开挖施工；夏季相反，排烟较困难，施工中必须加大排烟力度，必要时工人佩戴氧气以防洞内缺氧，此时应对汽车尾气严格处理，并采用低标号柴油以减少洞内有害气体生成。特别是放炮后，炮烟很难及时排出洞外，此时可采用工人佩戴氧气进行出渣施工，这样汽车行驶带动空气流动，有利于改善排烟效果。

6.4.8 溶洞桥现浇箱梁施工

2016年9月24日丘莫隧道右线K77+892出口端掌子面发现溶洞。溶洞斜线往下发展，开口处可见纵向长度约17m，溶洞向隧道底部发展，溶洞底部距隧道上断面开挖底约62m高，往隧道掌子面方向约80m，溶洞向隧道进洞左侧方向发展约70m，往隧道进洞右侧方向发展约30m，底部形成约8000m^{2}的大型溶腔。往隧道上方发展可见5m左右漏斗，成葫芦状往洞顶延伸，不见底，往左洞发展，初步推测最大宽度约十几米。溶洞底仅有几块大石块(初步判断为隧道揭示时掉块)，未见堆积石渣或石块，底部局部覆盖薄层淤泥，未见水。

现浇箱梁为跨越溶洞而设，上部结构采用1m×37m预应力混凝土简支箱梁，桥梁起点桩号K77+858，桥梁终点桩号K77+896，桥梁全长38m，横坡为2%，纵断面纵坡2.5%。

丘莫隧道右线K77+876溶洞现浇箱梁分为行车道梁和衬砌基础梁，其横断面如图6.24所示。下文主要从现浇梁施工、桥台施工、支架搭设、预应力施工和桥面铺装等五个方面对丘莫隧道溶洞桥现浇箱梁施工进行阐述。

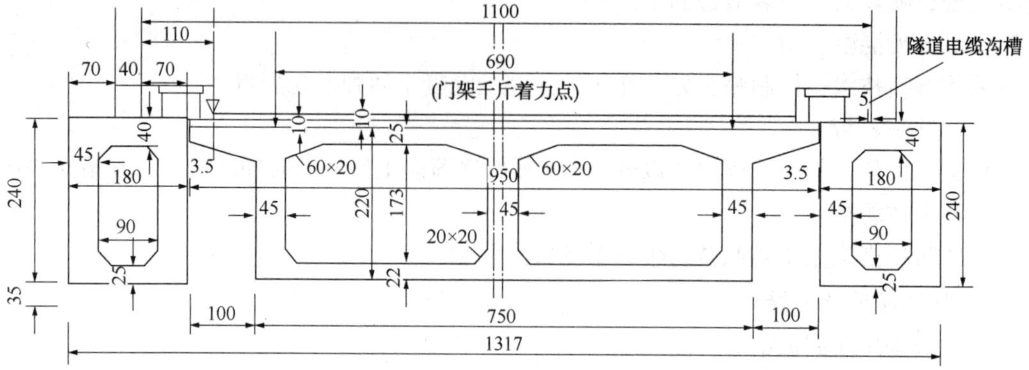

图 6.24　溶洞现浇箱梁横断面(单位：cm)

1) 现浇梁施工

(1)总体施工流程

总体施工方流程：平台扩挖→贝雷片架设→台帽施工→支架搭设→支架预压→模板制作安装→钢筋加工及安装→预埋件安装→混凝土浇筑及养护(先浇筑隧道基础梁，在施工行车道梁)→第一次预应力施工(张拉行车道桥梁的预应力及隧道基础梁的第一批次钢束)→洞身开挖—拱顶加固→二衬施工→第二次预应力施工(张拉隧道基础梁的第二批次钢束)→模板及支架拆除→背墙施工→桥面铺装。

(2) 平台扩挖

为保证人通行及模板拆卸、穿钢绞线施工，隧道两边各扩挖 0.8m，桥台处纵向扩挖 1m，横向从路面往上 1.5m；同时为保证围岩的稳定性，对于悬空的拱架每榀采用 ϕ18mm 工字钢做成临时支护并施作锁脚锚杆，要保证工字钢落在基岩上，二衬纵梁施工时可暂时拆卸掉。平台扩挖采用爆破施工，挖机配合施工，对于左侧溶腔处无法进行爆破作业的，待贝雷片安装 9 组后临时加固成钢便桥，钢便桥位于左侧，钢便桥总长 18m，由 4 组贝雷片组成，横梁采用 ϕ22mm 的工字钢(间距 30cm)，纵梁采用 ϕ32mm 的槽钢，挖机站在钢便桥上进行左侧欠挖处的破碎作业。待开挖完成后，对钢便桥进行拆除，同时为确保作业人员的安全，在开挖面做锚喷支护。

现浇支架底控制标高为 453.83cm，小桩号台帽底控制标高为 454.603cm，大桩号台帽底控制标高为 455.528cm，丘莫隧道右线溶洞桥开挖纵断面如图 6.25 所示。

(3) 贝雷片架设

贝雷片架设前完成枕梁的施工，控制枕梁顶标高一致，枕梁施工时注意预埋 2cm 厚的钢板及植入岩体钢筋，钢板下设置 L 形 ϕ16mm 的钢筋，贝雷片到位后通过在钢板上焊接 10 号的角钢固定贝雷片。

布设 9 组三排单层加强型贝雷片，衬砌基础梁下各布置 2 组，现浇箱梁下布置 5 组。因大桩号左侧岩层加泥，桥加长 2m，为了保证支架安全，左侧 4 组贝雷片加长 3m，即长 33m，其余均为 30m。加长 3m 底板范围内全部用 C30 钢筋混凝土填充，顶标高与其他枕梁标高一致。贝雷片上用 ϕ32mm 的槽钢仰铺作为横梁，间距 70.5cm，槽钢与贝雷片采用 U 形螺栓连接，槽钢上为 Φ48×3.5mm 大口径立杆钢管。

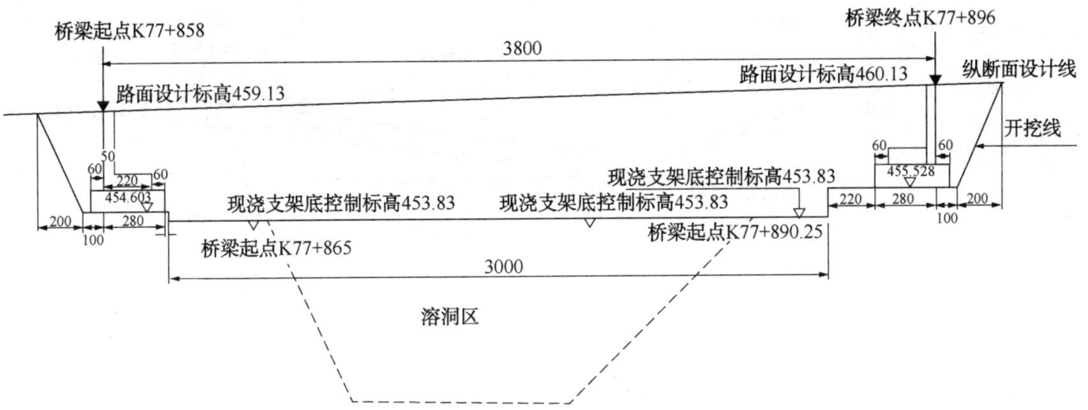

图 6.25 丘莫隧道右线溶洞桥开挖纵断面(单位：cm)

在洞外拼装完成，用 1 台装载机拖至洞内，采用贝雷片下放置滚筒形成行走系统，滚筒采用直径 50mm 实心刚棒，长度一般比梁组宽度大 30~80cm。拼装长度为 30m，以每组(三排单层)为单元进行安装。

采用拖拉与纵(横)移方式进行贝雷组梁的架设，拖拉牵引动力为 5t 的卷扬机，放置在小桩号侧，起吊系统采用型钢作为支架，支架下采用铰接连接，2 边分别采用 2 道钢丝绳进行固定，其上设置 2 组滑轮对梁组进行牵引或提升，同时在大桩号侧设置门字型导向支架，支架下放置 3cm 厚的钢板，与导向支架焊接固定，导向支架和小桩号支架上设置 2 道 ϕ16mm 的钢丝绳作为纵移轨道，贝雷片组最前端通过 2 个手拉葫芦与 2 道钢丝绳固定，刹车系统通过滑轮设置在开挖台架上，刹车系统由 3 个滑轮和 1 个制动装置和钢丝绳构成，制动装置焊接在开挖台架上，3 个滑轮中 1 个设置在导向架上，2 个设置在贝雷片组的两侧。

贝雷片(第 1、2 组)安装如图 6.26 所示，第 1 组贝雷片安装完成后，在其弦杆上满铺 ϕ3mm 的钢板作为人行通道，同时两边设置 2 道细钢丝绳作为扶手。第 2 组贝雷片采用第 1 组的贝雷片安装方式进行。

如图 6.27 所示，为了更加安全地操作，在第 3 组贝雷片安装时，增加了一道保险方式，用前 2 组安装的贝雷片作为纵移轨道。在第 3 组贝雷片端头设置 2 个滚筒，滚筒分别在 2 组贝雷片上滚动，其他组贝雷片通过纵移轨道跨越溶洞，横移及微调通过手拉葫芦来调整。

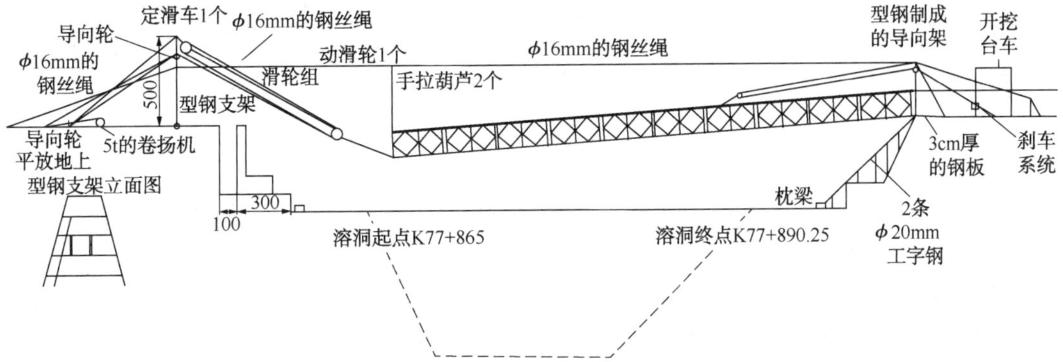

图 6.26 贝雷片(第 1、2 组)安装示意图(单位：cm)

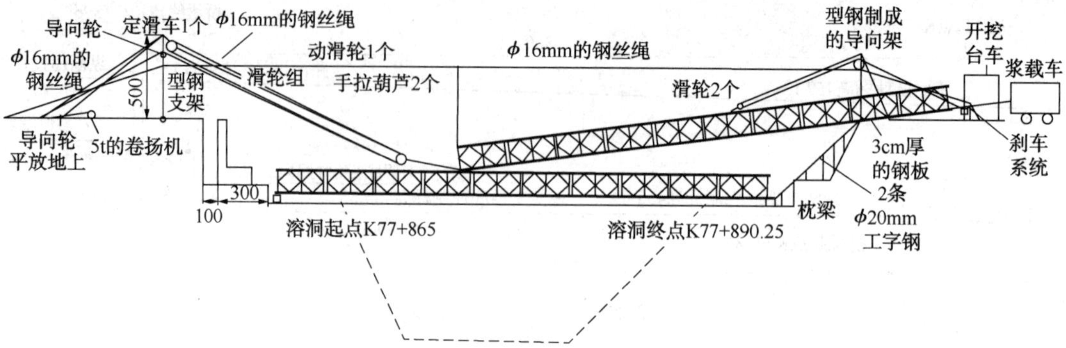

图 6.27 剩余组贝雷片安装示意图(单位：cm)

横移系统由 2 道 ϕ48mm 的钢管组成，在枕梁上放置 2 根钢管作为横移轨道，贝雷片放在钢管上，通过手拉葫芦或者滑轮组进行横移，全部横移到位后，通过千斤顶顶起贝雷片组，拆除钢管。

对于大跨度贝雷梁组拖拉施工，通过以下措施改善梁组稳定性：因贝雷片间采用销接方式连接，销子与孔眼间的间隙对梁组受载后梁体的变形影响较大。对于大跨度贝雷梁，一般都需使用加强弦杆，在贝雷梁拼装时，将上(下)弦杆与上(下)加强弦杆接头错开，可有效减小因贝雷片间销接产生的接点空隙引起的梁组非弹性变形，同时在每片连接处加强弦杆上焊接 35cm×35cm 的 1cm 厚的钢板，减小梁体拖拉时的横向(竖向)晃动。

为了增强横向联系，利用 10 号的等边角钢连接每组贝雷片，角钢与贝雷片之间采用螺栓连接，严禁采用焊接。

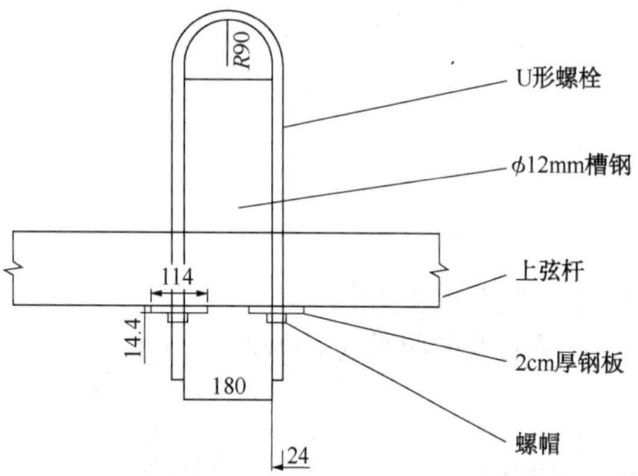

图 6.28 槽钢与贝雷片采用 U 形螺栓连接

槽钢与贝雷片采用 U 形螺栓连接如图 6.28 所示，U 形螺栓的钢垫板与腹杆的位置冲突，可适当挪动槽钢的布置平面位置，可根据实际加工能力，将螺栓的圆弧段加工成直角段，但务必固定横梁与贝雷片的相对位置，起到横向联系的作用。

2）桥台施工

(1) 扩大基础及台帽施工

扩大基础分 2 次施工，先施工二衬基础梁下的扩大基础即基础 2 施工，基础 2 施工完成后施工基础 1，中间用 2cm 的泡沫板隔开，保证基础 1 与基础 2 之间有 2cm 的变形缝，台帽与扩大基础施工顺序一致。

台帽分 2 次施工，先施工台帽下部(220cm×75cm 段落)，箱梁施工完成后再施工背墙。

① 测量放样

依据设计图纸给出的坐标数据用全站仪精确测量桥台平面位置，每次放样采用拉钢尺的方法进行相互间距校核，以检验放样是否有误，经检验无误后，上报测量监理工程师进行复测审批认可，最终定位。

② 基坑开挖

基坑经测量放样后，采用挖掘机及微爆破开挖，人工配合修整。坑底平面尺寸需满足在基底外安置基础模板的需要。基坑开挖时考虑模板安装及支撑位置。用水准仪测量原地面高程，根据设计基底及原地面高程确定开挖深度，开挖前根据土质情况确定基坑边坡的坡度和开挖边线。基槽采用挖掘机开挖，自卸车运输，人工配合清理基底，开挖过程中随时量测基底高程，防止超挖和扰动基底，超挖后用C30混凝土补齐。

③ 混凝土垫层浇筑

混凝土垫层采用C30混凝土浇筑。垫层混凝土厚度一般为5~10cm，复核后进行钢筋及模板施工。用墨线弹出桥台边线，严格按照墨线绑轧钢筋，支设模板。

④ 钢筋绑扎

钢筋在进场后，必须进行检验，检验合格并报监理工程师审批后，方可使用。材料进场后应存放在仓库或料棚内，不得直接堆放在地面上，必须用方木或其他方法垫起，工地临时保管钢筋时，应选择地势高，地面干燥的场所，根据天气情况，在雨天必要时加盖棚布。

钢筋下料前，首先对施工图中各种规格的钢筋长度、数量进行核对，无误后方可进行下料，根据钢筋原材长度与图纸设计长度并结合规范要求，在满足设计、规范要求的同时，尽量减少钢筋损耗，合理搭配钢筋，错开接头位置，确定钢筋的下料长度。

钢筋绑扎前，对基坑进行清扫，钢筋绑扎完后经监理工程师检查签证，方可关模。同时应注意准确预埋挡块及垫石钢筋。

⑤ 模板安装

侧模采用定型钢模并以钢管为加劲肋，根据桥台的纵、横轴线及设计几何尺寸进行立模。安装前在模板表面涂刷脱模油，保证拆模顺利并且不破坏混凝土外观。安装模板时力求支撑稳固，并固定抵在平台的预埋钢筋头上，以保证模板在浇筑混凝土过程中不致变形和移位。由于台帽几何尺寸较大，模板上口用螺杆内拉并配合支撑方木固定。模板与模板的接头处，应采用海绵条或双面胶带堵塞(采用效果好的一种)，以防止漏浆。模板表面应平整，内侧线型顺直，内部尺寸符合设计要求。

模板及支撑加固牢靠后，对平面位置进行检查，符合规范要求报监理工程师签证后方能浇筑混凝土。

⑥ 混凝土浇筑

混凝土浇筑前，要把模板、钢筋上的污垢清理干净。对支架、模板、钢筋和预埋件进行检查，并做好记录。

混凝土浇筑采用拌和站集中拌制，混凝土泵车运输，浇注前充分做好准备，清除基坑中的杂物，平整清理浇注施工使用场地。

浇筑的自由倾落高度不得超过2m，高于2m时要用溜槽配合浇筑，以免混凝土产生离析。混凝土应水平分层浇筑，并应边浇筑边振捣，浇筑混凝土分层厚度为30cm左右，前后两层的间距在1.5m以上。混凝土的振捣使用直径为50cm的插入式振捣器，移动间距不得超过振捣器作用半径的1.5倍；与侧模应保持5~10cm的距离；插入下层混凝土5~10cm；振捣密实后徐徐提出振捣棒；应避免振捣棒碰撞模板、钢筋及其他预埋件，造成模板变形，预埋件移位等。密实的标志是混凝土面停止下沉，不再冒出气泡，表面呈平坦、泛浆。

⑦ 养护及拆模

混凝土浇筑完成后，对混凝土裸露面及时进行修整、抹平，待定浆后再抹第 2 遍并压光或拉毛。收浆后洒水覆盖养护不少于 7d，每天洒水的次数以能保持混凝土表面经常处于湿润状态为度，派专人洒水养护。

混凝土达到规定强度后拆除模板，确保拆除时不损伤表面及棱角。模板拆除后，应将模板表面灰浆、污垢清理干净，并维修整理，在模板上涂抹脱模剂，等待下次使用。拆除后应对现场进行及时清理，模板堆放整齐。

（2）支座垫石及挡块施工

① 钢筋预埋

在台帽钢筋及模板吊装固定好后，由测量人员在台帽骨架顶面测量放出两墩顶中心点，及台帽中心轴线，可通过焊铁板的方式固定于钢筋骨架面上。然后由技术人员对每块垫石及挡块中心位置进行分中并预埋垫石及挡块钢筋。

② 台帽混凝土浇筑

待报验通过后进行混凝土浇筑。混凝土浇筑过程中注意保护垫石及挡块钢筋，确保其标高与平面位置不发生变化。

③ 垫石区域凿毛

待台帽混凝土强度达标后即对垫石及挡块区域混凝土表面进行凿毛，清除浮浆直至混凝土出露面骨料分布均匀，浆体饱满基本无气泡，外观上判断混凝土强度能满足要求即可。

④ 钢筋修整

在凿毛后，测量人员重新在台帽混凝土顶面上将纵横轴线控制点测放出，然后依据控制点分出各垫石挡块及垫石挡块的中心点。根据中心点位置按设计图加设钢筋网片并用电焊等方式进行固定。同时，将原预埋钢筋上的黏附浆壳敲掉。根据支座型号预埋支座锚栓孔。

⑤ 模板安装

垫石及挡块钢筋修整绑扎好后，根据所分各中心点位，安装垫石及挡块模板。模板按垫石及挡块尺寸安装并固定牢固。

⑥ 混凝土浇筑

垫石及挡块模板安装完成后，由测量人员对各垫石模板的平面位置及标高进行复测，满足设计及规范要求后，向监理工程师报验，检查合格即可进行混凝土浇筑。

3）支架搭设

（1）支架搭设顺序

支架搭设顺序：按排距弹线→摆放扫地杆→逐根树立立杆，随即与扫地杆扣紧→加固扣件→铺设纵向分配梁 ϕ18mm 的工字钢→铺设横向分配梁 10cm 的方木→铺设底模竹胶板→进行预压。

（2）立杆、扫地杆安装

在 ϕ18mm 的槽钢上，支架应根据所承受的荷载选择立杆的间距和步距，底层纵、横向水平杆作为扫地杆，距地面高度应小于等于 0.3m。立杆选用 1.2m、0.3m 两种不同长度的立杆相互交错、参差布置，以调整顶托调整高程。

立杆安装完毕后及时固定扫地杆，再将横杆接头插入立杆的下碗口内，然后将上碗口沿着限位销扣下，并顺时针旋转，靠上碗口螺栓面使之与限位销顶紧，将横杆与立杆牢固地连在一起，以保证支架整体的稳定。

支架立杆的垂直度必须小于全高的1/500，最大允许偏差应小于100mm。可调底座和可调顶托可调高度不超过0.3m，满足支架高度。

(3) 剪刀撑设置

剪刀撑的设置可以增强支架结构的整体刚度，提高其稳定承载能力。

模板支撑架应在支架的四周及中间的纵、横向，由底到顶连续设置竖向剪刀撑，每道剪刀撑的宽度不小于4跨，且不小于6.0m，剪刀撑的斜杆与地面的夹角应在45°~60°，斜杆应每步与立杆扣接，每道剪刀撑跨越5~7根立杆。

在支架顶部设置连续水平剪刀撑。水平剪刀撑宜在竖向剪刀撑斜杆相交平面设置。剪刀撑宽度应为6~8m。

剪刀撑的搭接长度不应小于1m，应等间距设置3个旋转扣件固定。立杆碰到墩柱时避开墩柱，连墙杆与脚手架立面及墩柱体保持垂直，沿支架高度方向每2.4m设置一层连墙杆，每层连墙杆在同一平面，水平间距不大于4跨。

(4) 支架预压

① 支架预压目的及部位

支架预压的目的是检验支架基础的处理程度，防止支架基础沉降导致现浇混凝土结构开裂，并检验支架的安全性和收集沉降数据，并能减少和消除支架的非弹性变形、扣件接头、扣件与模板之间的间隙、地基沉降等，进一步能获取支架预压沉降观测值来确定模板的预拱值。每跨箱梁在支架和模板施工完成后需进行支架预压。

② 支架预压荷载

支架预压采用水袋堆载预压，最终荷载须达到120%箱梁自重(考虑模板重量)，预压荷载在每个单元内采用均布形式。箱梁各剖面堆载高度如图6.29~6.32所示。

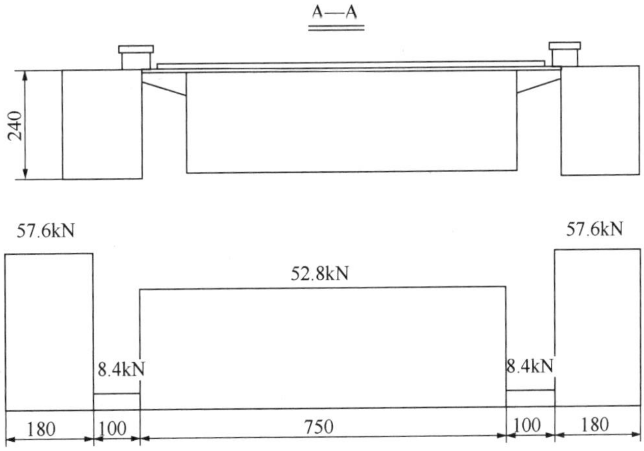

图6.29 箱梁A-A剖面预压荷载(单位：cm)

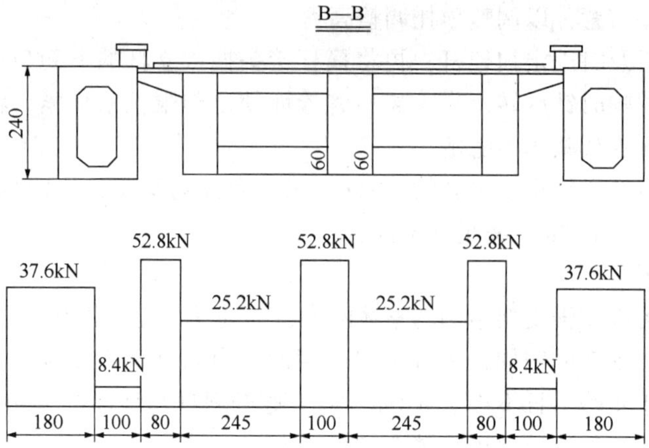

图 6.30　箱梁 B-B 剖面预压荷载(单位：cm)

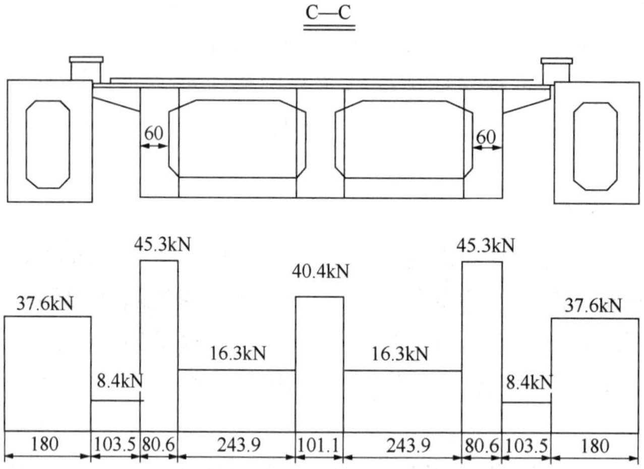

图 6.31　箱梁 C-C 剖面预压荷载(单位：cm)

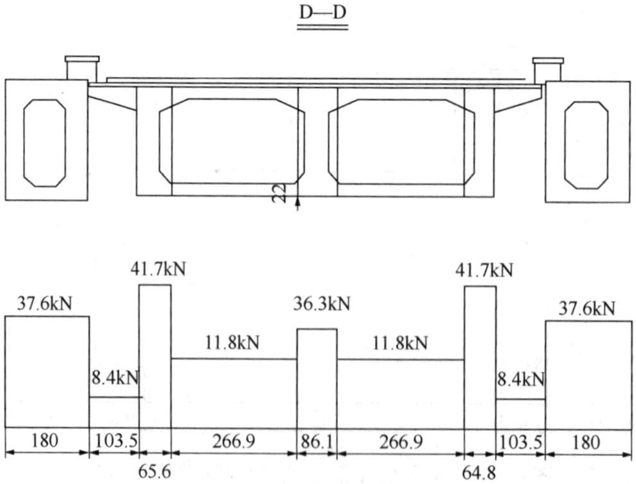

图 6.32　箱梁 D-D 剖面预压荷载(单位：cm)

③ 测点布置

箱梁支架预压跨径为35m，故沿结构的纵向每隔5m布置一个观测断面，即沿纵桥向5m、10m、15m、20m、25m、30m、35m及横梁处分别设置观测点。每个观测断面上的观测点不少于5个，且对称布置。每组观测点在支架顶部和底部对应位置上布设。

④ 加载与卸载

预压前，根据箱梁荷载分布特点计算出梁体的加载高度，待箱梁底模安装完成后，按照计算结果逐级加载。加载材料采用水带，根据预压荷载分三级加载，每级加载完成，立即开始沉降变形观测，待观测结果表明支架稳定后方可进行下级加载。

预压荷载安装120%箱梁自重(考虑模板重量)进行预压，每级加载完成后，应每隔12h对支架沉降量进行监测；当支架测点连续2次沉降差平均值均小于2mm时，方可继续加载。支架预压时间不小于3d且要求支架连续24h内的沉降量小于2mm并经过监理工程师认可方可停止预压。

立杆顶的观测点采用倒尺法观测，固定专人按三等水准测量要求认真观测，及时准确地记录分析。观测结束后提交观测点布置图和沉降观测表。

4) 预应力施工

现浇连续箱梁采用纵向预应力体系。预应力采用Φ_s15.2mm高强度低松弛钢绞线(标准强度1860MPa，弹性模量$E_p=1.95\times10^5$MPa)。配套锚具采用技术指标符合行标《预应力筋用锚具、夹具和连接器应用技术规程》(JGJ 85—2010)规定的成套预应力锚具。

(1) 箱梁预应力施工程序

箱梁预应力施工顺序为：波纹管及锚垫板安装、固定(与钢筋绑扎同时进行)→波纹管穿束(采取先穿法工艺)→锚具安装、千斤顶安装→预应力束张拉→孔道压浆→封锚。

预应力束封锚混凝土宜在压浆后尽快施工，封锚的钢筋网应与结构钢筋可靠连接，施工时要特别注意。

(2) 波纹管安装

箱梁预应力孔道采用塑料波纹管。波纹管采取分段下料、现场安装接长，接长采用大一号的波纹管套接，各接头处使用防水胶布缠裹严密，以防漏浆。

波纹管按设计图的坐标放样，设置U形钢筋固定，定位钢筋间距不大于0.5m，曲线的适当进行加密。

箱梁预应力波纹管使用前必须进行外观质量检查，检查合格后方可使用。

(3) 钢绞线下料及安装

钢绞线进场后，按规范要求进行验收，对其强度、延伸量、弹性模量及外形尺寸进行检查、测试，合格后才能使用。

钢绞线按设计要求的长度(根据施工实际要求来确定张拉工作长度)进行下料，下料采用钢卷尺精确测量、砂轮切割机切割。下好料的钢绞线堆放整齐，并采取防雨、防潮措施。预应力钢绞线采用先穿法，即在波纹管埋设时完成穿束。

(4) 锚具及千斤顶准备

锚板、夹片在使用前必须通过检查验收，合格后分类保存；千斤顶和油压表应配套使用，并及时标定。预应力钢绞线均采用穿心式千斤顶张拉。千斤顶与配套油表按照规范频率要求，及时进行标定，以便张拉工作准确正常进行。

（5）钢绞线伸长值的计算

根据《公路桥涵施工技术规范》（JTG/T 3650—2020），预应力筋理论伸长值 ΔL 的计算，如式(6.4)所示。

$$\Delta L=\frac{P_{P}L}{A_{P}E_{P}} \tag{6.4}$$

式中 P_P——预应力筋的平均张拉力，N，直线筋取张拉端的拉力，曲线筋张拉力计算如式(6.5)所示；

L——预应力筋的长度，mm；

A_P——预应力筋的截面面积，mm^2；

E_P——预应力筋的弹性模量，N/mm^2。

$$P_{P}=\frac{P(1-e^{-(kx+\mu\theta)})}{kx+\mu\theta} \tag{6.5}$$

式中 P——预应力筋张拉端的张拉力，N；

x——从张拉端至计算截面的孔道长度，m；

θ——从张拉端至计算截面曲线孔道部分切线的夹角之和，rad；

k——孔道每米局部偏差对摩擦的影响系数，取 0.0015；

μ——预应力筋与孔道壁的摩擦系数，取 0.17。

预应力筋张拉的实际伸长值 ΔL 计算如式(6.6)所示。

$$\Delta L=\Delta L_{1}+\Delta L_{2} \tag{6.6}$$

式中 ΔL_1——从初应力至最大张拉应力间的实测伸长值，mm；

ΔL_2——初应力以下的推算伸长值，mm。

（6）预应力束张拉

混凝土强度达到设计强度的 100%，且混凝土龄期不小于 10d 后进行预应力束张拉施工。预应力束张拉时采用张拉力与伸长量双控，以张拉力控制为主，伸长量作为校核，要求实测伸长量与校正后的设计伸长量两者误差不超过±6%。张拉预应力束时，应对每束编号记录其张拉施工状态，张拉锚固完成后，应在锚圈外边的钢束上做标记，以便观察有无滑丝现象。预应力钢束张拉完毕，并符合规范要求后，在距锚具 80mm 处用砂轮切割机切割端头多余的钢绞线。

预应力施工分两次施工：第一次预应力施工为张拉行车道桥梁的预应力及隧道基础梁的第一批次钢束，第二次预应力施工为张拉隧道基础梁的第二批次钢束。行车道梁的张拉控制应力为 1302MPa，待混凝土强度达到设计值的 90%后，方可进行张拉。张拉顺序为：先张拉 N3 钢束，其次为 N2、N4、N5 钢束，最后为 N1 钢束；先张拉箱梁中心线处腹板钢束，在对称张拉两边钢束，腹板束张拉锚固后，浇筑剩下的横梁。张拉时要对称张拉，张拉完毕后应及时压浆封锚。为了减少跨中挠度，箱梁预应力筋在第一次混凝土浇筑完后强度达到 100%时进行部分张拉。

二衬基础梁的张拉控制应力为 1132MPa，待混凝土强度达到设计值的 90%后，进行第一次腹板束张拉，张拉顺序为：先张拉 N3 钢束，其次为 N5，最后 N1 钢束；待隧道二衬施工完毕后，进行第二次张拉，依次为 N4、N2；腹板束张拉锚固后，浇筑剩下的横梁。左右腹板应对称均衡张拉，且左右两侧基础梁施工应同步进行，张拉完毕后应及时压浆封锚。同时为了减少跨中挠度，箱梁预应力筋在第一次混凝土浇筑完后强度达到 100%时进行部分张拉，即先张拉 50%N2，在张拉 50%N1。

预应力束在张拉控制应力达到稳定后锚固，其锚具用封端混凝土保护，锚固后的预应力束外露长度不得小于 30mm，多余的预应力钢绞线用砂轮切割机割除。

（7）压浆

预应力钢束张拉完毕后，24h 内进行压浆，水泥浆强度不小于 C40，和易性良好，压浆要密实，水灰比 0.4~0.45。

压浆前，须将孔道清洗洁净、湿润，如有积水应用吹风机排除。

压浆程序必须由下往上逐根压注，而且要一次压完，如发生故障一时又难以修复时，应立即用高压水把所压入孔道中的水泥浆冲洗干净后重新压浆。压浆工作必须连续，不得中断，以确保压浆质量。

压浆结束后，立即用高压水对箱梁被污染的表面进行冲洗，防止遗漏的浮浆黏结，影响箱梁混凝土的外观质量。

（8）封锚

压浆完成后，及时进行封锚端混凝土浇筑。封锚施工时，先对锚具周围的箱梁混凝土进行人工凿毛，冲洗干净后，设置钢筋网、支立模板并浇筑混凝土。

5）桥面铺装

（1）测量放样

梁板顶面标高复测：每孔梁板测 3 个断面，即两端、跨中，每个断面测 3 个点。边线：放出两边线，即内侧、外侧电缆边沟外缘线，每侧每 6m 放一个点，并用墨线弹出边线。

（2）梁板清理

桥面清理：严格按“凿”“扫”“吹”“洗”的顺序和原则进行清理。梁板顶面刷毛满足设计及规范要求后，用空压机和清水将梁板顶面清洗干净，浇筑桥面铺装混凝土前必须洒水湿润梁板顶面，梁板顶面不得有积水、杂物。

（3）标高控制轨道安装

梁板顶面清理干净后，及时在护栏铺设双管悬挂式提浆整平机运行轨道，轨道铺设过程中，采用水准仪严格控制轨道顶面标高，轨道顶面纵坡按照桥面纵坡控制。桥面铺装采用全幅浇筑。

（4）桥面铺装钢筋施工

桥面铺装钢筋为 D12 带肋钢筋焊接网，均由厂家进行加工，现场直接进行安装。0 号台处设置列徐钢筋，且应保持网片的整体性，不得在此处焊接。

为控制好钢筋网保护层厚度，铺装钢筋网片安装时与预埋门型筋焊接固定，以保证上部净保护层为准，最后整个桥面钢筋形成一个整体平面，无论是站人还是施工中都很难被扰动，因此可以有效控制保护层厚度。

（5）桥面铺装混凝土浇筑

桥面铺装混凝土一次浇筑，采用地泵方式浇筑，为保护混凝土连接效果，混凝土浇筑前应先对桥面进行湿润。施工时现场专职测量人员严格控制桥面标高。采用人工摊铺混凝土，捣固采用2根插入式振捣棒配合振捣梁找平顶面，振捣梁进行振捣时，严格控制提浆时间，切忌过振、漏振，不允许使用振捣棒推移混凝土。混凝土浇筑主要步骤：准备工作就位→混凝土罐车上桥，人工配合溜槽摊铺混凝土→牵引振捣梁振捣混凝土→刮杠沿轨道刮平混凝土表面→滚杠提浆收面→人工抹面完成施工。

（6）收面

混凝土收面分两次进行，施工过程中混凝土振捣平整后收一次面，施工完成后，混凝土初凝前3~5min进行二次收面，采用3m直尺检查表面平整度，使平整度达到设计及规范要求。

（7）混凝土养护及凿毛

混凝土浇筑完成后，及时用土工布覆盖洒水养护。养护时间不少于7d，以能维持混凝土表面处于湿润状态为宜。混凝土施工完毕后，在混凝土强度达到设计要求后用桥面凿毛机或铣刨机及时进行表面凿毛，凿除表面浮浆，凿毛质量必须满足设计及规范要求。

第7章　岩爆地质条件隧道施工技术

7.1　地质特点

1）*岩层结构面对岩爆的影响*

传统观点多认为岩爆只发生在完整的围岩中，而在实际施工中发现有裂隙的围岩中也会发生岩爆，裂隙的存在不仅导致地应力变小，还导致岩块破坏，形态发生了改变，使岩爆主要表现为沿着既有结构面坍塌、剥落。结构面对岩爆发生的位置及坍塌块体大小都有影响，从现场施工经验来看，裂隙隧道中岩爆主要表现方式为片状和块状剥落，沿原结构面坍塌及掉块，伴随有噼啪声和清脆的爆裂声，给隧道岩面造成凹坑，很少有弹射现象。当隧道顶部或者拱腰附近存在结构面并且组合状态不利时，开挖后很容易形成不稳定块体，而不稳定块体一侧为临空面，另一侧通过结构面与母体连接，结构面强度一般比岩块本身强度弱很多，在地应力和重力作用下，连接的结构面开始张开并向两端延伸，岩块与母体的连接越来越少，最后达到极限平衡状态而脱落，形成岩爆。在这种裂隙控制的岩爆地段施工时，应特别注意坍塌部位、块体大小，当有较大的块体在自重应力和地应力共同作用下松脱时，素喷或者锚喷往往不足以支撑，应及时设置钢拱架，确保施工人员安全。岩层构造，尤其是褶皱构造对深埋隧道岩爆具有较大影响。

2）*围岩岩性对岩爆的影响*

发生岩爆的围岩大都新鲜完整、质地坚硬，结构密度好，裂隙极少或仅有隐裂隙，且具有较高的脆性和弹性。岩石的抗压强度越大，则其质地越坚硬，可能蓄积的弹性应变能就越大。岩体中储存的弹性变形能不仅满足了岩体变形和破裂所消耗的能量，还有足够剩余能量转化为动能，使剥离的岩块弹射出去，形成岩爆。围岩岩性及岩体结构对岩爆的影响主要体现在以下几个方面。

① 颗粒定向排列的岩石比颗粒随机排列的岩石中的岩爆烈度弱，如片麻岩、花岗片麻岩、糜棱岩等发生岩爆时的烈度比花岗岩、闪长岩等的岩爆烈度弱。

② 具有胶结链接岩石比具有结晶链接的岩石中的岩爆烈度弱，如沉积岩中的岩爆烈度就比岩浆岩中的岩爆烈度弱。

③ 具有钙质胶结的岩石比具有硅质胶结的岩石中的岩爆烈度弱。

④ 强度低而软的岩石塑性变形大，不产生岩爆，软硬相间的地层中，岩爆不产生或较少产生。

3）*岩层地应力对岩爆的影响*

地应力是地下工程赋存环境中最主要的指标之一，岩体中的初始地应力受地形条件、地质条件、构造环境等因素的影响。岩爆的发生与地应力积聚特性有密切关系。在同样的地质背景条件下，较高地应力区最易发生岩爆。通常具有较高地应力的岩石，其弹性模量也较高。因此在高应力区，岩石具有较大的弹性应变能，最易发生岩爆，形成岩石的破碎区。高地应力是指初始应力，特别是水平初始应力分量大大超过其上覆岩层的自重应力。高地应力区的岩石具有脆碎特征，而岩爆是岩石的脆性破坏过程。在岩体中开挖巷道时，改变了岩体赋存的空间环境，扰动了巷道周围岩石初始应力，破坏了巷道周围的平衡状态，引起了巷道周围岩体应力的重新分布和应力集中，由于应力集中的影响，往往围岩应力超过岩爆的临界应力，产生岩爆。

4）围岩埋深对岩爆的影响

埋深较大(一般埋藏深度大于200m)的隧道更容易发生岩爆。在工程实践中，隧道洞身埋深逐渐增大的同时，发生岩爆的频率随之增加、岩爆强度增大。但埋深也不是决定性因素。岩爆发生的“突始深度”仅可适用于工程区最大主应力为垂直应力的部位，而在以水平应力或者残余构造应力为最大主应力的地区，不存在岩爆发生的“突始深度”。

5）地下水对岩爆的影响

隧道岩爆多发生在干燥无水的岩体中。地下水的存在说明岩体中裂隙较发育或者有较大规模的断层，同时地下水对岩体有软化作用，不利于岩体中储备足够的导致岩爆发生的弹性能。但如果在隧道爆破过程中出现承压水，可以认为，承压水赋存部位以外的一定范围内岩体较完整，具备储备弹性应变能力的岩体(花岗岩、闪长岩、片麻岩等)有可能发生岩爆。

7.2 施工难点

1）隧道施工岩爆发生条件

岩爆发生的条件包括以下几点：

(1) 近代构造活动造成深部矿岩内地应力较高，岩体内储存着较大的应变能；

(2) 岩体坚硬、新鲜完整、裂隙极少或仅有隐裂隙，具有较高的脆性和弹性，能够储存能量，而其变形特性属于脆性破坏类型；

(3) 岩体干燥无水；

(4) 隧道施工开挖。

2）隧道施工岩爆特点与危害

(1) 隧道施工岩爆特点

① 突发性。在未发生前，并无明显的征兆，甚至可能听不到空响声，一般认为不会掉落石块的地方，也会突然发生岩石爆裂声响，石块有时应声而下，有时暂不坠下。

② 部位集中性。虽然岩爆发生地点也有距新开挖工作面较远的个别案例，但大部分均发生在新开挖的工作面附近。常见的岩爆部位以拱部或拱腰部位为多。

③ 时间集中性与延续性。岩爆在开挖后陆续出现，多在爆破后24h内发生，延续时间一般为1~2个月，有的延长1年以上，事前一般无明显预兆。

④ 弹射性。岩爆时，岩块自洞壁围岩母体弹射出来，一般呈中厚边薄的不规则片状。

(2) 隧道施工岩爆的危害

隧道施工岩爆的危害包括开挖工作面的严重破坏、设备损坏和人员伤亡。

3）岩爆地质下隧道施工难点

隧道施工中岩爆的发生主要由于掌子面在开挖后，原来岩石的平衡受力状态被打破，其内部应力将重新分布，使开挖面周边的岩体产生脆性破坏而突发性向外挤出或弹射。岩爆隧道施工难点主要有以下几个方面。

（1）岩爆发生不可预判

国内外对于岩爆的预判主要有理论分析法、微震监测法、钻屑法、水分法等多种研究方法，但任何一种预判手段，无论是对岩爆发生位置、时间的预测，还是对岩爆发生烈度的预测，都无法做到准确无误。因此，无法根据预测结果采取针对性措施，确保施工安全。

（2）生命财产威胁巨大

岩爆的发生势必伴随着岩石剥落、掉块、飞石等现象，严重的还会导致掌子面发生坍塌，一旦现场作业人员不能及时躲避就会发生人身伤害事故，同时会对钻孔台车、湿喷机、挖机、装载机、自卸车等施工机械造成损坏，使维修和更换设备的频率增加，严重的甚至将开挖台架弹起。岩爆爆发时伴随的强烈爆裂声响使施工现场作业人员极易产生畏惧心理，甚至不敢进洞施工，进而导致施工人员频繁更换，整个隧道施工队伍人心惶惶、恐惧焦躁，工作效率大打折扣。

（3）防护措施有效性低

针对岩爆的危害，一般现场施工人员采取穿戴防爆头盔、防爆衣，钻孔台车、拱架拼装机、挖机等机械设备安装防护网等措施，但以上措施也仅能针对小块岩爆弹射起到防护作用，对于较大落石、滑塌甚至坍塌等严重灾害很难起到防护作用，防护措施的有效性过低。

（4）防治措施及时性差

隧道各工序施工时，岩爆在未发生前并无明显的预兆和规律(经过仔细找顶排险并无空响声)。岩爆发生主要集中在爆破后2~6h，开挖过程、出渣过程甚至喷锚支护以后均会发生，有时甚至开挖支护一星期后或半个月后仍会发生，这就给岩爆防治措施的及时施作造成了极大困难，因此多数防治措施都是在岩爆发生后才进行的，主要针对后期岩块掉落以及预防后续初期支护段岩爆的发生。

7.3 施工技术

7.3.1 隧道内岩爆的特点、产生条件

埋深较深的隧道工程，在高应力、脆性岩体中，由于施工爆破扰动原岩，岩体受到破坏，使掌子面附近的岩体突然释放出潜能，产生脆性破坏，这时围岩表面发生爆裂声，随之有大小不等的片状岩块弹射剥落出来，这种现象称之岩爆。岩爆有时频繁出现，有时会延续一段时间后才逐渐消失。岩爆不仅直接威胁作业人员与施工设备的安全，而且严重地影响施工进度，增加工程造价。

1）隧道内岩爆的特点

（1）岩爆在未发生前并无明显的预兆(虽然经过仔细找顶并无空响声)。这与塌顶和侧壁坍塌现象有明显的区别。

(2) 岩爆时，块度大小多呈几厘米长宽的薄片，个别达几十厘米长宽。严重时，上吨重的岩石从拱部弹落，造成岩爆性塌方。

(3) 岩爆发生的地点，多在新开挖工作面及其附近，个别的也有距新开挖工作面较远处。岩爆发生的频率随暴露后的时间延长而降低。一般岩爆发生在16d之内，但是也有滞后一个月甚至数月发生的。

2) 岩爆产生的主要条件

国内外的专家研究结果表明，地层的岩性条件和地应力的大小是产生岩爆与否的两个决定性因素。从能量的观点来看，岩爆的形成过程是岩体中的能量从储存到释放直至最终使岩体破坏而脱离母岩的过程。因此，岩爆是否发生及其表现形式就主要取决于岩体中是否储存了足够的能量，是否具有释放能量的条件及能量释放的方式等。

7.3.2 岩爆防治

弱化围岩的主要措施是注水、超前预裂爆破、排孔法、切缝法等。注水的目的是改变岩石的物理力学性质，降低岩石的脆性和储存能量的能力。超前预裂爆破、排孔法、切缝法的目的是解除能量，使能量向有利的方向转化和释放。切缝法和排孔法能将能量向深层转移，使围岩内的应力，特别是在切缝或排孔附近周边的切向应力显著降低。同时，围岩内所积蓄的弹性应变能也得以大幅度地释放，因而，可有效地防治岩爆。

隧道施工中常见的岩爆等级是轻微岩爆和中等岩爆，强烈岩爆、剧烈岩爆一般极少遇到。岩爆的防治技术是针对岩爆等级(轻微、中等、强烈)采取相应的施工措施，目前防治岩爆的方法主要是高度机械化施工法、应力解除法、岩面喷水或岩体深部注水软化和加强支护措施法等。

1) 高度机械化施工法

高度机械化施工法是防治岩爆的最好措施。在隧道开挖施工中，引进三臂凿岩台车、湿喷机械手、拱架拼装机等一系列配套大型设备，既可以提高施工效率，又能减少人工作业。高度机械化施工带来的快捷、精准、高效、环保不仅能够加快施工进度，同时也极大地降低了安全风险。

(1) 三臂凿岩台车可准确对点、钻眼打设、台车手臂可360°无障碍覆盖。

(2) 湿喷机械手灵活方便，喷射混凝土作业效率高，原本需要十多人的干喷作业，使用湿喷机械手后仅需两人便能完成，减少了掌子面作业人员，降低了岩爆发生时人员伤亡的可能。

(3) 岩爆的发生在时间上和空间上具有不确定性，在支护未设置前，人在洞中掌子面作业时间越长，危险系数越高，国内外很多事故都是在设立初期支护的时候发生的。拱架拼装机采用机械代替人工进行拼接，可解决这一问题。

2) 应力解除法

在强烈岩爆区钻应力释放孔、减轻岩爆烈度；必要时采取周边超前孔爆破，形成爆破松动圈(厚度2~3m)，从而减少洞周切向应力，释放弹性能，达到应力解除的目的，松动圈自身同时担当保护层；或者在掌子面范围内施作长钻孔，采取过量装药爆破技术，实施爆破强震，以期提前释放应力，减小或解除地应力，减轻岩爆。

在边墙打设应力释放孔。在隧道爆破开挖及锚喷支护的循环作业完成后，根据需要，在隧道边墙打设应力释放孔，钻孔深度以 0.3D~0.5D(D 为隧道洞径)为宜，一般布置间距为孔深的 0.16~0.18 倍，在主应力方向取小值，次应力方向取大值。

3）岩面喷水或岩体深部注水软化

岩面喷水或岩体深部注水软化，吸收弹性能。爆破后通风排烟，立即向工作面及附近洞壁岩体岩面喷洒高压水，以降低岩体强度，减弱岩体的脆性，增强塑性，降低岩爆的剧烈程度；也可以利用炮孔和锚杆孔向岩体深处高压注水，以取得更佳效果。

4）加强支护措施法

隧道施工中发生的岩爆一般是轻微岩爆、中等岩爆或强烈岩爆，针对不同等级的岩爆，采取相对应的防治措施。

（1）轻微岩爆

① 开挖过程中采用“短进尺，多循环”，循环进尺控制在 3m 以内，尽可能全断面开挖，一次成型，减小对围岩的扰动。

② 采用光面爆破，并严格控制炸药装药量，尽量采用弱爆破；周边孔布置间距宜控制在 40cm 以内；采用隔空装药，减少对围岩的扰动；使隧道周边圆顺规则，减少局部应力集中发生的可能性，降低岩爆发生的强度。

③ 出渣后加强挖掘机排险作业，将存在安全隐患的岩块清除，并进行人工二次排险。

④ 及时进行初喷，施作初期支护，衬砌紧跟，尽可能减少岩层暴露的时间，减少岩爆发生、确保人身安全，必要时可跳段衬砌。

⑤ 初期支护采用锚网喷支护结构。

（2）中等岩爆

① 循环进尺控制在 3m 以内，尽可能全断面开挖，一次成型，减小对围岩的扰动。

② 及时施作初喷，初期支护采用锚网喷支护结构，视情况可布设双层或多层钢筋网片；产生了大面积剥落或三角坑较大时，可增设型钢拱架支撑，增加喷射混凝土厚度。

（3）强烈岩爆

① 开挖每循环宜控制在 2m，尽可能全断面开挖，一次成型，减小对围岩的扰动，必要时变更为台阶法开挖。

② 掌子面沿上台阶开挖轮廓周边线施作 ϕ76mm 超前应力孔，提前释放应力，降低岩体能量；超前应力释放孔环向间距 1.5m，纵向间距 20m，单孔长度 25m；孔内注高压水劈裂释放应力或在应力释放孔底弱爆破松动岩体提前释放应力。

③ 及时施作初喷，支护采用锚网喷结合型钢拱架支护结构，必要时施作超前锚杆。

（4）爆坑处理措施

① 爆坑小于 0.5m 处理措施：掌子面及边墙持续洒水润湿，拱顶挖机凿顶排险，喷射混凝土初喷封闭；待岩爆减弱后，在拱部及边墙范围施作锚网喷支护，爆坑位置增设多层钢筋网片，采用喷射混凝土补平至设计开挖轮廓线。

② 爆坑大于等于 0.5m 处理措施：开挖进尺控制在 3m 以内，增加炮眼数量，减少炸药装药量；掌子面及边墙持续洒水润湿，拱顶挖机凿顶排险。喷射混凝土初喷封闭，待岩爆减弱后，拱墙支立型钢架结合锚网喷进行支护，爆坑位置预留注浆孔，一个循环后对初期支护后面未喷射密实处进行注浆处理。

第8章 富水隧道施工技术

8.1 地质特点

1）地形地貌

富水隧道地形地貌一般较为复杂，地形起伏较大，地形受地台抬升及水流向源侵蚀的影响，下切作用明显，V字形冲沟发育或为V形侵蚀谷，呈树枝状分布，有沟壑纵横、支离破碎的特点，为典型侵蚀性梁昴沟谷地貌类型。隧道涌水量随地形地貌和与隧道位置关系的变化而变化。

2）地层岩性

隧道的涌水量与地层岩性有较密切的关系，灰岩、白云岩等可溶岩类围岩隧道的涌水量大，水量高，比涌水量一般在0.35~0.47m^3/(min·km)，丰水期和枯水期的涌水量之比达2.5~4.0；火山岩、火山碎屑岩等洞段，隧道涌水量较可溶岩段小，比涌水量为0.35~1.39m^3/(min·km)，不稳定系数为1.5~2.5；花岗岩等深成岩的比涌水量为0.208~0.694m^3/(min·km)，不稳定系数1.5~2.0；泥质岩及砂岩类围岩隧道涌水量相对较小，但当其受断裂带的影响时，也往往会产生较大的涌水量。砂土、卵石土、黏性土等组成的岩层，其岩性特征表现为质地松散，在地下水的浸泡下抗剪强度大大降低，在地下水静、动压力作用下，易产生液化、塑性流动和悬浮流动等，因此一旦隧道或地下工程开挖揭露了这些岩性特征的地层，易形成涌水突泥。对于已固结或成岩的地层，不同岩性的岩层因强度不同，承受的地下水极限压力差异较大，经测试每米厚度岩石承受的突水压力，石灰岩大于0.1MPa，砂岩为0.1MPa，砂质页岩为0.07MPa，铝土页岩为0.05MPa。

3）地质构造

隧道富水地段地质岩性复杂，多为有断裂构造，节理裂隙发育，或是岩性接触带岩。在土质地段一般为影响蚀变带，组成物为碎石、粉粒及黏粒、灰褐色、黄褐色的压碎岩、角砾岩及糜棱岩和断层泥，泥钙质胶结较差，岩体破碎，完整性差，储水性和透水性强，易将地表水渗透至洞身。

从隧道围岩的结构特征来看，不论何种围岩，当其各种破碎带较为发育时，隧道常会发生大规模高水压的涌水，并且往往伴有突泥灾害。破碎带可以是断层(裂)破碎带和节理密集带，也可以是各种岩性接触带，如可溶岩与不可溶岩接触带、岩浆接触挤压带和变质接触带等。其中，在大断裂带和区域性断层(尤其是张性断层)附近，隧道涌水量更为严重。事实上，隧道大规模的涌(突)水均与断层破碎带有关。这种涌水虽也有一般涌水的特征，但其涌水量更大，水压高、突发性强，且通常有突泥相伴，灾害性更为严重。涌水的动态变化主要取决于围岩的地质构造特征，隧道及地下工程的涌水突泥发生的位置常受到地质构造控制。断层带、断层交汇处、尖灭处、节理密集处、背斜轴部等，由于岩石破碎、松散等降低了岩层的力学强度，不仅为地下水的储存和运移提供了空间和通道，而且成为地下水突发性涌入的薄弱部位。据测试，每米厚度断层角砾岩承受的突水压力为0.0035MPa，仅为完整砂岩的1/3，这样很容易形成地下涌水。由于上述原因，在断裂带中，承压含水层的地下水由于水头压力的驱动，沿这些薄弱部位或断裂带上升到上覆隔水保护层中，并达到一定高度，这一高度称为潜越高度，一般可达8~10m。如果隧道或地下工程的位置较低，或者由于施工造成隔水有效保护层厚度小于潜越高度时，则易发生涌水。同时，断裂带还提供大量固体物质，如断层泥、砂砾等，被地下水带入隧道或地下工程，形成了涌水突泥现象。

4）水文地质特征

富水隧道区水系较为发育，呈树枝状分布，沟谷中地表水发育，流量较大，基本为常年流水。地下水赋存类型主要为第四系松散层孔隙潜水、基岩裂隙水及碳酸岩类岩溶水。第四系松散层孔隙潜水主要分布于各沟谷的坡积和冲洪积物中，地下水埋深一般较浅，这些沟谷地下水对隧道岩体裂隙水具有一定的积极补给作用。与隧道关系较密切的为基岩裂隙水，主要有风化裂隙水、构造裂隙水、脉状水及层间裂隙水。碳酸岩类岩溶水主要赋存于泥盆系中统片岩夹大理岩中。

5）隧道的长度及埋深

隧道延伸越长，经过的水文地质单元就越多，汇水面积及补给范围越大，其单位涌水量就越大。但不同的隧道，经过的地质单元及水文地质单元有较大的差异，故其比涌水量与隧道长度的关系并不十分明显，即隧道的比涌水量主要受控于地形地貌、地层岩性和地质构造特征。当长大隧道埋藏较深时，地下水补给较为充足，隧道总涌水量和比涌水量均有随着上覆岩体厚度增加而增大的特征。

8.2 施工难点

富水隧道施工难点主要包括涌水量难确定、施工安全风险大和对水环境影响大。

1）涌水量难确定

由于隧道区内地质复杂，地下水分布范围广大。在勘察设计阶段，仅对富水隧道洞内涌水量进行经验估算，与实际施工中涌水量出入较大，导致隧道在开工前不能根据精准的涌水量制定较为准确的抽排水方案，只能在发生涌水后根据实际情况制定紧急措施，难以做到防患于未然。

2）施工安全风险大

富水隧道涌水多为裂隙水，节理裂隙内涌水，或呈点状、呈线状，或为大量的裂隙涌水。由于隧道开挖过程中水对围岩的侵蚀作用，尤其是裂隙发育的脆弱围岩和土砂围岩，涌水会使掌子面稳定性降低，造成较大变形甚至掌子面和拱顶崩塌。在大的裂隙地段易发生突水突泥，还会危及施工人员和机械设备安全。

3）对水环境影响大

富水隧道对渗水，涌水的处理大多采用抽排出洞外的方式。但隧道内大量涌水，亦可能造成地表水源枯竭、环境污染与生态影响等问题。隧道施工对涌水的大量抽排，可能使周围水环境改变而间接形成对周围生态环境的一些不利影响，甚至造成较大范围的地下水平面下降，山上居民生活受影响，山体表面植被大面积枯萎、死亡，甚至存在水土流失风险。因此，对于隧道涌水的处理需要“排、堵结合”，既能保证施工安全，又避免对周边地下水环境造成破坏，这又是施工中的一大难点。

8.3 施工技术

8.3.1 预测预报技术

1）空间位置预测预报

涌水涌泥的部位，往往受地质构造的控制。地下水富集的断层、节理密集带，岩溶溶蚀发育带或松软砂砾石层地带是涌水涌泥的重要部位，在地下工程施工中，可根据这些易于产生涌水涌泥的地质条件进行超前地质预报。特别是靠近断层上盘处、断层交叉处以及岩溶洞隙处可认为是涌水涌泥点，主要为可溶岩与非可溶岩接触带、断裂构造发育带、岩溶发育带、溶沟经过或溶洼所在区段。

（1）向斜盆地形成的储水构造

向斜盆地，特别是其核部往往富含地下水，长隧道中的大量涌水常与它有关。

（2）断层破碎带、不整合面和侵入岩接触带常为含水构造

断层，特别是活动性断层，其未胶结构造岩和派生构造常形成阶层含水构造。不同力学性质阶层的富水性是不同的。压性断层的角砾岩、碎裂岩、压碎岩带的范围较大。其中，次一级张裂隙发育延伸远，有利于地下水汇集和补给。一般说来，在逆断层上盘破碎带发育，地下水往往十分丰富；但相反的情况，其下盘富水的实例也是屡见不鲜的。扭性断裂外侧往往发育多组平行密集的张、扭节理，延伸较远，富水性好。张性断裂延伸有限，补给距离短，但其中破碎带结构粗松、裂面粗糙、张开，有利于地下水活动；在胶结不好，并有充足补给来源时，其上盘富水性好。背斜核部本身不储水，但该部位往往由于张性断裂发育而富水。

断裂复合交接、转弯和其末端部位、裂隙发育，也是很好的储水部位。

压性和压扭性断裂常发育有透水性极弱的断层泥和糜棱岩，形成隔水幕，把岩体分成两个无水力联系的水文地质单元，常使其一侧无水，而另一侧水量丰富，水位很高，不透水层承担了全部水压力。因此，一旦不透水层被打穿，大量高压地下水如带大量破碎岩石涌入隧道，则会形成大塌方和洞内泥石流。

（3）岩溶水隧道穿越可溶岩组成的分水岭时，当其位于地下水水平循环带或深部循环带时，岩溶涌水量和危害最大。

（4）强透水和相对隔水层形成的层状含水体。

2）预测预报技术

为了正确判断可能发生的涌水涌泥的部位，可在隧道施工中，对掌子面采用钻探、综

合物探、综合勘探、红外线超前探水、电阻率法、电磁波法和地质雷达探测法探测隐伏含水构造体，这些方法在我国地下工程施工中均取得良好的效果。

采用超前水平钻孔、声波测井、声波跨孔探测、声波反射探测、地震波反射探测、地质雷达探测及各种层析成像技术，结合地质判释，确定可能对隧道施工、运营构成危害的充水岩溶管道，洞穴的位置、规模等，即可对可能产生岩溶水害的空间位置做出预测预报。

应用声波 CT(Computed Tomography，电子计算机断层扫描)地质专家系统与隧道地震探测法施工地质超前预报系统，配合地质雷达探测，结合地质条件判释。

涌水部位与地质构造、水压力、隔水层厚度、施工影响有关，采用判别分析、模糊数学分析等方法进行定性预测是可行的。

在地下工程施工中，通过对涌水点的水压(地下水压力 P)和有效保护层的厚度(隔水层厚度 m)进行统计分析，做出 $P-m$ 曲线，从而做出是否涌水的判定。或者在施工地段进行压水试验，求得 $P-m$ 曲线，然后在掘进中计算临界突水系数值(T_S)，以判定该地段或部位发生突水的可能性。

3) 涌水量的预测方法

涌水量的预测是一个十分复杂和尚未完全解决且仍在不断探索的重要研究课题。目前已采用的方法有数理统计法、系统理论法、水均衡法、比拟法、稳定和非稳定流解析法、数值模拟和施工超前预报法等。

(1) 比拟法

比拟法包括相似比拟法和相似外推法。

相似比拟法适用于已开工的隧道，是一种通过导坑开挖时的实测涌水量推算正洞涌水量，或用正洞已开挖地段的实测涌水量推算未开挖地段涌水量的方法。比拟法建立在岩层裂隙性比较均匀、比拟地段的水文地质条件相似的基础上，是在涌水量与坑道体积成正比的条件下进行的。当隧道所在地区水文地质条件变化不大，含水层比较均匀时，涌水量计算如式(8.1)所示。

$$Q=Q_0\frac{FS}{F_0S_0} \tag{8.1}$$

式中 Q——隧道涌水量；

Q_0——导坑或已开挖隧道的涌水量；

F——正洞的地下水水位降低值；

S——正洞过水断面面积；

F_0——导坑的地下水位降低值；

S_0——导坑的过水断面面积。

相似外推法。在一般情况下，每公里隧道的比涌水量[$m^3/(min\cdot km)$]与隧道延长米有一定的相关关系。因此，在初步勘测设计阶段，可以利用某一地区的已开挖或建成隧道的比涌水量与延长米的相关关系，估计设计隧道的涌水量。但踏勘或初步估算隧道涌水量时，并未考虑地形、地质、水文地质及气象等方面的因素，只能作为概略估计隧道涌水量。

(2) 数理统计法

一般认为河流在枯水期基本上是由地下水补给的。所以河流枯水期单位流域汇水面积上的径流量(即枯水期河流的径流模量)，可以视为隧道通过地区地下水的径流模量。在隧道开挖后，地下水向隧道汇集形成一个影响范围(或称集水范围)，在此范围内的地下水都流入隧道内。因此，隧道的总涌水量可以近似地认为等于隧道集水面积与枯水期地表水径流模量的乘积。

(3) 水均衡法

一个地区(或地段)的水均衡，实质就是应用质量守恒定律分析、研究参与水循环的各要素间的数量关系。地下水均衡是以地下水为对象的均衡研究，其目的在于阐明潜水区(地段)在某一段时间内，地下水流入与流出间的数量关系。进行均衡计算所选定的地区称为均衡区，均衡区最好是一个地下水流域。进行均衡计算的时间段，称为均衡期，可以是若干年、一年，也可以是一个月。某一均衡区，在一定均衡期内，地下水的流入量大于流出量时，表现为地下水储量的增加，称为正均衡；反之，当流入量小于流出量时，地下水的储量减少，称为负均衡。为研究水均衡或地下水均衡，首先必须分析均衡区的均衡要素(即流入项和流出项)，列出均衡方程式；然后通过测定或估算列入均衡方程式内的各项均衡要素，求算某些未知项，以解决地下水计算中的某些实际问题。

用水均衡法计算隧道涌水量，其控制因素有四个：大气降雨量、隧道吸引范围的集水面积、大气降雨渗入系数以及大气降雨渗入地下到达隧道涌水处所需的渗流时间。多年的实践证明利用水均衡法的原理对岩溶地区隧道涌水量进行计算，其结果比较符合实际。

(4) 超前预报分析

在勘测阶段全面估算施工中所遇到的涌水量问题是不可能的。尤其在岩溶地区，由于岩溶通道复杂，采用各种方法计算出来的涌水量只是估算值。对涌水方式，出水部位和涌水动态等问题，更是难以确定。因此有必要在施工中加强超前预报工作。

施工超前预报的任务是采用短距离预报手段，弄清距工作面几米到十几米的地下水状况，防止突水事故的发生。其原理是利用爆破后的出水量和爆破前炮眼水喷距的一定比例关系，用喷距的大小预报开挖后的涌水量。

爆破后的水量较爆破前的出水量应有所增加，这是因为消除了炮眼那一段的阻力。放炮前后的水量差与这一段水头损失呈一复杂的函数关系。从水力学角度看，炮眼水流速度应与炮眼水喷射的水平距离有一定的比例关系，如式(8.2)所示。

$$S=v(2y/g)^{\frac{1}{2}} \tag{8.2}$$

式中 S——喷射距离；

y——炮眼与隧道底的垂直距离；

v——喷射速度；

g——重力加速度。

在进行预报时，应暂时封闭水量较小的炮眼，只留喷距最远的那个，量测其喷射距离。然后把实测喷射距离换算成标准条件下的喷距，即高出隧道底 1m($y=1$)处的水平喷距。根据换算后的喷距，对涌水量进行预测。一般来讲，喷距小于 5m 的为裂隙渗入水和中、小股涌水，其流量小于 100m³/h，可放心掘进；喷射距离为 5~9m，为小型突水，涌水量 100~400m³/h，可以试探前进；喷射距离 9~12m，为中型突水，涌水量 300~400m³/h 以上，应停止施工，查明情况再掘进；喷距大于 12m，为大型突水，应停止施工，查明情况，从速处理。

为降低岩溶水或充水断层带内地下水的压力或涌水量，在各种因素还未全知的情况下，根据钻孔的放水能力和钻探时所得到的水头压力资料，可以近似地估算可能出现的最大涌水量。

该方法是以钻孔中的理论流速为基础的，即在水头为 H 时，通过直径为 d 的钻孔的水量 Q 计算如式(8.3)所示。

$$Q=3.6vF\times10^{-3} \tag{8.3}$$

式中 v——钻孔中的理论流速，m/s；

F——等效孔面积，dm^2。

钻孔中的理论流速 v 计算如式(8.4)所示。

$$v=2\sqrt{gH} \tag{8.4}$$

式中 H——水头，m；

g——重力加速度，m/s^2，

等效孔面积 F 计算如式(8.5)所示。

$$F^{-2}=S^{-2}+F_1^{-2} \tag{8.5}$$

式中 F_1——在理论流速 v、水头 H 不变时，钻孔摩擦阻力的等效孔面积，dm^2，计算如式(8.6)所示；

S——钻孔截面积，dm^2。

$$F_1=\frac{S}{\sqrt{\frac{h}{H}}} \tag{8.6}$$

式中 h——钻孔(孔径为 d，深度为 l)内的摩擦损失水头，计算如式(8.7)所示；其余符号意义同前。

$$h=\frac{\lambda H}{d} \tag{8.7}$$

式中 λ——摩擦阻力系数，一般采用 0.028；

d——孔径；

H——水头。

8.3.2 富水地层处治技术

1）处治原则

隧道涌水段的处治应严格贯彻“详细调查、有序施工和保护环境、灵活处治”的处治原则。

(1) 详细调查

对于出现涌水情况的段落，首先应进行详细的涌水情况调查，包括涌水位置、涌水形态、涌水量的大小、涌水量的动态变化、含泥砂情况、水的侵蚀性、当地气候条件、环境条件等基础资料，以作为确定处治方案的依据。

(2) 有序施工和保护环境

隧道内一旦产生积水，施工机械设备的正常运转就难以进行，喷射混凝土等施工质量也难以保证，因此应采取必要的临时措施确保洞内的施工环境良好，以正常有序地开展后续施工；对于洞顶地表存在居民或工业生产，以及隧址周围属生态保护区等环境保护要求高的地区，必须采取有效措施减小隧道涌水对环境的不利影响。

(3) 灵活处治

综合基础资料，灵活选用处治方法。

2) 处治方案

涌水处治方案可分为两类，即排除涌水的方法(排水法)和阻止涌水的方法(止水法)，具体如图 8.1 所示。

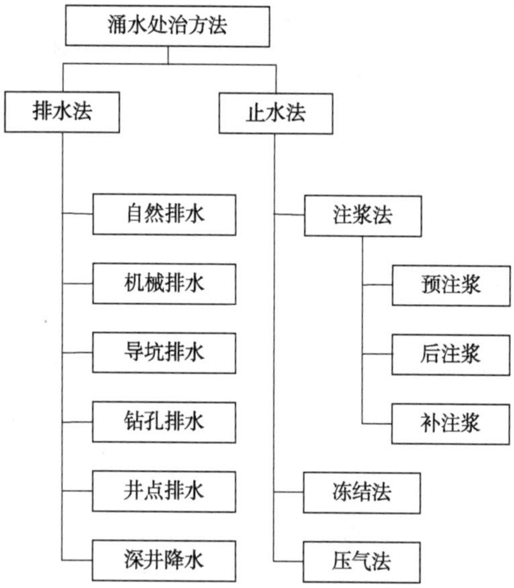

图 8.1 涌水处治方案

实际工程中，排水和止水往往不能截然分开，因此，涌水处应根据实际情况将排水法与止水法相互配合使用。

(1) 排水法

排水法的目的是降低地下水位及工作面的涌水压力，其使用普遍、费用低、工期短。排水法一般包括自然排水、机械排水、导坑排水及钻孔排水、井点排水及深井降水。

① 自然排水。如果隧道开挖为上坡(顺坡施工)，且坡度足够大(一般不宜小于 3%)就可采用自然排水法。具体方法是，可在隧道两侧或中心，开挖一条(或数条)排水沟。必要时，也可采用木槽、钢管等替代。排水沟(管)断面积可根据排水量、坡度及表面粗糙度，按无压流量公式进行计算。

② 机械排水。当隧道为下坡开挖(反坡施工)，以及采用竖井、斜井作辅助坑道时，洞内渗水和涌水不能顺坡排出洞外，应采用机械排水。机械排水一般采用水泵排水，其布置方式包括分段开挖反坡排水沟和隔开较长距离开挖集水坑。

③ 导坑排水及钻孔排水。导坑排水沟及钻孔排水可单独使用，也可同时使用，常与注浆法结合使用。当隧道开挖掌子面遇到很大水压时，可采用小导坑掘进，或者在隧道左右两侧开挖横断面小的排水导坑。如这种小断面的排水导坑仍不能起到排水作用，而掌子面的掘进还是很困难时，就从掌子面上钻几个几米到几十米的排水钻孔以降低地下水位。排水导坑与正洞之间的距离，从排水效果看，应尽可能缩短。如距离太近，由于岩体的松动会影响正洞的安全。一般采用中心距离 1~20m，且较正洞低。排水导坑一般设在地下水流的上游，但也有例外，要视地质条件而定。排水导坑应在正洞前面掘进，如遇开挖崩塌，无法掘进时，则开挖面应全面支护，在它的后方 10m 左右处另开岔线，进行迂回掘进。钻孔长度应根据开挖目的、调查需求以及搭接长度等决定。钻孔的方向应靠近隧道，一般向上 2°~5°，向外 2°的施工场合比较多。

④ 井点排水及深井降水。井点与深井的采用取决于隧道的覆盖土、环境、土壤性质及水压力等因素，一般适用于覆盖厚度不大和地层渗透性高的隧道中。井点排水适用于未固结层(即砂砾、粗、中、细砂等地层)，渗透系数范围为$5\times10^{-7}\sim5\times10^{-3}$m/s，设备简单，因此只要没有特殊情况，从经济上考虑，就可采用。深井降水的特点是可以在大范围内大幅度地降低水位，但此法是重力排水方式，水流入井的渗透速度有一定的限度，当不能将水位完全降低时，还需要采用井点补充降水。

(2) 止水法

在隧道施工中，当难以用上述排水法施工时，或采用排水法效果不理想时，一般采用止水法。止水法可分为注浆法、冻结法及压气法三种。

① 注浆法。目前国内外隧道工程中最常用的一种止水方法。它可通过浆液使原来松散软弱结构的围岩得到胶结硬化，变得相对密实；使裂隙、空洞封闭，截断围岩渗水通路。

② 冻结法。适用于各种复杂的含水地层(尤其适用于深厚的冲积层)，且安全。但它需要庞大的制冷设备与管理系统，投资昂贵，施工期较长，混凝土衬砌在低温下作业。故一般只有当遇到特别不良地层时，才考虑采用这种方法。

③ 压气法。多用在软弱层，常与盾构法一起使用。由于人员在气压下作业受0.3MPa气压的限制，故它只能用在水压不大于0.3MPa的场合，而且一次作业时间也有限制。

8.4 广西荔浦至玉林高速公路文圩隧道施工案例

8.4.1 隧道工程概况

1) 工程简介

本工程为荔浦至玉林高速公路工程06标段，项目地处蒙山县夏宜乡和藤县宁康乡之间，涉及两县三乡(夏宜乡、大黎镇、宁康乡)，主线起讫里程为K64+245~K75+885，全长11.645km，起点位于文圩隧道中部，隧道向西南方向掘进，出隧道后寻沟布设，遇山梁以隧道形式通过，走六再西、母因冲、皮冲东、古利西，至藤县大黎富斗村富斗小学东侧，继续向南建设枇杷冲隧道穿越山脉，至平南县宁康镇河木坪村。

文圩隧道为公路分离式长隧道，设计时速为100km/h，左幅起止桩号ZK64+245~ZK66+295，全长2050m；右幅起止桩号YK64+245~YK66+315，全长2070m。隧道最大埋深368m。从出口端隧道左、右幅均为下坡，纵坡1.9%。为反坡施工，是本标段控制性重点工程。

2) 地质情况

隧址区地质条件复杂。根据地勘报告：K65+060~K65+500段易引发涌水突泥事故。隧址区主要的地表水体为六夏冲沟以及各沟谷的泉水、地面流水汇合后形成的溪流。

六夏冲沟为文圩隧道最大的地表水体，沟槽宽约10m，沟内漂石、滚石遍布。常年有水，平均水深约0.5m，流速约3m/s，流量约80m^3/s，受降雨影响较大，雨季常发生山洪，历年最高洪水位193.51m。ZK62+200~ZK63+400段位于六夏冲沟影响段，地下水侧向补给，涌水量较大。

8.4.2 洞口工程施工

项目承建文圩隧道进口段，洞门为端墙式，洞口段为V级围岩，围岩以泥质粉砂岩为主，为强~中风化，岩体较为破碎，呈碎裂状结构，围岩无自稳能力。岩体富水性弱，开挖时可能存在较小量的潮湿或点滴状出水现象。其中右洞存在浅埋偏压，为保证施工安全，采用超前大管棚支护进洞，大管棚施工前首先进行偏压挡墙的施工，待偏压挡墙施工完并回填完成后进行大管棚的施工。

1）施工步骤

文圩隧道洞口工程施工步骤主要包括测量放样、洞外截水沟施工、边仰坡防护、套拱施工、偏压挡墙施工和长管棚施工。

（1）测量放样

全线已于2018年1月中旬完成了导线点、水准点测量数据的复测，并在洞口增设了导线点和水准点。开工前首先洞口原地面复测，并在山顶布设导线网联测进出洞口方向，达到设计精度，进出口高程进行复测闭合，采用统一高程。施工中在洞内布设导线，建立中线与导线互控网络，将洞内点引出洞外与导线网联测，进行检测复核，确保隧道中线精度复核要求。

根据隧道洞口的设计结构形式、洞口的地形标高和自然坡度详细计算出洞口最小开挖边仰坡边线的坐标和各桩中心坐标。利用导线点控制测设方法，在地面上确定出边仰坡最小刷坡轮廓线，控制洞口边仰坡的开挖。

（2）洞外截水沟施工

由于坡面陡峭，洞顶截水沟施工时机械无法进入施工场地，采用人工开挖。开挖前用全站仪将洞口边仰坡开挖线放出，然后在边仰坡开挖线外用白灰标出截水沟位置，同时以“零开挖”进洞理念为引导，截水沟开挖时保留截水沟与洞口之间的原地貌。截水沟采用从顶部往两侧人工开挖施工，沟身采用C15混凝土浇筑。

（3）边仰坡防护

边仰坡采用机械开挖方式从上向下分层开挖，不得掏底开挖或上下重叠开挖，必须遵循边开挖边作防护的原则。

开挖后及时进行边仰坡防护：打长3.5m的Φ22mm药卷锚杆（直径为22mm），挂Φ8mm间距为20cm的钢筋网，喷射10cm厚的C25喷射混凝土，锚杆按照1m×1m梅花形布置，待边仰坡施工完成后进行套拱施工。

（4）套拱施工

由于右洞存在浅埋偏压，左右洞套拱结构形式不同，左洞套拱纵向长度2m，右洞套拱左侧18m、右侧4m，且右洞为双层拱架。

① 左洞

首先进行套拱基础开挖，开挖完成后进行地基承载力检测，确保地基承载力不小于300kPa，若小于300kPa，则采用C15混凝土进行基底换填等措施。

套拱截面厚度为60cm，采用C30混凝土浇筑成型，套拱内设3榀间距为75cm的I20b钢拱架，并在其中布设31个Φ127×4mm孔口管，孔口管通过Φ22mm定位筋与I20b工字钢焊接为一个整体，Φ22mm 定位筋与孔口管、钢拱架采用双面焊接，焊接长度不小于 $5d$(d 为钢筋的直径)，钢拱架间采用环向间距为 100cm 的 Φ22mm 连接筋(长度为 90cm)进行梅花形布置连接。

② 右洞

右洞存在浅埋偏压，洞口采用斜交正作支护进洞，首先进行套拱基础的开挖，针对地基承载力(不小于 350kPa)不满足设计要求的进行 C15 混凝土进行换填。

套拱设计为双层套拱，外层套拱截面厚度为 70cm，内层套拱截面厚度为 26cm。

采用 C30 混凝土浇筑成型，套拱内设 11 榀钢拱架，由于套拱斜交正作，左侧钢拱架间距 1.75m；右侧钢拱架间距为 35cm，即左侧套拱纵向长度 18m、右侧套拱纵向长度 4m。

并在其中布设 31 个 Φ127×4mm 孔口管，孔口管通过 Φ22mm 定位筋与 I20a 工字钢焊接为一个整体，Φ22mm 定位筋与孔口管、钢拱架采用双面焊接，焊接长度不小于 $5d$(d 为钢筋的直径)，钢拱架间采用环向间距为 100cm 的 Φ22mm 连接筋(长度为 90cm)进行梅花形布置连接。右洞套拱拱架安装采用吊车和装载机，连接时搭设内部脚手架平台。

(5) 偏压挡墙施工

隧道右洞 YK61+638 ~ YK61+656 段偏压挡墙采用 C30 混凝土浇筑，长度为 18m，高度为 12.286m，顶面宽度 75cm，入土深度为 2.245m。

由于墙身结构尺寸较大，为保证施工质量，待偏压挡墙基础施工完成后，墙身与套拱整体分层浇筑，墙身模板采用 1.5m×2m 的钢模，待墙身浇筑至孔口管位置时，套拱浇筑完成后再进行偏压挡墙后续浇筑。浇筑完成后设置观测点，定期观测位移情况。

施工工艺流程：基础开挖→测量复测→地基承载力检测→模板支靠→混凝土浇筑→养护→回填。

根据测量放样位置进行基础开挖，开挖完成后进行地基承载力检测，满足设计要求后对开挖基坑进行复测，然后进行模板支靠，模板支靠前进行模板打磨处理，并涂刷脱模剂，模板安装完成后对其几何尺寸，平面高程进行复测，合格后方可进行 C30 混凝土浇筑。浇筑时采用分层浇筑，振捣遵循“快插慢拔”的原则，浇筑完成后及时进行覆盖洒水养护，待强度达到 2.5MPa 后方可进行模板拆除。

偏压挡墙施工完成后进行洞顶回填，采用 C15 素混凝土回填至套拱顶部，其上回填一层 30cm 厚黏土隔水层，再回填种植土至挡墙顶部齐平并植草防护绿化。回填后暴露的石质边仰坡采用植藤绿化。

(6) 长管棚施工

① 技术参数

a. 钢管规格：热轧无缝钢管 Φ108mm，壁厚 6mm，节长 3m、6m、9m。

b. 环向间距：50cm。

c. 仰角：0.5°~1°(不包括路线纵坡)，方向与路线中线平行。

d. 钢管施工误差：径向不大于 20cm。

e. 隧道纵向同一横断面内接头数不大于 50%，相邻钢管的接头至少须错开 1m。

f. 编号为奇数的钢管采用有孔钢花管，编号为偶数的钢管采用无孔钢管。

g. 每根钢管尾部焊接 Φ10mm 加劲箍。每根管棚的第一根钢管前端呈尖锥状。

② 工艺流程

管棚施工工艺流程如图 8.2 所示，长管棚施工布置如图 8.3 所示。

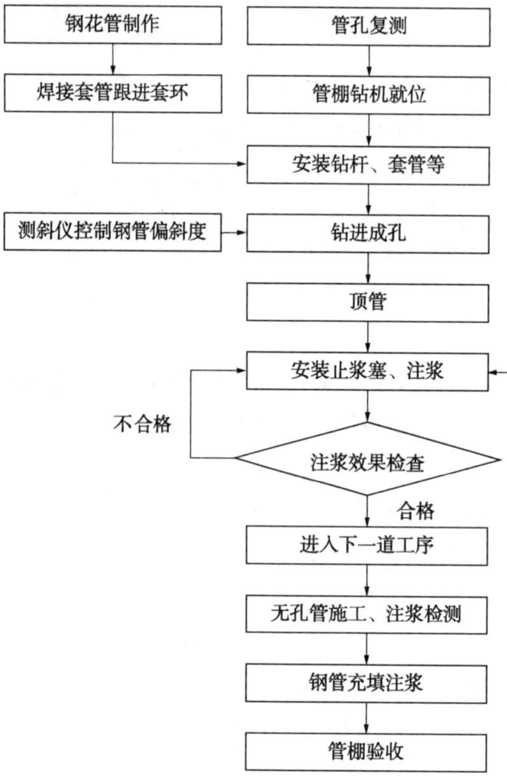

图 8.2　管棚施工工艺流程

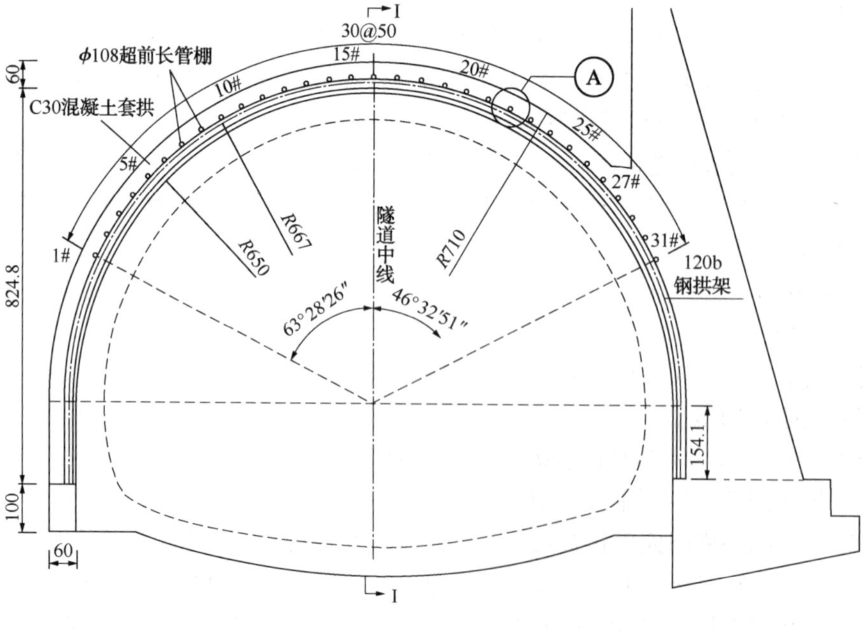

图 8.3　长管棚施工布置

③ 主要施工内容

a. 钻孔

钻孔时间应在套拱混凝土强度达到75%之后，方可进行。钻机采用冲击式潜孔钻。若由高到低连续钻孔，则因孔距过小，会造成前一个成型孔在未顶管时已出现塌孔现象。在钻到一定深度时，要用测斜仪检查孔的倾角是否正确，以便及时进行纠正，深度达到要求后，应边退钻边清孔安装管棚钢管以防止塌孔。

在钻孔过程中，如果出现卡钻、塌孔现象，可能是隧道地质发生了变化，此时应及时退钻，然后采用往孔内压注浆液的方法，待浆液凝固后，再行开钻。

钻孔也可为超前地质预报提供一定的依据，因此每一个孔在开钻时，都必须有详细记录，包括开钻时间、结束时间及遇到的问题等。

b. 顶管

管棚钢管采用热轧无缝钢管，第一节钢管应做成尖锥状，起导向和减小摩阻力的作用。在钻孔成型后，顶管工作进行的越早越好。钢管节段间用丝扣连接，在每孔第一节打设时，奇偶孔分别采用3m和6m管节交替使用以错开接头位置，以后每节均采用6m长钢管，隧道同一横断面内的接头数不大于50%，箱梁钢管的接头至少错开1m，这样可以保证后期开挖时管棚有足够的整体强度。管棚顶到位后，钢管与导向管间隙用速凝水泥或其他材料堵塞严密，以防浆液冒出。

c. 注浆

注浆参数：水泥浆水灰比为1：1，水玻璃浓度35°Bé，水玻璃模数为2.4，注浆压力，初压0.5~1MPa，终压2MPa。

注浆前先进行注浆现场试验，根据实际情况同时结合设计图纸要求调整注浆参数，取得管棚最佳注浆参数，以利施工。

管棚设有注浆孔和排气孔，当排气孔流出浆液后，关闭排气孔，继续灌浆液，达到设计注浆量或注浆压力时，方可停止注浆。

施工过程中，为防止注浆过程中发生串浆，每钻完一个孔，随即就安设该孔钢管并注浆，然后在进行下一孔的施工。

注浆结束后用M30水泥砂浆充实无缝钢管，以增强管棚刚度。注浆结束标准为：注浆压力逐步升高，最终达到设计终压。

2）超前支护

为保证隧道施工期间的安全，采用了必要的超前支护辅助施工措施，主要包括超前长管棚、超前小导管、超前锚杆等措施。

(1)超前长管棚

超前长管棚一般设置于Ⅴ级围岩洞口，通过注浆提高围岩自身承载能力，提高岩体对结构的弹性抗力，改善结构受力条件，保证施工进洞安全。隧道管棚钢管采用$\Phi108\times6$mm热轧无缝钢管，环向间距50cm，接头长30cm的$\Phi102\times6$mm的套丝钢管扣连接，丝扣长度15cm。钢管设置于衬砌拱部，管心与衬砌设计外轮廓线间距大于25cm，平行路面中线布置。要求钢管偏离设计位置的施工误差不大于20cm，沿隧道纵向同一横断面内接头数量不大于50%，相邻钢管接头数至少须错开1m。

为增强钢管的刚度，注浆完成后管内应以 M30 水泥砂浆填充。为了保证钻孔方向，设置 60cm 厚(左洞)或 70cm 厚(右洞)C30 钢架混凝土套拱，其中左洞套拱长度 2m，右洞为异性套拱，右洞左侧长 18m、右侧长 4m。考虑钻进中的下垂，钻孔方向较钢管设计方向上偏 3°~5°钻孔位置，方向采用测量仪测定，在钻进过程中必须用测斜仪测定钢管偏斜度，发现偏斜有可能超前，应及时纠正，以免影响开挖和支护。管棚注浆采用水泥浆液(添加水泥质量 5%的水玻璃)，注浆参数通过现场试验确定。

(2) 超前小导管

超前小导管设置在隧道洞内无管棚支护的Ⅴ级围岩深埋段，Ⅳ级围岩紧急停车带地段(即加宽段，如图 8.4 所示)，采用 ϕ42×4mm 热轧无缝钢管(长度 L=4.5m)，一般环向间距 40cm，外插角控制在 10°~15°，设置于衬砌拱部约 120°范围，纵向排距 S5-P、S5-A 衬砌类型为 2.4m，S5-B 衬砌类型为 3.2m。施工时可根据施工方法、施工机具适当修正一次注浆深度和导管长度，要求导管从工字钢腹部开孔穿过，尾部焊接于钢架上，导管搭接长度 S5-P、S5-A 衬砌不小于 1.5m，S5-B 衬砌类型不小于 1m。

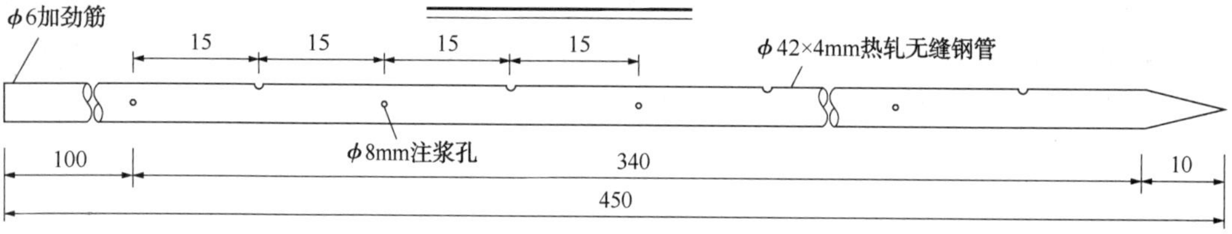

图 8.4　Ⅳ级围岩加宽段超前支护布置(单位：cm)

注浆材料采用 42.5 级水泥净浆液，水泥浆水灰比(0.6~0.8)：1，注浆压力初压为 0.5~1MPa，终压为 2MPa，注浆顺序自拱两边向拱顶。注浆前进行现场试验，确定最终的注浆参数。注浆量按照孔隙率为 0.2，浆液有效填充率 50%，浆液损耗系数 1.2 计算，实际数量根据现场试验的空隙率计算或实际注浆量为准计算。

(3) 超前锚杆

超前锚杆设置在隧道洞身Ⅳ级围岩深埋段。锚杆采用 Φ22mm 药卷锚杆，环向间距 50cm，长 4.5m，纵向间距 3m，设置于衬砌拱部约 120°范围。实际施作时锚杆方向应根据岩体结构面产状确定，以尽量使锚杆穿透更多的结构面为原则，外插角可采用 10°~15°，要求锚杆尾部焊接于钢架上，搭接长度不小于 1m。

8.4.3　洞身开挖

洞身开挖是隧道施工中比较关键的基本作业，采用地质雷达、工作面素描相结合的方法，对开挖面前方地质进行预报，根据预报结果结合地层界限确定开挖方法及施工支护参数。开挖过程中，采用全站仪测定开挖面的面积，控制开挖轮廓，并按设计要求预留变形量。根据围岩情况和隧道跨度，Ⅴ级浅埋偏压及洞口段、深埋段采用环形开挖预留核心土法施工，Ⅳ级围岩采用上下台阶法施工，Ⅲ级及Ⅲ级围岩加宽段采用全段面开挖法施工。爆破开挖方法采用光面爆破。

1) 环形开挖留核心法

环形开挖预留核心土法，也称正台阶环形开挖法，适用于地层较差的隧道工程。

(1) 施工方法

上部环形导坑及边墙导坑以人工风镐或挖掘机开挖为主，辅以弱爆破，开挖后及时喷混凝土封闭岩面，并采取支护措施。上环形导坑出渣由挖掘机扒渣至下半断面后，装入自卸汽车运走，上断面扒渣用人工配合，核心土开挖采用控制爆破，核心土开挖后立即施工作仰拱，衬砌采用全断面衬砌台车，混凝土输送车配合混凝土输送泵灌注。

(2) 施工顺序

① 开挖弧形环槽。

② 喷混凝土封闭岩面。

③ 安设钢拱架、安装锚杆、挂钢筋网、喷射混凝土达到规定厚度。

④ 上台阶开挖核心土、下台阶(全面或分部)掘进。

⑤ 侧壁喷、锚格栅支腿挂网完成墙部初期支护。

⑥ 施作仰拱。

⑦ 量测达到基本稳定后施作二次衬砌(含防水、排水设施)。

(3) 施工技术要点

① 导坑开挖采用弱爆破或人工开挖，上部环形导坑初期支护应紧跟开挖，及早封闭成环。

② 各部分开挖时，钢架设计加工尽量与开挖轮廓吻合，支护尽量圆顺，从而减小应力集中。

③ 左、右边墙导坑交错施工，不得两边同时开挖。边墙围岩较差时分两层开挖。

④ 上部弧形导坑比下断面开挖超前5~7m，两工序平行作业。

⑤ 核心土必须在初期支护封闭成环后再开挖，开挖时采用控制爆破以免损坏初期支护。

⑥ 施工中认真进行围岩量测工作，根据对围岩变化的观测及量测数据，考虑调整支护参数。

2) 上下台阶法

Ⅳ级围岩采用上下台阶法施工，将隧道断面分为上下两大部分开挖，施工流程如下：开挖上部土方→施作上部初期支护→开挖下部土方→施作下部初期支护→底部开挖(捡底)→施作仰拱及混凝土填充→施作二次衬砌。

(1) 施工方法

① 上台阶开挖。测量放线后，采用钻爆法先进行上台阶开挖，人工钻孔。隧道开挖完毕后，及时施作初期支护，即初喷4cm厚混凝土，打设系统锚杆，铺设钢筋网，安装钢拱架，复喷混凝土至设计厚度。

② 下台阶开挖。测量放线后，采用钻爆法先进行下台阶开挖，人工钻孔。人工钻孔对开挖面进行初期支护，初喷4cm厚混凝土。拱部打设系统锚杆。

③ 底部开挖。底部开挖完成后，及时施作初期支护，喷射混凝土至设计厚度，及时封闭成环。

④ 灌注仰拱及填充(仰拱和填充要分开施作)。

⑤ 根据监控两侧分析，待初期支护收敛后，利用模板台车一次性灌注。

(2) 施工要点

① 根据围岩条件，合理确定台阶长度，一般不超过1倍洞径，以确保开挖、支护质量及施工安全。

② 台阶高度根据地质情况、隧道断面大小和施工机械设备情况确定，其中上台阶高度确定为5~6m。

③ 上台阶施工钢架时，施作锁脚锚管控制围岩和初期支护变形。

④ 下台阶在上台阶喷射混凝土达到设计强度70%以上时开挖。当岩体不稳定时，采取缩短进尺，必要时上下台阶可分左、右两部错开开挖，并及时施作初期支护和仰拱。

⑤ 施工中解决好上下台阶的施工干扰问题，下部施工减少对上部围岩、支护的扰动。

⑥ 上台阶开挖超前一个循环后，上下台阶可同时开挖。

3) 全断面法

(1) 施工流程

全断面开挖法是按设计断面将隧道一次开挖成型，再施作支护和衬砌的隧道开挖方法，施工工艺流程：超前地质预报→测量放线→钻孔→装药起爆→通风排烟→清危排险→出渣→初喷→锚喷支护→进入下一循环。

(2) 施工方法

① 施工测量

当上一循环结束时，测量技术人员利用洞内中线控制桩点，画出工作面开挖轮廓线，并初步标记出主要钻孔位置。

② 施工作业台车就位

根据工作面的开挖断面用人工配合装载机将施工作业台车移至指定位置，固定台车，保证台车稳定，台车尽可能放置在钻爆工易于操作凿岩机的位置。

8.4.4 初期支护

文圩隧道初期支护主要包括系统锚杆布置、钢筋网片焊接、钢拱架施工和喷射混凝土。

1) 系统锚杆布置

不同的围岩级别采用不同种类的系统锚杆，具体系统锚杆参数如表8.1所示。

表8.1 系统锚杆参数

序号	衬砌类型	使用范围	初期支护(系统锚杆)	备注
1	S5-P	Ⅴ级围岩浅埋偏压地段	ϕ25 中空注浆锚杆 L=4m，间距0.6m×1.2m(纵×环)	
2	S5-A	Ⅴ级一般浅埋段	ϕ25 中空注浆锚杆 L=3.5m，间距0.6m×1.2m(纵×环)	
3	S5-B	Ⅴ级一般深埋段	ϕ25 中空注浆锚杆 L=3.5m，间距0.6m×1.2m(纵×环)	
4	S4-B	Ⅳ级围岩一般深埋段	ϕ22 药卷锚杆 L=3m，间距1m×1.2m(纵×环)	
5	S3	Ⅲ级围岩段	ϕ22 药卷锚杆 L=2.5m，间距1.2m×1.2m(纵×环)	

(1) 中空注浆锚杆

中空注浆锚杆按梅花形径向布置，每环20.5根，中空注浆锚杆的中空锚杆杆体均采用热镀锌保护，可保证因注浆盲区而裸露的部分也得到充分的保护。锚杆的抗拔力不低于

50kN。Φ25mm 中空注浆锚杆为标件产品，其技术要求如下：

① 锚杆杆体抗拉力≥150kN；

② 中空锚杆体热镀锌层厚度≥0. 06mm；

③ 垫板热镀锌层厚度≥0. 06mm，螺母热镀锌层厚度≥0. 05mm；

④ 注浆用 42. 5 级水泥净浆，水灰比 0. 35：1~0. 38：1。

（2）药卷锚杆

药卷锚杆杆体采用 HRB400 螺纹钢筋，杆体抗拔力≥120kN，锚垫板采用 Q235 钢板，水泥药卷凝固后强度不低于 M30 砂浆强度，锚杆的抗拔力不低于 80kN。

① 装入药卷前需进行钻孔清孔，采用压气方式清扫孔中浮尘，用杆体将药卷送入孔内，启动搅拌器转 30±5s，均速推进到孔底。

② 15min 后上托板旋紧螺母即可承载，40min 后测试锚固力。

③ 搅拌安装工具根据现场动力条件，可采用 TJ-19 气动锚杆搅拌机或电煤钻加连接头，紧螺母可采用 QB-16 气动扳手或手动扳手。若采用锚杆钻机作业，钻孔和安装锚杆同机操作，更为方便。

④ 水泥药卷锚杆锚固剂采用 MSJHS37/225 药卷，主要技术参数如下。

a. 采用全锚式，初凝时间 4~7min，终凝时间<10min。

b. 锚固剂抗拉强度 0. 5h 不小于 9MPa，1h 不小于 15MPa，24h 不小于 25MPa。

c. 锚固剂与杆体配套安装后，0. 5h 内测得的锚固力不小于 50kN，24h 不大于 70kN。

d. 锚固剂试件最大膨胀率不小于 0. 1%，28d 膨胀率测定应大于 0。

2）钢筋网片焊接

钢筋网片采用 ϕ8mm 钢筋焊制，在加工平台上焊成间距 200mm×200mm 或 250mm×250mm 或 150mm×150mm，长 2m，宽 1~2m 的钢筋网片，整体运到洞内牢固焊接在锚杆、钢拱架上。钢筋网片规格如表 8. 2 所示。

表 8. 2 钢筋网片规格

序号	衬砌类型	使用范围	钢筋网（初期支护）	备注
1	S5-P	V 级围岩浅埋偏压地段	ϕ8 钢筋网 15×15cm	
2	S5-A	V 级一般浅埋段	ϕ8 钢筋网 15×15cm	
3	S5-B	V 级一般深埋段	ϕ8 钢筋网 20×20cm	
4	S4-B	IV 级围岩一般深埋段	ϕ8 钢筋网 25×25cm	
5	S3	Ⅲ级围岩段	ϕ8 钢筋网 25×25cm	

3）钢拱架施工

（1）钢拱架加工

① 型钢架

钢架弯制结合隧道开挖方法采用型钢弯制机冷弯成型。要求沿隧道周边轮廓误差±3cm；型钢钢架平放时，平面翘曲小于 2cm。

② 格栅钢架

格栅钢架周边轮廓拼装偏差不大于±30mm；格栅拼装后，各单元间螺栓孔眼中心间距公差不超过±0.5mm。格栅钢架平放时平面翘曲小于±20mm。拱架圆顺，直墙架顺直。焊接好的格栅钢架分单元堆放于地面干燥的防雨棚内，堆放高度不大于1.0m。

（2）钢架安装

钢架安装在掌子面开挖初喷完成后立即进行。钢架安装前检查开挖断面中线及高程，并确定钢架安设准确位置及标高。钢架按施工图标示位置架设。安装前清除各节钢架底脚下的虚渣及杂物，保证钢架安放在坚实基础上。

钢架架立时，拱墙定位、锁脚利用系统锚杆，两侧拱脚各增加2根长3m的C20药卷锁脚锚杆。钢架架立时尽量紧贴围岩，并与径向系统锚杆、钢筋网及钢架间纵向连接筋焊接成整体，以增加其联合支护的效应。

沿钢架与外缘每隔2m用混凝土预制块顶紧，保证钢架与初喷混凝土间紧密接触。钢架与初喷层之间的间隙采用混凝土充填密实。

下台阶钢架接长时采用单边交错进行的方法，每次单边接长钢架1~2榀。接长钢架和上部钢架通过垫板用螺栓准确连接牢固。钢架各单元连接必须采用高强螺栓。

（3）防止钢架下沉措施

拱部开挖安装型钢拱架后，由于各部开挖拉开了一定距离，钢架短时间内不能全断面闭合，有可能会出现拱顶钢架下沉，导致围岩失稳或侵入衬砌界限，因此在施工过程中需加强对钢架安装以后的监控量测，必要时采取有效措施进行加固，以防止拱顶钢架下沉。具体措施如下。

① 隧道围岩十分软弱，采取增加锁脚锚杆长度和再增设锁脚锚杆数量的措施，以加强钢架的稳定。

② 拱脚标高不足时，按规范要求处理，防止钢架悬空。

③ 必要时，加设钢架基础连接纵梁，扩大开挖底脚，防止钢架下沉。为防止钢架下沉，视地质情况，必要时在拱部钢架底脚增设连接纵梁，与钢架底脚采用焊接连接，以增加钢架底脚的承力面积。

（4）及时复喷混凝土进行覆盖

钢架安装完成后，及时进行喷射混凝土，以使钢架与喷混凝土共同受力。

4）喷射混凝土

文圩隧道初期支护设计采用了湿喷混凝土，这可以增强围岩的适应变形和自承能力，湿喷工艺可以降低回弹量，简化工序，改善洞内施工环境，有利于加快施工进度。

（1）喷射混凝土在洞外采用集中拌和站拌制，由混凝土输送车运至喷射点，由湿式喷射机施喷。施工按初喷和复喷进行，开挖后检查无欠挖即进行初喷，安装好锚杆、钢筋网片及钢支撑（设计有时施工）后，再进行复喷，直至满足达到设计厚度要求。

（2）喷射混凝土前，清理受喷面，做到受喷面无松动岩块，墙脚无虚渣堆积。材料准备：水泥拟选用42.5级普通硅酸盐水泥，速凝剂要求初凝不超过5min，终凝不喷射混凝土采用自动计量拌和机搅拌，施工时将已过筛的砂、碎石、水泥依次加入，然后加入水开始搅拌，拌料时严格掌握规定的速凝剂掺量和混凝土配合比，其水灰比一般控制在0.4~0.5，待混凝土拌和料搅拌均匀后，由混凝土输送车运至湿喷机。

（3）湿喷机在作业开始时，先送风，后开机，再给料，待混凝土从喷嘴喷出后，再供给速凝剂；结束时，先关闭速凝剂计量泵，之后停止供料，待喷嘴残留的少量混凝土和速凝剂完全吹净后，再停风。

(4) 初喷厚度4~6cm，复喷每次7~10cm，直至设计厚度。初喷先拱后墙，复喷先墙后拱，喷射顺序先下后上，避免回弹的混凝土挡住未喷岩面。喷射方向与岩面垂直，喷头与岩面保持0.6~1.0m的距离。喷射时，料束呈"S"旋转轨迹运动，一圈压半圈，纵向按蛇形状，每次蛇形喷射长度3~4m。喷头移动要慢，让混凝土有了一定厚度再离开，成片扩大喷射范围。岩面凹部处先喷混凝土找平。后一层喷射则在前一层混凝土终凝后进行。若终凝后间隔1h以上且初喷表面已蒙上粉尘时，则在后一层施喷前要将受喷面用高压气体、水清洗干净。

(5) 有钢支撑处，钢支撑与壁面之间的间隙用混凝土充填密实；喷射混凝土由两侧拱脚向上对称喷射，并将钢架覆盖。

(6) 喷射混凝土终凝24h后，采用喷雾洒水的方法养护，养护7d，每天洒水2次。

8.4.5 二次衬砌

文圩隧道二次衬砌包括二次衬砌钢筋、二次衬砌模板台车就位、挡头模板、混凝土施工和养护。

1) 二次衬砌钢筋

现场钢管支撑如图8.5所示。

(1) 二次衬砌钢筋制作应按轮廓进行大样定位，实行集中预制、集中加工、统一配送。钢筋安装、定位宜按下列程序操作。

① 在调平层及拱顶防水层上标定出前后两根环向主筋的中心点位，安装并作为环向定位钢筋。

② 采用自制三脚架定出圆心位置。

③ 以圆心用尺量的方法校验定位钢筋轮廓尺寸，并用自制台车上可调整的钢管支撑杆(如图8.6所示)固定。

图8.5 现场钢管支撑

图8.6 可调整的钢管支撑杆

（2）撑杆上标出环向主筋布设的位置，在定位钢筋上标出。

（3）应按纵向分布筋安装的位置，绑扎钢筋。用高强砂浆垫块控制钢筋保护层厚度，不得使用塑料垫块。

2）二次衬砌模板台车就位

（1）台车要求

二次衬砌台车（立面如图 8.7 所示）应采用全液压自动行走整体式结构，各种伸缩构件、液压系统、电气控制系统运行良好，合理设置各支承构件，具有闭锁装置。

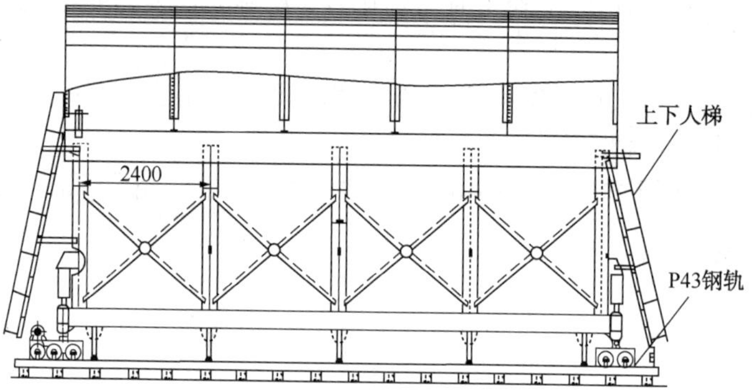

图 8.7　二次衬砌台车立面（单位：cm）

台车支架应能承受所浇筑混凝土的重力、侧压力以及在施工中可能产生的各项荷载，支架不偏移、不扭曲，不变形。台车支架下净空应能满足大型设备通行，各层平台的高度应能满足混凝土施工操作，并应在左右两侧设置直径不小于 150cm 的送风管通道。同时，必须设置供施工人员上下通行的爬梯。

两车道二衬台车模板钢板厚度应不小于 10mm；三车道隧道二衬台车模板钢板厚度应不小于 12mm；四车道的二衬台车必须经过计算，邀请有关专家研究审查后定制。

为减少二衬模板痕迹，外弧模板每块钢板宽度不应小于 1.5m，板间接缝按齿口搭接或焊接打磨。

（2）台车就位

① 台车模板就位前应仔细检查防水板、排水盲管、衬砌钢筋、预埋件等隐蔽工程并做好记录；台车就位后应检查其中线、高程及断面尺寸等并做好记录。

② 台车宜采用五点定位法，即以衬砌圆心为原点建立平面坐标系，通过控制顶模中心点、顶模与侧模的铰接点、侧模的底脚点来精确控制台车就位。曲线隧道应考虑内外弧长差，以免造成接缝错台。

③ 台车模板与相邻混凝土的搭接长度应不小于 10cm（曲线地段指内侧），混凝土浇筑前，应在顶模与防水板之间设置木撑，防止台车上浮。

④ 衬砌台车必须由专职司机操作，对控制面板、油路、顶缸等重点部件要加强管理维修。

⑤ 台车作业地段进行吊装作业时，应有专人监管，统一指挥，并设标志，禁止通行。

3）混凝土浇筑与养护

（1）混凝土浇筑

二次衬砌浇筑混凝土管线如图 8.8 所示。泵送混凝土前应用适量的水泥砂浆润滑管道，一般 1m³ 砂浆可润滑 100m 管道。混凝土由下至上从两侧向拱顶对称浇筑，两侧混凝土浇筑面高差宜控制在 50cm 以内。混凝土输送管前端应采用软管控制管口与浇筑面的垂距，混凝土不得直接冲击防水板，垂距应控制在 1.2m 以内。混凝土应连续浇筑，如因故中断，其中断时间应小于前层混凝土的初凝时间或可重塑时间，当超过允许时间时，应按施工缝处理：在初凝前应将接缝处的混凝土振实，并使缝面具有合理、均匀稳定的坡度。超过初凝时间未振实的混凝土，应予清除。

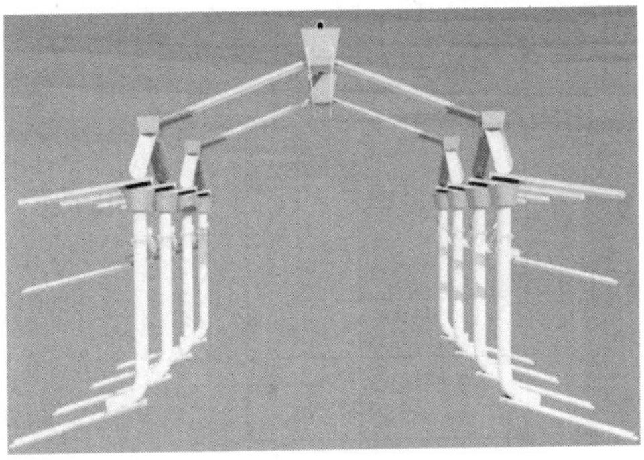

图 8.8　二次衬砌浇筑混凝土管线

(2) 混凝土养护

应配备养护喷管或雾炮机，拆模前冲洗模板表面，拆模后喷淋混凝土表面，自制自行式二衬喷淋养护系统。同时每个作业洞口内应至少配备养护、除尘降温雾炮机 2 台。在寒冷地区，应做好混凝土防寒保温工作。

(3) 混凝土养护时间洞口段应不小于 14d，洞身段不少于 7d。

8.4.6　防排水施工

文圩隧道整体排水系统分别由洞口排水系统、洞内排水系统、洞内防水系统组成。

1) 洞口排水系统

在洞顶设置有梯形截水沟，如图 8.9 所示，采取 C15 混凝土浇筑成型，截水沟雨水经洞顶截水沟流入到路基边沟中。左右洞之间设置有 1m×1m 的矩形水沟、壁厚 30cm，采用 C15 混凝土浇筑成型。

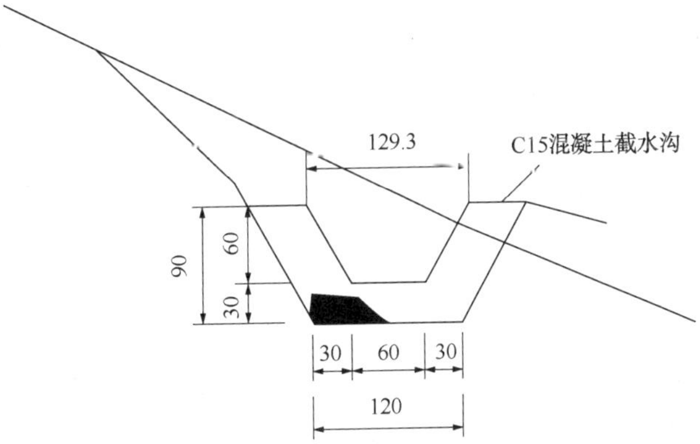

图 8.9　洞顶截水沟(单位：cm)

洞口管棚施工前首先进行洞顶截水沟施工，由于受地形限制，洞顶截水沟施工时首先进行人工开挖并按照设计图纸凿出截水沟断面，开挖时注意截水沟周边地貌的维持，并根据地形特点保证截水沟线型圆顺。

由于左右洞洞口间位于冲沟处，为避免冲沟水量过大导致洞口被冲刷，左右洞之间设置有排水沟(图 8.10)，雨水通过排水沟汇入到路基边沟内，达到雨水顺利排出的目的。

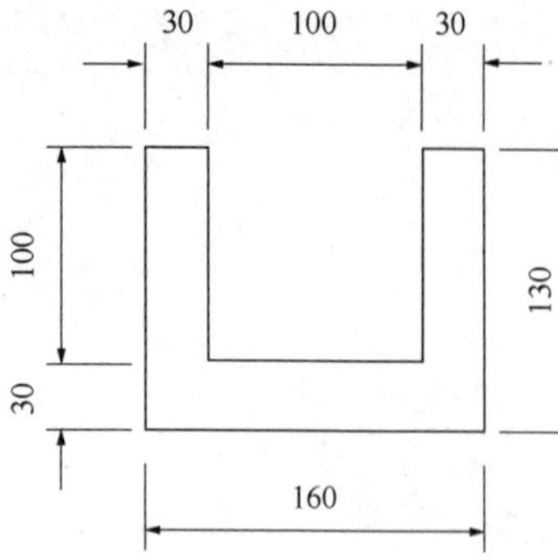

图 8.10　排水沟(单位：cm)

2）洞内排水系统

隧道洞内排水系统由纵向排水管、横向导水管、环向盲管、竖向盲管、侧向盲沟、中央排水沟、路面边水沟等组成。

（1）纵向排水管

纵向排水管采用 Φ100mm 的 HDPE 双壁打孔波纹管，管壁厚 8mm，半边打孔，外裹无纺布。纵向排水管全隧贯通，两端洞口处用堵头填塞，排水坡度与路面纵坡一致。

（2）横向导水管

横向导水管每 10m 设置一道，且尽量设在环向盲管与接缝处，以便环向盲管里及接缝处的水能迅速流入侧向盲沟和中央排水沟，两侧排水坡度不得小于 2%，且不能侵入路面结构层，局部地下水涌水处加密设置。纵向排水管、横向导水管用塑料三通连接。

（3）环向盲管

环向盲管采用 Φ50mm 的 HDPE 双壁打孔波纹管，水泥钉固定，水泥钉环向间距 1m。环向盲管数量根据水流大小确定，一般 1~3 根，沿隧道纵向间距 10m 设一组，较好围岩段加大间距至 15m 一道，遇水量较大时，环向盲管适当加密，盲管自上而下铺设，不得侵入衬砌内，否则凿槽埋设。

（4）竖向盲管

竖向盲管采用 Φ50mm 硬质 PVC 半圆管，于渗水量大处设置，压力较小时先喷射混凝土堵水再敷设排水半圆管，且主裂隙处不喷射混凝土，当岩面为大面积淋水段，应先用排水半圆管引排水，上覆铁丝网后再喷混凝土。

（5）侧向盲沟、中央排水沟、路面边水沟

侧向盲沟、中央排水沟、路面边水沟均沿纵向通长设置，排水坡度与路面纵坡一致；侧向盲沟和路面边水沟于隧道内外侧均设置；侧向盲沟每 30m 设置一道检查井，兼作沉沙井；侧向盲沟与中央排水沟之间用横向导水管连通。

有仰拱段中心排水沟中心线处沟底厚度不小于 10cm，如图 8.11 所示。

无仰拱段中心排水沟底板厚度为 30cm，壁厚 25cm，采用 C30 现浇而成，盖板 C30 混凝土预制，如图 8.12 所示。

3）洞内防水系统

（1）防水层铺设

① 防水层铺设前，首先对钢筋网凸出部分切断后用锤铆平抹砂浆素灰处理；凸出的管道切断、铆平后用砂浆抹平；锚杆有凸出部位时，螺头顶预留 5mm 切断后，用塑料帽处理，并补喷混凝土使其表面平整圆顺，凹凸量不得超过±3cm，H/D(岩体厚度与隧道宽度的比值)不大于 1/6，拱顶 H/D 不大于 1/8。

② 若采用无系带光面防水卷材，采用热熔法铺挂：即混凝土表面先把土工布用衬垫贴上，然后用射钉枪钉上水泥钉锚固，水泥钉长度不得小于 50mm。平均拱顶设点 3~4 个/m^2；铺设防水板时，采用手动专用熔接器热熔在衬垫上，两侧黏结剥离强度不得小于防水板的抗拉强度。

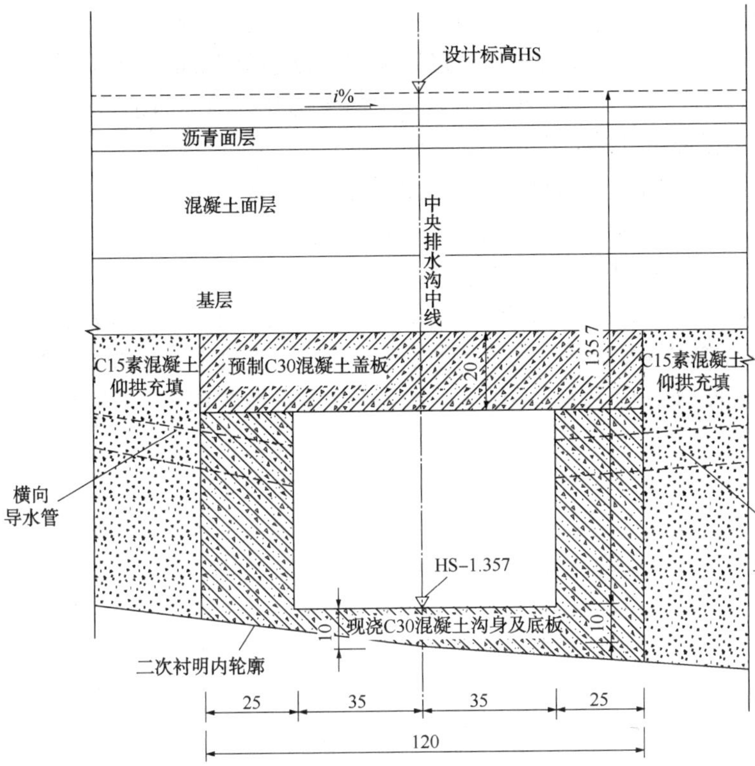

图 8.11 有仰拱段中心排水沟(单位：cm)

注：i—坡度

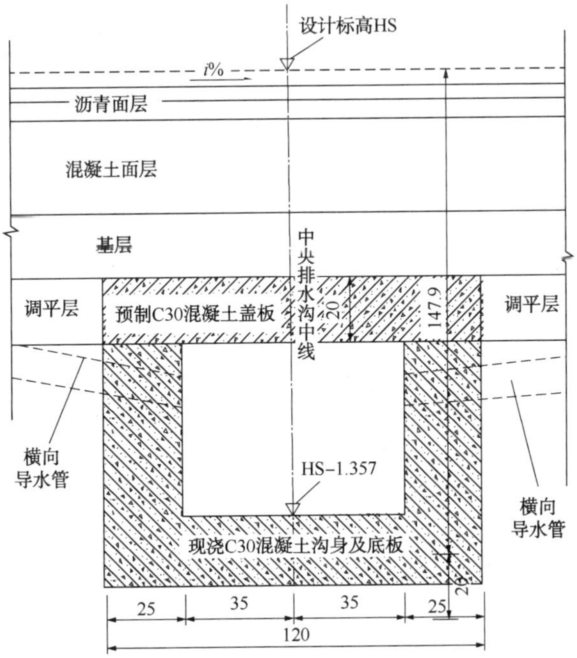

图 8.12 无仰拱段中心排水沟(单位：cm)

注：i—坡度

③ 若采用有系带光面防水卷材，可采用暗扣悬吊法铺挂，即先采用U形钉(水泥钉)将土工布锚固在混凝土中，U形钉(水泥钉)锚固深度不得小于50mm，平均拱顶设点不小于4个/m^2，边墙不小于3个/m^2；吊带绑扎应紧密，吊带绑扎处应尽可能地使土工布与U形钉(水泥钉)密贴，以保证吊带共同均匀受力。

④ 搭接边施工：1.5mm厚自粘胶膜预铺反粘防水卷材产品出厂时，为减少搭接长度，每幅宽边不小于2m，且在每幅两侧设置至少10cm宽的纯高分子材料，用作卷材与卷材焊接用，焊接采用自动爬行焊机焊接，并单独设置不小于25cm宽的配套双面自粘卷材补强。

⑤ 防水层的结构形式：无纺布+1.5mm厚高密度聚乙烯自粘胶膜反粘防水卷材(HDPE)(无纺布与防水卷材分开，无纺布预先铺挂)。无纺布材料规格：350g/m^2。防水卷材规格为：1.1mm厚(HDPE片材)+0.4mm厚(高分子自粘胶层+反粘保护涂层+隔离保护膜)。

(2) 止水带安装

根据文圩隧道实际施工情况，二次模筑混凝土衬砌平均10m一个循环设置一道施工缝，施工缝设置施工缝用钢边橡胶止水带(厚度6mm)及背贴式止水带；施工缝尽可能与变形缝位置重合并设置变形缝，缝宽2cm。

变形缝在衬砌结构、围岩等级变化处设置，Ⅴ级围岩段内间距约30m设置，Ⅳ级围岩段内间距约50m设置，Ⅲ级围岩段内间距约100m设置，变形缝设置变形缝用钢边橡胶止水带(厚度8mm)及背贴式止水带；变形缝需在全断面设置，缝宽2cm。

止水带仅设于拱墙部位，有仰拱段沉降缝于仰拱处设沥青棉麻絮填充。

止水带的安装工艺如下。

① 将背贴式止水带与防水板焊接之后立模。

② 将加工成型的Φ10mm钢筋卡卡紧止水带一半，另一半止水带弯折平贴在挡头板上，回填浸沥青软木板和聚苯乙烯板。

③ 待模筑混凝土凝固后拆除挡头板，将止水带拉直，然后用Φ10mm钢筋卡卡紧止水带另一半，模筑下一环混凝土；在绑扎钢筋和支模时，止水带必须采取可靠的固定措施，避免在浇筑混凝土时发生位移。Φ10mm钢筋卡环向间距为100cm。

④ 凿除缝内聚苯乙烯板，填塞石棉麻丝沥青。

⑤ 用挤注枪压入聚硫双组分密封膏(压入抹平)。

⑥ 固定止水带时，只能在止水带允许部位上穿孔打洞，不得损坏本体部分。

⑦ 止水带尽量在工厂中连接成整体，需要在现场连接的，应采用热硫化模具进行热接或粘贴剂冷接，接头处应平整光洁，抗拉强度不低于母材的90%；止水带的各处交叉连接点，由厂家生产成配件，保证在施工中现场连接只在直线段进行。

参 考 文 献

[1] 陈建军，项斌，王云江．城市轨道交通工程盾构施工与管理：第 2 版[M]．北京：化学工业出版社，2023.

[2] 成志宏．复杂地质条件隧道施工技术[M]．北京：中国铁道出版社，2020.

[3] 谷崇建．岩溶区大断面隧道突泥突水的防治技术[J]．工程建设与设计，2017(1)：102-104.

[4] 郭德平，唐进才，廖烟开，等．瓦斯隧道综合防治技术及管理实务[M]．重庆：重庆大学出版社，2021.

[5] 何发亮．地质复杂隧道施工预报研究与工程实践[M]．成都：西南交通大学出版社，2019.

[6] 交通运输部公路局，中交第一公路勘察设计研究院有限公司．公路工程技术标准：JTG B01—2014[S]．北京：人民交通出版社股份有限公司，2015.

[7] 刘建国，林之恒，袁东等．隧道施工期岩爆超前地质预报方法探讨[J]．成都理工大学学报(自然科学版)，2023(4)：445-453.

[8] 罗秀松．岩溶隧道施工对策[J]．工程建设与设计，2017(4)：81-82.

[9] 瞿万波，王毅．隧道工程施工[M]．成都：西南交通大学出版社，2019.

[10] 孙宏伟，曹志军，张永福．隧道工程[M]．成都：西南交通大学出版社，2021.

[11] 王道远．隧道施工技术[M]．北京：中国水利水电出版社，2020.

[12] 王庆磊，崔蓬勃．隧道工程施工[M]．北京：化学工业出版社，2021.

[13] 颜炳玲，朱小辉．隧道施工技术[M]．上海：上海交通大学出版社，2018.

[14] 杨隆，杨凯．隧道施工地质揭露不确定问题及对策探讨[J]．交通科技与管理，2023(8)：137-139.

[15] 杨永民．穿越溶洞段公路隧道施工技术[J]．交通世界，2023(11)：169-171.

[16] 张震宇．隧道施工[M]．成都：电子科技大学出版社，2019.

[17] 赵琨．复杂地质条件下隧道施工风险管理[J]．工程建设与设计，2023(14)：221-223.

[18] 中国建筑科学研究院．混凝土结构设计规范(2015 年版)：GB 50010—2010[S]．北京：中国建筑工业出版社，2015.

[19] 中交一公局集团有限公司．公路隧道施工技术规范：JTG/T 3660—2020[S]．北京：人民交通出版社，2020.

[20] 周佳新．道桥工程识图[M]．北京：化学工业出版社，2022.

[21] 朱明杰，文杰，袁孝刚，等．岩溶地区隧道底部围岩的破坏研究[J]．低温建筑技术，2023(4)：99-103.

[22] 邹东林．不良地质地段隧道施工处理技术应用[J]．山西建筑，2023(7)：172-175.

[23] 李坚，张铎，邓朝阳，等．隧道穿越溶洞富水区超前地质预报与处置[J]．人民长江，2023(8)：173-177+184.

[24] 李艳娥．富水软弱地层中隧道超前支护应用研究[J]．河南科技，2023(14)：62-65.

[25] 罗敏淅，包其龙．山区公路隧道下隐伏富水溶洞处治方法[J]．西部交通科技，2023(6)：156-159.

[26] 杨平．岩溶富水地层隧道施工处治技术研究[J]．工程建设与设计，2018(19)：198-200.

[27] 李俊．岩溶富水地层隧道施工关键技术[J]．工程建设与设计，2019(5)：252-253+257.

[28] 王军章．探究复杂条件下隧道爆破施工技术方案[J]．工程建设与设计，2022(8)：123-125.

[29] 谭勇．复杂地质条件下超长隧道围岩支护技术[J]．交通世界，2022(28)：97-99.

[30] 杨永贵．复杂地质环境下高速公路隧道施工技术分析[J]．科技创新与应用，2022(18)：154-157.

后　记

隧道在缩短运行距离、提高道路运输能力、提高行车效率和安全性、减少交通事故等方面起到十分重要的作用。近年来，我国的隧道工程发展迅速，取得显著成就。截至 2022 年底，我国隧道总里程达到 48762km，较 2021 年增长 3008. 1km。

在隧道施工的过程中，经常会遇到各种复杂地质，而在复杂地质环境下隧道施工的难度会加大、风险会增加，甚至会产生许多严重的事故，这对于隧道的施工技术来说，无疑是一个重大的挑战。因此，为了保证隧道施工的安全顺利开展，促进我国隧道工程的健康发展，未来要全方位做好隧道周边区域的地质地形地貌等的调查，为隧道施工提供可靠数据，根据不同地质条件选择相应的施工方法，降低隧道施工安全风险。

与此同时，为了保证人民生命财产安全、避免工程事故的发生，我们还需要不断改进施工技术，一方面要加强自主研发能力；另一方面需要引进先进技术，与时俱进，对现有的隧道施工技术进行创新。

除此之外，隧道施工需要加强风险管理，控制风险发生的概率和规模，尽可能地规避风险和减少风险损失。在这方面欧美一些国家采取措施较早。最近几年来我国在工程风险管理方面也有所行动，一些学者为引进国外的风险管理技术和经验做了大量的工作，某些地区已经把风险管理摆在了重要的位置上并加以实施。在我国，隧道风险管理是新的业务，风险管理技术有待于进一步吸收、消化和改进。